Thomas Rentsch
Gott

W DE G

Grundthemen Philosophie

Herausgegeben von
Dieter Birnbacher
Pirmin Stekeler-Weithofer
Holm Tetens

Walter de Gruyter · Berlin · New York

Thomas Rentsch

Gott

Walter de Gruyter · Berlin · New York

♾ Gedruck auf säurefreiem Papier,
das die US-ANSI-Norm über Haltbarkeit erfüllt.

ISBN 3-11-017692-0

Bibliografische Information Der Deutschen Bibliothek

Die Deutsche Bibliothek verzeichnet diese Publikation in der Deutschen
Nationalbibliografie; detaillierte bibliografische Daten sind im Internet über
http://dnb.ddb.de abrufbar.

Printed in Germany

Umschlaggestaltung: +malsy, kommunikation und gestaltung, Willich

Wie müsste man denn den nennen,
der den Begriff ‚Gott‘ nicht verstehen
kann, nicht sehen, wie ein vernünftiger
Mensch dies Wort im Ernst gebrauchen
kann? Sollen wir denn sagen,
er leide an einer Blindheit?

Ludwig Wittgenstein

Vorwort

Ist es möglich, im Rahmen der Philosophie der Gegenwart ein kritisches Verständnis der Rede von Gott, seiner „Existenz" bzw. „Nichtexistenz" und der mit dieser Rede verbundenen Selbst- und Weltverständnisse, Lebens- und Praxisformen zu entwickeln? Dazu ist zum einen eine systematische Standortbestimmung philosophischer Reflexion, ihres Zieles und ihrer Methoden erforderlich. Zum anderen ist es nötig, sich eine Übersicht derjenigen relevanten Traditionen zu verschaffen, die einen diskutablen Anspruch auf ein sinnvolles Gottesverständnis bzw. – gleichrangig – auf das Bestreiten seiner Möglichkeit erheben.

Zur Klärung unserer Frage nach Gott ist eine für jeden Interessierten zugängliche, allgemeinverständliche Darstellung anzustreben. Das Thema ist für modische Spielereien und Effekte besonders ungeeignet. Wir benötigen zur Klärung unserer Frage ferner eine Übersicht des Phänomen- und Problembereichs, eine Art Landkarte, auf der die Orte unserer Problematik lokalisiert werden können. Das Problem Gott kann so methodisch in einem ersten Anlauf durch seine Transformation in das Problem der Erstellung einer solchen Landkarte bzw. Topographie zugänglich gemacht werden. Ersichtlich benötigt seine Behandlung methodische Vermittlung, Distanznahme und Sachlichkeit. Vergegenwärtigen wir uns extreme Positionen hinsichtlich der Gottesfrage, so wird dieses Erfordernis umgehend deutlich. Auf der Ebene der Praxis finden wir irrationalen Fanatismus und Terror mit theistischen Vorzeichen ebenso wie die grausame Verfolgung und Unterdrückung religiöser Traditionen durch stalinistischen Steinzeitkommunismus; wir finden leidenschaftliche Frömmigkeit, völlige Gleichgültigkeit angesichts der Gottesfrage und überhaupt angesichts religiöser Belange, und ebenso leidenschaftlichen Antiklerikalismus und vehemente Religionskritik in ein und derselben Gesellschaft nebeneinander. Kurz – in dieser Frage gibt es gleichsam alles, und zu allem noch das Gegenteil. Die Unübersichtlichkeit und Orientierungslosigkeit angesichts des Vollkommenen, als das Gott gedacht wurde, ist selbst nahezu perfekt.

Mit der philosophischen Erneuerung der Frage nach Gott bewegt sich das Nachdenken in mehrfacher Hinsicht auf einer heiklen Schnittstelle: zwischen Herkunft und Zukunft der eigenen Tradition, zwischen theoretischer Reflexion und religiöser Praxis, zwischen Theologie(n) und Philosophie sowie schließlich noch interkulturell zwischen westlichen, stark säkularisierten, und stärker theistisch orientierten, z.B. islamischen Kulturen. Wenn ein schreckliches Symbol dieser Spannungen gesucht wird, so kann wohl auf den 11. September 2001 in New York verwiesen werden.

Philosophische Reflexion muss sich der Gottesfrage explizit zuwenden, weil wir uns mit ihr im Zentrum interkultureller Konflikte und Differenzen bewegen: Wie verhalten sich Kulturen und Gesellschaften der westlichen Profanität und Säkularisierung zu stark theistisch orientierten Kulturen? Wir bewegen uns im Spannungsfeld der Gleichzeitigkeit sehr heterogener Lebensformen, im Konfliktbereich kultureller Alterität, deren Modelle vom „clash of civilizations" bis zum „Projekt Weltethos" reichen. Die Frage nach Gott führt uns somit auf mehrfache Weise an die Grenze und Schnittstelle von Herkunft und Zukunft, von Metaphysik und Moderne, von Philosophie und Theologie, von westlicher Profanität und religiöser Lebensform, und damit schließlich zur Frage nach der Standortbestimmung und dem Selbstverständnis der Philosophie in der Gegenwart. In unserer gegenwärtigen, epochalen Umbruchsituation bleibt ohne explizite Klärung und vernünftige Neubestimmung der Gottesfrage aus philosophischer Sicht ein „Erfassen unserer Zeit in Gedanken" in einem entscheidenden Punkt partial. Wir benötigen faktisch eine solche kritische Klärung. Diese Frage ist aber auch praktisch und politisch außergewöhnlich bedrängend und nicht zu umgehen – der Zusammenhang von Metaphysik und Politik ist seit Aristoteles enger, als viele Theoretiker wahrhaben wollen, die alle existentiellen Grundfragen meinen ins Private und Subjektive abdrängen zu müssen oder zu können, und die dabei einen zweifachen Fehler begehen: eine Tabuisierung und Verdrängung dieser Grundfragen zum Schaden ihrer kritischen Reflexion und Klärung, und ebenso eine für die vernünftige Identitätskonstitution einer Gesellschaft prekäre Vergleichgültigung, Trivialisierung und Irrationalisierung der humanen Sinn- und Orientierungspraxis, die sich dem Konsumismus, esoterischen Spielereien oder Ersatz-‚kulten' zuneigt. Es wird im folgenden darauf ankommen, diese skizzierten Schnittstellen und Reibungsflächen nicht zu überspringen und oberflächlich zu glätten, sondern in ihre Ursprünge zurückzuverfolgen und ihre Gründe und Bedingungen aufzuklären. Vor diesem Hintergrund können wir wichtige Ansätze zur philosophischen Klärung der Frage nach Gott aus Geschichte und Gegenwart auf ihre Tragfähigkeit untersuchen. Die philosophieinterne Spannung zwischen metaphysischer Herkunft und atheistischer Moderne, die Spannung zwischen Philosophie und (z.B. christlicher) Theologie, die politische Spannung zwischen westlicher Säkularisierung und religiös und theistisch geprägten Kulturen – sie alle gilt es, im Blick zu behalten.

Die Dimension der traditionellen Gottesproblematik, der Frage
nach Gott ist mit der Frage nach einem authentischen Sinn unserer
Existenz untrennbar verbunden. Der Schwund Gottes, das Fehlen
Gottes, die Abwesenheit Gottes, der Tod Gottes und das Vergessen
Gottes in Teilen der modernen Welt, unter Einschluss der Philosophie, hat viel mit den katastrophalen Ereignissen des 20. Jahrhunderts
zu tun. Für viele ernsthafte Menschen blieb als glaubwürdigste Identifikationsgestalt eines zwar vergeblichen, dennoch durchzuhaltenden, vielleicht sogar humanistischen Selbstbehauptungswillens nur
der den Stein wieder aufwärts rollende Sisyphos übrig. Fundamentalistische Gegenbewegungen aller religiösen Richtungen bildeten und
bilden wenig überzeugende bis zutiefst abschreckende Formen eines
dogmatischen Festhaltens an bestimmten Vorstellungen von Gott.

Auf diesem Hintergrund insistiere ich auf der expliziten systematischen Wiederholung der Gottesfrage. Wenn die Richtung, die Kant,
Hegel, Kierkegaard, Peirce, Wittgenstein und andere, zeitgenössische
Philosophen gewiesen haben, einiges Recht hat, dann muss eine Erneuerung systematischer philosophischer Theologie möglich sein und
unternommen werden.

Das *erste, systematische Kapitel* weist in sieben kritischen Abschnitten irreführende objektivistische, subjektivistische, relativistische, entfremdungstheoretische, funktionalistische, fiktionalistische
und moralistische Vorstellungen von Gott und der Ebene eines möglicherweise sinnvollen Gottesverständnisses zurück. Entscheidend ist,
dass wir neben der Zurückweisung das Aufkommen und die überzeugten Vertreter dieser Verständnisse mit ihren Gründen und Motiven zugleich rekonstruieren und ihrerseits verstehen können sollten.
Ebenso gilt, dass die zurückgewiesenen Auffassungen *Wahrheitsaspekte* mit sich führen, die in späteren Rekonstruktionsschritten aufgehoben werden müssen, ohne dass man bei ihnen stehen bleibt.

Das *zweite Kapitel* entwickelt in systematischer Absicht erste
Schritte einer philosophischen Theologie, die ich aufgrund ihres elementaren, einleitenden Status als *Prototheologie* bezeichne.

Im *dritten, historischen Kapitel* werden auf diesem Hintergrund
exemplarisch Ansätze philosophischer Theologie von Kant bis Wittgenstein und in der internationalen Gegenwartsdiskussion vorgestellt,
die nach meinem Urteil wegweisend und wichtig für die heutige kontroverse Reflexion der Gottesfrage sind. Es war nötig, die systematischen Teile dem historischen Teil voranzustellen, da die Interpretationen bei näherer Betrachtung eine eigene Beurteilungsperspektive
bereits voraussetzen. In den ersten beiden Kapiteln sind deshalb Vor-
weise auf Autoren und Positionen enthalten, die später behandelt
werden.

Viele haben mit Anregung und Kritik die Abfassung dieses Buches
begleitet. Matthias Lutz-Bachmann und Thomas M. Schmidt richte-
ten im Juni 2004 am Institut für Religionsphilosophie der Universität
Frankfurt a. M. eine Tagung aus, auf der ich die willkommene
Gelegenheit hatte, eine erste Fassung intensiv zu diskutieren.
Insbesondere die sehr ausführlichen, kritischen Kommentare der
Veranstalter sowie der Kollegen Hans Julius Schneider (Potsdam),
Klaus Müller (Münster), Rudolf Langthaler (Wien), Friedo Ricken
(München) und Markus Knapp (Bochum) sowie die Beiträge der
Diskussionsteilnehmer Christoph Jäger (Leipzig), Heinz-Ludwig
Ollig (Frankfurt a. M.), Richard Raatzsch (Heidelberg), Alfred
Schmidt (Frankfurt a. M.) und Hermann Schrödter (Frankfurt a. M.)
waren für mich überaus wertvoll. Ich danke meinem Dresdner
Kollegen Albert Franz und den Teilnehmern unserer gemeinsamen
philosophisch-theologischen Oberseminare, die wir seit Jahren er-
folgreich veranstalten. Ich danke Theda Rehbock (Dresden), Pirmin
Stekeler-Weithofer (Leipzig) und Dieter Birnbacher (Düsseldorf), die
wichtige Hinweise gaben. Ich danke Sabine Vogt vom Verlag für ihre
hilfreiche Mitarbeit als Lektorin sowie Gertrud Grünkorn und
Christoph Schirmer für die gute Betreuung, Dirk Mende, Alexander
Berg und Johannes Quade für die Erstellung der Register, Brigitte
Proft und Gilda Märcz für die zuverlässigen Schreib- und Korrektur-
arbeiten.

Dresden, im Juni 2005   Thomas Rentsch

Inhalt

0. Einleitung
Die Frage nach Gott – ihr Ort in der Gegenwart

Das in diesem Buch leitende Philosophieverständnis ist das einer kritischen Philosophie, die sich phänomenologischer, existenz- und sprachanalytischer sowie hermeneutischer und ideologiekritischer Methoden bedient. Diese kritische Philosophie ist überzeugt, die Intentionen Kants nach den im 20. Jahrhundert erfolgten Transformationen der Philosophie durch Heidegger, Wittgenstein und Adorno in veränderter, erneuerter Form aufnehmen und verfolgen zu können: Kritik und Rekonstruktion traditioneller Verständnisse von Wahrheit, Vernunft und menschlicher Praxis. Das gilt auch für die Frage nach Gott. Ein kritisches Philosophieren kann heute nicht mehr hinter die Ontologie- und Metaphysikkritik Kants, die Ontologiekritik Heideggers, die Sprachkritik Wittgensteins sowie die Gesellschafts- und Ideologie- bzw. Kulturkritik Adornos zurückfallen. Diese kritischen Leistungen sind selbstverständlich nicht selbst dogmatisch zu verstehen und ‚abrufbar‘, sondern bieten nur Gesichtspunkte und Hilfsmittel, um ein sinnvolles Verständnis unserer Theorie und Praxis zu erreichen. Die Aufnahme phänomenologischer, analytischer und hermeneutischer Methodenelemente ist dadurch erforderlich, dass wir angemessene Beschreibungen, sinnkriterial greifende und haltbare Differenzierungen und sinnexplikativ erhellende Interpretationen unserer Theorie und Praxis benötigen. Das heißt, wir müssen jeweils klären, im Rahmen welcher Kriterien die jeweiligen Wahrheits- und Geltungsansprüche, die mit der Rede von Gott verbunden sind, sich überhaupt verstehen lassen. Philosophie verfügt nicht über ein ihr vorhergehendes theoretisches oder empirisches Wissen, sie hat nicht den Status einer Einzelwissenschaft. Um sinnkriteriale und sinnexplikative Analysen durchzuführen, bedarf die Philosophie eines paradigmatischen Rückgangs auf die menschliche Sprache und Praxis insgesamt, um deren Möglichkeitsbedingungen zu klären. Geschichts-, kultur- und gesellschaftsblinde, formale Sprachanalyse allein genügt zu solcher Klärung nicht. Kultur-, sozial- und geschichtswissenschaftliche Untersuchungen können die normativen Wahrheits- und Geltungsansprüche der von ihnen untersuchten Traditionen nicht selbst beurteilen. Sie bedürfen des Rückbezuges auf praktisch-philosophische Reflexion. Der philosophisch erfolgversprechende Einsatz sprachanalytischer Mittel aber muß das Beispielmaterial kulturell und sozial, geschichtlich und in der Praxis (,empraktisch') situieren und kontextualisieren, um nicht formal leerzulaufen. Ziel philosophischer Klärungsarbeit ist einzig und allein ein angemessenes, sinnvolles, praktisch tragfähiges Selbst- und Weltverständnis. Die großen Überschriften: Endlichkeit und Freiheit, Wahrheit und Gutes, Vernunft, Lebenssinn und eben auch Gott – sie müssen methodisch und praktisch in ihrem Lebensbezug neu zugänglich werden, soweit dies überhaupt möglich ist und verantwortet werden kann.

Um zu einer ersten Ebenendifferenzierung zu gelangen, können wir ganz grob unterscheiden: *erstens* die Ebene der Alltagspraxis und der religiösen (oder areligiösen) Praxis in Bezug auf Gott (oder Götter), in Judentum, Christentum, Islam, Buddhismus oder Hinduismus, *zweitens* die Ebene der theologischen Reflexion, Sinnexplikation und Dogmatisierung dieser Praxis z.B. in der jüdischen, christlichen oder islamischen Theologie, *drittens* die Ebene der wissenschaftlichen Untersuchung dieser Praxis z.B. in der Religionswissenschaft, der Religionssoziologie, der Religionsethnologie oder in psychologischen Untersuchungen, *viertens* die Ebene der philosophischen Reflexion, Analyse und Kritik der Religionen und des Religiösen im allgemeinen, die Religionsphilosophie im weiteren Sinne, *fünftens* die Ebene der philosophischen Theologie und ihrer Kritik im engeren Sinne.

Diese fünf Ebenen sind nicht starr voneinander zu trennen, wohl aber können wir sie zur ersten Orientierung unterscheiden. Geschichtlich und bis in die Gegenwart haben sie sich vielfältig ergänzt, durchdrungen, bekämpft und aneinander abgearbeitet. So wurde und wird komplexen theoretischen Begründungsbemühungen und den mitunter akrobatisch anmutenden Anstrengungen theologischer Dogmatik die schlichte gelebte Frömmigkeitspraxis entgegengestellt. Spekulative theologische Systeme und Gedankengebäude werden als undurchschaute Legitimationsideologien für unrechtmäßige politische Herrschaft und zum Zweck der Verhinderung wissenschaftlicher Aufklärung und Mündigkeit entlarvt. Religiöse Vorstellungen und der Glaube an Gott werden als angstgeborene Illusionen entschleiert, so in der Psychoanalyse Freuds, aber auch im Zentrum moderner Philosophie, indem Nietzsche den „Tod Gottes" verkündet. Andererseits kann einer der international einflußreichsten Philosophen des 20. Jahrhunderts, Martin Heidegger, als Fazit seines Denkens in seinem letzten Interview den Satz äußern: „Nur noch ein Gott kann uns retten". Während sich z.B. in Nordirland protestantische und katholische Christen noch heute bitter befehden, gab und gibt es andernorts viel Solidarität zwischen Christen, atheistischen Humanisten und Sozialisten. Während vielen kontinentaleuropäischen Philosophen der Gegenwart die Rede von Gott und theologische Fragen gleichgültig sind, gibt es andernorts – z. B. in den USA – seit langem sehr intensive und auch breitenwirksame Diskurse über die Gottesthematik.

Um die Thematik auf anspruchsvolle Weise zurückzugewinnen, genügt es philosophisch nicht, sich auf die eine oder die andere Seite zu schlagen, nach eigener Intuition eine Meinung zu haben und so Position zu beziehen. Es geht vielmehr darum, in der religionsphilosophischen und philosophisch-theologischen Reflexion die skizzierten Spannungen, Unvereinbarkeiten und Widersprüche an der Basis der Unübersichtlichkeit zu verorten, sie zu präzisieren und zu klären, wie es zu ihnen kommt. Ein philosophisches Problem hat nach Wittgenstein die Form: „Ich kenne mich nicht aus." Es hilft nichts, traditionelle Auffassungen, Argumente und Theorien bloß zu wiederholen. Wir müssen sie uns aktiv und produktiv neu aneignen, sie eigenständig in unsere Rede und Praxis überführen. Deswegen ist in der Philosophie die Kritik so wichtig, wichtiger und grundlegender als die plane Explikation eines positiven Verständnisses. Es sind die Mißverständnisse, die Irrtümer, die Kategorienfehler, die Antinomien, die Paralogismen, die Amphibolien und Paradoxien, die wir erkennen müssen, um zu einem sinnvollen Verständnis vorzustoßen. Und diese tiefgreifenden Mißverständnisse gibt es gerade auch im Bereich des Religions- und des Gottesverständnisses auf allen Ebenen. Auf der Ebene der Praxis gibt es sie in Form der Verehrung von illusionären Phantasieprodukten, selbstgeschaffenen Götzen, in Form esoterischer Bewegungen, in denen sich durchaus auch anspruchsvolle Formen des Sinnverlangens artikulieren, als Spielereien oder auch als gefährliche, pathologische und kriminelle Formen kultischen Handelns (Satanismus), als borniertе Sektenfrömmigkeit, aber auch als unaufgeklärte Ignoranz gegenüber religiösen Sinntraditionen und ihrer nicht wegzudenkenden Bedeutung für die Entstehung und Entwicklung der menschlichen Kultur; es gibt sie als Fanatismus und Menschenverachtung unter Berufung auf Gott ebenso wie als religiösen Analphabetismus. Und in den Gesellschaften der westlichen Moderne gibt es sie – gepaart mit Ignoranz – auf der Ebene der Praxis ziemlich verbreitet als Ersatzbildung: besonders deutlich, wenn die Orientierung am Geld die an Gott oder etwas Höherem ersetzt, wenn die Banken und Versicherungen mit ihrer baulichen Präsenz die alten Sakralbauten imitieren und weit überragen, wenn die Bewegungen der Kurse und der globalen Kapitalströme zum magisch anziehenden Zentrum der Aufmerksamkeit werden, während inhaltliche, moralische und religiöse Sinngestalten des Lebens, Ruhe, Meditation, Opfer, Eingedenken der Sterblichkeit marginalisiert werden und verblassen.

Es gibt die Fehlformen und Missverständnisse des Religiösen und Göttlichen in der Praxis wie auch in der theologischen, wissenschaftlichen und philosophischen Theorie und Reflexion dieser Praxis. Ich kann auch gedanklich, sprachlich und begrifflich aus einer Religion ein Zwangssystem und aus Gott ein Monster machen. Geschichte und Gegenwart bieten leider nur allzuviele Beispiele für Dogmatismus, Irrationalismus, Reduktionismus und Subjektivismus. Aber gegen diese Missverständnisse sind Religionskritiken und atheistische Ansätze keineswegs gefeit. Auch sie müssen daraufhin beurteilt werden, ob sie religiösen Sinn und den Glauben an Gott wirklich und zu Recht kritisieren, oder nur ein selbst konstruiertes Zerrbild.

Die skizzierte komplexe Lage zwischen den Ebenen Religion, Theologie, Wissenschaft und Philosophie wird auch daran deutlich, dass Religionskritik in Gestalt drastischer Polemik, aktiver Destruktion und radikaler Selbstkritik zum Kernbereich vieler religiöser Traditionen selbst gehört – denken wir nur an die Götzenpolemik des Propheten Jeremias oder die Kritik Jesu am Kult, an die Traditionen der christlichen negativen Theologie oder an die Theologie- und Kirchenkritik Luthers und der Reformatoren. Die moderne protestantische Theologie, die Dialektische Theologie, hat sehr tapfer versucht, die Religionskritik von Feuerbach, Marx und Nietzsche gleichsam vorauseilend auf den wahren Gott zu integrieren. Im Verhältnis von Theologie und Naturwissenschaft gibt es ebenso Bemühungen darum, Gott und die moderne Kosmologie bzw. Evolutionstheorie zusammenzudenken, ‚Gott‘ als tragfähige Hypothese zur Erklärung des Weltenlaufs und seiner Gesetze heranzuziehen, wie auch das entgegengesetzte Bestreben, ganz entschieden die definitive Unvereinbarkeit, die völlige Inkommensurabilität von naturwissenschaftlicher Wahrheit und religiösen bzw. theologischen Wahrheitsansprüchen zu vertreten. Schließlich gibt es Formen philosophischer Theologie bzw. eines philosophischen Gottesverständnisses in der Gegenwart, die manchem ernsthaft nach Gott fragenden und an Gott ausgerichteten Zeitgenossen völlig gegen den Strich gehen. Es wird also sichtbar, dass die Missverständnisse und Unverständnisse auf diesem Gebiet an Reichtum und Fülle kaum zu überbieten sind. Elementare Klärungsarbeit ist zu leisten, weil wir sonst gar nicht erst auf die Ebene tragfähiger Unterscheidungen und diskutabler Feststellungen gelangen. Es ist daher für unser weiteres Vorgehen ratsam, zunächst negativ-kritisch Missverständnisse abzuarbeiten und auszuscheiden, die einen vernünftigen, diskutablen Zugang zum Problem Gott systematisch verhindern.

Vergegenwärtigen wir uns zum Zweck erster Orientierung noch einmal zentrale Schnittstellen und Spannungsverhältnisse der Thematik. Mit der Frage nach Gott ist die philosophische Reflexion auf denkbar grundsätzliche Weise mit ihrer eigenen Geschichte konfrontiert. Das Problem Gott gehört konstitutiv zur Genesis der abendländischen Rationalität. Der philosophische Monotheismus wird im griechischen Denken Jahrhunderte vor der Entstehung des Christentums ausgeprägt und von Platon und Aristoteles systematisch entfaltet. Parallel dazu werden religionskritische und atheistische Positionen entwickelt. Auch die negative Theologie wird schon in der antiken Philosophie konzipiert, insbesondere im Neuplatonismus. Für unsere Thematik ist wichtig, dass es in der abendländischen Tradition eine vor- und außerchristliche, philosophisch-theologische, monotheistische Reflexionskultur gibt, die auch unabhängig von der autochthonen Herausbildung eines ethischen Monotheismus in der jüdischen Religionsgeschichte entstanden und beurteilbar ist. Wir müssen klären, wie der Gott in die Philosophie kam und was es mit diesem ‚Gott der Philosophen‘ auf sich hat.

Denn Gott blieb lange Jahrhunderte in der Philosophie: von Platon und Aristoteles über den Neuplatonismus, die Patristik, die großen mittelalterlichen Synthesen von griechischer Metaphysik und christlicher Theologie bei Anselm, Albertus Magnus, Thomas von Aquin und Duns Scotus – mit parallelen Entwicklungen im jüdischen und islamischen Denken – bis zu Leibniz, Kant und dem Deutschen Idealismus, in dem noch einmal Gott als das „Absolute" und das „Reich Gottes" als letztes Ziel der Menschheitsgeschichte im Zentrum des Denkens Fichtes, Schellings und Hegels steht. Bei aller parallel zu konstatierenden religions- und theologiekritischen Traditionsbildung: von Platon bis Hegel ist die abendländische Rationalität eine Reflexionskultur im Paradigma des Monotheismus. Ihre soziale Basis ist für ein Jahrtausend von Mönchtum, Klerus und Kirche untrennbar. Die Gegenbewegungen des religionskritischen Denkens und des Atheismus lassen sich selbst nur im monotheistischen Paradigma begreifen. Der Bezug auf die Gottesfrage bleibt auch ex negativo und indirekt weiter bestimmend – bis hin zu Marx, Nietzsche und Freud. Und dies gilt auch noch für einige der wichtigsten Philosophen des 20. Jahrhunderts: für Heidegger und Wittgenstein, für die kritische Theorie von Horkheimer und Adorno und deren Anreger Walter Benjamin (s. dazu Kap. 3 dieses Bandes).

Dennoch gibt es einen deutlichen Bruch mit der metaphysischen und philosophisch-theologischen Tradition. Wir bewegen uns mit unserem Thema philosophieintern auf der Schnittstelle zwischen einer modernen Philosophie, die bewusst und in der Tradition von Aufklärung und Kritik von philosophischer Theologie Abschied genommen hat und die ‚das Höhere‘ ironisch und kontingenzbejahend privaten Vorlieben sowie der Kunst und der Literatur überlässt, und andererseits einer Philosophie, die, wie modern und kritisch auch immer, sich in der Kontinuität von Grundfragen begreift, die seit Platon und Aristoteles in der Metaphysik verhandelt werden. Nur in dieser Kontinuität lässt sich das Denken von Kant und Hegel begreifen. Auf der einen Seite stehen Philosophen in der Tradition Carnaps und Quines, auch Rorty, auf der anderen Seite der späte Heidegger. Auf der Grenze denken der frühe Wittgenstein und auch der späte Adorno. Ein Paradigma philosophieinterner Grenzziehung ist der *Tractatus* Wittgensteins. Hermeneutiker und „formale" Rationalisten wie Gadamer bzw. Habermas lassen uns mit der Frage nach Gott allein, nicht ohne ihren unersetzlichen Rang zu unterstreichen, aber ohne explizite systematische Konzeptualisierung. In diesem Zusammenhang ist häufig von einem „methodischen Atheismus" die Rede. In der philosophischen Analyse ist jedenfalls keine Vorentscheidung zu treffen: weder für noch gegen den Sinn von Theologie. Der selbstverständliche Rahmen einer metaphysischen Theologie ist ebenso zerfallen wie ein der Begründung nicht weiter bedürftiger Atheismus. Philosophisch zu begreifen ist vielmehr das weltweite Fortbestehen theistischer Traditionen nach aller Religionskritik, Aufklärung und der Entwicklung des naturwissenschaftlichen Weltbildes. Es wäre zutiefst unbefriedigend, wenn Philosophie angesichts der theistischen Orientierung von Milliarden von Menschen und angesichts ihrer eigenen Geschichte sich als unfähig erwiese, zur Klärung des ‚Problems Gott' beizutragen.

Wir bewegen uns so auch diachron, im Blick auf die gesamte Geschichte der abendländischen Philosophie, auf einer Grenze zwischen Herkunft und Zukunft. Es gilt jedoch: ohne den positiven oder kritischen Bezug auf die metaphysische und religiöse Tradition und das Problem Gott ist abendländische Rationalität nicht denkbar und verstehbar – weder im Abschied, in der Destruktion, noch in der Kontinuität und Transformation in vernunftkritische, geschichtsphilosophische, politische und existenzielle und ebensowenig in surrogathafte Formen.

Mit der Thematik bewegen wir uns ebenfalls auf der Schnittstelle zwischen Philosophie und den Theologien. Philosophische Reflexion muss die exegetischen und systematischen Leistungen christlicher Theologie und deren Rationalitätspotentiale wieder verstärkt nutzen. Sie kann die Gottesfrage aber nicht an theologische – christliche, jüdische, islamische – Offenbarungs- und Überlieferungstraditionen delegieren. Wenn das Problem Gott vernünftiger Analyse und Klärung erneut zugänglich werden soll, müssen die Rationalitätspotentiale der religiösen und theologischen Ebene erkannt und gewürdigt werden, aber die philosophische Reflexion muss von ihnen unabhängig und eigenständig sein.

Die Frage nach Gott muss philosophisch auch deshalb wieder als offene Frage begriffen und explizit behandelt werden, weil in der modernen Philosophie selbst kryptotheologische Motive und Substitute des Absoluten wie eine Wiederkehr des Verdrängten aufgetreten sind: das „Sein" bei Heidegger, das „Mystische" bei Wittgenstein, das „Nichtidentische" bei Adorno, das „ganz Andere" bei Horkheimer, die „ideale Kommunikationsgemeinschaft" bei Apel, die „Differenz" und die „Ur-Spur" bei Derrida – um nur einige zu nennen (s. dazu Kap. 3).

Bei den folgenden Analysen ist die vorläufige Differenzierung der fünf Ebenen der religiösen (oder areligiösen) Praxis, die Ebene der theologischen Sinnexplikation, die Ebene der wissenschaftlichen Untersuchung sowie die der religionsphilosophischen und der philosophisch-theologischen Reflexion und Kritik zu beachten.

1. Wie man über Gott nicht denken soll – Negative philosophische Theologie

Zunächst will ich die Thematik nicht historisch oder mit der Diskussion gegenwärtiger philosophischer Ansätze, sondern direkt systematisch angehen, indem ich exemplarisch falsche und irreführende Wege aufzeige, Gott zu denken und ihn zum Gegenstand einer Weltanschauung oder einer philosophischen oder theologischen Theorie zu machen. Diese negativ-kritische Methode hat die Funktion, bereits formal und aus sinnkritischer Perspektive den Status der Rede von Gott wie auch der damit verwobenen Praxis von grundlegenden Missverständnissen freizuhalten. Diese Missverständnisse haben aber darüber hinaus eine weitere Eigentümlichkeit. Sie treten auf allen Ebenen der Praxis wie auch der Theoriebildung auf, und dazu sowohl religions- und theologieintern als auch in religionskritischen und atheistischen Ansätzen. Für unsere Untersuchung ist es methodisch nicht nur hilfreich, sondern sogar unbedingt nötig, die Missverständnisse in ihrer Bedeutung und Tiefe verstehbar zu machen. Dies ist traditionell der kritische Ansatz negativer philosophischer Theologie, den ich hiermit aufgreife. So kann es Orientierungen an Gott von abgründiger Irrationalität geben, atheistischen Humanismus von großer existenzieller und ethischer Integrität; eine authentische Frömmigkeitspraxis kann neben sachlich verfehlten Formen von Religionskritik stehen. Solche Verwerfungen sind der Klärung hinderlich, ebenso tief verfestigte und weit verbreitete Vorurteile auf dem emotional stark besetzten Feld der Frage nach Gott. Was für die einen der Rede nicht wert ist und mit einer barschen Geste abgefertigt werden kann („Gott? Hab ich noch nie gesehen."), davon hängt für andere das ganze Seelenheil im Leben und im Sterben ab. Die philosophische Reflexion kann nur durch sachliche Differenzierung aus dem Streit der Meinungen hinausführen. Welchen Status hat die Rede von Gott? Was heißt es, dass Gott „existiert" bzw. „nicht existiert"? Wie lassen sich religiöse Aussagen über Gott als „Schöpfer" der Welt verstehen? Ist Gott „Person"? In welchem Verhältnis stehen religiöse Bekenntnisse zur theoretischen, theologischen bzw. philosophischen Rede? Wie verhalten sich „Glaube" und „Wissen" zueinander? Lässt sich Gott „beweisen"? Lässt sich Gott als menschliche Projektion, als Phantasieprodukt, als Illusion erweisen? Welchen Sinn haben Aussagen über das Wesen Gottes, die Gottesattribute, z.B. Allmacht und Ewigkeit? Lässt sich durch philosophische Analyse eine begründete Kritik an bestimmten religiösen Traditionen, eine Auszeichnung anderer entwickeln? Lässt sich eine philosophische Theologie entfalten, die den rationalen Kern der religiösen Sinntraditionen mit eigenen Mitteln explizieren kann? Die ferner in der Lage ist, die Argumente der Religionskritik und des Atheismus zu würdigen und zu integrieren?

Um solche Fragen behandeln zu können, müssen wir in einem ersten Schritt ein vorläufiges Verständnis der Problematik explizieren, indem wir falsche Vorstellungen von Gott und irreführende Wege religiösen und theologischen Denkens aufzeigen. Sie stehen unter der Überschrift: So jedenfalls nicht bzw., vorsichtiger, so jedenfalls nicht nur. Denn es kann sein, dass sich in den im folgenden kritisierten Perspektiven und Rekonstruktionsebenen durchaus partial sinnvolle Aspekte der Thematik artikuliert finden; dass sie jedoch nicht genügen, um uns ein vertieftes, tragfähiges Urteil über die Frage nach Gott zu bilden. Wir müssen bei den folgenden Analysen die Ebenen: Praxis – Theologie(n) – Wissenschaften – Philosophie grundsätzlich auseinanderhalten. Ferner gilt: Wir können uns stets nur negativ-kritisch Wege ins Unwegsame bahnen. Wir können und dürfen insbesondere kein weitreichendes, uns festlegendes Vorverständnis von Gott nach traditionellen Mustern: als Person, trinitarisch, pantheistisch, panentheistisch, als bewiesen durch ein ontologisches Argument, als Postulat der praktischen Vernunft, als inexistent oder illusionäre Projektion zugrundelegen. Die sinnkriteriale Explikation von irreführenden Vormeinungen dient gerade dem Zweck grundsätzlicher Klärung. Im Beispielbereich – dem paradigmatischen Fundament – können wir auf alle Traditionen und kulturellen Kontexte des menschlichen Gottesverhältnisses uneingeschränkt rekurrieren.

Welche Gottesverständnisse sind verfehlt, lassen sich ausschließen bzw. als bloß unzulänglich erweisen? Wenn wir solche verfehlten Verständnisse aufweisen, so müssen wir berücksichtigen, dass sie oft nicht isoliert auftreten, sondern im Verbund miteinander. Falsche Verständnisse befruchten sich, steigern sich wechselseitig und fördern dadurch die Verwirrung. Ein einfaches Beispiel: Wer ein besonderes Gotteserlebnis hat, eine private Gotteserfahrung, die nur er allein gemacht hat, neigt dazu, die Intensität und Tragweite seiner Erfahrung für ein ausreichendes Kriterium ihrer objektiven Wahrheit zu halten. Die skeptische Kritik an dieser Erfahrung und ihre Einstufung als Illusion liegen dann sofort nahe. Oder: Beobachtet man, dass sich Menschen in Notsituationen Gott zuwenden, so drängt sich der Eindruck auf, dass das Gottesverhältnis nur dieser Noterfahrung entspringt und somit nur Ausdruck der Not ist. Wir müssen daher gerade bei der Behandlung unserer Thematik sehr genau auf den Unter-

schied von Ausdrucksform und möglichem Geltungs- und Wahrheitsanspruch achten.

Neben der Beachtung dieser Differenz wie auch des Phänomens
der wechselseitigen Durchdringung der Missverständnisse ist es das
Ziel der Darstellung, mit der kategorialen Klärung dieser Missverständnisse gleichzeitig die Gründe für ihre Entstehung freizulegen. Es
muss klar werden, warum falsche Vorstellungen und Denkweisen so
nahe liegen, warum sie leicht den Anschein der Evidenz erwecken und
weit verbreitet sind, warum es immer wieder zu ihnen kam und
kommt. Wir befinden uns hier philosophisch prinzipiell in der gleichen Lage, in der wir Kategorienfehler in der Logik und Sprachanalyse, in den Wissenschaften oder der Moral und Politik identifizieren. Der Aufweis der irreführenden und falschen Verständnisse soll
paradigmatisch mit Hilfe von einschlägigen Beispielen aus der Praxis
der Rede von Gott erfolgen. Ich werde versuchen, den eher einfachen
Beispielen den Hinweis auf Lehrstücke und Positionen aus der Geschichte und Gegenwart von Wissenschaft, Theologie und Philosophie anzuschließen, in denen sich die Irrtümer und Fehleinschät-
zungen wiederfinden. Allerdings werde ich die explizite systematische
Beurteilung von großen Entwürfen philosophischer Theologie aus
der Geschichte der Metaphysik und Ontologie, der Transzendentalphilosophie und der existenzial- und sprachanalytischen Philosophie erst im Kapitel 3 unternehmen. Denn dazu müssen wir uns noch
genau den Status, den Ort und den Stellenwert philosophischer
Reflexion z.B. metaphysischer oder transzendentaler Ausrichtung
vergegenwärtigen.

Eine Vorbemerkung ist noch wichtig. Wir werden die Frage nach
Gott nicht hinreichend erörtern können, wenn wir nicht auch ein
angemessenes Verständnis unserer selbst im Rahmen dieser Erörte-
rung mit entwickeln. Die Tradition – z.B. Augustinus – sah in der
Gotteserkenntnis den Weg zur wahren Selbsterkenntnis. Lässt sich
dem noch ein Sinn geben? Ohne philosophisch-anthropologische
Grundlagenreflexion unter Einschluss der praktisch-ethischen Dimension kommen wir auch mit der Frage nach Gott nicht weiter.

Wir betrachten im folgenden sieben Weisen, die Gottesfrage und
die damit verbundenen Fragen nach Existenz, Wesen und Wirken
Gottes misszuverstehen, die bei Apologeten und Kritikern der Religion gleichermaßen zu finden sind. Diese Betrachtung bildet den systematischen Kern einer negativen philosophischen Theologie.

1.1 Der Status der Rede von Gott

1.1.1 Szientistische Mißverständnisse

Im szientistischen Denken über Gott und von Gott vertritt man explizit oder implizit die Auffassung, das Wissen von Gott habe den Status empirischen Wissens von Tatsachen. Die religiöse Aussage „Gott hat die Welt geschaffen" hätte somit prinzipiell den Status des alltagssprachlichen Satzes „Corinna hat diesen Kuchen gebacken". Die Aussage „Gott ist groß" wäre so zu verstehen wie „Thomas ist 1,92 m groß", „Gott ist ganz nah" so wie „Der Lieferant ist schon ganz in unserer Nähe". Empirische Tatsachenbehauptungen, die wahr oder falsch sein können, die im Prinzip intersubjektiv verifiziert oder falsifiziert werden können, und zwar nach allgemein anerkannten Kriterien, folgen ersichtlich einer anderen Logik als die Sätze, in denen von Gott die Rede ist.[1] Die religiösen Gott-Sätze im Kernbereich der Überlieferung haben nicht den Status von Informationen über empirische Tatsachen in der Welt, z. B. über die Bäckerin eines Kuchens, die messbare Größe oder den Aufenthaltsort einer Person. Was wir später in der negativen Theologie und in der Analogielehre entfaltet finden, das zeigt sich bereits an diesen Beispielen. Sie können nicht empirisch im trivialen Sinne aufgefasst und verifiziert werden, indem wir nachsehen, ob Gott schaffend aktiv war, wie groß er ist, ob er überhaupt ein „er" ist, wie nah er gerade – konkret messbar – ist. Geltungssinn und Wahrheitsanspruch der Gott-Sätze müssen anders verstehbar sein – nicht so. Diesem negativen Aspekt korrespondiert das Element des Analogen. Denn es werden dennoch übliche Prädikate verwendet – und zwar notwendigerweise - nur anders als im üblichen Sinne. Wie aber? Dies müssen wir klären. Bereits hier aber wird sichtbar, dass der Abweis jedenfalls falscher, empirischer Missverständnisse im Kontext der Erläuterung von Gott-Sätzen innerhalb der religiösen Sprache selbst alsbald dazu führen kann, solcher Rede überhaupt jeden Sinn abzusprechen und sie für leeres Gerede zu halten. Woher wissen die diese Sätze Verwendenden, dass sie wahr sind? Aus der Tradition? Aus der Offenbarung? Dies scheinen schlechte Argumente zu sein.

Um den empirischen und theoretischen Szientismus im Bereich des Gottverständnisses gleichwohl als falsch zu erweisen, sollen weitere Beispiele bis hin zu theoretischen Konstruktionen betrachtet werden. So wurde die traditionelle Rede vom Ort Gottes „im Himmel", oben „in der Höhe" als empirische Lokalisierung missverstanden. Was sich in der emphatischen religiösen Sprache bildlich starken Ausdruck verschafft, wird somit kategorial falsch als konkrete Ortsbestimmung mit Verifikationsmöglichkeit interpretiert. Auf der Linie einer solchen Trivialisierung liegt noch die Auskunft des sowjetischen Kosmonauten Gagarin nach seiner Rückkehr aus dem All – er hätte nachgesehen, aber es wäre da oben kein Gott anzutreffen gewesen.

Der Status der Rede von Gott kann nicht so bestimmt werden, dass einer uns bekannten, alltäglichen Welt I eine jenseitige Welt II räumlich-zeitlich-empirisch angestückt wird, eine Art Paralleluniversum. Wir können mit unserer Sprache, mit unserem Handeln, mit unserem Denken und Erkennen die menschliche, endliche Welt nicht verlassen. Die Frage nach Gott und nach dem Status von Gott-Sätzen konfrontiert uns mit Grundfragen der Erkenntniskritik im Sinne Kants, die nach unserem eigenen, konstitutiv endlichen Wesen fragen. Den religiösen Sätzen, die von Gottes Nähe oder Ferne, von seinem Handeln und Reden („und Gott sprach...") sprechen, kommt ein eigentümlicher Status zu, der vorläufig als *eminent* charakterisiert werden kann. Indem die Sätze von Gott reden, indizieren sie, dass sie diesen eminenten Status haben, dass sie gerade nicht als empirische Tatsachenbehauptungen verstanden werden können. Die Sprache der monotheistischen Weltreligionen entfaltet sich in genuinen Sprachspielen. Diese Einsicht werden wir mit Wittgenstein später systematisch vertiefen und präzisieren. Im Kernbereich religiöser Sprache und Praxis finden wir Glaubenssätze und Bekenntnisse: „Ich glaube an Gott". Solche Sätze sind keine theoretischen Sätze, die man durch Beobachtung einfach verifizieren oder falsifizieren kann wie z. B. eine Vermutung der Form „Ich glaube, dass dort hinten eine Schwalbe nistet". Die Glaubenssätze ähneln (allerdings nur bedingt, entfernt) Sätzen, die wir in interpersonalen Kontexten verwenden: „Ich vertraue dir; ich habe immer an dich geglaubt." Insofern weisen sie einen mit ihnen sinnkonstitutiv verbundenen Lebensbezug auf. Ihr Wahrheits- und Geltungsanspruch hängt nicht von bestimmten empirischen Tatsachen in der Welt in einem alltäglichen oder auch naturwissenschaftlichen Sinne oder von einem physikalischen Modell des Universums ab, in dem wir Gott irgendwo ‚oben' lokalisieren oder auch die Unmöglichkeit einer solchen empirischen Lokalisierung zur Begründung eines trivialen Atheismus heranziehen.

Sätze der religiösen Praxis sind als solche durch die Verwendung des Wortes „Gott" entscheidend qualifiziert, und nicht durch die empirischen Kontexte, mit denen sie auch sehr oft verbunden sind: so, wenn sich Gott am Sinai offenbart, wenn er im christlichen Bereich zu Jesus und durch ihn spricht, wenn er im Islam durch Mohammed vernehmbar wird. Vielmehr werden die dort jeweils beschriebenen empirischen Kontexte selbst entscheidend zusätzlich qualifiziert und durch die Rede von Gott ausgezeichnet, sei es, dass lebenstragende praktische Orientierungen, ethische Grundgesetze eingeführt werden, sei es, dass der Anspruch auf lebenssinnkonstitutive praktische Einsichten erhoben wird. Der Wahrheitsanspruch genau dieser Gesetze und Einsichten wird durch die Rede von Gott artikuliert – kein theoretisches wissenschaftliches oder empirisches Wissen. Ebenso artikuliert die Gott-Rede diese Einsichten auch nicht im Sinne einer ethischen Reduktion (s. Kap. 1.7). Dieser Wahrheitsanspruch ist somit auch nicht von historisch zu ermittelnden Fakten abhängig. Obwohl der Anspruch in einem konkreten geschichtlichen Kontext erhoben wird, von individuellen Personen wie Moses, Jesaja, Jesus, Paulus und Mohammed, hat dieser praktische Wahrheitsanspruch der Gottes-Rede nicht den Status von üblichen Mitteilungen und Informationen, die unter Absehung des Gottesbezuges außerdem noch von besonderem Interesse wären. Wir können den Status der Gottesrede der geschichtlichen Offenbarungsreligionen also nicht im Rahmen eines theoretischen oder empirischen Szientismus explizieren. Der Status dieser Rede ist nicht der von empirischen Behauptungen über das, was – unabhängig von unserer Praxis und unseren Einsichten – in der Welt „der Fall ist" (Wittgenstein).

Mit dieser grundsätzlichen kategorialen Differenz ist zunächst nur ein allerdings weitreichendes, geschichtlich sehr wirksames Missverständnis negativ-kritisch abgewiesen. Religionen verstehen sich selber falsch, wenn sie sich in Konkurrenz zu den Naturwissenschaften oder z. B. zur Geschichtswissenschaft sehen. Die großen historischen Beispiele für solche Kategorienfehler zeigen aber die Tragweite der sinnkriterialen Differenzierung. Im „Fall Galilei" hielt die katholische Kirche an der Wahrheit eines vorkopernikanischen Weltbildes fest, weil sie die Heilsrelevanz dieses falschen Kosmosmodells gelehrt hatte und nun durch ein Eingeständnis des Irrtums und der Fehlbarkeit nicht nur das Seelenheil der Glaubenden durch Zweifel gefährdet sah, sondern auch die autoritäre amtskirchliche Macht. Solcher Dogmatismus und Fundamentalismus sind Gegenbeispiele glaubwürdiger Religion und eines überhaupt diskutablen Gottesverständnisses, und sie wurden auch in der Religion lange schon als solche erkannt. Ein naives Gottesverständnis und die dogmatisch-fundamentalistische Haltung der Kirche begünstigten aber eine oft ebenso naive und bis heute populäre dogmatisch-fundamentalistische Religionskritik. Mit der vorkopernikanischen Weltvorstellung erklärt diese Religionskritik auch die – damit vermeintlich notwendig verbundenen – religiösen Einsichten für falsch und illusionär, ohne zu prüfen, ob sich deren Wahrheitsansprüche nicht auch unabhängig von der naturwissenschaftlichen Wahrheit oder Falschheit bestimmter Weltmodelle einsichtig machen und begründen lassen.

Ein ähnliches Missverständnis liegt auch dem kirchlichen Kampf gegen Darwin und die Evolutionstheorien zugrunde. Noch heute setzen sich fundamentalistische Christen in den USA und in Italien dafür

ein, solche Theorien als Irrlehren von den Lehrplänen der Schulen zu
verbannen. Diese ‚Kreationisten' vertreten nicht die Unfehlbarkeit
einer Amtsperson, wohl jedoch die Wahrheit ihrer Interpretation der
biblischen Schöpfungsgeschichte als der alleinigen, auch in Fragen der
physikalischen Theorie der Erdentstehung, der Entwicklung der Lebewesen und der Spezies homo sapiens zuständigen Quelle. Aber:
naturwissenschaftliche Theoriebildung und religiöser Wahrheitsanspruch sind kategorial inkompatibel. Beide können wahr oder falsch
sein – aber auf ganz unterschiedlichen Ebenen. Dass sich die Autoren
der Jahrtausende alten Grundbücher der jüdischen, christlichen und
islamischen Religion im Rahmen ihrer noch einheitlichen – empirische Naturwissenschaft und theologische Kosmologie nicht unter-
scheidenden – Weltmodelle artikuliert haben und so auch von Gott
redeten, ist ganz selbstverständlich. Das taten auch Platon und
Aristoteles, die Stoiker und die scholastischen Metaphysiker des
Mittelalters. Hier in der Gegenwart wider besseres Wissen noch ein
„sacrificium intellectus", ein „Opfer des Verstandes", zu verlangen,
kann nur als irrationaler Aberglaube und Sektenbildung gegen die
öffentliche Vernunft bezeichnet werden. Ein Pauschalurteil über
Menschen und Kulturen, die aufgrund fehlender Bildung und Aufklärung in traditionellen Weltvorstellungen verhaftet sind, kann damit
im übrigen nicht verbunden werden. Ihre Praxis und ihre normativen
Orientierungen können in der Konsequenz authentisch, integer und
verbreiteten westlichen Lebensformen aus anderen Gründen überlegen sein.

Ein weiteres Beispiel szientifisch missverstandener Gottes-Rede
begegnet uns, wenn wir die Kontroversen um die Anwendung der
historisch-kritischen Methoden der Altphilologie und der Quellen-
kritik sowie den Einbezug der historischen Forschung insgesamt bei
der Interpretation z. B. der christlichen Bibeltexte betrachten. Diese
Forschung führte seit dem 19. Jahrhundert zu einer Fülle wissenschaftlicher Erkenntnisse über den historischen Kontext der Entstehung der biblischen Texte. Insbesondere wurde deutlich, dass der
‚historische Jesus' ein anderer war und anderes lehrte als der in den
Evangelien als „Sohn Gottes" und als „menschgewordener Gott" ver-
kündete ‚kerygmatische Christus'. Pointiert gesagt: Der reale, historische Jesus wusste nichts von seiner jungfräulichen Geburt, von seiner
Göttlichkeit und seiner Auferstehung und Himmelfahrt – so das Fazit
kritischer Exegeten seit Beginn der „Leben-Jesu-Forschung". Auch in
diesem Fall sperrten sich orthodoxe, biblizistische Richtungen des
Christentums gegen solche wissenschaftlichen Ergebnisse. Sie waren
somit unfähig, die jeweilige *Ausdrucksform* religiöser Wahrheiten und
Einsichten von deren tatsächlich relevantem *Geltungsanspruch* zu
unterscheiden. Sie waren davon überzeugt, dass der genuine Wahr-

heitsanspruch der biblischen Botschaft von Gott in der wörtlichen, buchstäblichen und schlichten – zu Zeiten Jesu also wohl empirisch überprüfbaren – Wahrheit all dessen bestünde, was an Ereignissen im Text berichtet wird – von den sechs Schöpfungstagen bis zum Wandel auf Wasser und bis zur Auffahrt „gen Himmel". Entscheidend verkannt und verfehlt wurde so der ganz andersartige *Sinngehalt* religiöser Rede im Unterschied zu historischen Tatsachenaussagen.

Auch der orthodoxe Islam wehrt sich gegen eine historisch-kritische Erforschung des Koran. Dessen Urfassung befände sich im Jenseits bei Allah, sei also „unerschaffen" und jeglicher Veränderung entzogen. Ähnliche sakrale Tabuisierungen ihres Grundtextes kennt das orthodoxe Judentum. Aber die Dogmatisierung der Wahrheitsansprüche im Verbund mit einem wörtlichen, von wissenschaftlicher oder alltäglich-empirischer Erkenntnis nicht unterschiedenem Verständnis dieser Ansprüche stellt aus aufgeklärter Sicht einen tiefgreifenden Irrtum zum Schaden beider – der Wissenschaft wie der Religion – dar. Religiöse Sichtweisen, die begründete wissenschaftliche Erkenntnis zu fürchten hätten, können letztlich nicht lebenstragend sein. Ihre Anhänger hätten auf Sand gebaut. Wir können nicht schizophren in verschiedenen voneinander getrennten Welten leben.

1.1.2 Erste Ansätze positiver Rekonstruktion

Während jedoch die negativ-kritische Zurückweisung empirischer Wissensansprüche im Kernbereich der Religion und des Gottesglaubens aus sinnkritischen Gründen bereits angesichts unserer anfänglichen Beispiele einleuchtet, ist mit dieser Zurückweisung des transzendenten Szientismus keineswegs bereits gezeigt, worin nun ihrerseits die Kriterien für die – anders zu bestimmende – Wahrheit religiöser Rede und ihr Sitz in der Praxis bestehen. Es stellen sich nach der Kritik an diesem falschen Verständnis zwei für unsere Thematik sehr weitreichende Anschlussfragen: Da ist *erstens* die Frage nach dem angemessenen Verständnis der religiösen Rede von Gott in der Praxis der Weltreligionen, in Gebet, Bekenntnis, im liturgischen und sakramentalen Bereich wie auch im Alltagsleben. Wir können sie als die *hermeneutische* Grundfrage nach dem angemessenen internen Verständnis der auf Gott bezogenen Rede und Praxis bezeichnen. Ein solches Verständnis zu gewinnen, erfordert hermeneutische Sensibilität und kann nicht aus einer externen, rationalistischen Beobachterperspektive allein erreicht werden. Die kulturellen, sozialen, geschichtlichen und existentiellen Kontexte des realen Bezugs auf Gott müssen mit berücksichtigt werden. Gerade, weil religiöse Lebensfor-

men sich auf die Ganzheit des Welt- und Selbstverständnisses von
Menschen beziehen, müssen bedeutungsverzerrende Dekontextua-
lisierungen bei ihrer Interpretation vermieden werden. Zum Abweis
eines theoretisch-szientistischen Verständnisses gehört somit der
Einbezug und kritisch-hermeneutische Aufweis des gesamten zu einer
Rede und Praxis gehörenden kulturellen und existentiellen Kontextes.
Für die Philosophie ist mit dieser methodischen Einsicht die Notwendigkeit einer interdisziplinären Kooperation mit den Religionswissenschaften, z. B. mit Religionssoziologie und Religionsethnologie, ebenso wie mit den Theologien z. B. der jüdischen, christlichen
und islamischen Religion gegeben. Die Kritik kategorial falscher Verständnisse allein begründet, obzwar unverzichtbar, noch nicht ein
angemessenes Verständnis. Zur Destruktion gehört die Rekonstruktion, und sie erst kann im besten Fall auch den Grund für die falschen
Verständnisse selbst herausfinden.

Da ist *zweitens* die Frage nach dem Status philosophischer Kritik
und Rekonstruktion und ihrer sprachlichen Mittel. Die philosophische Reflexion hat angesichts der Gottesfrage – den von ihr im
Lauf der Jahrhunderte ausgebildeten Paradigmen folgend – metaphysische und ontologische, bewusstseinsphilosophische und transzendentale sowie existenzial- und sprachanalytische, phänomenologische
und hermeneutische positive Rekonstruktionsversuche unternommen. In diesen positiven Zugriffen spielen neben den Gottesbeweisen
negativ-kritische Elemente – in der negativen Theologie die Einsicht
in die Unerkennbarkeit Gottes und das Nichtwissen, in die Notwendigkeit von Antinomien und Paradoxien – eine große Rolle: von
Sokrates bis Cusanus, von Kant bis Wittgenstein (vgl. Kap. 3).

Dennoch wird bei aller Dialektik und Negativität in solchen Analysen etwas über Gott und seine Erkennbarkeit bzw. Verborgenheit
und Abwesenheit mit Wahrheitsanspruch ausgesagt. Wir müssen also
nach der Kritik der nach meinem Urteil als Irrwege erweisbaren
Verständnisse den spezifischen Status dieser Diskurse rekonstruieren.
Wie verhält sich die Diskursebene der Metaphysik zur religiösen
Praxis? Wie verhalten sich zu dieser Diskursebene die materialistischen, empiristischen und sprachkritischen, für Theologie und Metaphysik oft destruktiven Analysen? Auch sie konstatieren die Unmöglichkeit eines theoretischen Szientismus, folgern aber gemäß ihren
restriktiven Rationalitätskriterien daraus die Vergeblichkeit und das
Ende theologischer und metaphysischer Bemühungen überhaupt.

Dass das Gottesverständnis kein bloß theoretisches Zurkenntnisnehmen eines reinen Faktums sein kann, das war stets vielen klar.

Mit dieser Kritik ist allerdings noch keine Rekonstruktion authentischer religiöser Gottesverständnisse erreicht. Im Gegenteil. Diese
Kritik befördert religionskritische, atheistische Positionen und eine

flächendeckende Theologiekritik. Wenn kein empirisches oder theoretisches Wissen auffindbar sei, so entspreche den religiösen und theologischen Vorstellungen und Reden von Gott schlicht keine Realität, – gar nichts. Sie seien Begriffsdichtungen und Phantasiegebilde. Demgegenüber müssen wir den genuinen Status des Wissens von Gott bestimmen, der authentische religiöse Lebensformen charakterisiert – falls es sie gibt. Denn zweifellos wird dort etwas gewusst, es gibt reiche inhaltliche und auch sprachlich und praktisch, begrifflich und theoretisch explizierbare Kontexte und intersubjektive Sprach- und Handlungsregeln. Welche Form hat dieses praktische Wissen? Lässt sich die praktische Gewissheit, die den religiösen Glauben an Gott bei aller Problematik zu prägen scheint, nach einsichtigen Rationalitätskriterien näher bestimmen? Welchen Status hat aber die philosophische Sinnexplikation solcher Rationalitätskriterien selbst? Erreicht sie ein theoretisches Wissen eigenen Rechts über Gott, über seine Existenz oder Nichtexistenz, über sein Wesen und seine Eigenschaften? Können wir nach Kant, Kierkegaard, Heidegger und Wittgenstein ein neuartiges Verständnis metaphysischer Onto-Theologie oder transzendentaler Theologie, des christlichen Platonismus oder transzendental-idealistischer philosophischer Theologie gewinnen, ein Verständnis, das den transzendenten Szientismus vermeidet? Wir können den genuinen, emphatischen Wahrheitsanspruch der Gott-Rede jedenfalls nicht so verstehen, als gründe er in objektiv und neutral getroffenen Tatsachenfeststellungen und als sei er von ihnen abhängig zu denken. Wir müssen schon aus hermeneutischen Gründen den praktischen ‚Sitz im Leben' solcher Sätze und ihre ursprüngliche Verwendung im Kontext von Lebensformen gegen objektivistische Übersetzungen und Verständnisse geltend machen. Der Kontext der Rede von Gott ist nicht ein Ort wissenschaftlicher Theoriebildung im modernen Sinne. Aber diese Rede erhebt gleichwohl Erkenntnisanspruch. Angesichts der praktischen Gewissheiten, die sich in ihr artikulieren, können wir vorgreifend vielleicht von einer lebensbezogenen Bewährung solcher Sätze und Erkenntnisse sprechen. Der Glaube an Gott hat etwas mit dem Sinn des Lebens zu tun, sein Kontext ist ein Verständnis des *ganzen* Lebens und der *gesamten* Orientierungspraxis. Demgegenüber sind objektive, neutrale, wissenschaftliche Kontexte stets partial, sie betreffen unser Leben nur auf künstliche, methodisch reduzierte Weise. Das Verhältnis könnten wir so analogisieren: Im einen Fall erleben wir selbst tiefe personale Beziehungen – Liebe, Partnerschaft, enge Freundschaften. Im anderen Fall untersuchen wir aus externer Perspektive das beobachtbare Sozialverhalten und die hormonellen, biochemischen Prozesse, die diese Beziehungen auszeichnen bzw. begleiten.

Eine Wiedergewinnung der philosophisch-theologischen Dimension ist durch falsifizierbare Ergebnisse der modernen Physik, der Quantenmechanik oder Kosmologie oder in der biologischen Evolutionstheorie nicht möglich. Solche Versuche stellen grundlegende Kategorienfehler dar.

Dass die theologische Rede in der Tradition bereits primär praktisch verstanden werden konnte, wird z. B. an der Frage nach der Lokalisierung der Hölle deutlich. Der spanische Barockscholastiker Suárez war sich sicher: „Veritas ergo certa est, infernum esse sub terra." („Es ist eine gesicherte Wahrheit, dass die Hölle unter der Erde ist.") Bereits etwa 1200 Jahre vor ihm hatte Johannes Chrysostomus auf diese Frage entgegnet: „Ne ergo quaeramus ubinam sit, sed quomodo eam fugiamus".[2] („Fragen wir nicht, wo sie ist, sondern wie wir ihr entkommen!")

Die Reden von Hölle und Verdammnis, verbunden mit der Rede von Gott, dienen so der Vergegenwärtigung der praktischen Grundsituation menschlicher Existenz und ihrem letzten, unbedingten Ernst. Unser Leben ist bis zum Tod von der realen Möglichkeit definitiven moralischen Scheiterns bedroht, von endgültiger Verschuldung. Ähnlich hat Wittgenstein die Rede vom göttlichen, Jüngsten Gericht als Ausdruck einer ethisch unbedingt ernsthaften Lebensform verstanden. Mit dieser Rede wird absolut, d.h. ohne Einschränkung, jegliche (theologisch gesprochen: apokatastatische) Verharmlosung und Vergleichgültigung unserer Lebensverständnisse abgewiesen. Die transzendente und kosmologische Ausdrucksform der Tradition begründet und stützt die absolute Bedeutung nicht, sondern artikuliert sie, ‚zeigt' sie bildlich-anschaulich. Durch diese kritisch-hermeneutische Zugangsweise können wir klassische Höllendarstellungen und Gemälde vom Endgericht als Vergegenwärtigung der Wirklichkeit der Tiefe der möglichen Verfehlung des Menschen und so als eine soziale, interexistentielle Realität verstehen. Die Ebene des Absoluten im ethischen Monotheismus des Judentums, des Christentums und des Islam wäre in einem wichtigen Aspekt, der Eschatologie und der Lehre vom Gericht, neu zugänglich geworden.

Metaphysikkritik und praktisch-existentielle Übersetzungsbemühungen prägen auch viele Texte der Reformatoren und insbesondere Luthers. Im Rekurs auf die Autorität des Bibeltextes wendet er sich vehement gegen die Aristotelische Metaphysik und die spekulative, rein theoretische Behandlung des Wesens Gottes. Prägnant wird diese Parteinahme an der Auskunft, die Luther denjenigen gibt, die wissen wollen, was Gott vor der Schöpfung getan habe. Er sei an die Elbe gegangen, Ruten zu pflücken, um diejenigen damit zu prügeln, die solche Fragen stellten.

In den folgenden Analysen werden wir noch sehen, dass die Theoriekritik weitreichende Konsequenzen nicht nur für ein (überhaupt mögliches) Gottesverständnis, sondern ebenso für ein überhaupt mögliches Welt- und Selbstverständnis des Menschen sowie für das Philosophieverständnis selbst hat. Den Status dessen nämlich, was ehemals „Transzendenz", „das Absolute" und Gott hieß, kategorial neu zu fassen oder diese Dimension endgültig preiszugeben und zu verlieren – diese Alternative rührt an die Grundlagen unserer Kultur und Existenz. Die Tendenzen der westlichen wissenschaftlich-technischen Zivilisation zu naturalistischen, biologistischen, neurophilosophischen oder funktionalistischen Selbstdeutungen des Menschen sind unverkennbar. Sie tangieren die Fundamente der Ethik und Politik. Wie konnte demgegenüber Gott in der europäischen Vernunftgeschichte lange Zeit als „ens realissimum", als „wirklichstes Sein" gedacht werden? Welches Wirklichkeitsverständnis war dabei leitend? An der Basis der Frage nach Gott liegt die Frage nach uns selbst – nach dem Menschen. Wir werden im folgenden Kapitel Grundzüge einer systematischen Theologie entwickeln, die ein Verständnis der Transzendenz und des Absoluten einschließt.

1.2 Gottesglaube als Privatsache?
Der Subjektivismus in Religion und Theologie

Wir haben Formen des objektivistischen Zugangs zum Problem Gott in alltäglichen, religiösen, wissenschaftlichen und metaphysischen Kontexten in einem ersten Durchgang kritisiert. Es liegt nun nahe, wenn man die Unmöglichkeit solcher Zugänge erkennt, im Gegenzug subjektive Verständnisse zu entwickeln. Und dies geschah auch auf breitester Front in vielen Spielarten. Berühmt wurde der große Innerlichkeitsimperativ des Augustinus, „Noli foras ire, in te ipsum redi; in interiore homine habitat veritas"[3] („Geh' nicht nach draußen, kehr wieder ein bei dir selbst! Im inneren Menschen wohnt die Wahrheit.") Es wird in dem für diesen Rekonstruktionszugang grundlegenden ontologischen Modell ein Innen des Menschen – sozusagen eine innere jenseitige bzw. eigentliche Welt und Wirklichkeit gedacht und konstruiert, die Gott erkennen und mit ihm in Verbindung treten kann. Ein innerer Ort wahrer, authentischer Gewissheit, Erleuchtung und Evidenz wird konzipiert. Zu diesem Modell treten besondere Erfahrungen und Erlebnisse hinzu. An die Stelle äußerlich beobachtbarer Wunderereignisse treten Erleuchtungen und Offenbarungen. Die sprachliche *Ausdrucksform* solcher Berichte eminenter Art ist philosophisch-kritisch wiederum von ihrem (möglichen) *Sinn* und *Geltungsanspruch* zu unterscheiden. Mit den Elementen der Eminenz und Alterität, des Außergewöhnlichen und der Bildlichkeit (z.B. Licht, Feuer, Plötzlichkeit) wird sprachlich die Bedeutung eines Ereignisses oder einer Botschaft akzentuiert.

Religiöse Orientierungen: der Glaube an Gott, die Hoffnung auf verheißenen Sinn, ebenso wie entsprechende alternative: atheistische, nihilistische Orientierungen betreffen das gesamte Lebensverständnis, die subjektive, existentielle Sicht der Welt. Sie beziehen so auch die Ebenen des Empfindens, der Wahrnehmung, der Sinnlichkeit, der Gefühle des Menschen mit ein. Die kultisch-rituelle, sakramentale, die sprachlich-literarische wie die musikalische und bildliche Vergegenwärtigung der Sinngehalte im kirchlichen Bereich, die Formen der Rezitation und des Gesangs in Judentum und Islam – sie alle sind bereits *Ausdruck* praktischer Lebensformen unter Einbezug der affektiv-emotionalen Ebene. Aber der lebensbezogene Wahrheitsanspruch von Religionen kann nicht von subjektiven Gefühlen und Einstellungen abhängig sein oder darauf reduziert werden – und seien sie noch so leidenschaftlich.

Ein gefährliches, naheliegendes Standardmodell ist das einer wissenschaftlich-technischen Aufklärung auf der einen Seite, eines privaten Irrationalismus und Subjektivismus im religiösen und weltanschaulichen Bereich andererseits. Letzterer mag sich austoben und wuchern, wie er will – wenn es nur keinen anderen Mitbürger stört. Dieses liberale, pluralistische Konzept hat große Vorzüge gegenüber jeder Form von Gesinnungsdiktatur. Philosophisch und aus der Perspektive der Vernunft betrachtet aber ist eine solche Entzweiung, wie sie seit Hegel für die moderne Entwicklung diagnostiziert wird, unbefriedigend, pointiert formuliert sogar menschenunwürdig. Wenn auch staatskirchenrechtspolitisch die Trennung von Staat und Kirche eine bedeutende Errungenschaft ist, so ist doch religionsphilosophisch und theologisch der Wahrheitsanspruch von Religion und Gottesverständnis als subjektivistisch, privat und somit nahezu beliebig nicht akzeptabel. Im Kern handelt es sich bei Bekenntnissen und existentiellen Selbstverständnissen um praktische Lebensformen, die nicht in subjektiven Gefühlen und privaten Vorlieben oder Gleichgültigkeiten gründen können, sondern in transsubjektiven Wahrheitsansprüchen, die eine tiefe Subjektivität erst ermöglichen.

„Ich glaube an Gott." – Religiöser Subjektivismus kann den Sinn und Geltungsanspruch solcher Sätze und ihren Praxiskontext nicht explizieren, ja nicht einmal erreichen. Es kann nicht heißen „Ich habe das Gefühl, dass Gott die Welt erschaffen hat", „Ich spüre, dass Mohammed der Prophet ist", „Ich empfinde, dass Maria die Mutter Gottes ist". Keineswegs darf verkannt werden, dass, da es ‚ums Ganze' geht, Gefühle und Leidenschaften bei Übernahme wie Ablehnung einer religiösen Sicht der Welt beteiligt sind und es sein müssen, auch in subtileren Varianten des Geschmacks, der Urteilskraft und der Scheu vor einem zudringlichen oder verletzenden Umgang mit Bereichen, die dem Anderen außergewöhnlich wichtig, kostbar und ‚heilig‘ sind. Die Scham und Scheu davor, über religiöse Themen, gar über Gott zu sprechen, ist in manchen westlichen Gesellschaften größer als die vor den Bereichen der sexuellen Intimität. Ich kann die sozialpsychologischen Gründe für die Tabuisierung dieser Kernbereiche der Weltorientierung – sie bleiben es, wie immer man sich zur Gottesfrage stellt – nur vermuten. Hinter der empfundenen Peinlichkeit mögen sich Verdrängungsprozesse und tief sitzende Ängste verbergen. Die Wiederkehr des Verdrängten in anderer Gestalt lässt sich dann ebenfalls beobachten.

Jedenfalls gibt es in westlichen Gesellschaften in manchen Schichten eine Mischung aus sehr schlichter Religionskritik, oft verbunden mit leicht verfügbarem Antiklerikalismus, einer oberflächlichen Lebensform des Hedonismus und einer simplen Variante ‚aufgeklärter‘, mehr oder weniger ‚wissenschaftlicher‘ Weltsicht. Zu dieser durch die Unterhaltungsindustrie beförderten durchschnittlichen Weltwahrnehmung passen keine existentiell anspruchsvollen, gar emphatischen Wahrheitsansprüche, sondern am ehesten noch phantastische Spielereien und magischer Hokuspokus. Der Tabuisierung und Verdrängung der Frage nach Gott in den Bereich des nur noch Peinlichen recht nahe kommt in der skizzierten Durchschnittsweltsicht am ehesten noch die Thematik des Todes und der menschlichen Endlichkeit und Sterblichkeit, vor der man ratlos verstummt. Warum?

Aus der Sicht einer nicht restriktiv denkenden Philosophie gibt es hier einen Nachholbedarf. Angesichts der Verdrängung, Tabuisierung und Vergleichgültigung religiöser Grundfragen im Bereich des Alltagslebens wie der Philosophie stellt sich die Aufgabe der Rückgewinnung und erneuten Aneignung der in diesen Grundfragen und in ihrer kritischen Behandlung angelegten Sinn- und Rationalitätspotentiale. Die Potentiale sind nicht durch Ethik, Ästhetik oder Politik ersetzbar, sie verdienen es nicht, ins Private und Beliebige abgeschoben zu werden. Zu den Tendenzen der Subjektivierung und Irrationalisierung tragen philosophische Entwicklungen der Historisierung, der Formalisierung, der Spezialisierung und eines modischen, bizarren Hermetismus, also eines Geheimwissens, zusätzlich bei. Nur eine Philosophie, die die klassischen Grundfragen nach dem Sinn und Grund der menschlichen Welt im Blick behält, kann der Preisgabe dieser Dimension an subjektive Beliebigkeit und private Meinung entgegentreten. Der grundsätzliche Abweis subjektivistischer Verständnisse der Religion und des menschlichen Gottesverhältnisses hat dem Anschein nach viele bedeutende religiöse Traditionen gegen sich. Ist nicht die tiefste Innerlichkeit angesprochen, wenn wir uns mit diesen existentiellen Fragen befassen? Auf der Ebene der religiösen Praxis kann der Subjektivismus die Form eines Offenbarungspositivismus, eines Auslegungsprivilegs, der Beanspruchung eines visionären oder auditiven Privatzugangs zu Gott und zu religiöser Wahrheit annehmen. Die tatsächliche Seltenheit religionsgründenden Geschehens in der Weltgeschichte – denken wir an Buddha, Konfuzius, Moses, Jesus und Mohammed – kann, äußerlich betrachtet, diesen Eindruck scheinbar verfestigen. Dann sieht es so aus, dass sehr befremdliche, eigentlich geradezu absurde Ereignisse wenigen Auserwählten auf mirakulöse Weise den Zugang zu außergewöhnlichen Erkenntnissen eröffnet haben. Dieser Kategorienfehler sitzt – auch in religiösen Sinntraditionen – sehr tief. *Ausdrucksform* und *Geltungsanspruch* müssen im rechten Verhältnis gesehen werden. Es muss klar werden, was „Erlösung" heißt, was die existentielle Orientierung des gesamten Lebens an einer erlösenden Wahrheit bedeutet, einer Wahrheit, die in der Transzendenz eines Absoluten gründet. Traditionen eminenter Offenbarung, Traditionen mystischer Innerlichkeit und eines extremen Pietismus scheinen den Subjektivismus zu bestätigen, ebenso die Wirkungsgeschichte der Bestimmungen des evangelischen Theologen Friedrich Schleiermacher, Religion sei „Gefühl und Geschmack für das Unendliche" und das „Gefühl der schlechthinnigen Abhängigkeit von Gott". In eine ähnliche Richtung weisen alle radikalen Abgrenzungsversuche von Glauben und Wissen, von Offenbarung und Vernunft, von Theologie und Philosophie – wie sie in der christlichen Tradition von Paulus und Luther, von Pascal und Kierkegaard, von Karl Barth und der Dialektischen Theologie unternommen wurden.

Wir sahen bereits im vorigen Abschnitt, dass der existentiell-praktische Protest gegen einen falschen Objektivismus und ein theoretisch-szientifisches Verständnis der Gottesproblematik berechtigt ist. Aber ein Subjektivismus, der die andere Seite einer falschen Ontologie dagegen aufbietet, verstrickt sich ebenfalls in eine Dialektik von Ausdruck und Geltung. Er will etwas Richtiges artikulieren, das für das angemessene Verständnis religiöser Lebensformen ganz unverzichtbar ist. Er unternimmt dies jedoch mit falschen Mitteln. Vereinfacht gesagt: So, wie wir nicht damit zu rechnen brauchen, durch Raumflüge oder auch durch physikalische Theorien der Entstehung des Universums (Urknall) die Existenz Gottes empirisch zu verifizieren oder zu falsifizieren, so wird uns dies auch durch Insistieren auf subjektiven, besonderen inneren Erfahrungen niemals gelingen. Kategorial und sinnkriterial verfehlen sowohl Objektivismus wie Subjektivismus und alle Formen des Psychologismus, worum es eigentlich geht.

Denn die subjektiven religiösen Zeugnisse und Zugänge zur Wahrheit Gottes setzen allesamt, ob jüdisch oder christlich, evangelisch oder katholisch, häretisch oder orthodox, mystisch-meditativ oder in plötzlich und völlig unerwartet die Alltagserfahrung durchbrechenden Augenblicken, – sie setzen allesamt eine öffentlich zugängliche, intersubjektive Sprache bereits voraus. Nur mit einer solchen religiös bzw. theologisch bereits verstehbaren und verstandenen Sprache können wir uns selbst unsere innersten Erfahrungen, Regungen und Gefühle zugänglich und verständlich machen. Schlicht gesagt: Um ein Ereignis oder Erlebnis als für *meinen* Glauben, *mein* Gottesverständnis (oder für meinen Glaubensverlust, meinen Atheismus) bedeutsam überhaupt erkennen und wahrnehmen zu können, bedarf es bereits eines vorgängigen Glaubens bzw. Gottesverständnisses. Zum Beispiel verloren Menschen ihren Glauben an Gott – und das heißt auch ihre Hoffnung und ihr Vertrauen in das gute gemeinsame Leben – unter dem Eindruck entsetzlicher Erlebnisse in Vernichtungslagern, andere wiederum fanden zum Glauben und zur Hoffnung, gerade durch schwere Leiderfahrungen. An diesen bekannten Tatsachen wird zunächst nur deutlich, dass es um ein grundsätzliches Lebensverständnis geht, dessen Bedeutung nicht in einem theoretischen Wissen besteht, sondern in Einsichten, die gerade auch in Grenzsituationen lebenstragende Wahrheit beanspruchen. Der faktische Gewinn oder Verlust dieser Wahrheit in konkreten Situationen begründet oder widerlegt sie nicht.

Weit entfernt sind wir von jeglichem Subjektivismus, wenn wir die öffentliche Textbasis der großen Buchreligionen, die Jahrhunderte währenden theologischen, interkonfessionellen und interreligiösen Dispute sowie die philosophisch-theologischen Diskurse betrachten. Die öffentliche, allgemein verständliche Sprache ist Voraussetzung jeder subjektiven, privaten und persönlichen religiösen Erfahrung oder Einsicht, jeder Interpretation von empirischen Tatsachen welcher Art auch immer in religiöser, zum Beispiel auf Gott bezogener Weise. Religiöse Erfahrung und Sprache musste je schon in ihrer Entstehung und Entwicklung die Rückfrage nach ihrem tatsächlichen Sinn einbeziehen, vorsehen und zulassen. Anders wäre mit ihr nicht die Kontinuität einer in den wichtigen Fällen mehrtausendjährigen Praxis zu stiften und zu bewahren gewesen. Weder die zehn Gebote, noch die Bedeutung des Glaubens an Gottes Rettungs- und Befreiungshandeln, weder die Verheißung der Befreiung des Volkes Israel aus der Knechtschaft (das Exoduskerygma) noch die Verkündigung absoluter ethischer Geltungsansprüche (die Sinaitheophanie) wären als subjektive, emotive oder affektive Phänomene je zur Identitätskonstitution des Volkes Israel tauglich gewesen. Vielmehr geht die sprachliche, textliche Konstitution religiöser Sinnwahrheit und ihres Geltungsanspruchs der individuellen, interpersonalen, subjektiven Sinn- und Identitätskonstitution notwendig und unhintergehbar voraus. Gerade an herausragender religiöser Subjektivität – an Moses, Jesus, Paulus, an Mohammed und Buddha – wird deutlich, wie sie sich nur in komplexen intersubjektiven Kommunikationsverhältnissen herausbilden kann. Der Schein der Unmittelbarkeit muss hier unbedingt destruiert werden. Erst in sprachlich komplex verfassten Sinnsituationen können sich religiöse Einsichten geltend machen, die tragfähig sind. Eine Analogie mit der Kunst sei hier gestattet: So entwickelt sich die einzigartige Gestalt der Kunst Schuberts und seines unverkennbaren Individualstils auf der breiten, für diese Entwicklung ganz unverzichtbaren Tradition der Wiener Klassik und der Herausbildung zum Beispiel der Sonatenhauptsatzform vom frühen Haydn bis zum späten Beethoven. Vorstellungen von einer plötzlichen Eingebung, einer genialen Intuition sind subjektivistisch und führen zu einem ganz falschen Verständnis. Jede geniale Ursprünglichkeit und Plötzlichkeit erhebt sich in Wirklichkeit auf einer großen, kommunikativen, interpersonalen Basis, die sich gemeinsamer Arbeit und Praxis verdankt.

Mit dem Stichwort Praxis ist ein weiterer zentraler Gesichtspunkt für die grundsätzliche Zurückweisung eines religiösen und theologischen Subjektivismus, einer intuitiven oder affektiven Basis ihrer Wahrheitsansprüche angesprochen. Wir werden später sehen: in allen partialen oder falschen Verständnissen der religiösen und theologischen Sinndimensionen artikuliert sich immer auch etwas Richtiges, etwas Zutreffendes – allerdings verzerrt und selbst irreführend. Dass wir es in diesem Bereich mit dem „Innersten", mit der Tiefe unserer Existenz und ihrem Verständnis oder Missverständnis zu tun haben, das ist nämlich völlig richtig. Und gerade diese Tatsache erklärt auch, warum die unmissverständliche Artikulation dieser existentiellen Tiefendimension so unerhört schwierig – viele wichtige Autoren lehren: nahezu bzw. gänzlich unmöglich – ist. Das liegt an der existentiellen Nähe dieser Sinndimension. Sie ist uns so nah, dass wir sie fast gesetzmäßig, automatisch übersehen bzw. nur verzerrt wahrnehmen. Blicken wir auf die religiösen, theologischen und philosophischen Zeugnisse von Gott, so wird sichtbar: Nicht nur ist für die großen monotheistischen Traditionen ihre intersubjektive Textbasis notwendig und konstitutiv; es ist auch die mit diesen Texten notwendig verbundene Praxis. Weit entfernt davon, subjektiven Ursprungs zu sein, sind die das Gottvertrauen stiftenden und artikulierenden Sprach- und Praxistraditionen von vornherein intersubjektiv; ja, sie stiften selbst eigene, unverkennbare Formen von Intersubjektivität: Gemeinschaften, Gemeinden, Orden.

Ich bezeichne diese religionsspezifischen, den Glauben an Gott lebenden und tradierenden praktischen Formen von Intersubjektivität als *Konsubjektivität*. Sie unterscheidet sich von der theoretischen Intersubjektivität und der praktischen Transsubjektivität darin, dass in sie als Form der Gemeinschaft die ganze Person mit ihren Ängsten und Hoffnungen, Wünschen und Bedürfnissen, mit ihren Mängeln und Möglichkeiten einbezogen ist. Neben der sprachlichen Seite der konsubjektiven Konstitution religiöser Subjektivität und eines überhaupt möglichen Gottesverhältnisses müssen wir die subjektivitätsermöglichenden Praxisformen sinnkriterial und geltungstheoretisch angemessen berücksichtigen.

So ist zum Beispiel das für die Entwicklung des Abendlandes in seiner Bedeutung kaum zu überschätzende Mönchtum eine denkbar streng konstituierte Form von Konsubjektivität. Die Ordensregel ist für die gesamte Gestalt des einzelnen Lebens formgebend – vom Tagesablauf mit seinen Stunden bis zur inhaltlichen Gliederung des Jahres und des gesamten Lebens. Die Öffentlichkeit, die intersubjektive und gerade nicht-subjektivistische Form der monastischen Praxis ermöglicht allererst die Entwicklung und Entfaltung existentiell engagierter Individualität und Subjektivität. Gefühle, Intuitionen, Privaterlebnisse – ihnen kommt von sich aus keine Bedeutung zu, sondern nur dann, wenn die mit ihnen konkret verbundenen inhaltlichen Bedeutungen und Sätze, Handlungen und Handlungsweisen öffentlich verständlich und explizierbar sind. Das gilt nach meinem Urteil auch für frühe Formen des Wüstenmönchstums und für eremitische Lebensformen. Gerade an ihnen lässt sich zeigen, dass sie sich einer konsubjektiven, öffentlichen Basis mit letztlich radikal universalistischem Anspruch verdanken. Wittgenstein formuliert daher knapp und treffend: „Kultur ist eine Ordensregel."[4]

Auch Formen der ‚Mystik der Innerlichkeit', wie wir sie in allen Weltreligionen finden, sind gerade keine Beispiele, die einen Subjektivismus des Gottesverhältnisses und religiöser Praxis begründen könnten. Alle ihre Formen sind vielmehr extrem voraussetzungsreich: sprachlich, interexistentiell, praktisch, rituell, kulturell. Denn gerade weil das Wesentliche des existentiellen Lebensverständnisses gemeint ist, geht es um genaue, verständliche und öffentlich nachvollziehbare, lehr- und lernbare Lebens- und Praxisformen, nicht um vage, diffuse Intuitionen. Es geht um das Erreichen einer Tiefenrationalität, die gleichermaßen existentiell und universal verfasst ist. Deswegen lehren zum Beispiel islamische Theologen der sufischen Tradition:

Sprich zu uns nicht von Visionen und Mirakeln,
Denn solche Dinge haben wir lange hinter uns.
Wir erkannten sie alle als Illusionen und Träume,
Und tapfer, unentwegt, gingen wir an ihnen vorbei.[5]

Authentische religiöse Selbstverständnisse und ein Gottesverständnis können nicht von esoterischen, elitären oder besonders merkwürdigen Erfahrungen und Gefühlen abhängig sein – mögen solche psychi-

schen Phänomene diese Verständnisse auch begleiten. Ähnlich ist es
mit wahrer Freundschaft oder Liebe – sie bestehen nicht in den sie
begleitenden Regungen, sondern diese teils heftigen Regungen treten
im Kontext einer authentischen Sprach- und Praxisform auch auf.
Evoziert man aus strategischen, also inauthentischen Zwecksetzungen
solche Gefühle bei anderen, ohne selbst den interexistentiellen Geltungssinn von Freundschaft oder Liebe praktisch ernstzunehmen, so
ist man ein Betrüger. Dass es Schwindler, Heuchler, Lügner und
Betrüger im Bereich existentieller und somit interexistentieller Ernsthaftigkeit und der mit ihr verbundenen Geltungsansprüche immer
gab und gibt, ändert nichts am faktischen normativen Geltungssinn
selbst. Es ist umgekehrt: Die Schwindler und Betrüger zehren parasitär vom faktischen, positiven Geltungssinn – zum Beispiel einer
sprachlichen Institution wie dem Versprechen – , um den Sinn der
Institution zu pervertieren und für ihre Zwecke zu instrumentalisieren. Denn jeder weiß, was es heißt, ein Versprechen zu geben. Wir
haben diese Einrichtung, damit wir uns auf einander verlassen können. Der Sinn des Versprechens ist, dass es gehalten wird. Und nur
dadurch ist es möglich, dass es gebrochen werden kann. Ebenso lässt
sich der Sinn religiöser Sinngehalte pervertieren. Geschichte und Gegenwart zeugen davon, wenn wir die Scharlatane der Sinnvermittlung,
die Sekten und Irrationalismen der Esoterik – kurz, des Aberglaubens
betrachten. Die Religionskritik an solchem Massenbetrug bleibt unverzichtbar.

Die interexistentiellen Sprach- und Praxisformen der Religion und
des Gottesverständnisses konstituieren eine öffentliche, gemeinsame
Basis, die nicht von besonderen Erfahrungen und Gefühlen abhängig
ist, sondern solche überhaupt erst ermöglicht und eröffnet. Sie lassen
sich dann im Kontext, im Bezugsrahmen des religiösen Verständnisses
interpretieren. Da ein Gottesverständnis nicht auf besonderen Einzel-
erfahrungen gründen kann, sondern sich auf alle möglichen Erfahrungen und Gefühle im Leben bezieht – ebenso wie ein atheisti-
sches oder nihilistisches existentielles Selbstverständnis –, muss sein
transpsychologischer, nicht-subjektivistischer, sein *kommunikativer*
Status begriffen werden. Mit dieser These wird gerade nicht der
wesentliche Aspekt existentieller Betroffenheit im Bereich religiöser
Praxis bestritten. Auch, wenn wir die für die Psyche möglicherweise
heilsame, therapeutische Wirkung religiöser Orientierungen betrachten, gilt: Heilsame Wirkungen gehen auf Dauer nur von wirklich
glaubwürdigen Geltungsansprüchen aus, die ihren Geltungssinn nicht
aus den sie begleitenden Gefühlen beziehen.

Eine kritische Religionsphilosophie und philosophische Theologie
kann sich nicht ,über' oder ,neben' religiöse Praxisformen stellen, sie
somit von ,außen' und von ,oben' beurteilen. Ein solcher unherme-

neutischer und so auch unkritischer Zugang verkennt den nicht auf-
lösbaren Konnex von Methode und Selbsterkenntnis. Um existentielle
Selbstverständnisse zu explizieren und zu rekonstruieren, müssen wir
deren Geltungsansprüche ernstnehmen. Dazu gehört die Explikation
des eigenen Selbstverständnisses. Auch der Abweis psychologistischer, subjektivistischer Verständnisse wird nicht von außen und von
oben herab an die sich auf Gott berufenden Traditionen herangetra-
gen. Wie schon exemplarisch die mystische Sufi-Tradition des Islam,
so hat auch Luther eindeutig erklärt: „(D)ie da den Geist rühmen und
suchen sonderliche Offenbarung und Träume, die sind ungläubig und
Verächter Gottes; denn sie lassen sich an Gottes Wort nicht begnügen,
wollen damit nicht zu Frieden seyn. In geistlichen Sachen suche noch
begehre ich keine Offenbarung noch Träume. Ich hab ein klar Wort,
dabey allein bleib ich. Wie auch S. Paulus vermahnet und lehret, dass
wir uns dran sollen halten und hängen, wenn gleich auch ein Engel
vom Himmel anders lehrete."[6]
Der Subjektivismus und Psychologismus wurde in vielen religiösen und theologischen Traditionen als Kehrseite des Dogmatismus
und Fundamentalismus erkannt und abgelehnt. Das heißt: Den religiösen Offenbarungsquellen wird bereits innerreligiös ein sowohl privaten Intuitionen wie auch elitärem Herrschaftswissen überlegener
Anspruch auf intersubjektiv tragfähige und kommunizierbare Geltung zuerkannt. Kritische Theologie steht so in Verbindung mit Rationalitätskriterien und common sense. Anders wäre die dauerhafte
Institutionalisierung der Weltreligionen auch kaum begreiflich. Dieser
Geltungsanspruch vereint viele Millionen Menschen. Er darf aber
nicht mit der leichten Zugänglichkeit religiöser Einsichten verwechselt werden. Der ganz spezifische, stark individuierte kulturelle Kontext ihrer Ausdrucksformen ist für die religiösen Lebensformen nichts
Äußerliches, sondern selbst irreduzibel. Und die lebenstragende
Bedeutung der religiösen Wahrheitsansprüche erschließt sich nicht in
bloßer Zurkenntnisnahme. Der kritische Abweis subjektivistischer
und psychologischer Verständnisse gehört zu vielen religiösen und
theologischen Traditionen. Hinter deren Rationalitätsansprüche sollte
eine philosophische Analyse nicht zurückfallen.

1.3 Vielfalt der Religionen? Relativismus in Religion und Theologie

Liegt ein kulturrelativistisches Verständnis der theologischen Grundfragen nicht geradezu auf der Hand? Der Eindruck einer diachronen
und synchronen Differenz von religiösen Weltbildern und Lebensformen ist unabweisbar. Die kulturwissenschaftlichen Forschungen

von Religionsethnologie und -soziologie sowie die philosophischen
Traditionen des Historismus und Relativismus suggerieren die Wahrheit eines Subjektivismus im großen Stil – nämlich bezogen auf ganze
Kulturen (die Maya, die Inka, das alte Ägypten, Sumer, die Hopi-
Indianer, die Eskimos). Es sieht so aus, als seien die Gottesverständnisse Produkt und Teil geschichtlicher Gesellschaftssysteme. Intern
stellen Lebensformen in dieser Konzeption ein tendenziell hermetisch
abgeschlossenes System von Sprach- und Handlungsregeln dar. Der
Relativismus kann sich auf allen Ebenen der Praxis, der Reflexion und
der Theoriebildung entwickeln. Ein „reiner Glaube", in den man mit
einem irrationalen „Sprung" gelangt, grenzt sich vom Unglauben
durch einen „garstig breiten Graben" (Lessing) ab. Initiationsriten
führen zu nach außen sozial abgegrenzten Gemeinschaften. Erwäh-
lungs- und Offenbarungsvorstellungen sowie Absolutheitsansprüche
verstärken den Eindruck des Relativismus. Wie schon im Fall des soeben behandelten Subjektivismus ist an dieser Denkweise etwas richtig,
wenn sie die Authentizität und Irreduzibilität religiöser Lebensformen akzentuieren will. Ihre Wahrheits- und Geltungsansprüche sind
nicht ins Belieben gestellt, sonst wären sie nur äußerlich und überflüssig. Auch religiöse Orientierungen und ein Gottesverständnis, die
Toleranz und Offenheit gegenüber fremden Religionen und gegenüber areligiösen und atheistischen Lebensformen praktizieren, vertreten so gerade keinen leichtfertigen Relativismus, sondern diese
Toleranz und Offenheit – Maximen des Bemühens um das Verstehen
fremden und anderen Lebens – gehören zum Kernbereich des praktischen Selbstverständnisses solchen Glaubens. Darüber hinaus gilt,
dass sich die gleiche Form bzw. Struktur religiöser Sichtweisen in verschiedenen Repräsentationen bzw. Praktiken wiedererkennen lässt,
vor allem in ethischen und mystischen Traditionen. Differenzen sehen
ist oft einfacher, aber daher auch irreführender. Abschottungsstrate-
gien sind die Folge.
    Ebenso wie im Falle des existentiellen Subjektivismus ist auch
im Falle des Relativismus mit Bezug auf ganze Religionen und
Gottesverständnisse die Behauptung einer totalen hermeneutischen
Differenz, also wechselseitiger totaler Unzugänglichkeit und Unver-
ständlichkeit unhaltbar. Sie will ein Lebensphänomen in seiner An-
dersartigkeit verstanden haben, welches sie – gemäß eigenen Voraussetzungen – gar nicht verstehen kann. Der praktisch vertretene
kulturelle, in unserem Kontext religiöse Relativismus grenzt das kulturell Andere als das völlig Andere und Fremde aus und versteht es
nicht, weil er im Grunde die eigene Kultur selbst nicht versteht. Der
Relativismus ist nicht kritisch genug; er weiß zuviel. Sowohl als Theorie der Lebensformen als auch als praktische Einstellung entspringt er

einer hybriden Selbstüberschätzung der eigenen Erkenntnis- und Einsichtsmöglichkeiten.

Grundsätzlich gilt: In fundamentalen praktischen Orientierungs-kontexten – und zu diesen gehört die Gottesfrage – können wir nicht ein für allemal fertiges, abgeschlossenes Wissen und Urteil dogmatisch fixieren und objektivistisch festschreiben. Bereits in den relevanten moralischen Kontexten des Verständnisses des Guten, des Glücks, der Gerechtigkeit und der Freiheit ist es ein tief sitzender Kategorien-fehler, die Reflexivität, Offenheit und Unabgeschlossenheit dieser existentiellen Lebensperspektiven durch fertige Definitionen, festge-setzte Regeln und schematisch handhabbare Bestimmungen ersetzen und unterlaufen zu können. Trete ich in Beziehung zur existentiellen und interexistentiellen Praxis und Rede von Gott in der Lebensform anderer Menschen in meiner eigenen und auch in einer mir fremden Kultur, so ist ein äußerliches Urteil aus einer bloßen Beobachterper-spektive nicht viel wert. Einen ‚Kulturrelativismus‘ der religiösen Lebensformen kann solch ein Urteil auf keinen Fall begründen. Das gilt ganz genauso für Fromme in ihrem äußerlichen Urteil über Atheisten, Agnostiker oder Nihilisten. Erst die harte Arbeit des Verstehens auf allen Ebenen, die keinesfalls harmlos vorgestellt wer-den sollte, kann zu einem vertieften Verständnis der Anderen in ihrer Andersheit – und damit auch in ihrer Nähe zum eigenen Selbst-verständnis – führen. Jedwede Form des dogmatischen Relativismus gerät in die Nähe von Fanatismus und Gewalt – auch ein Fetischismus der Differenz, wie er in der Gegenwart von manchen als bequeme Pseudoantwort vertreten wird. Er will einfach alles zulassen und ver-stehen und klärt dabei nichts.

Wir berühren in diesem Kontext die weitreichende politische Dimension des „clash of civilizations". Die einzige philosophisch angemessene Umgangsweise mit religiösen Differenzen ist qualifizier-te Verständigung unter Einschluss einer gemeinsamen, harten Dis-kussion über die tatsächlichen Ziele einer Praxis. Ich kann und darf auch mein eigenes Verständnis nicht objektivistisch dogmatisieren. Bereits die eigene gegenwärtige westliche Kultur ist außergewöhnlich heterogen. In ihren Metropolen sehen wir kirchlich-fromme Ge-meindemitglieder neben Punks und lifestyle-orientierten Bankange-stellten, eine Vielzahl sektiererischer Bewegungen, stark individualis-tisch orientierte Singles neben Großfamilien, Esoteriker und Satanisten neben der akademischen Intelligenz, Habermas neben Scientology. Die Lebenswirklichkeiten dieser Milieus weisen gravie-rende Fremdheiten auf, auch wenn sie im selben U-Bahn-Wagen fah-ren. Interpersonale Alterität und Ferne, Fremdheit und Asymmetrie prägen Milieus und Habitusformen auch in großer räumlicher Nähe. Diese Modi der Differenz begründen keinen Relativismus, sondern

gehören zu den konstitutiven Sinnbedingungen des Verstehens. Auch
ein vernünftiges, interpersonales Gottesverständnis lässt sich nicht
objektivistisch oder hermetisch festschreiben, sondern muss inmitten
heterogener Kontexte und Lebensformen lebbar und kreativ offen
gestaltbar sein.

Dazu müssen wir erkenntnis- und sprachkritisch die Gebrochen-
heit und Partialität unserer praktischen Lebensverständnisse von
vornherein und grundsätzlich begreifen. Zur interpersonalen tritt die
intrapersonale hermeneutische Differenz. Neben die ökonomischen,
politischen, sexuellen und generationellen Differenzen zwischen Be-
sitzenden und Lohnabhängigen, Führungseliten und Durchschnitts-
bürgern, Frauen und Männern, Kindern, Jungen und Alten, Kranken
und Gesunden tritt die Ferne, Unbekanntheit und Verborgenheit vieler Aspekte des eigenen Lebens. Wer bin ich selbst – wer war ich, als
Kind, als zehnjähriger Schüler, als zwanzigjähriger Student? Die sich
hier eröffnende Ferne begründet wiederum keinen Relativismus, sondern sie begründet die *Offenheit und Nicht-Festgelegtheit des Selbst-
und des Fremdverstehens*, die sinnkonstitutiv für anspruchsvollere
Formen von Verstehen überhaupt sind.

Kulturen und Lebensformen sind keine Käfige oder geschlossene
Anstalten. Gottesverständnisse oder das Leugnen und Abtun eines
Gottesverhältnisses lassen sich weder synchron noch diachron relati-
vistisch begreifen. Auch wenn solche Verständnisse stark ritualisiert,
habitualisiert und traditionell standardisiert sind, wie in vielen Kulturen der Welt, so setzt doch die existentielle Fortsetzung der Tradition eine jeweils aktive Aneignung und kommunikative Praxis voraus,
die nicht von selbst geschieht. In meditativer Praxis wird eine immer
neue, vertiefende Aneignung existenztragender Wahrheit unternommen, so in der jüdischen, christlichen und islamischen Mystik
und im Buddhismus. Die Fremdheit, Ferne und Abwesenheit Gottes
kann zur zentralen Erfahrung werden.

Das bisher Ausgeführte besagt: Nur ein oberflächlicher Ver-
stehenspositivismus kann zum kulturellen Relativismus führen. Wer
begreift, dass bereits in der eigenen Kultur die interpersonalen Modi
des Nicht-Verstehens und der Ferne wie auch die intrapersonalen
Modi der Ferne und Abständigkeit von der eigenen Existenz und
Identität sinn- und verstehenskonstitutiv sind, der wird im Bereich
religiöser Lebensformen und Gottesverständnisse keine schlichten
Modelle eines geschlossenen kulturellen Hermetismus favorisieren.

Die existentielle Aneignung religiöser, auf Gott bezogener Wahrheitsansprüche unterliegt geltungslogisch keinem Relativismus und
keiner Beliebigkeit, obwohl diese Aneignung nur in konkreten geschichtlichen Kontexten und durch Individuen geschehen kann, deren

Lebensform die der singulären Totalität, der einmaligen, endlichen Ganzheit ist.

Es ist nicht möglich, von außen und objektivistisch das Verständnis einer religiösen Lebensform mit Bezug auf Gott, den Sinn des Lebens und angesichts des Todes theoretisch zu rekonstruieren. Die Abwertung bestimmter Formen von Religion als Magie und als primitive Form von Naturwissenschaft deutet oft eher auf die hermeneutische Sinnblindheit der Theoretiker denn auf die ‚Dummheit‘ der Opfer ihrer Interpretationen hin. So mag dann etwa das christliche Abendmahl, von außen betrachtet, wie in einem schlechten Scherz als geringfügig sublimierte Form von Kannibalismus erscheinen.

Das Wissen um die Situiertheit und kontextbezogene Partikularität der eigenen Praxis und die prinzipielle Endlichkeit unserer Erkenntnismöglichkeiten (auch im Bezug auf uns selbst) gehört mit zum Begreifen allgemein-vernünftiger Orientierungen. Diese Endlichkeit prägt nicht nur die Gottesverständnisse und die religiösen Orientierungen der Menschheit, einschließlich ihrer Kritik. Sie prägt auch die Geschichte der Naturwissenschaften und der Mathematik. So musste viel geschehen, bis die Differential- und Integralrechnung entwickelt werden konnte. Ihre ‚universale‘ Geltung wurde einmal von Newton, Leibniz und Bernoulli eingeführt und somit handelnd hervorgebracht wie alles Menschenwerk – eingeschlossen Religion und Theologien, und dies unter weitreichenden kulturellen und wissenschaftlichen Bedingungen. Dass nicht allen und nicht immer dieser mathematische Geltungssinn bekannt war, unterwirft diesen Sinn keineswegs einem ihn aushöhlenden Relativismus. Universale Geltung und generelle, quantifizierbare Verbreitung und Bekanntheit sind zweierlei. Im Anschluss an Wittgenstein und Peter Winch, Thomas S. Kuhn und Paul Feyerabend ist es mittlerweile deutlich, dass das einst statisch-ungeschichtlich gedachte Rationalitätsparadigma der ‚exakten‘ mathematischen Naturwissenschaften jeweils nur in konkreten soziokulturellen Lebensformen seine begrenzte Wirklichkeit hat. Kultureller Sinn ist ein filigranes und fragiles Gebilde, erst recht im Bereich existentieller und religiöser Selbstverständnisse. Geltungssinn läßt sich nicht objektivistisch fixieren, nicht synchron und statisch begreifen. Er wird durch lebendige Aneignungsprozesse allererst mitkonstituiert, unterliegt zeitlich-geschichtlich sich wandelnden Interpretations-, Umdeutungs- und Radikalisierungsprozessen. So, wie wir neue Sprachspiele entwerfen können, stehen uns die alten nicht wie starre Strukturen gegenüber. Wir leben in beweglichen, durchlässigen Ordnungen. Unsere Sprachverwendung und unser Sinnverstehen lässt sich als *freies Fortsetzen nicht festlegender Anfänge* verstehen. Die kruden Vorstellungen eines Kulturrelativismus greifen daher viel zu kurz, wenn wir die Sinnkriterien unserer interexistentiellen Praxis und unserer existentiellen Selbstverständnisbildung genauer in den Blick nehmen.

Gegen den dogmatischen theoretischen oder praktischen Relativismus im Bereich des Gottesverständnisses, gegen die Dogmatisierung sowohl des vermeintlich unproblematischen Verstehens wie auch des Nicht-Verstehens müssen wir den Versuch der Selbsterkenntnis durch hermeneutische Sensibilisierung für interexistentielle Differenz, Alterität und Negativität setzen, die durch die Endlichkeit unseres Erkennens unvermeidlich sind und so zu den Sinnbedingungen unseres Welt- und Selbstverständnisses gehören. Zum Verstehen fremder wie eigener Lebensformen gehören Teilnahme, Rücksichtnahme, Selbstreflexion, Innehalten und Behutsamkeit. Die Bedeutung des Geltungssinns existentieller, praktischer Einsichten gehört uns nicht wie ein Privatbesitz.

Um ein vernünftiges, geklärtes Verständnis der Frage nach Gott und ihren möglichen Antworten zu erreichen, müssen wir daher auch falschen, missverständlichen und partialen Auffassungen Raum geben, wie in diesem einleitenden Kapitel. Die hier kritisierten Verständnisse sind ihrerseits verständlich, oft naheliegend, verbreitet und haben einen, wenn auch erst explizit zu rekonstruierenden Wahrheitskern. Was der Relativismus, recht verstanden, artikulieren will, ist, dass sich menschliche Lebensverständnisse – auch Gottesverständnisse – nur in endlichen, konkreten geschichtlichen und sprachlichen Modi entfalten können und individuieren müssen. Kulturelle Lebensformen und auch explizite Theologien müssen daher charakteristische Eigenstile und konkrete Sittlichkeiten ausprägen. *Die reziproke Entzogenheit, die interne Tiefe und Ferne der Individuen und Kulturen ermöglicht und eröffnet überhaupt erst anspruchsvolle Formen des Verstehens und gemeinsamer Praxis.* Ist diese Grundeinsicht bewusst, dann können Religionen voneinander lernen, Theisten können von Atheisten lernen, Atheisten von Theisten. An die Stelle eines ratlosen oder dogmatisch konstatierten Relativismus in der Gottesfrage müssen Formen der Verlangsamung, der Mündlichkeit, der Freundlichkeit, der Teilnahme, der Besonnenheit, der Sorgfalt, der Behutsamkeit und Genauigkeit, der Nachdenklichkeit und Geduld, der Wohlinformiertheit und Bildung treten. Bereits die angemessene Klärung der Dissense und Missverständnisse verlangt hier eine in der heutigen, zumindest westlichen Medienwelt unübliche Haltung der verlangsamten Wahrnehmung. Nur so lassen sich Verdrängung, Tabuisierung, bloßes Abtun der Gottesfrage oder vorschnelle Antworten überwinden, die alle den Anforderungen philosophischer Reflexion nicht entsprechen. Die Unklarheiten und theoretischen Dogmatismen des Relativismus gehören zu den besonders unbefriedigenden Formen, sich von den letzten Fragen unserer Existenz auf bequeme Weise fernzuhalten.

1.4 Entfremdungstheoretische Analysen des Gottesglaubens und der Theologien

In unsere Rekonstruktion der Gottesthematik müssen wir die berechtigte Religions- und Theologiekritik von Aufklärung und Moderne einbeziehen. Recht verstanden, enthalten schon traditionelle Religionen und Theologien in erheblichem Maße die Kritik an falschen Vorstellungen und deren verhängnisvollen praktischen Konsequenzen. Die großen Religionsstifter waren auch radikale Kritiker. Es gibt hier Berührungen mit der in der Entstehung und Entwicklung der Philosophie tief verankerten Reflexion der Negativität. Positive Verständnisse zum Beispiel des Guten und Wahren lassen sich nämlich auch nach Sokrates, Kant, Hegel oder Wittgenstein nicht umstandslos explizieren. Dies gilt bereits in schlichten Fällen. Aristoteles lehrt in der *Nikomachischen Ethik*, dass in der ethischen Praxis das Verfehlen der guten Mitte einfach und leicht, das Treffen dagegen selten und schwer sei. Wie beim Bogenschießen sitze der Pfeil nur in einem Fall perfekt in der Mitte der Zielscheibe, während es unendlich viele Möglichkeiten des Vorbeischießens gäbe. Solche negativ-kritischen Bedingungen gelten für alle menschliche Praxis, die gefährdet und fragil ist und bleibt – als Preis des Spielraums der Freiheit. Die entfremdungstheoretische Kritik an Religion und Gottesglauben, wie sie insbesondere von Feuerbach, Marx, Nietzsche und Freud entwickelt wurde, sieht die Religionen und die Gottesvorstellung als Produkte menschlicher Bedürfnisse, Ängste und Illusionen. Der bereits behandelte Subjektivismus, Psychologismus und Anthropozentrismus wird auf diese Weise noch einmal zusätzlich als pathologisch diagnostiziert, als Projektion des eigenen, idealisierten Wesens ins Jenseits, als Produkt selbstentfremdeter Zwecksetzungen, als Oberflächenerscheinung einer verdrängten Triebgeschichte des Bewusstseins, als undurchschaute Verschleierung von realen Gewaltverhältnissen. Viele Beispiele der Religions- und der Kirchengeschichte und der repressiven Strukturen auch in gegenwärtigen theozentrischen Gesellschaften können diese Ansätze eindrucksvoll untermauern.

Allerdings liegen auch hier Wahrheit und Irrtum nah beieinander. Die religiöse Sprache und Praxis lässt sich, blicken wir auf ihre Geltungsansprüche und Sinnpotentiale, nicht einseitig als Symptom von Todesangst, Schuldkomplexen, illusionären Wunschbildungen und Projektionen des Unbewussten, als Reflex ökonomischer Verhältnisse verstehen, wie dies Marx und Freud nahelegen. Ihre Genealogie kann nicht allein aus einer Inversion von Hass und Grausamkeit seitens ressentimentgeleiteter ‚Zukurzgekommener‘ erklärt werden, wie Nietzsche meint.

In diesem Zusammenhang ist es zunächst wichtig, grundsätzlich festzustellen, dass es Religion und Gottesglaube in der Tat von Beginn an auch mit den tiefsten Ängsten und Kümmernissen des Menschen und mit der Todesangst zu tun haben – mit der Endlichkeit des Menschen, mit den unumstößlichen Gegebenheiten seiner Wirklichkeit: mit Schuld und Scheitern, mit irreversiblem Versagen, mit den Grenzen des Lebens in all ihrer Brutalität und Komplexität. Die entfremdungstheoretischen Deutungen bezeugen daher gleichsam wider Willen die Dignität der Gottesperspektive, wenn sie deren Verbindung mit Angst, Tod und Verfehlung diagnostizieren. Aber erreichen diese Deutungen so die Ebene vernünftiger Reflexion und Kommunikation? Eine flächendeckende, monokausale und restlos destruktive Religions- und Theologiekritik verfügt über keine Möglichkeit, dieser Praxis und ihrer gedanklichen Aneignung authentische und rationale Sinnpotentiale zuzuerkennen.

Aber auch diese Metakritik greift noch zu kurz. Die anthropologische, die ökonomische, die naturalistische und die psychoanalytische Kritik an Religion und Gottesvorstellung zehrt bei genauerem Hinsehen von dem in diesen Sinntraditionen bereits implizierten Vernunftpotential, und zwar unter Einschluss der kritischen Perspektive selbst. Anders, und pointiert gesagt: Die von Feuerbach vermeintlich allererst freigelegte anthropologische Dimension der christlichen Theologie eignete dieser von Beginn an. Nur lässt sie sich nicht auf diese reduzieren und so eliminieren. Religionskritik kann eine schlechte philosophische Theologie zur Voraussetzung haben. Das betrifft auch ein verkürztes Verständnis des Ansatzes von Marx. Dass Menschen in der Not ihrer bedrückenden ökonomischen Lebenssituation auf einer anderen, ihnen noch verbleibenden Ebene gesellschaftlicher Praxis und Kommunikation Hilfe und eine Hoffnung eröffnende Perspektive suchen und kultivieren, ist sehr verständlich und vernünftig. Die Geschichte der Abschaffung der Sklaverei, die Geschichte der modernen Emanzipationsbewegungen und der Befreiungstheologie in den armen Ländern der modernen Welt zeigen, wie stark die Formen der Repression und der Emanzipation, die Erfahrungen der Entfremdung und authentischen Lebenssinns ineinandergearbeitet sind. *Das existentielle Gottesverständnis steht ganz oft mitten im Zentrum dieser konstitutiven Verklammerung von Negativität und Sinn.* Denn es hat seinen Ort an der Schnittstelle von Praxisende und Hoffnung und integriert gerade die Dimension unbedingten Sinnes auch mit den Erfahrungen von Leiden, Scheitern und Tod. Nur, wer diese Dimension unterschlägt, kann wiederum leichthin eine entfremdungstheoretische Depotenzierung des genuinen Geltungssinns einer Orientierung an Gott als Endergebnis seiner Analyse behaupten.

Das gilt auch für die psychoanalytische Fundamentalkritik. Für die Tradition hat die Gotteserkenntnis viel – wenn nicht alles – mit der wahren Selbsterkenntnis zu tun. Dieser Konnex kann schlicht in der Einsicht bestehen, dass ich mit meinen eigenen Kräften sehr begrenzt bin und nahezu alles mir vorgegeben ist – meine Natur, der Ort und die Zeit meines Lebens, mein Schicksal, mein Glück. Der Konnex kann aber noch mit tiefen, verborgenen Aspekten des existentiellen Selbstverständnisses, unter Einschluss von Angst, Schuld, Schwäche und pathologischen Phänomenen bestehen. Ein einfaches Modell der reduktionistischen ‚Wegerklärung‘ greift zu kurz, um authentische religiöse Praxis und ein bewusstes und ernsthaftes Verhältnis zu Gott angemessen zu begreifen. Das gilt, wohlgemerkt, schon für eine nur sachliche, phänomenologische, deskriptive Beobachterperspektive.

Das transzendentale bzw. begriffliche Argument der *Irreduzibilität von Geltung auf Genesis* ist von dem Philosophen und Soziologen Georg Simmel einmal in das Bild gefasst worden, es berühre nicht die Schönheit einer Rose, wenn sie auf einem Misthaufen erblüht. Ist man hingegen von der Möglichkeit der Reduktion der Geltung auf die Genesis überzeugt, so erliegt man einem genetischen Fehlschluss. Gelingt es uns in den folgenden Analysen, authentische, vernünftige Wahrheits- und Geltungsansprüche im Kernbereich der Rede und Praxis mit Bezug auf Gott freizulegen, dann wird auch die Kritik solcher Fehlschlüsse systematisch möglich. Es gilt generell: Authentischer Sinn lässt sich immer missbrauchen. Die Wahrheitsdimension eröffnet die Möglichkeit der Lüge. Vertrauen ermöglicht Betrug. Aber dieses Grundphänomen ist nichts für Religionen oder das Gottesverständnis Spezifisches. Alle Bereiche der Geltung, in Wissenschaft und Recht, in Ethik und Ethos sind davon betroffen.

Im Blick auf Freud hat Paul Ricœur von einer *Epigenesis* gesprochen, von einer authentischen Nachgeschichte menschlicher Orientierungen.[7] Selbst, wenn wir unterstellen, die Entstehung, die Genealogie des menschlichen Gottesverhältnisses seien von der Art der Analysen Nietzsches und Freuds, so gibt es doch ebenfalls eine überwältigend eigenständige, mehrtausendjährige Nachgeschichte dieser selbstverständlich auch unter Entfremdungsbedingungen entstandenen Sinnorientierung. In dieser Nachgeschichte wurden die praktischen Konsequenzen des Gottesglaubens in die gesellschaftliche Gestaltung des kulturellen und zivilisatorischen, rechtlichen und normativ urteilenden Bewusstseins aufgenommen und unabhängig von ihrer Entstehungsgeschichte produktiv weiterentwickelt. Die exemplarische, hermeneutisch-kritische Darstellung von Ricœur und seine Konzeption der Epigenesis wird zwar am Paradigma der Psychoanalyse durchgeführt, lässt sich aber auf marxistische, nietzscheanische und auch foucaultistische, vereinfachende Deutungsmuster ausdehnen. So, wie die frühkindliche und pubertäre Sexualität des Menschen Sublimierung, Kultivierung, Ethisierung und ein selbstbewusstes Reflexivwerden erfährt, so können auch kindliche religiöse Phantasmen und naive Vorstellungen im Prozess der Aufklärung und Selbstwerdung transformiert und in autonome Formen des Transzendenzbezugs überführt werden.

Das Problem der geltungsdepotenzierenden Genetisierung begleitet religiöse und theologische Wahrheitsansprüche nicht nur im Kontext der klassischen Theorieparadigmen von Marx, Nietzsche und Freud. Auch die historische Untersuchung der Lebensumstände von Moses, Jesus, Paulus oder Mohammed, die archäologische Rekonstruktion religiöser Traditionen in den Gewalt- und Herrschaftskonflikten ihrer jeweiligen Epoche, die kritischen historischen Untersuchungen zur Kirchengeschichte, zur Geschichte des Terrors der Hexenverfolgung und der Inquisition, können sich verunklärend und verdeckend vor genuine Wahrheitsansprüche und die explizite Auseinandersetzung mit ihnen schieben. Folgt man dieser Linie allein, so käme dies der Untersuchung gleich, die Geschichte der Wissenschaft, der Politik, des Rechts und der Kunst von ihren Pervertierungen, ihren defizitären und ideologischen Modi, von ihren repressiven Funktionalisierungen aus zu betrachten, nicht jedoch von ihren rationalen und befreienden Potentialen und Wirkungen her. Die Worte der Bergpredigt, die zentrale Wegweisung Buddhas, die Lehre der für den Koran grundlegenden Suren – sie sind geltungssinnbezogen völlig unabhängig von den konkreten, empirischen Randbedingungen ihrer faktischen Entstehung, den Befindlichkeiten ihrer Verfasser, ja sogar unabhängig von etwaigen psychologisch erfassbaren Intentionen ihrer Autoren, die wir nicht kennen und niemals kennen lernen werden. Es muss klar sein: Selbst *unsere* ureigensten Intentionen können wir nur vermittelt durch unser Handeln und Sprechen erfahren und erkennen. Es wäre auch für die Erfindung der Null in der indischen Mathematik nicht von Belang, wenn wir herausfinden würden, dass ein psychisch kranker Mathematiker diese Erfindung in einem schon schwer beeinträchtigten Zustand gemacht hätte. Die Null gilt und funktioniert trotzdem – in *unseren* Rechnungen. Ebenso bewegt sich der Geltungssinn der Verkündigungssprache der Weltreligionen nicht auf einer Ebene, die empirischer psychologischer oder ideologiekritischer Depotenzierung unterzogen werden kann. Die Reflexionsleistung der mittelalterlichen Metaphysik und Theologie kann unmöglich auf die Abarbeitung frühkindlicher Traumata oder die versteckte Legitimierung ökonomischer Unterdrückungsverhältnisse zurückgeführt werden. Kurz: Die Entfremdungstheorien der Moderne sind im Vergleich zur religiösen Tradition und theologischen Reflexion von allenfalls holzschnittartiger Primitivität. Im Rückgriff auf systematische

Leistungen der Philosophie des 20. Jahrhunderts werden wir daher versuchen, Ansätze zur Rückgewinnung der geltungssinnbezogenen Rationalitätspotentiale der Traditionen der philosophischen Theologie zu entwickeln.

1.5 Gott als Mittel zum Zweck?
Religion und Gottesverständnisse als (z. B. soziale) Funktionen

Religiöse Sprache und Praxis, die Rede von Gott und die Lebensorientierung an Gott folgen nicht der Logik von Erklärungen. Sie werden, funktional interpretiert, *kategorial* unter- und fehlbestimmt. In der modernen Soziologie, aber ebenso auch in religionsphilosophischen Ansätzen der Gegenwart kommt dem Funktionsbegriff eine zentrale systematische, grundbegriffliche Rolle zu. So untersucht Niklas Luhmann auf instruktive Weise die „Funktion der Religion".[8] Ihm nahe stehen die Untersuchungen des Philosophen Hermann Lübbe zur pragmatischen Funktion von Religion in modernen Gesellschaften des Westens „nach der Aufklärung".[9]

In diesen Analysen sieht es so aus, als bewege sich religiöse Praxis auf der Ebene instrumenteller Rationalität. Das Lübbesche Religionsdefiniens „Kontingenzbewältigungspraxis" deutet in diese Richtung. In der Perspektive theoretischer Beobachtung werden Individuen und Gruppen sichtbar, die insbesondere angesichts der „Kontingenzen" des Lebens zu bestimmten traditionellen, vornehmlich kirchlich institutionalisierten, ritualisierten Formen des gemeinsamen Sich-Verhaltens zum Unabänderlichen des Lebensschicksals greifen. Die religionsethnologisch einschlägig herausgearbeiteten „Passageriten": Geburt, Taufe, Erwachsenwerden, Heirat und Tod sind das Zentrum dieser sozialen Institutionalisierung. Bis auf weiteres bleibt die Funktion der Kirchen in dieser Sichtweise die von rituellen Feierkirchen. Auch geltungsgeschichtlich lässt sich ja die früheste Form religiöser Praxis mit Bestattung und Totenkult in Verbindung bringen. Die Bewältigung der Sterblichkeit und des Todes in den archaischen und mythischen Weltkulturen, in den Mythen der Wiedergeburt oder in den Riesengrabstätten der Pyramidenbauten bestätigen die Verbindung der Frühgeschichte der Menschheit mit der Todesbewältigungspraxis. Auch im Ansatz Luhmanns kommt der funktionalen Bewältigung des Schicksals unter dem terminologischen Titel der „Kontingenz" die grundlegende rekonstruktive Bedeutung für Religion und Gottesglauben zu.

Ähnlich wie bei den psychologisierenden und den entfremdungstheoretischen Rekonstruktionsversuchen geht auch hier etliches

durcheinander, und zwar bereits auf der deskriptiv-phänomenologi-
schen Ebene. Schwerer noch aber wiegt, vor allem auf philosophischer Reflexionsebene, eine grundsätzliche kategoriale Verfehlung des genuinen Status einer menschlichen Praxis. Während
Luhmann zumindest noch durch einen Satz außerhalb seines Textes,
nämlich durch das Motto „In Erinnerung an meine Frau, der Religion
mehr bedeutete, als Theorie zu sagen vermag",[10] die Dimension eines
Sinnüberschusses angesichts seiner funktionalen Rekonstruktion von
Religion andeutet, verweigert Lübbe konsequent eine philosophische
Thematisierung und Explikation der Wahrheitsfrage hinsichtlich des
Transzendenzbezugs und der Gottesfrage. Aber mehr noch. Im funktionalen Zugriff wird der Religion und dem Glauben sehr tatkräftig
und sehr grundsätzlich die Sinnspitze abgebrochen. Ähnlich wie in
der neokonservativen „Kompensationstheorie" der Geisteswissen-
schaften bei Odo Marquard und im Anschluss an ihren Lehrer
Joachim Ritter,[11] wird bei Lübbe dem Transzendenzbezug eine
Mängel und Schicksale ausgleichende, kompensierende Funktion zu-
gewiesen. Dass der Transzendenzbezug von Beginn an ein befreiendes
und freisetzendes, positiv sinnstiftendes und in die Zukunft weisendes
Potential hat, das soteriologisch und eschatologisch, utopisch, politisch und emanzipatorisch wirksam war und ist, kommt nicht in den
Blick. So ist weder die Dimension der christlichen Hoffnung als bloße
‚Bewältigung‘ von ‚Kontingenz‘ begreifbar, noch die Liebe oder der
Glaube. Der Lobpreis Allahs eröffnet eine genuine Sinndimension,
deren interne Grammatik in funktionaler Bewältigungspraxis nicht
aufgeht.

    In den hier exemplarisch kritisierten Ansätzen waltet ein Kate-
gorienfehler in der Grundbegrifflichkeit. „Funktion" und „Kontingenz" sind für die religiösen Grundfragen und die Gottesthematik
unangemessene bzw. unklare Rekonstruktionskategorien. Natürlich
sind die religiösen Praxen und die Orientierungen an Gott zu etwas
gut. Sie sollen sinnvoll und lebenstragend im emphatischen Sinne sein.
Ebendies bestreiten authentische Atheisten, ernsthafte Agnostiker
„wissen" einfach keine Antwort, Nihilisten leugnen die Sinnansprüche grundsätzlich.

    Auch wenn wir eine Praxis aus der Beobachterperspektive thema-
tisieren, müssen wir bestrebt sein, ihren internen Geltungssinn zu
erfassen. Die ‚Funktion‘ religiöser Praxis ist ein Partialaspekt des
Phänomens, ebenso wie ihre psychologischen Bedingungen und
Wirkungen.

    Wiederum muss klar sein: Instrumentelle Missverständnisse von
Religion und Gottesglauben treten nicht nur auf theoretischer Ebene
auf, sondern ebenso in jener Praxis selbst. Die selektive Betrachtung
magischer Formen von Aberglauben kann keine flächendeckende

Religionskritik begründen. Aber ein ‚funktionales' Gebetsverständnis mag nicht selten sein, das nicht das Beten selbst als meditative Praxis *sui generis* begreift, sondern das Gebet als quasi-technischen Akt magisch missversteht. Zauberei und Hexerei stehen in Märchen, Romanen und esoterischen Kreisen der Gegenwart hoch im Kurs. Astrologie und Wahrsagerei finden viele Interessenten und Kunden. Diese Praxen sind großenteils instrumentell. Sie berühren das existentielle, praktische, ethische Selbstverständnis der an ihnen Teilnehmenden nur auf einer unreflektierten Ebene, sie sollen konkret etwas Bestimmtes bewirken: Heil für mich, Unheil für jemand anderen, einen Lottogewinn, einen Kontakt mit einem Verwandten im Jenseits. Von solcher Funktionalität sind authentische religiöse Handlungen in ihrem Kern und Wesen gerade nicht. Vermögen eine Religionssoziologie und erst Recht eine Religionsphilosophie diese konstitutive Differenz nicht zu artikulieren, so greifen sie systematisch zu kurz. Denn magische Praktiken mit ihrer suggerierten ‚Funktion' stehen in Hülle und Fülle zur Verfügung, und sie werden intensiv genutzt. In der Aufklärung gab es das Bonmot "Ein bisschen Zucker im Urin, und der Freigeist geht in die Messe". Der bloße Pragmatismus und Funktionalismus der Religionstheorien bewegt sich auf genau dieser Ebene, allerdings leider ohne die indirekt sinnstiftende Dimension des entlarvenden Sarkasmus mitzuführen.

Die strukturelle Ambivalenz und Doppelseitigkeit von Authentizität und defizientem, instrumentellem Modus beherrscht alle religiösen Praxisformen, Kulte, Riten, Sakramente, Sprachhandlungen, weil er alle genuin humanen Handlungsmöglichkeiten charakterisiert. Auch in der Ethik und im Blick auf die Konstitution der Moralität hat insbesondere Kant diese Ambivalenz in aller Schärfe herausgearbeitet: Mein moralisches Selbstverständnis steht in der Gefahr, aus egoistischen Motiven entwickelt und praktiziert zu werden. Nicht, weil es gut ist, tue ich etwas, sondern weil es mir gut passt, gut gefällt, es sich gut für mich auswirkt. Die „Affektion der obersten Maxime" führt bei Kant zur Rekonstruktion der Sündentheologie und zum systematischen Übergang der transzendentalen Ethik und Metaphysik der Sitten in die Religionsphilosophie (vgl. dazu Kap. 3). Authentischer humaner Sinn ist in der Dimension seiner größten Möglichkeiten am meisten gefährdet und fragil – das ist der Preis der Freiheit.

Diese Tatsache ist in den Religionen selbst vielfach bewusst. Ein Kampf gegen funktionalistische Verständnisse der religiösen Praxis und gegen ein instrumentalistisches Gottesverhältnis gehört zum Kern ihres rationalen Transzendenzverständnisses. Die sufische Mystikerin Rabia betet: „O Lord! If I worship you from fear of hell, cast me into hell. If I worship you from desire for paradise, deny me paradise."[12]

Es ist daher ein grundsätzliches Ziel entwickelter religiöser Praxen, ein instrumentelles und funktionalistisches Selbstverständnis gerade zu überwinden, wissend, dass ein solches Verständnis in den menschlichen Verhältnissen tief verwurzelt und angelegt ist. Ein ‚Do-ut-des'-Denken, Tauschverhältnisse und entsprechende Opferpraxen mussten im Laufe vieler Jahrhunderte erst mühevoll überwunden werden. Die alttestamentarische israelitische Religionsgeschichte kennt und praktiziert lange Zeit den terminologisch so genannten Tun-Ergehen-Zusammenhang. Gutes Handeln bewirkt gleichsam Gottes Wohlwollen, Gunst und Hilfe. Außerdem ‚bekommen' Gott bzw. die Götter ja durch die zusätzlichen Opfergaben noch etwas. Menschenopfer waren lange Zeit in allen frühen Religionen besonderer Ausdruck solchen Denkens. Es lässt sich genau zeigen, wann, wie und wodurch diese Vorstellungen erschüttert und transformiert werden. So hält Abraham, der, Gott gehorsam, seinen Sohn Isaak zu opfern im Begriff ist, inne, weil Gott selbst ihn von dieser Verpflichtung befreit. Hiob erkennt, dass seine guten Handlungen nicht die Kraft und Wirkung haben, Gott positiv zu beeinflussen, ihn zum Anhängsel der Tugendleistungen Hiobs zu machen.

Die Überwindung funktionalistischer Verständnisse ist also Ziel authentischer Religion und Theologie selbst. Gleichwohl muss die dauerhafte strukturelle Ambivalenz menschlicher Praxis hermeneutisch auch dazu beitragen, von außen betrachtet vielfach funktional wirkende religiöse Praxis gerade in der Volksfrömmigkeit in ihrer naiven Wahrhaftigkeit nicht zu verkennen. Naive Praxis des Gebets und der Heiligenverehrung können von tiefer Wahrhaftigkeit und Ernsthaftigkeit geprägt, reflektierte Formen der Religionskritik von Traumata, Eitelkeit und Heuchelei motiviert sein. Fundamentalistische christliche Kirchenmitglieder können schwere Formen verzerrter Wirklichkeitswahrnehmung aufweisen, atheistische Humanisten glaubwürdige Lebensformen praktizieren, die von manchen Illusionen frei sind. Im Bereich der existentiellen Fragen nach Sinn und Grund unseres Seins, heißt das, sind vordergründige Schemata und Gesichtspunkte bereits nach kurzen Schritten nicht weiter hilfreich, wenn wir nicht über Sinnkriterien verfügen, die eben kausale, instrumentelle, nur empirische, funktionale, vor allem *äußerliche* Thematisierungen des Phänomen- und Problembereichs zu transzendieren gestatten. Die funktionale, instrumentelle Perspektive gehört nicht dazu – übrigens analog zu den Bemühungen, den Kern der Grammatik des Ethischen utilitaristisch zu explizieren.

Paradox könnte man sagen, authentischer Sinn ‚funktioniert' erst dann, wenn er eben *nicht* um seiner Funktion willen, sondern um seiner selbst willen gesucht und begriffen wird. Im Zentrum der Weltreligionen, der Gottesverständnisse und auch der Perspektiven philosophischer Theologie stehen nicht-funktionale Welt- und Selbstverständnisse. Es gilt gerade, die Wahrnehmung des Unerklärlichen, des Nutzlosen, des Wunders ungeschuldeten, geschenkten Sinns wachzurufen und zu sensibilisieren.

Die Ebene unerklärlichen und ungeschuldeten Sinns, wie sie zum Beispiel in der christlichen Lehre von der Schöpfung, der Vergebung und Gnade auf das Ganze des Lebens bezogen wird, ist funktionaler Rekonstruktion unzugänglich. Wir werden das Verhältnis von Religionskritik zur philosophischen Explikation der Möglichkeit eines authentischen Gottesverständnisses noch näher zu bestimmen haben. Jedenfalls gehört die Ablehnung instrumenteller und funktionaler Verständnisse ins Zentrum eines solchen Unternehmens.

1.6 Gott als Hypothese, Vermutung, Fiktion, Postulat – Religionsphilosophie des „Als-ob"?

Was für die vorangegangenen kritischen Destruktionen galt, das gilt im folgenden auch, und vielleicht noch verstärkt. Alle destruierten Auffassungen haben Wahrheitsaspekte in missverständlicher Form in sich. Sinnvolle Praxis hat Funktionen. Religionen lassen sich durchaus auch in dieser Perspektive thematisieren. Orientierung an Gott soll dem Leben einen Sinn geben, sie soll es besser bewältigbar machen. Solche Sinnstiftung und Verbesserung muss sich gegen Religionskritik und Atheismus rational begründen lassen.

Dennoch hängt bei solcher Begründung alles davon ab, den genuinen Status der Orientierung an Gott zu erfassen. Und dazu genügen nachweisbare positive Wirkungen allein nicht. Hier greift das berühmte Placebo-Argument. Gott hilft diesem Argument gemäß nicht wie eine nachweislich wirkungslose Substanz, die aber de facto in Tablettenform verabreicht doch positive Wirkungen bei den Patienten hervorruft, also wie ein „Placebo". Es handelt sich bei der Orientierung an Gott im Selbstverständnis der Glaubenden nicht um die Orientierung an einer hilfreichen Illusion, an einer wohltuenden menschlichen Einbildung.

In der Linie des Placebo-Arguments liegt auch die Zurückweisung hypothetischer und fiktionaler Rekonstruktionen. Das Verständnis des Gottesglaubens als Hypothese oder begründete Vermutung ist eigentlich sowohl im Alltag als auch in klassischen und modernen philosophischen Theorien erstaunlich verbreitet. In manchen Ansätzen stellt es schlicht einen Fall des theoretischen Verständnisses dar. Es lässt sich eine ‚Familie' von Autoren mit diesem Verständnis beschreiben. Welche Familienmitglieder gehören dazu?

Im Alltag gibt es augenzwinkernde Varianten des Agnostizismus, die „es mal probieren" – „Schaden kann es ja nicht." Es kann zunächst auch den Anschein haben, als sei die Pascalsche Wette von dieser Art. Ich „setze" gleichsam auf Gott und den mit ihm verbundenen Sinn. „Gewinne" ich, dann habe ich „alles" – absoluten Sinn – gewonnen. Wenn ich verliere, dann ist sowieso alles wie vorher ohne Gott. Also ist die Wette auf Gott in höchstem Maße rational.

Ferner wurde versucht, den religiösen und den Gottes-Sätzen eine verifikationistische Deutung zu geben und von der „Nichterwiesenheit" des Gegenteils (z.B. der Nicht-Existenz Gottes oder eines eschatologischen Satzes) auf die zu erhoffende künftige „Verifikation" solcher „Annahmen" geschlossen. Religiöse Sätze und auch Gottes-Sätze sind jedoch auch als *schwache* Annahmen über bestimmte Tatsachen, die vielleicht der Fall sein könnten bzw. deren prognostische Kraft derzeit noch in Frage steht, missverstanden. Das heißt wiederum nicht, dass es in Kontexten der Rede von Gott nicht Phänomene wie Beglaubigung und Bestätigung, Verlässlichkeit und Gewissheit gibt. Kerygmatische Heilszusagen verbinden sich mit dem Ruf zur Umkehr und zum Glauben und mit der Verheißung wahren Lebens: „Ich bin es, der Auferstehung und Leben bringt. Wer mir vertraut, wird leben, auch wenn er stirbt, und wer lebt und sich auf mich verlässt, wird niemals sterben. Glaubst du das?" (Joh 11,25).

Solche verkündigende, unbedingte (absolute) Rede hat jedoch mit Hypothesen, die in einem theoretisch-wissenschaftlichen Sinn oder auch im Sinne eines Wett-Gewinnspiels nachträglich verifiziert werden, nur bei oberflächlicher Betrachtung etwas gemein. Denn angesichts solcher Rede steht der sie Hörende oder Lesende, sie ernsthaft im Kontext reflektierende und meditierende Mensch sich nicht selbst beobachtend gegenüber, um sich als Teil einer Versuchsanordnung oder als Teilnehmer eines Wettspiels zu betrachten. Ein solches ,verifikationistisches' (bzw. falsifikationistisches) Verständnis ist kein adäquates Analogon authentischer Orientierungen. Wir müssen natürlich alles im Leben Relevante selbst erfahren und erproben – nach der Devise „learning by doing". Auch Partnerschaften müssen konkret herausfinden, wie das gemeinsame Leben „klappt" und „funktioniert". Jedoch lässt sich der ernsthafte Glaube an Gott nicht als hypothetische *Vermutung* rekonstruieren, er könne existieren, mich retten und meinem Leben grundlegend Sinn geben. Die Formulierungen „möglicherweise ist Gott ja die Liebe" oder „vielleicht hat Gott ja die Welt erschaffen" haben keinen Sitz in der Rede von Gott.

Bereits die Tradition unterschied die *certitudo* des Glaubens als gewissmachende, personale Gewissheit von der *securitas*, der Sicherheit im Bezug auf instrumentell garantierbare Verhältnisse und Prognosewissen. Die an Gott orientierten Menschen und diejenigen, denen eine solche Orientierung fern, fremd oder von Grund auf verfehlt erscheint, leben in derselben Welt. In dieser – bei allen kulturellen Differenzen – einen Welt muss die Gottesperspektive vernünftig verstehbar gemacht werden, bzw. sie muss als Illusion, Wunschbild, traditionelle, konventionelle Üblichkeit entschleiert werden können. Die Verschiebung auf zukünftige Verifikation einer derzeit hypothetischen Annahme verfehlt sowohl die Angewiesenheit des Menschen auf existentielle Gewissheit in Fragen des Lebenssinns wie auch die Gegenwärtigkeit einer konkreten Freiheitsdimension in personalen und interpersonalen Beziehungen, in denen sich ein Gottesverständnis überhaupt nur entfalten kann.

In seinen viel beachteten Werken zur philosophischen Theologie hat Swinburne wahrscheinlichkeitstheoretische Untersuchungen zur Existenz Gottes ins Zentrum gerückt.[13] Er gelangt letztlich zu dem streng mathematisch ausgedrückten Ergebnis, dass die Wahrscheinlichkeit der Existenz Gottes, und zwar genau des Gottes, der Allmacht und Güte, Gewissheit und Schöpferkraft in sich vereint, auf jeden Fall größer als 50 % ist. Insofern ist es aus wahrscheinlichkeitstheoretischen Gründen überaus rational, an Gott zu glauben. Die Untersuchung von Swinburne ist auf wünschenswerte Weise gleichsam der Idealfall der in diesem Abschnitt kritisierten Denkweise. Denn es ist fraglich, ob auf solche Weise ein existentiell glaubwürdiges menschliches Verhältnis zu Gott angemessen expliziert wird. Finden sich Glaubende in einer solchen Explikation wieder?

In eine ähnliche Richtung scheinen fiktionale und idealistische Vorschläge zu weisen. Es handelt sich bei der Gottesvorstellung in diesen Sichtweisen zum Beispiel um praktische, lebensdienliche Illusionen. Von Nietzsche und dem Positivismus beeinflusst, konnte der Neukantianer Vaihinger eine Religionsphilosophie des Als-Ob entwickeln. Schon Kants religionsphilosophische Rede von ‚Postulaten' scheint mir als metasprachliche Sinnexplikation des genuinen Geltungsanspruchs des Gottesglaubens irreführend zu sein. „Gott", so scheint es auf einen ersten Blick in diesen Ansätzen zu sein, ist eine Art positive menschliche Wunsch- und Idealvorstellung, die die „Funktion" hat, menschliche Defizite auszugleichen, zu kompensieren und letztlich eine gute Gesamtentwicklung zu garantieren.

Folgt religiöse Sprache der Grammatik der Vermutung, der Hypothese, der Fiktion oder des Postulats? Die von Kant im engeren Sinne als religionsphilosophische Postulate bezeichneten Sätze haben ihren Sitz und Kontext in kommunikativen menschlichen Lebensformen, die konkret und real sind. Die Formulierungen „Ich lebe als Christ so, als gäbe es Gott, seine Liebe und Gnade", oder „Muslime tun so, als sei Allah der Allerbarmer", „Ich lebe als Buddhist so, als ob es eine Befreiung aus Weltbefangenheit gäbe" sind auf groteske Weise falsch. Sie verfehlen grundsätzlich die unbedingten, wahrhaftigen und konkreten Geltungsansprüche, die mit der Rede von Gott und den religiösen Einsichten konstitutiv verbunden sind. Sakramentale Akte und konstitutive religiöse Sprechakte lassen sich nicht als Fiktionen verstehen.

Bei der Diskussion fiktionaler und ‚postulatorischer' Glaubens- und Gottesverständnisse stoßen wir unweigerlich auf tieferliegende Dissense hinsichtlich der zugrundeliegenden Wirklichkeitsauffassung, mit Heidegger gesprochen: hinsichtlich des leitenden Seinsverständnisses. Wir stoßen auf Grundfragen der Ontologie und auf die Frage, was warum, nach welchen Sinnkriterien, als wirklich, seiend, real, gilt und was nicht. Diese Thematik wird uns bei dem Versuch der Entwicklung einer rationalen philosophischen Theologie noch weiter beschäftigen. Fiktionale, postulatorische oder sonst ‚idealistische' Verständnisse sind jedenfalls nach einer ersten kritischen Überlegung nicht geeignet, das existentielle Selbstverständnis religiöser Lebensformen adäquat zu artikulieren oder zu reformulieren. Es stellt sich erneut die Frage nach dem Verhältnis von Religionen und religiösen Lebensformen, Theologien und philosophischer Theologie – darüber hinaus die Frage nach dem Verhältnis dieser Orientierungen zur Religionskritik, zum Atheismus und zu säkularisierten Lebensformen und deren philosophischer Begründung.

Wir werden klären müssen: Welchen Status haben personale und interpersonale Lebensformen? Welcher Status kommt lebensform-konstitutiven Sinnorientierungen zu? Orientiert sich ein Mensch zum Beispiel ernsthaft an der Sinndimension eines „Jüngsten Gerichts", so sind es nicht die *Bilder* vom Endgericht in ihrem ‚realistischen' Verständnis, die seine Lebensform fundieren, sondern diese – ob gemalten oder sprachlichen – Bilder vom Endgericht drücken die unbedingte Geltung dieser praktischen und existentiellen Sinndimension aus. Diese Differenz von *Ausdrucksform* und existentiellem *Selbstverständnis* und dem damit verbundenen Geltungsanspruch müssen wir im Blick behalten. Es ist dann ein reduktionistisches Verständnis der menschlichen Lebenswirklichkeit, das Jüngste Gericht als eine bloße Fiktion oder eine menschlichen Bedürfnissen oder Wunschvorstellungen entstammende Idealisierung abzutun. Unsere alltäglichen und lebensweltlichen Verhältnisse des Vertrauens, der schutzlosen Preisgabe und der Hoffnung auf Andere, des Zutrauens zur eigenen Kraft – sie alle sind weder Vermutungen, noch Hypothesen, noch riskante Wetten, noch sind sie bloß fiktiv oder „nur so eine Idee von uns". Sie bilden vielmehr die Tiefe der existentiellen Wirklichkeit einer menschlichen Welt, ohne die es gar kein humanes Leben gibt und geben kann.

Wenn die Linie dieser Interpretation richtig ist, dann wird eine erneute Rekonstruktion der theologischen Dimension philosophisch auch ein neues Wirklichkeits- bzw. Seinsverständnis implizieren – oder die Rekonstruktion bleibt unzulänglich und unterliegt den üblichen Formen der Ideologiekritik und der rationalen Kritik schlechter Metaphysik.

Die in diesem Abschnitt kritisierten Verständnisse haben eine strukturelle Gemeinsamkeit. Sie weisen eine spezifische Zeitlichkeit auf, sind auf zukünftigen Sinn, auf zukünftige Erfüllung bezogen. In Analysen zur philosophischen Anthropologie, die ich im Anschluss an Aristoteles, Husserl und Heidegger durchgeführt habe, steht diese Zukunftsorientierung des Menschen auf *praktische Sinnerfüllung* im Zentrum.[14] Die Ausrichtung des Menschen auf zukünftigen Sinn ist für ihn lebens-, praxis- und identitätskonstitutiv. Wenn wir diesen praktischen Zukunftsbezug in philosophisch-theologische Reflexion einholen können, dann ergibt sich in den folgenden systematischen Analysen ein anderer Weg, Aspekte der traditionellen heilsgeschichtlichen, soteriologischen, eschatologischen und apokalyptischen Theologoumena zu reformulieren. Dann kann es gelingen, den Ansätzen der Pascalschen Wette, der Kantschen Postulatenlehre, den Gedanken des theologischen Pragmatismus eines Charles Sanders Peirce und dem „eschatologischen Verifikationismus" von John Hick eine tragfähige systematische Rekonstruktion zu geben, die das Modell von Gott als einer derzeit noch ungeprüften empirischen Hypothese oder einer sich positiv auswirkenden gedanklichen Fiktion jedenfalls zu überwinden geeignet sein muss (vgl. Kap. 3).

1.7 Religion und Gottesverhältnis – ethisch verstehbar?

Es ist philosophisch besonders naheliegend und verlockend, dem gesamten Bereich der religiösen und theologischen Rede und Praxis einen primär praktischen, ethischen Sinn zu geben, diesen dann rational zu explizieren, und den gesamten „Rest" an Vorstellungen als schmückendes Beiwerk, Allegorie oder zeitbedingte Weltbilder zu entmythisieren. Mythologie, Metaphysik, transzendente Illusionen wären überwunden, Aufklärung, Vernunft und praktische Frömmigkeit wären kompatibel bis zur Identität. Insbesondere ein Offenbarungspositivismus, Exklusivansprüche einzelner Religionen, theologischer Dogmatismus und klerikale Herrschaft wären unnötig und abzuweisen.

Auch dieses, für die westliche Zivilisation und die Säkularisierung teilweise prägendes und bestimmendes Verständnis hat in sich wichti-

ge Wahrheitsmomente. Rationalität und Allgemeingültigkeit kann es
– so scheint es zunächst – für sich beanspruchen. Und: Wenn Religion
und Gottesbezug die praktische Vernunft und das gute Handeln der
Menschen nicht befördern sollten – was würde für sie sprechen? Und
zweifellos sind die religiösen Praxen und der Glaube an Gott zentral
mit den ethischen, normativen Orientierungen verwoben.

Dennoch behauptet der vorliegende Ansatz eine grundlegende
systematische und existentielle, praktische Differenz von philosophischer Theologie und praktischer Philosophie, von Gott und dem Guten, von Gott und dem Gerechten, von Gott und dem Glück. Man
kann sogar noch weiter gehen und behaupten: *Erst, wenn diese Differenz wirklich präzise deutlich wird, tritt die genuine Ebene des
Transzendenzbezugs, des Absoluten und einer spezifisch theologischen
Dimension von Wahrheit und Geltung in den Blick.*

Denn der Kern religiöser Sprache besteht nicht in ethischen
Forderungen, Gott geht nicht auf in seinen Geboten. Konstitutiv für
Zeugnisse von Gott sind nicht primär Sollenssätze, sondern zum
Beispiel Berichte über die Schöpfung der Welt, Verheißungen, indikativische Heilszusagen und Bekenntnisse, also wesentlich das *Sein* der
Welt und des Lebens qualifizierende und nicht nur ein *Sollen* fordern-
de Redeweisen. Auch die philosophischen, metaphysischen, ontologischen, bewußtseinsphilosophischen, transzendentalen, existentialen
und sprachphilosophisch-grammatischen Rekonstruktionen der Rede
von Gott haben nicht primär und im wesentlichen einen ethischen
Status. In diesen *transethischen, die ethische Dimension aber freiset-
zenden Bereich* müssen wir vorzudringen versuchen, wenn wir die
Frage nach Gott einer neuen philosophischen Antwort zuführen wollen. Diese Frage hat es mit Grenze, Grund und Sinn unseres Seins, mit
unserem Welt- und Selbstverständnis im Ganzen zu tun. Das
Ethische, unter Einschluss des Bösen, der Schuld und des moralischen
Scheiterns, ist nur ein, wenn auch ganz wesentlicher, Aspekt unseres
Lebens. Der Glaube an Gott, oder sein Abweis, hat es mit unserem
Verständnis des Lebens im ganzen zu tun, mit dem Verständnis der
Sinnbedingungen unseres In-der-Welt-seins, mit den Voraussetzungen unserer gesamten Praxis. Zu diesen Voraussetzungen gehört die
Freiheit. Das Faktum der Freiheit vergegenwärtigen die Mythen vom
ursprünglichen Gesetzesbruch und vom Paradiesverlust. Angesichts
der menschlichen Endlichkeit, der irreversiblen existentiellen Zeitlichkeit und der Unabänderlichkeit der Vergangenheit können wir uns
zu vergangener Schuld nicht mehr handelnd und ,ändernd' verhalten.
Wir stehen hier vor dem, was in unserem Leben sinnkonstitutiv, notwendig und gleichzeitig unserer pragmatischen Verfügung definitiv
entzogen ist. Diese Ebene, in der Freiheit und Notwendigkeit ver-
schränkt sind, ist die Sinnebene des Gottesverhältnisses bzw. entspre-

chender grundsätzlicher Welt- und Selbstverständnisse wie denen des Nihilismus, des egoistischen Individualismus oder auch oberflächlicher Gleichgültigkeit.

Spezifisch transethische Kategorien religiöser Praxis wie Vergebung, Versöhnung, Buße, Erbarmen und Gnade zeigen, dass das Gottesverständnis Grenze und Grund des Ethischen betrifft. Dabei geht es nicht etwa um eine außerethische Begründung der Moral durch ‚höhere‘ religiöse Einsichten. Es ist daher auch eine unheilvolle Kategorienverwechslung, wenn die Fundamentalunterscheidungen von Religion und Theologie unmittelbar in politische und soziale Kontexte hineingezogen werden. Philosophische Differenzierung in der westlichen Tradition der Trennung von Kaisertum und Papsttum und nach Neuzeit und Aufklärung kann an dieser Schnittstelle zur Kritik am Fundamentalismus beitragen, den es in allen Religionen gibt – nicht nur im Islam, sondern z. B. auch im nordamerikanischen Protestantismus. Der Unbedingtheitsanspruch und die genuine Wahrheit und Geltung eines vernünftigen Gottesverständnisses können in einem dogmatischen Moralismus und normativen Fundamentalismus nicht sinnvoll artikuliert und eingelöst werden. Ein leichtfertiger, selbstgerechter und naiver Umgang mit Transzendenz und dem Absoluten steigert das ‚Problem Gott‘ in der allzu menschlichen Praxis zum Problem der sich selbst, ihre Endlichkeit, Fehlbarkeit und Irrationalität, kurz – ihre Grenzen – nicht begreifenden Menschen.

Mit diesen sieben kritischen Abschnitten sind zunächst in einem ersten Durchgang irreführende objektivistische, subjektivistische, relativistische, entfremdungstheoretische, funktionalistische, fiktionalistische und moralistische Vorstellungen von Gott und der Ebene eines möglicherweise sinnvollen Gottesverständnisses zurückgewiesen. Entscheidend ist, dass wir neben der Zurückweisung das Aufkommen und die überzeugten Vertreter dieser Verständnisse mit ihren Gründen und Motiven zugleich rekonstruieren und ihrerseits verstehen können sollten. Ebenso gilt, dass die zurückgewiesenen Auffassungen *Wahrheitsaspekte* mit sich führen, die in späteren Rekonstruktionsschritten im Hegelschen Sinne aufgehoben werden müssen, ohne dass man bei ihnen stehen bleibt.

Aber die negativ-kritischen Implikationen der Gottesreflexion reichen noch weiter. Wir werden im Blick auf negative Theologie und den Status der existentiellen *Selbstreflexion der Gottesfrage* noch weiter verdeutlichen, dass und wie gerade falsche und partiale Verständnisse in diesem auf den Sinn der Welt und des Lebens im ganzen bezogenen Bereich konstitutiv zu einem vernünftigen Verständnis dazugehören.

2. Welchen Sinn hat es, von Gott zu reden? Grundzüge einer philosophischen Theologie (Prototheologie)

> Die Grenze ist nicht das,
> wobei etwas aufhört, sondern,
> wie die Griechen es erkannten,
> die Grenze ist jenes,
> von woher etwas sein Wesen beginnt.
>
> Martin Heidegger

2.1 Einleitung: Prototheologie, Negativität, Transzendenz

Der folgende Entwurf einer philosophischen *Prototheologie* hat den Zweck, zu klären, was wir bereits denken und begreifen müssen, um Gott überhaupt denken zu können. Es handelt sich also um erste (gr. proto-) Schritte einer Sinnexplikation. Die Klärung des Verhältnisses einer solchen kritischen, sinnexplikativen Prototheologie zu traditionellen philosophischen Theologien und ausgearbeiteten theologischen Dogmatiken sowie zu modernen Entwürfen (z.B. einer Prozesstheologie) muss weiteren Untersuchungen vorbehalten bleiben. Sie würde den Rahmen dieser Einführung sprengen. Die exemplarischen Interpretationen im dritten Kapitel zeigen Anschlussmöglichkeiten auf.

Grundsätzlich wichtig für das Verständnis der prototheologischen Analysen ist ihr Ansatz nach Heideggers Ontologie- und Metaphysikkritik sowie nach Wittgensteins Sprachkritik, das heißt nach der Überwindung vorhandenheitsontologischer Seins- und vorhandenheitssemantischer Sprachverständnisse. Mit solchen traditionellen Vorstellungen verbindet sich ein falsches Welt-, Selbst- und Gottesverständnis, das wie ein leitender Kategorienfehler die Scheinkontroverse zwischen „Realisten" und „Nichtrealisten" angesichts der Gottesfrage prägt: Gibt es Gott – ja oder nein? Beide Parteien gehen bei dieser Kontroverse von der flächendeckenden, maßgeblichen Gültigkeit einer empiristischen Ontologie aus. In dieser Ontologie wird „wirklich" definiert als „wahrnehmbare Gegebenheit in der empirischen Welt". Eine solche reduktionistische Vorhandenheitsontologie stellt, auch in der Form an sie anschließender, formal-semantischer Satzanalysen, die Weichen für ein statisch-szientifisches Weltbild, auf dessen Grundlage die umfassende Wirklichkeit der humanen Welt entweder auch nur verdinglicht in den Blick gerät oder zu einem bloß „fiktiven" Addendum verflüchtigt wird. Noch das Kantsche System erweckt durch seinen Aufbau diesen irreführenden Eindruck.

In Wahrheit gründet die kommunikative, interexistentielle Wirklichkeit der Praxis der humanen Welt mit ihrer Orientierung am Guten auch alle Wissenschaften. „Wirklichkeit" ist *das Ganze* der Wirklichkeit des Seins, des menschlichen Lebens im ganzen und der ganzen, unreduzierten menschlichen Sprache in Alltag und Moral, Kunst und Religion. Der Bereich einzelner empiristisch gedeuteter Wahrnehmungen im Alltag und in den Wissenschaften hat nur in diesen holistischen Kontexten seinen jeweiligen, näher zu bestimmenden Ort. Von einer empiristisch gedachten Gegenstandskonstitution führt kein Weg zur humanen Sinnwelt. Wirklichkeit ist die ganze, irreduzible Weltwirklichkeit, in deren Seins- und Sinnhorizont wir unsere Selbstverständnisse und Handlungsmöglichkeiten entdecken und entwerfen, um in Freiheit ein gutes und gelingendes Leben bewusst zu führen.

Die Prototheologie versucht, diejenigen Transzendenzaspekte des Lebens aufzuweisen, die in ihrer Totalität, Gleichursprünglichkeit und fundamentalen Lebensbedeutsamkeit für die authentisch-alltägliche, die religiöse, die mystische wie die negativ-kritische und praktisch begriffene metaphysische Vernunftperspektive offen sind. Wer nicht von der Unfassbarkeit der Wirklichkeit ein Verständnis hat, wer die vernehmenden, mimetischen Vernunftpotentiale schon zugunsten eines technisch-wissenschaftlichen Weltbildes – ergänzt durch pragmatischen Hedonismus – eingebüßt und preisgegeben hat, kann diese Dimension kaum noch erreichen. Umgekehrt gilt: Ein authentischer Transzendenzbezug lässt freien Raum für jede Form von wissenschaftlicher Rationalität und notwendigem Pragmatismus.

Die Transzendenzanalyse ist bezogen auf die menschliche Lebensform im ganzen. Sie ist also weder bloß ontologisch, noch bewusstseinsphilosophisch, weder klassisch-transzendentalphilosophisch noch bloß sprachanalytisch verstehbar, sondern fundamentalanthropologisch, praktisch und auf das Ganze des sprachlich-handelnden, auf Sinn ausgerichteten Weltverständnisses des Menschen bezogen. *Inmitten* dieser Bezüge hat die Entdeckung der absoluten Transzendenz (in der Philosophie) und die Rede von dem Einen Gott (in der Philosophie und in den ethisch-monotheistischen Weltreligionen) ihren Sitz. Ohne den Hintergrund des bewussten Lebens mit grundsätzlicher Sinnorientierung gelangen wir nicht in diese Dimension. In der westlichen Moderne haben viele Menschen nur noch rudimentäre

Kenntnisse religiöser Traditionen. Aber auch, wenn man seinen Kinderglauben verliert und das naturwissenschaftliche Weltbild kennen lernt, erscheinen die kindlichen Vorgestalten religiöser Vernunft wie Märchen. Wenn dann noch die schlichte Ontologie von „Realismus" und „Nicht-Realismus" wie ein Brett vor dem Kopf wirkt, liegen relativistisch-nihilistische wie fundamentalistische Konsequenzen nahe – beide verfehlt angesichts der unbegriffenen Wirklichkeit von Vernunft und Sinn.

Der Lebensformbezug der Rede von der Transzendenz und ihren Aspekten ist in den folgenden Analysen stets zu beachten. Deswegen kann und darf auch Gott (2.3.4) nicht als isolierbarer „Gegenstand" außerhalb aller Wirklichkeit, allen Seins gedacht und so vergegenständlicht vorgestellt werden, dessen „Existenz" dann „bewiesen" (2.3.6) oder negiert wird. Auch all das, was immer wir mit „Jenseits", mit „transzendenter Realität" des „Absoluten" meinen können, erhält seinen Sinn nur hier in der Endlichkeit durch unsere Sprache und Praxis. Das bedeutet aber nicht, dass dieser Sinn in Empirie, Kontingenz und Relativität – in reiner „Diesseitigkeit" aufgeht oder besteht.

Um den Ansatz einer neuen philosophischen Theologie zu entwerfen, müssen wir zunächst die systematische Bedeutung der im ersten Kapitel entwickelten negativen philosophischen Theologie noch einmal konzentriert verdeutlichen. Mit den zurückgewiesenen Formen, Gott zu denken, ist bei rechtem Verständnis praktisch bereits eine Befreiung verbunden, die den positiven Sinn der Rede von Gott und der mit ihr verwobenen Praxis eröffnet. Die kritische Zurückweisung, die Negation, enthält mithin bereits das positive, richtige Verständnis. So kann ein „naturwissenschaftliches Weltbild", eine „naturwissenschaftliche Weltanschauung" nie an die Stelle der existentiellen, religiösen Welt- und Selbstverständnisse treten (Kap. 1.1). Die religiöse Orientierung und insbesondere das Gottesverständnis sind auf absoluten, lebenstragenden Sinn ausgerichtet, und zwar im Blick auf Ziel und Sinn des eigenen und des gemeinsamen Lebens. Keine naturwissenschaftliche Untersuchung kann, bereits von ihrem Status her, eine Antwort auf solche Sinnfragen geben. Es ist noch nicht einmal so, dass irgend eine Anlage der big science – ob Teilchenbeschleuniger oder Teleskope – von sich aus eine Auskunft über ihren Sinn geben kann. Um der Frage nach dem Sinn und nach Gott gerecht zu werden, führt daher kein Weg daran vorbei, uns auf uns selbst und unsere praktischen und normativen Selbstverständnisse zu besinnen. Wie verstehen wir uns selbst, die Welt, in der wir existieren, und unser Leben im ganzen? Die klassischen Grundfragen der Metaphysik weisen in die existentiell-praktische Dimension; keine Naturwissenschaft kann sie beantworten und braucht es auch nicht zu versuchen.

Befreiend und klärend ist auch die Kritik am Subjektivismus zu verstehen (Kap. 1.2). Ein religiöses Selbstverständnis und ein persönliches Gottesverhältnis, die sich allein auf dem wackligen Boden privater Intuitionen und Gefühle erheben, sind keine tragfähigen und überzeugenden Formen der Orientierung. Das gilt auch für kollektive Formen des Wahns und des Fanatismus. Religiöse Vernunft, die tragfähig ist, muss diesen Formen weit überlegen sein. Es kommt systematisch darauf an, dass in einer philosophischen Theologie gleichwohl die genuin religionsspezifischen Perspektiven und Dimensionen des Wunders, des Geheimnisses und untilgbaren Sinns angesichts absoluter Transzendenz expliziert und begriffen werden können. Ebenso sind dann intersubjektiv und transsubjektiv Phänomene tiefer Betroffenheit, Erschütterung und affektiver Bindung völlig vernünftig verstehbar und berechtigt. Diese Phänomene *begründen* nicht die Glaubenswahrheit, sondern *gründen* selbst in dieser und drücken sie aus. Das Wahre am Subjektivismus ist gerade die Befreiung des Einzelnen von der Fremdbestimmung durch unverstandene Autoritäten und Traditionen sowie durch szientistische, abergläubische, fundamentalistische Missverständnisse. Zu der Befreiung von szientifischen Weltanschauungen tritt die Befreiung von religiöser Schwärmerei und Mystizismus. Diese Befreiung hat auch Kant in seiner Kritik an Swedenborg und an pietistischen Frömmigkeitsformen im Blick. Der herbe Zugriff Hegels kritisiert in der gleichen Absicht die Modi eitler Selbstverfallenheit einer „schönen Seele", die sich schließlich „wie ein gestaltloser Dunst in nichts auflöst" (vgl. Kap. 3). Sinnvolle und glaubwürdige religiöse und auf Gott bezogene Orientierungen müssen allgemein verständlich sein und einen konkreten Praxisbezug haben. Vage und diffuse Privatempfindungen haben nicht diese Qualitäten. Die Subjektivität muss daher in Richtung auf verständliche intersubjektive Sprache und Rede sowie in Richtung auf gemeinsame Lebenserfahrung und Praxis transzendiert werden. Und dies geschieht in den wesentlichen Traditionen auch. Deswegen müssen wir uns ebenfalls von relativistischen Vorstellungen befreien (Kap. 1.3). Nur aus einer unbetroffenen Beobachterperspektive kann sich der Eindruck einer Beliebigkeit und eines „Subjektivismus im großen Stil" aufdrängen. Wenn wir unser eigenes Selbstverständnis in die Interpretation des Gottesverständnisses und der Glaubenspraxen einbeziehen, dann können wir die Perspektive einer relativistischen Beliebigkeit nicht aufrecht erhalten; ebenso dann nicht, wenn wir mit an Gott Glaubenden oder mit überzeugten Atheisten philosophisch in ernsthafte Gespräche eintreten. Eine Befreiung von desorientierender Beliebigkeit ist die einzige den Grund- und Sinnfragen angemessene Perspektive. Das Wahre am Relativismus ist die unreduzierbare Vielfalt und Differenz religiöser Ausdrucksformen, die Gleichberechtigung verschiedener Konfessionen, Religionen, Offenbarungstraditionen.

Demgegenüber ist es in negativ-theologischer Absicht unverzichtbar, produktive und berechtigte Ansätze der Religionskritik aufzunehmen und sie für die Explikation eines vernünftigen Gottesverständnisses zu nutzen (Kap. 1.4). Wie in anderen Bereichen menschlicher Hoffnung auf Sinn und Erfüllung sind Formen des Wahns, der Illusion, der Selbsttäuschung aus Angst oder Selbstüberschätzung im religiösen Bereich anzutreffen, „Gott" als Projektion von Ängsten, als Entfremdungsprodukt, als aus der Not geborenes Phantasma, als Kompensation höchst irdischer Leiden und Defizite – ein glaubwürdiges und vernünftig einsichtiges Verständnis muss sich auch von solchen seinen Sinn destruierenden kritischen Diagnosen frei wissen und behaupten können. Es muss deutlich werden, dass nur in solcher Befreiung von falschen Versprechungen und illusionären Trost- oder Glücksinstanzen der authentische Sinn religiöser Vernunft und eines geklärten Gottesverständnisses bestehen kann, in denen auch wirklicher Trost liegt. Religionskritik, wie sie von Marx, Nietzsche und Freud entwickelt wird, ist, recht verstanden, zentrales Element auch der jüdischen, christlichen und islamischen Religion und Theologie. Asiatische Meditationspraxis dient der Befreiung von entfremdeten Selbstverständnissen. Die Kritik an Götzen und falschen Göttern, insbesondere am „Gott dieser Welt" – dem Geld (Kant) – gehört ins Zentrum religiöser Aufklärung und der Aufklärung über Gott.

Die negativ-kritische Befreiung von einem funktionalen und instrumentellen Religions- und Gottesverständnis eröffnet ganz grundlegend eine angemessene und vernünftige Sicht (Kap. 1.5). Falls eine solche möglich sein sollte, so sind es nicht unsere subjektiven Wünsche und Vorstellungen, die das religiöse Denken und Leben und das Gottesverständnis hervorrufen und bedingen. Wäre Gott Funktion unserer Bedürfnisse, so wäre der Gedanke an ihn überflüssig. Bereits im praktischen Bereich der Freundschaft, der Liebe und der wechselseitigen Hilfe sind instrumentelle Aspekte nicht letztlich sinnstiftend und tragend – ihre Konstitution lebt von freien, selbstzweckhaften Entwürfen. In der Perspektive philosophischer Theologie muss eine *völlige Drehung und Umkehrung funktionaler und instrumenteller Sichtweisen* erfolgen. Was kann es heißen, sich vorgängiger Sinneröffnung verdankt zu wissen? Was kann es heißen, die unerklärliche Einzigartigkeit der menschlichen Lebenssituation als Wunder zu begreifen? Was kann es heißen, den Ursprung des Seins, des Kosmos und der Existenz freier Vernunftwesen als Schöpfung Gottes zu verstehen und zu erfahren? Diese Fragen weisen in die Richtung einer *völlig afunktionalen* Perspektive sowie in die Richtung der *Selbst-*

zweckhaftigkeit religiöser Praxis, die durch negative Theologie bereits mit erschlossen werden. Auch die Selbstzweckhaftigkeit kann missverstanden werden, wenn die praktische, moralische Dimension der Religion fehlt.

Der negativ-theologische Abweis hypothetischer, fiktionaler, postulatorischer Verständnisse des Gottesglaubens setzt überhaupt erst sinnvolle und angemessene Verständnisse der Grammatik und Lebensform des Glaubens frei (Kap. 1.6). Denn „Glauben" im authentischen Sinne kann weder als ein Fürwahrhalten absurder Tatsachen begriffen werden noch als ein bloßes Vermuten, vielleicht könne es ja so sein. Er muss als eine lebenstragende Grundgewissheit, als sinneröffnendes und Hoffnung gewährendes Grundvertrauen verstanden werden. „Kontrollieren" und „Testen" bewegen sich auf einer anderen Ebene.

Schließlich sorgt die Ethik in gewisser Hinsicht für sich selbst (Kap. 1.7). Wir müssen uns als humane Wesen im Blick auf unsere Freiheit und Verantwortung moralisch verstehen, und dieses Verständnis bedarf keiner religiösen Begründung und Rechtfertigung. Wohl jedoch gehört zu einem geklärten religiösen Selbstverständnis auch der Einbezug der moralischen Ebene, denn sie betrifft die Totalität unserer Existenz im Kern. Zum einen muss eine Religion kritisiert werden, die gegenüber der praktisch-moralischen Dimension ignorant oder desorientierend wirkt. Denn es besteht eine notwendige Beziehung religiöser Selbstverständnisse auf die Moral. Zum anderen müssen moralistische Missverständnisse von Religion kritisiert werden, ebenso eine sich selbst missverstehende Moral und Ethik, die meint, „das Gute" umstandslos realisieren und anwenden zu können.

Es wird also sichtbar: die negativen Einsichten erschließen und eröffnen bereits in weitreichendem Sinne ein vernünftiges und tragfähiges Verständnis von Religion und Gott. Ferner muss bewusst bleiben: die Missverständnisse können nicht einmal und ein für allemal ausgeräumt und überwunden werden. Sie prägen und beherrschen vielmehr dauerhaft und immer erneut menschliches Leben und Handeln in allen Bereichen – auch in der Religion, auch im Verhältnis zu Gott und bilden einen wahren Kern, der im Hegelschen Sinne „aufzuheben" ist. Nur im Bewusstsein dieser selbst sinnkonstitutiven Negativität lässt sich ein positives Verständnis auf realistische Weise explizieren.

2.2 Anthropologisch-praktische und sprachkritische Prämissen: Methode und Selbsterkenntnis – grundlegende Voraussetzungen

Um vor diesem Hintergrund einen eigenen Ansatz philosophischer Theologie (Prototheologie) zu entwickeln, müssen zunächst einige systematische Prämissen meines philosophischen Denkens kurz dargestellt werden. Es handelt sich um Prämissen, die ich andernorts seit etwa zwanzig Jahren ausführlich erläutert und begründet habe. Ich nutze sie in unserem gegenwärtigen Kontext, insoweit sie anthropologische und sprachkritische Grundlagen auch einer möglichen philosophischen Theologie betreffen.

Ich gehe grundsätzlich von der Untrennbarkeit von Methode und Selbsterkenntnis in der philosophischen Reflexion aus.

Um den Wahrheitsanspruch eines menschlichen Gottesverständnisses und eines authentischen Verhältnisses zu Gott kritisch zu klären, wurden objektivistische, bloß subjektive, funktionale, hypothetische und fiktionale Vorstellungen als einseitig kritisiert. Sie sind unzulänglich, um faktische religiöse Traditionen in Geschichte und Gegenwart zu rekonstruieren und zu begreifen. Sie sind außerstande, eine philosophisch-sinnkriteriale, geltungsbezogene, vernünftig diskutable Analyse und Explikation der Rede von Gott und der mit ihr verbundenen Praxis zu leisten.

Demgegenüber zeigen sich existentiell-praktische Verständnisse als überlegen. Sie verbinden, wie der authentische religiöse Glaube, die praktische Einsicht (nicht bloß: die theoretische Erkenntnis) der Grenzen der menschlichen Existenz und Praxis mit der praktischen Einsicht in die unverfügbare, *dennoch wirkliche* Sinneröffnung, die mit dieser Endlichkeit und Begrenztheit, mit dieser Unverfügbarkeit und Entzogenheit ermöglicht und wirklich wird.

Je genauer wir mithin den konstitutiven Zusammenhang von Negativität und Sinn philosophisch erfassen und analysieren, desto näher kommen wir den Dimensionen der menschlichen Lebenswirklichkeit, die mit der Rede von Gott und mit dem Gottesbezug gemeint sind und allererst eröffnet werden. Nur so kann es gelingen, eine Dimension der Wirklichkeit wieder freizulegen und zu eröffnen, die im Verlust von Religion, in Szientismus und Subjektivismus unsichtbar wird oder in surrogathaften Formen von Magie, Aberglauben und Esoterik nur in verzerrter, verdinglichter und entfremdeter Form zugänglich ist.

Wenn ein philosophisches Gottesverständnis nach Vernunft- und Sprachkritik, nach Religions- und Metaphysikkritik erneut möglich sein soll, so muss es im Bewusstsein der *behelfsmäßigen Vorläufigkeit* der philosophischen Sprachmöglichkeiten entwickelt werden. Der

Status der philosophischen „Metasprache" ist der einer Parasprache, das heißt: einer sinnexplikativen Erläuterungssprache. Philosophie ist keine empirische Theorie, sondern sie ist eine Tätigkeit: die Tätigkeit der *Sinnexplikation*, eine *kritische Hermeneutik unserer Welt- und Selbstverständnisse.* Sie kann behelfsmäßig eine eigene parasprachliche Terminologie entwickeln. Aber sie ist bleibend auf ein paradigmatisches Fundament von Lehr- und Lernsituationen und von Beispielen aus der Lebenspraxis angewiesen. Sonst entsteht der ‚theoretizistische' Schein, als sei die Wirklichkeit unserer gemeinsamen Praxis aus theoretischen Konstruktionen ableitbar, aus Sätzen deduzierbar oder ‚letztzubegründen'.

Vielmehr sind auch normative Geltungen und praktische Einsichten in unsere kulturellen, geschichtlichen und gesellschaftlichen Traditionen eingearbeitet. Wir können diese Geltungen und Einsichten genauer explizieren, kritisieren, reflektieren, verdeutlichen, sie radikalisieren und universalisieren. Aber selbst revolutionäre Entwürfe leben von den Geltungen, die in der kulturellen Praxis der gewordenen humanen Welt bereits angelegt und impliziert sind.

Ein der religiösen und theologischen Thematik nicht fremder Bereich der Praxis, die Moral, kann hier als Beispiel dienen. Die grundlegenden moralisch-praktischen Einsichten in das, was gut und gerecht ist, gehören zu jeder entwickelten menschlichen Kultur, so verzerrt sie auch durch repressive Verhältnisse, Ideologien und Unmündigkeit der Menschen sein mögen. Wenn Kant den Geltungssinn der Moral in seiner Unbedingtheit, Universalität und seinem Lebensformbezug expliziert, dann arbeitet er die Grammatik dieses Geltungssinnes heraus – aber er „erfindet" damit weder die Dimension des Guten, noch die der Freiheit, der Achtung und der Würde. Natürlich trägt die klärende Sinnexplikation, wenn sie gelingt, zu einem besseren Verständnis der Konstitution der Moralität bei. Die Analyse der Konstitution der Moralität ersetzt aber nicht die moralische Praxis selbst, sondern hilft an ihr mit. Ebenso gilt, dass die philosophische, sinnexplikative Erläuterung eines möglichen sinnvollen Gottesverständnisses und seines Wahrheits- und Geltungsanspruchs nur in der konkreten Lebenspraxis ihren Bezug und ihr Maß hat. Sie muss an Aspekte dieser Praxis und ihrer sprachlichen Artikulation anknüpfen und an sie erinnern, um ihre Rationalitätspotentiale und ihre Missverständnismöglichkeiten freizulegen. Die philosophische, kritisch-hermeneutische Sinnexplikation wird sich dabei von persönlichen Bekenntnissen und Bezeugungen im Interesse der Sache fernhalten. Allerdings ist eine verstehende Sinnexplikation ohne Vertrautheit mit religiöser Praxis und der Rede von Gott, eine Explikation nur aus der neutralen Beobachterperspektive und ohne die Teilnahme an einer entsprechenden Lebensform nicht vorstellbar.

Welche grundsätzliche Ebene, welche grundsätzliche Sinndimension kann philosophisch-theologisch freigelegt werden? Wie lässt sich die Konstitution dieser Ebene genauer fassen? Folgende Grundzüge der menschlichen Existenz sind für alle menschliche Faktizität und Praxis konstitutiv. Menschen lassen sich in ihrem Lebensvollzug und in ihrem Handeln nur über ihre *praktischen Sinnentwürfe* verstehen. Wir sind in allem, was wir tun, auf bestimmte konkrete *Erfüllungsgestalten* unserer Praxis ausgerichtet. Interessen, Bedürfnisse, Ziele bestimmen unser Leben, im guten wie im schlechten. Ferner müssen wir die *Totalität* und *Singularität* unserer Existenz begreifen – die Ganzheit und Einmaligkeit unseres individuellen Lebens. Ein weiterer wesentlicher Aspekt unseres Lebens ist dessen *gemeinsame, kommunikative, interexistentielle Konstitution*: Bevor es je „uns" als einzelne Individuen gibt und geben kann, werden wir faktisch und praktisch von anderen Menschen erst ermöglicht und werden durch sie – kommunikativ und interaktiv – zu uns selbst. Ferner ist konstitutionsanalytisch festzustellen: In all unserer Lebenspraxis sind wir auf existentielle und interexistentielle *praktische Einsichten* angewiesen. Durch Lernen und Erfahrung, durch Diskussion und Argumentation können und müssen wir – so gut es geht – ein Selbst- und Weltverständnis ausbilden, um unser Leben – den jeweiligen Umständen entsprechend – selbstbestimmt führen zu können. *Dazu* trägt auch die philosophische Klärung bei.

Dieses einfache Modell der Lebensführung wird genau dann offen für eine ethische, ästhetische und religiöse Sinndimension, wenn wir die sinnkonstitutive Negativität unserer Situation in den Blick nehmen, die allzu leicht in der Perspektive des *Pragmatischen* und dessen, was wir technisch und sprachlich *können*, unterzugehen droht. Kant und Wittgenstein erreichen mit ihren Analysen diese Grenze, existenzphilosophische Ansätze von Kierkegaard und Heidegger erreichen sie, und die modernen Philosophen, die durchaus subtile Substitute des Absoluten entwickelt haben, berühren sie ebenfalls.

Die Perspektive der – aufzuzeigenden – sinnkonstitutiven, transpragmatischen und transmoralischen, zunächst negativ explizierbaren Bedingungen unserer Praxis ist es, die ich für zentral geeignet halte, den Sinn auch der Rede von *Gott* und der theologischen Differenz erneut zugänglich zu machen. Die Perspektive der sinnkonstitutiven Negativität kann philosophisch zunächst in ihren wichtigsten Aspekten formal aufgezeigt und in ihrer Konstitution analysiert werden. Sie kann dann jeweils auf religiöse und theologische Sätze und Praxen bezogen werden, die in dieser Perspektive als vernünftig, aufgeklärt und in ihrem Wahrheits- und Geltungsanspruch einsichtig verstanden werden können. Erst, wenn wir die wichtigsten Aspekte für sich schon thematisiert und analysiert haben, können wir sie zu einem

Gesamtverständnis der auf *Gott* bezogenen Existenz, Sprache und Praxis zusammenfügen. Falsche, verzerrte, entfremdete Verständnisse und ihre nötige Kritik begleiten eine solche Explikation, wurden aber bereits im vorangehenden Kapitel dargestellt. Der Ansatz bei der Negativität und bei den Grenzen unserer Welt, unserer Existenz und unserer Sprache (und Vernunft) ist philosophisch aus den folgenden Gründen notwendig: Einerseits kann er die moderne Radikalisierung der Kantischen Vernunftkritik durch den existenzphilosophischen Aufweis der Grenzen und der Endlichkeit des menschlichen Lebens (Kierkegaard, Heidegger), den Aufweis der Grenzen unserer sprachlichen Unterscheidungspraxis (Wittgenstein und die kritische Hermeneutik) sowie den Aufweis der Grenzen und der Bedingtheit unserer vernünftigen Praxis durch evolutionäre, materielle und ökonomische Basisverhältnisse (Darwin, Marx) sowie durch leibliche, triebhafte und unbewusste Faktoren (Nietzsche, Freud) systematisch aufnehmen. Andererseits kann der Ansatz bei der Negativität die negativkritischen Rationalitätspotentiale der religiösen und theologischen Tradition in ihrem Zentrum freilegen und neu erschließen: die Traditionen des biblischen Bilderverbots, der Unerkennbarkeit und Verborgenheit Gottes, der Kreuzestheologie und der Negativen Theologie vor allem in ihrer *praktischen* Bedeutung.

Der Anspruch philosophischer Theologie darf sich daher nicht darauf beschränken, die *interne* Rationalität einzelner religiöser Praxen zu rekonstruieren – dies ist Aufgabe der Religionswissenschaften, der Religionsethnologie und Religionssoziologie sowie einer hermeneutisch aufgeklärten Religionsphilosophie. Sie kann sich aber auch nicht damit begnügen, Religion als *„Kontingenzbewältigungspraxis"* zur Funktion der Lebensstabilisierung und Moralerziehung zu deuten. Philosophische Theologie, die nicht zu dem authentischen Wahrheits- und Geltungsanspruch vorstößt, der mit dem Gottesbezug verbunden ist, kann die theologische Differenz und den Sinn der Rede von Gott nicht auf dem systematischen Niveau der Tradition innovativ verdeutlichen, sondern weicht vor diesem Anspruch in eine unverbindliche Beobachterposition aus. Eine solche objektivierende, äußerliche Zugangsweise ist *gar nicht* philosophisch, weil sie nicht reflexiv verantwortlich sein will. Eine solche Zugangsweise wäre philosophisch schon mit Bezug auf die menschlichen Praxen der Logik und der Mathematik ganz unzulänglich.

Wenn eine philosophisch-theologische, sinnkriteriale Reflexion gelingen soll, so muss sie zeigen, dass das Gottesverständnis nicht nur mit einem Vernunftverständnis – vielleicht an dessen Rand und als subjektive Ergänzung – kompatibel ist, sondern dass es zu einer *Vertiefung des Vernunftverständnisses* führt. Es muss sich zeigen, dass ein philosophisch geklärtes Gottesverständnis nicht *gegen* Aufklärung

zu denken ist, nicht hinter Aufklärung und Religionskritik zurück-
fällt, sondern vielmehr eine *Vertiefung und Radikalisierung von
Aufklärung* ermöglicht: Aufklärung über sinnkonstitutive Unverfügbarkeit und über die guten Wege, sich zu den unverfügbaren Sinnbedingungen unserer Existenz zu verhalten. Es muss sich schließlich
zeigen lassen, dass ein geklärtes Gottesverständnis nicht zu einem entfremdeten, falschen menschlichen Selbstverständnis führt, sondern
dass im Gegenteil *Gotteserkenntnis und wahre Selbsterkenntnis zu-
sammengehören.*

2.3   Grundzüge philosophischer Theologie

2.3.1 Die ontologisch-kosmologische Transzendenz

Beginnen wir die Analyse des konstitutiven Zusammenhangs von
Negativität und Sinn beim fundamentalen Aspekt der Existenz der
Welt. Die von mir zunächst formal aufgewiesenen Aspekte der sinnkonstitutiven Negativität haben in der Tradition verschiedene metasprachliche begriffliche Bestimmungen erhalten, je nachdem, in welchem Paradigma sie artikuliert wurden, in der Ontologie und
Metaphysik, in der Bewusstseins- und Transzendentalphilosophie, in
der sprachkritischen Philosophie. Für unsere Thematik eignet sich der
Begriff der *Transzendenz* zunächst am besten, um zu explizieren,
worum es bei den folgenden Aufweisen und Analysen geht. Wir müssen dabei von vornherein ein objektivistisches, in diesem Sinne von
unserem Selbstverständnis abgespaltenes, verdinglichtes und insofern
„transzendentes" Transzendenzverständnis vermeiden. Die ‚Realität'
und auch die ‚Absolutheit' von Transzendenz können wir nur angemessen begreifen, wenn wir *uns selbst als transzendierend,* als auf Sinn
angelegt und zu kritischer Selbstreflexion fähig, erkennen und anerkennen. Wir können den Primat der existentiell-praktischen Lebensorientierung, wie er auf differenzierte Weise und mit unterschiedlicher
Akzentsetzung von Kant, Kierkegaard und Wittgenstein, aber auch
von Marx und Nietzsche herausgearbeitet wurde, nicht empirisch
oder ontologisch theoretisch ausschalten oder überspringen.
    In einer kritischen Selbstreflexion sind wir in der Lage, Grenzen
unseres Welt- und Selbstverständnisses zu denken. Diese Grenzen
haben die Eigenart, in der Selbstverständlichkeit unserer Lebensvoll-
züge verborgen und durch diese verdeckt zu sein. Damit sie entdeckt,
bewusst und erkannt werden, muss eine gedankliche Bewegung initi-
iert werden, die ein erstes Aufmerken auf Züge unseres Lebens ermöglicht, die ich als unverfügbare Sinnbedingungen, als Züge der
Transzendenz bezeichne. Dabei heißt, eine Grenze denken, sie über-

schreiten, wie Hegel lehrt. Eine Grenze ist nicht, wo eine Sache endet und aufhört, sondern von wo aus sie wesentlich beginnt und überhaupt erst verstehbar wird.

Ein erster, grundlegender Transzendenzaspekt, der sich uns bei solchem selbstreflexiven Transzendieren zeigen mag, ist die *Existenz der Welt*. Bereits wenn wir diesen Transzendenzaspekt explizit machen und weitere Formulierungen für ihn finden wollen, stellen sich uns metasprachliche Probleme angesichts dessen, was wir artikulieren wollen bzw. was sich uns zeigt. Wenn wir von der „Tatsache", dass die Welt existiert, sprechen, ist dies ebenso missverständlich wie die Aussage, wir meinten „das Phänomen" der Existenz der Welt. Wir geraten an die Grenzen der Sprache, denn die Existenz der Welt ist eine ‚Tatsache' anderer Art als die Tatsache der Existenz von Gegenständen *in der Welt*. Sie ist auch eine andere Art von ‚Phänomen', als es Phänomene *in der Welt* sind. Wittgenstein und Heidegger haben je auf ihre Weise das *Dass der Welt* bzw. das *Sein des Seienden* als das unfassbare, sich zeigende „Mystische" bzw. als die „ontologische Differenz" im Zentrum ihres Denkens thematisiert und expliziert. Sie haben beide die Verborgenheit und Verdecktheit dieses Transzendenz-Aspekts hervorgehoben. Der Transzendenz-Aspekt ist keine Erfahrung, er kann sich nur *an* und *in* unseren alltäglichen Erfahrungen ‚indirekt' zeigen – wenn man auf ihn überhaupt jemals aufmerksam wird. Dass die Welt überhaupt ist, dass es überhaupt etwas gibt und nicht nichts – das kann man nicht direkt erfahren und nicht als normale Tatsachenbehauptung mitteilen. Direkt erfahren und mitteilen kann man Erlebnisse und Tatsachen *in der Welt*. Die Ebene des Dass der Welt ist auch nur behelfsmäßig als „Ebene" zu bezeichnen. „Ebenen" im wörtlichen Sinne lassen sich räumlich lokalisieren und einander zuordnen. Die Ebene des *Dass* der Welt, ontologisch die des Seins des Seienden, übersteigt, überschreitet alle solchen Ebenen.

An diesem zentralen Transzendenzaspekt wird bereits eine weitere Eigenschaft derjenigen Aspekte unserer Wirklichkeit deutlich, die uns zu einer erneuten Klärung und Präzisierung auch des Gottesverständnisses dienen können. Obwohl der Transzendenzaspekt in der Alltagserfahrung latent ist, verborgen und verdeckt durch Empirie, einzelne Erfahrungen und Tatsachen, ist er andererseits indirekt, implizit stets „da" – nur nicht wie einzelne Gegebenheiten, sondern sich zeigend darin, dass es überhaupt Gegebenheiten und Tatsachen „gibt".

Es ist deswegen falsch, die Transzendenz der Welt bzw. das Sein des Seienden als einen eigenen ‚Gegenstand' oder Eindruck zu isolieren. Die Rekonstruktion dessen, was Heidegger in seinen außergewöhnlich weit ausgeführten Analysen zur ontologischen Differenz systematisch erreicht hat, ist hier nicht beabsichtigt. Wohl jedoch wird in ihnen deutlich, dass wir die Transzendenz des Seins (der Existenz der Welt) nur *im Seienden* bzw. *in der Welt* erfahren, thematisieren und explizieren können. Vielfach wurde aufgewiesen, dass sich Transzendenzerfahrungen in Grenzsituationen des Staunens, des Sich-Wunderns, der tiefen Angst und des tief empfundenen Glücks einstellen. Trotzdem ‚besteht' die Transzendenz der Existenz der Welt, des Seins des Seienden, nicht *in* diesen Erfahrungen, sondern geht ihnen, sie eröffnend und ermöglichend, voraus und wird durch sie bewusst.

Den Transzendenz-Aspekt: *dass* überhaupt etwas ist, können wir daher auch weiter explizieren, wenn wir die in der Religionsphilosophie und Theologie geläufige Rede von der *Transzendenz in der Immanenz* heranziehen. Das Sein der Welt, das Dass des Seins, übersteigt und überschreitet unsere Erkenntnis und Erfahrung völlig und grundsätzlich. Dass die Welt ist, können wir weder erklären noch von irgendwelchen innerweltlichen Tatsachen ableiten. Wenn wir selbst auf diese definitive Grenze unserer Erkenntnis und unserer eigenen Existenz stoßen, erreichen wir mit der *Sinngrenze* auch einen Aspekt des realen, konkreten *Sinngrundes* unserer Welt und unserer selbst. Die *Unerklärlichkeit* des Seins – *dass* überhaupt etwas ist, die völlige *Unverfügbarkeit*, die transpragmatische, weder räumlich noch zeitlich zu begreifende *Vorgängigkeit* des Seins und mithin auch des Universums mit Milliarden Galaxien (im beobachtbaren Teil des Universums leuchten 70 Trilliarden Sterne) unter Einschluss unserer Erde, der Evolution und unserer eigenen Existenz – dieser ontologisch-kosmologische Transzendenzaspekt ist uns andererseits ständig völlig nah, völlig vertraut und selbstverständlich; so selbstverständlich und alltäglich, dass wir ihn nicht bemerken. Der Aspekt ist ‚immer da', aber nie selbst eigens für sich sichtbar. *Er bildet einen Grund allen möglichen und allen wirklichen Sinns* – faktisch und praktisch. Es gibt, anders gesagt, keine Immanenz ohne ontologisch-kosmologische Transzendenz. Die sprachlichen und praktischen Vergegenwärtigungsweisen dieses Transzendenzaspektes und *seiner völligen Unerklärlichkeit und Entzogenheit bei gleichzeitiger realer Sinnermöglichung* finden sich in allen Weltreligionen, in Schöpfungsmythen, in den philosophischen Theologien, in den Schöpfungstheologien, wie auch, in ontologisch-metaphysischer Fassung, in der mittelalterlichen Transzendentalienlehre. Kurz: Es wurden und werden immer neue Ausdrucksformen und Vergegenwärtigungsweisen für den ontologisch-kosmologischen Transzendenzaspekt entworfen und entwickelt – auch in der Kunst. Seine sinngründende Negativität bleibt stets erhalten. Vernunft- und erkenntniskritisch ist für uns vor allem wichtig, dass Transzendenz nicht in subjektiven Erfahrungen besteht, gründet oder aufgeht. Es wäre in der Tat absurd, zu denken, die Existenz des gesamten Universums gründe in unseren Erfahrungen.

Vielmehr gründen wir in der unfassbaren ontologisch-kosmologischen Transzendenz, ohne die wir selbst nicht wären. Ferner ist aber auch ein objektivistisches Verständnis dieser Transzendenz abzuweisen. Naturwissenschaftliche Theorien führen uns gegenwärtig gedanklich zu empirisch gestützten Hypothesen über den Urknall. Wie auch immer wir die gegenwärtigen Diskussionen der physikalischen Kosmologie und auch Spekulationen über Paralleluniversen beurteilen mögen – sie bewegen sich auf einer anderen Ebene als der, die mit der unerklärlichen Transzendenz des Seins der Welt gemeint ist. Bereits die im Falle des ‚big bang‘ nun zeitliche Datierung eines Ursprungs der Welt – möglicherweise vor 13-16 Milliarden Jahren – unterläuft wiederum die ontisch-ontologische Differenz, die Dimension des unableitbaren: *Dass überhaupt etwas ist, und nicht vielmehr nichts* – einschließlich Raum, Zeit, Bewegung und Materie.

Der Sinngrund, der sich im Transzendenz-Aspekt der ontologisch-kosmologischen Transzendenz zeigt, kann weder räumlich noch zeitlich festgelegt und festgestellt werden, er kann weder subjektiv noch objektiv vergegenständlicht werden. Gleichwohl ist er ständig ‚da‘ – ständig leben wir *durch* diesen unerklärlichen Grund und *in ihm*. Deswegen ist es angemessener, die Struktur der Transzendenz bereits hier als einen dynamischen *Prozess* zu explizieren, der nirgends vergegenständlicht und verortet werden kann, weil er *das Geschehen des Ganzen des Seins, der Welt und alles Existierenden ist*. Die Struktur der Transzendenz lässt sich nur als einzigartiger Prozess explizieren. Die traditionelle theologische und religiöse Sprache verwendet daher in unserem Zusammenhang aus guten Gründen den Begriff der Schöpfung. Unserer Analyse entspricht es, wenn nicht nur von einer *Schöpfung aus Nichts* (creatio ex nihilo) die Rede ist, sondern ebenso von einer *permanenten Schöpfung* (creatio continua). Denn so wird das *authentische Wunder*, das Wittgenstein in seinen fundamental-theologischen Analysen hervorhebt (the miracle) und das Heidegger als das „Wunder aller Wunder, dass Seiendes ist", bezeichnet, nicht auf irreführende Weise verortet, verräumlicht oder verzeitlicht. Es zeigt sich die konstitutive Verbindung von (absoluter) Unerklärlichkeit und Unerkennbarkeit (Negativität) und Sinn: Denn alle Ausmalungen des Schöpfungsvorgangs in realistischen Bildern oder auch in szientischen Modellen (Urknall) unterlaufen auf simplifizierende, naive, innerweltlich-innerseiende Weise den völlig unerklärlichen ontologisch-kosmologischen Transzendenzprozess.

Die Transzendenz des Seins bzw. der Existenz der Welt ist absolut unerklärlich; sie ist weder objektiv noch subjektiv verstehbar oder ableitbar, sondern sie lässt sich als einzigartiges, permanentes Geschehen charakterisieren, das uns als Menschen, als Verstehende und Handelnde, allererst möglich und wirklich machte und macht.

Die Perspektive dieser *transrationalen*, keineswegs irrationalen Transzendenz des Seins- bzw. Weltgeschehens – eines einzigen und einzigartigen Ereignisses, das bis zu uns – zu jedem Menschen reicht, der lebte, jetzt lebt oder noch geboren wird, schließt den *Hervorgang* der materiellen Welt und Wirklichkeit mit ein. Transzendenz ist mithin nicht als ein abstraktes Jenseits im Himmel begreifbar, sondern als ein wahrhaft kreativer Prozess des Hervorgangs der unendlich komplexen und differenzierten Wirklichkeit *allen* Seins ,aus Nichts' – das heißt, der gesamte Hervorgang kann nicht erklärt, beschrieben, abgeleitet, begriffen, verstanden werden. Alles, was wir am absoluten Hervorgang des Seins erfassen können, sind nur partiale, endliche Momente. Alles wissenschaftliche, technische, instrumentelle Erkennen ist pragmatisch-endlich konstituiert und kann das auch unsere Vernunfterkenntnis schlechthin übersteigende Transzendenzgeschehen des Hervorgangs des Seins nicht erreichen. Nicht als spirituell oder idealistisch sich in ein Jenseits verflüchtigendes Sondergebiet wird uns Transzendenz in diesem ontologisch-kosmologischen ihrer Aspekte zugänglich, sondern als unfassbarer, dennoch höchst realer Hervorgang, der über die Milliarden Galaxien und die Trilliarden Sterne, die wir im uns sichtbaren Teil des Universums verorten können, auch zu unserer Galaxie, zur Entstehung unseres Sonnensystems, zur Entstehung unserer Erde, ihrer Materie, Natur und Evolution, zur Konstellation von Sonne und Erdmond, zur irdischen Schwerkraft, zu Wasser und Luft, zur Pflanzen- und Tierwelt und schließlich zu uns, den materiell bedingten, sprach- und handlungsfähigen Wesen führte, die die einzigen sind, die offen sind für absolute Transzendenz, für das Begreifen des Unbegreiflichen.

Die Einsicht in die ontologisch-kosmologische Transzendenz artikuliert sich in der biblischen Schöpfungsgeschichte auf zwar archaische, aber realistische und materialistische Weise angemessen. Die Rede von der Schöpfung als einzigartigem Wunder und andauerndem Prozess – „Gott sah, dass es gut war" – ist eine diesem Aspekt absoluter Transzendenz gerecht werdende Vergegenwärtigungsweise. Eine dem Transzendenzereignis des Hervorgangs auch gerecht werdende, philosophische Weise der Vergegenwärtigung ist die neuplatonische Hypostasenschematik der Emanationslehre Plotins. Wir finden in ihr die begriffliche Vergegenwärtigung von Stufen des Hervorgangs der Emanation der Hypostasen aus dem Unfassbaren, aus dem überseienden Einen, welcher *Hervorgang* schließlich auch vernünftiges Begreifen und die Weltwirklichkeit mitsamt unserer leiblich-materiellen Existenz nicht nur „ermöglicht", sondern unüberbietbar *real ist*. Diese metaphysische Vergegenwärtigung ist, wie die schöpfungstheologische, auf ihrer Sinnexplikationsebene allen naturwissenschaftlichen Einzeluntersuchungen in der Kosmologie und Evolutionsbiologie auf Dauer überlegen, weil sie die Dimension der Transzendenz, der Unerklärlichkeit, der Negativität als Sinnkonstituens mitdenkt und mitvergegenwärtigt. Weitere gute Zugangsweisen zur ontologisch-kosmologischen Transzendenz und zu deren ins materielle Diesseits gerichteter, einzigartiger Prozessualität finden sich in Schellings Naturphilosophie und in der Prozesstheologie von Whitehead. Auch Hegels Philosophie versucht seit der *Jenaer Realphilosophie* und der *Phänomenologie*, diesen Prozess zu denken.

Ich weise auf diese Paradigmen nur hin, um den Ort meiner Überlegungen hinsichtlich Transzendenz und Prozessualität zu verdeutlichen. Bereits am Aufweis dieses Transzendenzaspektes – wir haben die Ebene der philosophisch-*theologischen* Differenz im genuinen Sinne noch gar nicht erreicht – wird im übrigen sichtbar, wie reduktionistisch, um nicht zu sagen beschränkt, funktionale oder entfremdungstheoretische Religionsphilosophien oder Transzendenzverständnisse sind. *Dass* Seiendes ist, das hat keine noch irgend von uns zu eruierende ‚Funktion‘, *dass* die Welt überhaupt geworden ist und ständig wird, entspringt wohl kaum unseren Entfremdungserfahrungen oder illusionären Projektionen. Kurz: *ein Wunder im strengen Sinne ist schlechterdings nicht erklärbar und hat überhaupt keine Funktion.* Das heißt: Auch philosophisch, vernünftig und sprachkritisch betrachtet ist die biblische, die neuplatonische und die prozesstheologische *Grammatik* der *Sinnexplikation* absoluter Transzendenz mit Wittgenstein dieser Transzendenz jedenfalls angemessener als alle explanatorischen oder funktionalen Paradigmen. Sie können die Grammatik der Transzendenz und ihre ‚Nutzlosigkeit‘ nicht erreichen.

Demgegenüber gilt es, die Rede vom unerklärlichen Hervorgang bzw. von der Schöpfung als sinnvoll – weil im strengen Sinne sinnexplikativ – zu rehabilitieren. Damit ist zugleich der irdische, höchst leibliche, konkrete, sinnliche Sinn des Transzendenzprozesses in seiner Richtung auf uns, die Menschen, als Geschöpfe unter Mitgeschöpfen, die mitsamt der Materie, den Pflanzen und Tieren *hervorgegangen* sind, mitbegriffen.

Die philosophische Reformulierung einer schöpfungstheologischen bzw. emanationsontologischen Transzendenzperspektive hätte vor allem die systematische Aufgabe, die *Permanenz der Unerklärlichkeit*, des unlöslichen Konnexes von Negativität und Sinnkonstitution, genauer herauszuarbeiten. Wir können den Grundgedanken so formulieren: Zwar kennen wir frühere Zustände des Transzendenzprozesses bzw. des Hervorgangs, z.B. bestimmte Phasen der Expansion des materiellen Universums, der Galaxienbildung, der Entstehung unseres Sonnensystems, der Erdentwicklung. *Dass* es jedoch gerade diese einmalige, in eine Richtung verlaufende Prozessualität gab und gibt, ist nicht erklärbar. Insbesondere können wir eine spätere Stufe der Entwicklung in ihrer Eigenart nicht aus früheren Stufen kausal, deterministisch, explanatorisch ableiten und werden dies, erkenntnis-, vernunft- oder sprachkritisch betrachtet, auch *nie* können. Denn unsere wissenschaftlichen Erkenntnismöglichkeiten sind begrenzt, endlich, empirisch, hypothetisch und falsifizierbar. So können wir nicht die Vielgestalt der Elemente, der Farben, der individuierten Lebewesen in ihrer *je unsagbaren, unendlichen Konkretion* von vorherigen Stufen „ableiten", aus ihnen „erklären". Vielmehr können wir neben der faktischen, nachträglich konstatierbaren Abfolge von Stufen oder Phasen der Evolution und der Entwicklung die *qualitativ unableitbar neue*, unerklärliche Gestalt späterer Stufen wahrnehmen. Auf differenzierte Weise haben der Nominalismus, Goethe, Hegel, die Phänomenologie Husserls und wiederum Wittgenstein auf diesen Transzendenzaspekt der Wirklichkeit aufmerksam gemacht und ihn analysiert. Der fundamentale Befund der Unerklärlichkeit, der Grenzen der Erkenntnis gilt auch für jedes innerweltliche, individuierte Einzelphänomen: für ein Blatt, einen Schmetterling oder einen Menschen, für einen Augenblick der Wirklichkeit in subjektiver Wahrnehmung. Weder können wir *den Grund des Transzendenzgeschehens* objektivierend erkennen, ihn sehen oder empirisch auf irgend eine Weise erfassen, noch können wir *das Ganze der Welt*, oder auch nur der uns perspektivisch, räumlich und zeitlich sehr eingegrenzt zugänglichen Teile des Universums erkennen, wahrnehmen oder theoretisch beschreiben. Was aber, traditionell gesagt, für den Makrokosmos gilt, das gilt auch für den Mikrokosmos, und es gilt, das ist für uns am nächstliegendsten und wichtigsten, auch für den ‚mittleren' Bereich unserer alltäglichen Lebenswelt und die Erfahrungen mit den Situationen und Phänomenen dieses uns vertrauten Mesokosmos. Keine Situation, in der wir leben und handeln, ist uns vollständig erfassbar, erkennbar und in diesem Sinn transparent. Jeder hervorgehende Augenblick und jedes erscheinende Individuum sind intern unendlich komplex und konkret, sie sind schlechthin nicht objektivierbar, nicht zu vergegenständlichen, sie gehören in ihrer sinnkonstitutiven Unverfügbarkeit zu den Aspekten der Transzendenz. Von Goethe stammt der Satz „Individuum est ineffabile" – Ein Individuum ist unaussprechlich. Wittgenstein könnte sagen: Es *zeigt* sich, lässt sich aber nicht *sagen. Diese absolute Transzendenz der konkreten Wirklichkeit in ihrer prozessualen Individuierung gilt für alles Singuläre.* Wir können zwar einige Aspekte eines Individuums ‚abschatten', thematisieren und so beschreiben, wahre Sätze über ein Phänomen oder eine Situation aussagen, sie begründen oder widerlegen. Aber das Ganze ist uns als diskursiv-endlichen Erfahrungswesen jeweils konstitutiv entzogen und dauerhaft unerkennbar. Somit ist ein transpragmatischer, transrationaler Rahmen, besser: *Grund*, allem Erkennen und Wissen vorgeordnet, vorgängig und für jedes Erkennen sinnkonstitutiv. (Das gilt insbesondere auch für das Ganze der Sprache; ich gehe auf diesen Aspekt der Transzendenz weiter unten ein.)

Die Phänomenologie spricht von einem vorgängigen Horizont unseres Erkennens, Charles Taylor spricht von einem ebenfalls konstitutiven, unthematischen Hintergrund des Erkennens und Erfahrens. Es lässt sich noch mehr, weiteres, anderes und wieder anderes noch anders thematisieren und sehen, und zwar an *jedem* Phänomen, an *jedem* Augenblick und an *jedem* Individuum, als wir dies je könnten.

Wenn wir diese interne Unendlichkeit und Unerkennbarkeit der Wirklichkeit und alles Wirklichen erkenntniskritisch angemessen begreifen, dann kann uns dieses Begreifen auch zu einer Korrektur der Kantschen Gesamtarchitektonik verhelfen. Denn das Noumenale ist gerade die unsagbare Wirklichkeit und das unerkennbare, prozessuale Transzendenzgeschehen, in dem wir leben und sind, handeln und sprechen. Auch und insbesondere reicht Transzendenz *in uns selbst*, in die Unerkennbarkeit unseres eigenen Grundes hinein. Die „zwei Welten" Kants, „mundus intelligibilis" und „mundus sensibilis", „homo noumenon" und „homo phaenomenon", sie sind Aspekte *einer*, unserer alltäglichen Welt (s. Kap. 3). Ohne immanente, absolute Transzendenz könnte keine Erfahrung offen, frei fortsetzbar, veränderbar, verbesserbar, falsch oder angemessen sein. Jede Lebenssituation, jede Einzelwahrnehmung von etwas Individuellem, eines singulären Ereignisses, ist so konstituiert. Die ekstatische Zeitlichkeit und Sprachlichkeit unseres Selbst- und Weltverhältnisses steigert, präzisiert und radikalisiert nur diesen Befund der sinnkonstitutiven Negativität und Unverfügbarkeit.

Aus Gründen der soeben zu Kants Dualismus formulierten monistischen, holistischen Kritik hat Hegel in seiner *Enzyklopädie* hervorgehoben, dass die Dimension der Grenz- und Grundproblematik, die Kant ganz zentral in der transzendentalen Dialektik thematisiert, nicht erst die vermeintlich großen Themen der „metaphysica specialis" betrifft, die von einer „ontologia" oder „metaphysica generalis" abgespalten werden kann, welch letztere Kant in der transzendentalen Analytik behandelt. Vielmehr beginnt die Dialektik von Endlichkeit und Unendlichkeit, von Negativität und Sinnkonstitution, bereits ganz am Anfang allen Erkennens und Wahrnehmens. Anders gesagt: die Transzendenz-Aspekte sind in jedem elementaren Vollzug bereits implizit sinnkonstitutiv. Mit einer Formulierung Friedrich Kaulbachs: „Die gesamte Metaphysik ist schon ganz am Anfang drin."[15] In ähnlicher Stoßrichtung stellt Wittgenstein fest, viele Theoretiker und

Philosophen würden einige Phänomene seltsam oder rätselhaft finden, weil sie nicht sehen und begreifen, dass das Ganze – und jedes Einzelne – unfassbar ist.

Zwei Feststellungen sind mir hinsichtlich des erfolgten Aufweises der ontologisch-kosmologischen Transzendenz in ihrer einzigartigen, unerklärlichen und unfassbaren Prozessualität noch wichtig. Der Begriff des *authentischen Wunders* lässt sich zwar in Beziehung zu bestimmten religiösen Sinntraditionen und auch zu existentiellen Erfahrungen des Einzelnen setzen. Der philosophisch-sinnexplikative Status des Begriffs hat aber zunächst *negativ-sinnkriteriale Bedeutung* im Kontext einer erkenntniskritischen Analyse der absoluten *Grenze* unseres Erkennens und Erklärens, einer Analyse mit Wahrheits- und Geltungsanspruch. *Dass* die Wirklichkeit, *dass* die Welt überhaupt ist, einschließlich unserer selbst und unserer Erkenntnisfähigkeit, können wir durch nichts erklären. Gleiches gilt, wenn wir angesichts einzelner Situationen und Individuationen der konkreten Wirklichkeit ihre *innere Unendlichkeit*, ihre unendliche Konkretion aufzeigen. Wir können hier vom *unsagbaren Geheimnis der Wirklichkeit* erkenntniskritisch begründet sprechen und negativ-sinnkriterial den unausschöpflichen, unabschließbaren Charakter der Wirklichkeitserfahrung in jedem Augenblick mit Wahrheits- und Geltungsanspruch aufweisen. *Dass* diese Dimension in existentiellen Erfahrungen, in personalen Beziehungen, in Erfahrungen des Erhabenen in der Natur, in meditativer Praxis auf besondere, intensive Weise aufleuchtet, zugänglich wird und gestaltet werden kann, das zeigt nur, dass Transzendenz vorgängig ist und stets augenblicklich neu eröffnet wird, wenn man nur darauf aufmerksam wird. Die Verstellung und Verdeckung authentischer Transzendenz durch eigene menschliche Gerätschaften und Vorrichtungen ist ein Thema, auf das ich später noch eingehen werde. Jedenfalls ist es auf dem erläuterten Hintergrund von Unverfügbarkeit und Sinnkonstitution nicht verwunderlich, dass viele Offenbarungen und Gotteserfahrungen gerade in der Wüste erfolgten. Es hat gerade nichts mit Romantizismus, Mystizismus oder Obskurantismus zu tun, wenn ich, phänomenologisch und kritisch-hermeneutisch begründet, feststelle, dass sich die bislang erläuterte Dimension der Transzendenz angesichts der Weite, der Ferne, der Größe, der Stille und der Leere der Wüste deutlich zeigt und gleichsam sinnlich erfahrbar nahelegt – ohne freilich *in* dieser Erfahrung aufzugehen oder gar *in ihr* zu bestehen. (Das wäre wiederum ein Missverständnis *ums Ganze*.) Eine analoge Sinneröffnungs- und Sinnerschließungskraft kommt dem „bestirnten Himmel über mir" am Schluss der *Kritik der praktischen Vernunft* Kants zu. Es sind somit keine exzeptionellen Sondererfahrungen, in denen absolute Transzendenz der erläuterten Art gründet oder gar besteht. Vielmehr sind die

Transzendenz-Aspekte des Seins der Wirklichkeit *ganz fundamentale Züge all unserer Welterfahrung und der Alltäglichkeit unseres Lebens,* die aufgrund ihrer übergroßen Nähe und Selbstverständlichkeit in diesem oft verdeckt und verborgen bleiben. Es ist geradezu eine zweite Kindwerdung und Naivität nötig, sie wieder zu entdecken und sie sich durch allerlei vermeintlich kluges und aufgeklärtes Gerede nicht zerreden und nehmen zu lassen. Wir können in dieser Dimension der Transzendenz in gewisser Weise nicht weiter kommen, als so weit, alles (oder auch etwas) *wie zum ersten Mal* zu sehen und so seine Unerklärlichkeit zu begreifen.

2.3.2 Die Transzendenz der Sprache

Nach dem Aufweis des ontologisch-kosmologischen Aspekts der Transzendenz, der lebenssinnkonstitutiven Unverfügbarkeit und Entzogenheit des Seins und der Wirklichkeit, wende ich mich nun der Transzendenz der Sprache als dem *Sein von Sinn* bzw. dem *Sein des Sinnes* zu. Ich betone, dass der Aufweis der Transzendenz-Aspekte im Rahmen unserer philosophischen Theologie noch vorläufigen Charakter hat. Erst in ihrer *keinesfalls additiv* verstehbaren, sondern gleichursprünglichen und interkorrelierten Gesamtheit können wir versuchen, ihre genuine Gestalt und Tiefendimension zu explizieren. Die „Reihenfolge" der Thematisierung ist jedenfalls systematisch nicht von Ableitungs- oder Begründungsvorstellungen geleitet.

Dennoch ist es sinnvoll, die Analyse der Transzendenzstruktur sprachlichen Sinnes der Analyse der spezifisch existentiellen, anthropologischen Transzendenzstruktur unseres Lebensvollzugs voranzustellen. Ohne die sprachliche Erschlossenheit von Sinn wäre unser Welt- und Selbstverständnis unmöglich. Alle Aufweise, die soeben hinsichtlich der ontologisch-kosmologischen Transzendenz und des unerklärlichen Hervorgangs der Wirklichkeit erfolgten, sind selbst nur sprachlich möglich. Die Kategorie des authentischen Wunders für das schlechthin Unerklärliche und Unbegreifliche erschließt allererst die Perspektive der Transzendenz. Die Sprache ermöglicht unsere Sinngrenzreflexion und ineins die Sinngrunderkenntnis. Bereits die konstruktiven Ansätze Wittgensteins führen in seiner *Lecture on Ethics* zu der Dimension des Wunders der Sprache, des „miracle, that language exists". Zur selben Zeit und später noch in breiter Form entwickelte Heidegger seine Gedanken zur „Sprache" als dem „Haus des Seins" (vgl. Kap. 3).

Für unsere Zwecke einer philosophisch-theologischen Sinngrundreflexion sind wiederum, wie auch schon bei der ontologisch-kosmologischen Transzendenzdimension, keine mystischen Sondererfahrungen und auch keine quasi-mythologischen Entwürfe nötig, um diese Transzendenz des Logos zu explizieren. *Dass* – und *wie* – wir sprechen können, ist eine unerklärliche, uns vorgängige Bedingung der Möglichkeit und Wirklichkeit unserer humanen Welt. *Dass* wir Sätze verwenden können, wahre Behauptungen treffen und bestreiten, Urteile über gut und böse, schön und hässlich fällen können, das ist eine uns und unsere Welt einschließlich unserer Vernunft und Selbsterkenntnis *real ermöglichende* Dimension, die wir nicht erklären oder von anderem ableiten können, ohne sie selbst schon verwenden und in Anspruch nehmen zu müssen. Gleichwohl ist das Wunder der Sprache und der sprachlichen Erschlossenheit der Welt wiederum nichts außergewöhnlich oder übernatürlich Mysteriöses, sondern ebenso alltäglich, jedermann bekannt, universal zugänglich wie auch die Transzendenz des Seins und aller Wirklichkeit.

Sinnkonstitution setzt in der alltäglichen, konkreten Lebenspraxis in unseren praktischen Sinnentwürfen ein. Unsere Sprachhandlungsmöglichkeiten sind, wie Wittgenstein zeigte, ganz eng mit unseren *Lebensformen* verwoben. Auch die existentiale Hermeneutik Heideggers arbeitet diesen Lebensformbezug der sprachlichen Praxis und des Verstehens heraus. Die Sprachkritik und Hermeneutik der Philosophie des 20. Jahrhunderts lässt sich mit ihren besten Leistungen als Fortsetzung, Radikalisierung und Präzisierung der Kantischen Vernunftkritik verstehen. Sie lässt sich darüber hinaus – das soll im folgenden ausgeführt werden – in ein vertieftes Transzendenzverständnis im Blick auf die Struktur der Sinnkonstitution in der humanen Welt einbringen.

Den Hervorgang der Sinnbedingungen unserer Welt konnten wir bereits als kreativen Prozess charakterisieren. Der Prozess führte inmitten der materiellen Endlichkeit zur Entstehung des Lebens, des menschlichen Selbstbewusstseins und der Sprache. Das heißt: das kreative Transzendieren und seine realen Möglichkeiten setzt sich in die menschliche, kreative Entwurfspraxis hinein fort. Die uns *real ermöglichende Transzendenz des Seins* und der sich prozessual auf einzigartige Weise ereignende Weltprozess führen zum Hervorgang sprach- und handlungsfähiger Wesen, der Menschen. Zur prozessualen Transzendenz des Seins und der Existenz der Welt tritt der Transzendenzaspekt des Logos.

Wir müssen bereits an dieser Stelle den Transzendenzbegriff im Sinne einer negativen Anthropologie der Freiheit erweitern. Es wird sich zeigen, dass die systematische Entfaltung einer philosophischen Theologie ohne ein vertieftes Freiheitsverständnis nicht möglich ist, weil sich der Transzendenzprozess in unsere freie Selbstentfaltung hinein fortsetzt. Für unseren gegenwärtigen Kontext der Transzendenz des Logos ist meine Auffassung leitend, dass ein vertieftes Freiheitsverständnis nur im Zusammenhang mit einem transzendental-kritischen Sprachverständnis ausgearbeitet werden kann. Der Terminus „transzendental" sollte dabei nicht mit den vielen bewusstseins- und subjekttheoretischen methodologischen Prämissen assoziiert werden, die er in der traditionellen Transzendentalphilosophie hat. Es geht um die sprachlichen und praktischen, die grammatischen und die existential-anthropologischen Voraussetzungen („Möglichkeitsbedingungen", Sinnbedingungen) unseres Welt- und Selbstverständnisses.

Während Kant seine Freiheitsanalyse theoretisch ganz in der Negativität verankert und belässt, sie als unerklärliche Spontaneität jeder Erklärung entzieht und nur den Abweis der Begründung der Unmöglichkeit menschlicher Freiheit für erreichbar hält, gehe ich im Sinne seiner praktischen Philosophie von einer in die menschliche Lebenspraxis weit hineinreichenden Fähigkeit des Menschen zu eigenen, kommunikativen Sinnentwürfen aus. Das entspricht im Grunde auch einer weiterführenden Interpretation positiver praktischer Freiheit im Kantischen Sinne und im Sinne individueller Selbstbestimmung. Im Medium der Sprache werden wir zu uns selbst, können uns verständigen, beurteilen und interpretieren. Ohne sprachliches Verstehen fänden wir zu keinem Weltverständnis und zu keiner expliziten Selbsterkenntnis. Die Möglichkeit und Wirklichkeit sprachlicher Selbstdeutung und Kommunikation ist Sinnbedingung unserer Handlungen.

Auf diese Weise gründet und ermöglicht die uns vorgängige Transzendenz des Logos unser eigenes Transzendieren. Von der Transzendenz des Logos kann wiederum begründet die Rede sein, wenn wir uns negativ-kritisch die Unmöglichkeit verdeutlichen, mit sprachlichen Mitteln hinter unsere sprachlich erschlossenen Situationsverständnisse zu gelangen. Die *Wirklichkeit* der sprachlichen Erschlossenheit unserer Welt hat uns die Sinnhorizonte der Einheit, der Wahrheit, des Guten und des Schönen schon zugänglich gemacht, ehe wir als Einzelwesen hervorgehen und uns individuieren. Wir können daher die traditionelle Transzendentalienlehre der Scholastik, die Lehre von den transkategorialen Bedingungen der menschlichen Welt: dem Seienden, dem Einen, Wahren, Guten und Schönen, auch im Blick auf das kommunikative Apriori unserer Lebenswelt rekonstruieren und im Kern bestätigen. Ohne die reale Möglichkeit, *ganze* Sätze in *ganzen*, als Einheit vorverstandenen Lebenssituationen zu formulieren und zu begreifen, ohne die reale Möglichkeit, Behauptungen aufzustellen, zu begründen und nach wahr oder falsch zu beurteilen, wäre unsere humane Existenz undenkbar. Auch die konstitutiven Perspektiven der Ethik und der Ästhetik sind in den sprachlich erschlossenen Sinnhorizonten der Rede vom Guten und Schönen, vom Gerechten, Richtigen, Passenden und Angemessenen mit ermöglicht. Sprache ist sowohl *Ort* als auch *Medium* des spezifisch humanen Transzendierens. Sie gestattet die Fortsetzung der Praxis und ermöglicht so die Kontinuität von Sinn, gestattet die Rückfrage und ermöglicht innovative Sinnstiftung. Folgen wir dem späten Wittgenstein, so lässt sich unser sprachliches Regelfolgen als ein *freies Fortsetzen nicht festlegender Anfänge* verstehen. *Dass* wir sprachlich handeln und Sinn entwerfen können, ist wiederum letztlich unerklärlich. Das handelnde und sprachliche Überschreiten des Gegebenen, einzelner Kontexte und Situationen, ihr Verneinen und Thematisieren, ist für unser Welt- und Selbstverständnis konstitutiv. Es *gründet* die genuin menschlichen Möglichkeiten der Wissenschaft und Technik, der Ästhetik und Religion, die alle ohne sprachliche Selbsttranszendenz unmöglich wären. Weder ein Sinn von Sein noch eine humane Welt wäre *ohne kommunikative Selbsttranszendenz* auch nur möglich.

Dass wir zur kommunikativen Selbsttranszendenz wirklich in der Lage sind, lässt sich nicht erklären und von nichts anderem empirisch ableiten. Die Ebene des sprachlichen Sinnes ist etwas völlig Anderes als ihre materiellen Bedingungen. Sie lässt sich *nur aus sich* verstehen und interpretieren. Wir können daher begründet von der irreduziblen, unableitbaren Autonomie der Sprache bzw. der Grammatik im Sinne Wittgensteins (also nicht bloß als empirisches Regelsystem, sondern als eine vorgängige, sinn- und geltungskonstitutive sprachliche Form und Ordnung) sprechen. Zur Einsicht in die Transzendenz des Logos können wir gelangen, wenn uns klar wird, dass wir auch über die sprachlichen Sinnbedingungen unserer Praxis nicht pragmatisch und technisch verfügen, sondern dass sie uns sinnkonstitutiv entzogen und vorgängig sind. Wir werden zu uns selbst im Medium sozialer und kommunikativer Praxis. z. B. ist es nicht in unser Belieben gestellt, wie zu versprechen, zu bitten und zu danken ist, sondern wir werden zu uns selbst im Medium und durch solche sprachlichen Möglichkeiten. Wie bereits die Analyse der ontologisch-kosmologischen Transzendenz, die uns ursprünglich wie je gegenwärtig stets vorausgeht, ermöglicht und hervorgehen lässt, so erschöpft sich auch die Analyse der Transzendenz der Sprache nicht in der Unerklärlichkeit ihrer Existenz, sondern sie setzt sich fort in der uns und unsere gesamte Weltwirklichkeit auch mit ermöglichenden, permanenten Sinneröffnung. Auch hier kommt, traditionell gesprochen, zur *creatio ex nihilo* die *creatio continua*. Wie können wir diese kreative Sinneröffnung durch die Transzendenz der Sprache näher explizieren?

Wir können uns kein Bild vom Funktionieren der Sprache machen, das unsere Sprache nicht schon voraussetzt. Jede Wortbe-

deutung und jeder Satzgebrauch sind sinnkonstitutiv offen und kreativ auf neuartige Weise interpretierbar und fortführbar. Die Sprachpraxis in Geschichte und Gegenwart ist unüberschaubar komplex und
ausdifferenziert. Das heißt: auch die Wirklichkeit der Sprache ist
durch innere Unendlichkeit charakterisiert. Das Ganze der Sprache
steht nicht zur Verfügung; es lässt sich in keiner Theorie objektivieren. Jedes Wort, jeder Satz hat unüberschaubar komplexe und differenzierte Verwendungen.

Diese Transzendenz des Seins des sprachlichen Sinns gestattet
keine theoretische Vergegenständlichung oder Erklärung dieses Sinnes durch physikalische, neurobiologische oder auch linguistische
Modelle. Vielmehr müssen wir angesichts der Autonomie der sprachlichen Wahrheits- und Geltungsebene davon ausgehen, dass mit dem
theoretisch unerklärlichen Hervorgang der sprachlichen Transzendenzdimension in der Wirklichkeit unserer Welt irreduzibler Sinn
konkret geworden ist und ständig konkret wird. Die Geschichte
menschlicher Selbstdeutungen in Mythos, Religion und Theologie, in
Dichtung und Literatur, in Philosophie, Ethik und Recht zeigt die
reale Perspektive einer kreativen Fortentwicklung normativer und
universaler Sinnpotentiale der Gerechtigkeit und Freiheit – inmitten
der vielen Fehlentwicklungen und Rückschritte, die mit der Fehlbarkeit endlicher Vernunftwesen untrennbar verbunden sind. Die
Transzendenz des sprachlichen Sinns, wie sie in ontologischer Metasprache paradigmatisch in der Transzendentalienlehre reflexiv bewusst ist, und wie sie auch in der Ideenlehre seit Platon und bis zu
Kant expliziert wird, können wir nach den Einsichten der Sprachphilosophie des 20. Jahrhunderts noch deutlicher und unmissverständlicher im Sinne einer Transzendenz in der Immanenz verstehen,
als dies in der traditionellen ontologischen oder idealistischen Terminologie möglich war. Es zeigt sich wiederum, dass das prozessuale
Transzendenzgeschehen unser eigenes Selbstbewusstwerden und
Transzendieren *ermöglicht und trägt. Wir sind es*, die in konkreten
Lebenssituationen des Alltags die Transzendentalien bzw. Ideen der
Einheit, des Guten, des Wahren, des Schönen und die mit ihnen verbundenen, lebenstragenden und lebenssinnkonstitutiven Orientierungen in unseren Sätzen verwenden, entwickeln, interpretieren, *von, in*
und *mit* ihnen, letztlich durch sie leben. Sie ermöglichen in der
Wirklichkeit unsere sinnvolle Lebenspraxis. *Dass* wir sprechen, denken und handeln und uns somit in praktischer Selbstreflexivität in der
Welt orientieren können, ist ebenso unerklärlich wie selbstverständlich. Auch das Wunder der Transzendenz der Sprache mit all ihren
Sinneröffnungspotentialen ist in der Alltäglichkeit verborgen, anwe-
send-abwesend. Die Verdeckung und Verstellung der Transzendenz

geschieht aber auch in den vielen Formen des Missbrauchs der Sprache, die als Täuschung und Lüge durch sie mit ermöglicht sind.

Wir benötigen zur Freilegung des sprachlichen Transzendenzaspekts keine Mythisierung oder Idealisierung. Wohl jedoch müssen depotenzierende, unterbestimmte, reduktionistische, formalistische Verständnisse kritisch zurückgewiesen werden. Dann wird einsichtig, dass die Sprache zum nicht objektivierbaren Sinngrund unseres gesamten Seins gehört, zu den transpragmatischen Sinnbedingungen unserer Existenz.

2.3.3 Die anthropologisch-praktische Transzendenz

Welche herausragende Bedeutung der Sprache, dem Logos, für die Selbstwerdung des Menschen zukommt, wurde sowohl bereits in der antiken Philosophie deutlich, die den Menschen als sprachfähiges Lebewesen („zoon logon echon") bestimmte, wie auch an zentraler Stelle der christlichen Tradition, in der Logostheologie des Prologs des Johannes-Evangeliums (s.u. 2.3.5). Der Zusammenhang von sprachlicher Welterschlossenheit und freiheitlichem, praktischem Selbstentwurf wurde bereits thematisiert. Um die Dimension der anthropologisch-praktischen Transzendenz zu analysieren, müssen wir die Verbindung von Negativität und Sinn und damit die Freilegung der transpragmatischen Sinnbedingungen unseres Lebens bis in die interne Struktur unseres leiblich-sinnlichen, endlichen, gemeinsamen und einsamen Handelns und Verstehens hinein fortsetzen.

Sobald und solange wir leben, müssen wir uns praktisch selbst entwerfen. Der Selbstentwurf, der ohnehin einzig in der leiblichen Bedingtheit und materiellen Endlichkeit real möglich ist, ist konstitutiv fragil. Unsere Entwürfe können fehlgehen, scheitern oder durchkreuzt werden. Humaner Sinn ist nur in dieser Verletzlichkeit und Gefährdetheit überhaupt zugänglich. Entscheidend ist für unser Selbst- und Praxisverständnis, dass wir ein solches Verständnis *nur im Wege der Anerkennung der lebenssinnkonstitutiven Unverfügbarkeit gewinnen und ausbilden können.* Nur in Anerkennung der Transzendenz eröffnet sich – auf allen Ebenen unseres Welt- und Selbstverhältnisses – jeweils die Dimension einer humanen Sinnperspektive. Existentielle und interexistentielle Transzendenz konstituieren – verborgen in aller Alltäglichkeit, verdeckt durch instrumentelle Verhältnisse und Sichtweisen, verdrängt durch inhumanes, repressives und böses Denken und Handeln – die humane Welt, und zwar *real und konkret*, und nicht etwa „fiktional", „idealistisch", „hypothetisch". Wenn wir die ins Zentrum der Konstitution der humanen Welt führenden Formen des praktischen Transzendierens untersuchen, dann erreichen wir die realen Sinnbedingungen, die humanes Leben schaffen, erhalten und tragen.

Die Transzendenz der Sprache eröffnet uns bereits das *Sein von Sinn*[16] in Gestalt der realen Möglichkeit der Behauptung *wahrer* Sätze und damit die reale Perspektive einer Wahrheitsorientierung. Die damit real eröffnete kommunikative Praxis gestattet wiederum das Transzendieren gegenwärtiger Erfahrung und Erkenntnis. Jede alltägliche Lebenssituation in ihrer unerschöpflichen inneren Komplexität ist so offen für neue Wahrheitsaspekte. Sie ist es aufgrund ihrer sinnkonstitutiven, inneren Unendlichkeit, die – wie jedes Individuum – nie gänzlich erkennbar ist. Die sprachlich ermöglichte Praxis der menschlichen Sinnentwürfe ist primär am *Guten* bzw. am gut Scheinenden ausgerichtet. Theoretisches und technisches Erkenntnisinteresse sind fundiert im praktischen Erkenntnisinteresse an dem, was für unser Leben, unsere Bedürfnisse, Absichten, Ziele und Zwecke gut ist oder erscheint. Das *gute Leben* im umfassenden, kulturell ausdifferenzierten Sinne ist der formal-strukturell fraglose, faktisch strittige, teleologische Horizont unserer Welt.

Die anthropologisch-praktische Transzendenz lässt sich mithin als konstitutive Angewiesenheit auf Sinn und Erfüllung, Befriedigung und Glück verstehen. Wir sind – auf allen Ebenen unseres Lebens – auf diese Erfüllungsgestalten angelegt: leiblich-sinnlich, technisch, kommunikativ, sozial, ökonomisch, politisch, ästhetisch, ethisch und religiös. Wir sind Sinn entwerfende und Sinn antizipierende Wesen.[17]

Zu dieser Konstitutionsanalyse gehört, dass wir uns nicht als isolierte Einzelsubjekte erkennen, denken, verstehen und interpretieren können. Die Transzendenz der Sprache, das Kommunikationsapriori der humanen Welt gestattet keine subjektzentrierte Erkenntnistheorie Cartesischen Zuschnitts. Wir werden zu uns selbst in einer gemeinsamen, kommunikativen Lebenspraxis. Gerade die im ausgezeichneten Sinne personalen, existentiellen, individuellen und moralischen Dimensionen unseres Lebens, die Ausbildung von Selbstbewusstsein und Selbstbestimmung, sind zutiefst kommunikativ konstituierte Dimensionen. Ich habe dazu in ausführlichen fundamentalanthropologischen Konstitutionsanalysen das Argument Wittgensteins gegen die Möglichkeit einer Privatsprache auf die Ethik und die Existentialanthropologie Heideggers angewandt und eine Interexistentialanalyse entwickelt.[18] Es sind *kommunikative Interexistentiale*, die auch unser praktisches Selbstverhältnis konstituieren und formen: einem Andern zuhören, jemandem helfen, sich miteinander beraten, an jemanden denken, auf jemanden warten, jemandem etwas beibringen, Freundschaft und Liebe. Kommunikative praktische Lebensformen sind durch Wahrhaftigkeit, Aufrichtigkeit, Vertrauen, gegen-

seitige Hilfe und die Bemühung um Klarheit und Verständlichkeit
möglich – die Verfehlungen und defizienten Modi werden so mit
ermöglicht. Praxis ist überhaupt nur möglich, wenn mehrere Handelnde das Gleiche tun. Die Realität des alltäglichen gemeinsamen
Lebens und Sprachhandelns ermöglicht auch je meine eigenen Sinnentwürfe sowie alle konstruktiven und destruktiven Abweichungen.

Um die Struktur der anthropologisch-praktischen Transzendenz
noch genauer zu klären, müssen wir deren antizipierende Eigenart
explizieren. Wir sind uns im Lebensvollzug immer schon voraus, uns
„vorweg", wie Heidegger formulierte. Dieses „Sich-vorweg-Sein"
lässt sich mit Heidegger zeitanalytisch so fassen, dass wir je schon auf
zukünftigen Sinn ausgerichtet sind, wenn wir aus dieser zukünftigen
Orientierung auf unsere Gegenwart verstehend zurückkommen und
so auch unsere Vergangenheit thematisieren, interpretieren oder vergessen, verdrängen oder abtun. Wir kommen aus zukünftigen Sinnentwürfen auf uns in Gegenwart und Vergangenheit zurück. So bildet
schon unsere Alltagspraxis mit ihren Plänen, Zielen und Projekten,
den kleinen und größeren Besorgungen, den beruflichen und familiä-
ren Aufgaben ein dichtes Netz auf Zukunft gerichteter Sinnentwürfe
mit ihren antizipierten Erfüllungsgestalten.

Eine entwickelte Form der Selbsterkenntnis können wir nur aus
einem auf das ganze Leben bezogenen Verständnis des Guten und des
Sinns gewinnen. Da wir Sinnentwürfe praktizieren *müssen*, handeln
müssen, solange wir leben, bildet sich dieser Lebensformbezug in
jedem Leben aus – bereits beim Kleinkind und auch im Traum –, er
kann mehr oder weniger bewusst, mehr oder weniger glücklich, mehr
oder weniger bejaht und gelungen, er kann auch melancholisch, pessi-
mistisch, depressiv, pathologisch, zynisch oder nihilistisch ausgebildet
werden. Um uns zu den Transzendenz-Aspekten unseres Lebens
bewusst zu verhalten, ist ein vertieftes Verständnis von Transzendenz
und ihrer Bedeutung für die Sinnkonstitution unverzichtbar, – ein
Verständnis, welches traditionell in der religiösen Erziehung vermittelt werden soll, das aber auch für jede Form eines Lebens in konkreter Sittlichkeit und in moralischer Verantwortung nötig ist. In diesem Kontext können wir mit Kant und Wittgenstein sowie unter
Rekurs auf die existentialanthropologischen Analysen der Lebens-
ganzheit und der zeitlichen Endlichkeit des menschlichen Daseins bei
Kierkegaard und Heidegger das praktische Transzendenzverständnis
vertiefen und präzisieren.

Sobald wir zu uns selbst werden – in kommunikativer Praxis –,
stellt sich die Frage nach einem grundsätzlichen Selbst- und Weltverständnis und nach der selbst verantworteten Lebensführung. Es
wird – mehr oder weniger explizit – bewusst, dass nur ich meine
Handlungen tun kann, dass mir letztlich niemand meine Entscheidun-

gen abnehmen kann, dass ich, anders gesagt, unbedingt selbst verantwortlich bin. Diese Unvertretbarkeit wird zwar im Alltag vielfach verdeckt und nivelliert; dennoch ist sie implizit alltägliches, lebensweltliches Wissen. Die Unvertretbarkeit gilt schließlich nicht nur für den unbedingten Ernst moralischer Verantwortung, sondern zum Beispiel auch für unsere persönlichen Glücks- und Erfüllungserfahrungen, für unsere Leiden und Schmerzen. Auch der konsequente Hedonist geht von seiner unvertretbaren, existentiellen Identität aus. Die Frage nach dem Sinn des ganzen Lebens lässt sich auch und gerade in säkularisierten modernen Gesellschaften nicht verdrängen oder abschaffen.

Die Konstitution der anthropologisch-praktischen Transzendenz wird durch die Perspektive der Moralität schärfer präzisierbar und genauer erfassbar. Sich moralisch ernsthaft verantwortlich zu verstehen, erschließt die Dimensionen der Transzendenz, ohne dass diese Dimensionen in Moralität und Ethik aufgehen oder bestehen. Wir können die transpragmatischen, transethischen und transrationalen Dimensionen der anthropologisch-praktischen Transzendenz daher explizieren, wenn wir die Sinngrenzanalysen mit Sinngrundanalysen verbinden. Denn wir können mit Hegel sagen: Eine Grenze denken heißt, sie überschreiten.

Die Fragilität, Offenheit und Ungesichertheit unserer Sinnentwürfe im Kontext eines verantwortlichen Selbstverständnisses kann in der negativen praktischen Einsicht expliziert werden, dass sowohl Freiheit als auch Unbedingtheit konstitutiv mit der *Grundlosigkeit* unseres Handelns verbunden sind und durch diese erst möglich werden. Bildlich gesprochen stoßen wir auf die Tiefendimension von Transzendenz im Innersten unseres existentiellen Selbstverhältnisses. Zu den transpragmatischen, auch transethischen Sinnbedingungen unseres Lebens gehört, dass wir dessen singuläre Totalität nicht als ganze vergegenständlichen, „erkennen" oder gar in aller Tiefe seiner wenig oder kaum bewussten Schichten durchschauen können. Nur von unserer zeitlich-endlich-diskursiven, je gegenwärtigen Lebenspraxis aus, die wir von der antizipierten Zukunft her verstehen, können wir Aspekte unseres bisherigen Lebens erinnern, thematisieren, reflektieren und beurteilen. Unsere praktische Selbsterkenntnis ist endlich und be-grenzt wie unsere empirischen und theoretischen Erkenntnismöglichkeiten.

Es ist aber gerade diese pragmatische, konstitutive Nichtobjektivierbarkeit, die unsere personale Integrität und die Perspektive autonomen Transzendierens eröffnet und ermöglicht. Solange wir leben, sind wir augenblicklich noch im Entwurf einer konkreten Lebenssinngestalt begriffen, die aus nichts Vergangenem kausal determiniert gedacht oder abgeleitet werden kann. Selbsterkenntnis im praktischen

Sinne, auch wenn sie Erfahrungen des Versagens, des Scheiterns und des Bösen aus der Vergangenheit einbezieht, steht in dieser offenen, nicht objektivierbaren Dimension. Unsere praktische Möglichkeit der Selbsttranszendenz beruht somit auf der Unerkennbarkeit unserer selbst bzw. unseres Wesens in einem objektivistischen, abschließbaren Sinne.

Dieser *konstitutive Zusammenhang von Negativität und Transzendenz* charakterisiert aber nicht nur unseren Bezug auf die singuläre Totalität unseres eigenen ganzen Lebens, sondern er konstituiert bei genauerer Analyse jede einzelne Lebenssituation, jede unserer Handlungen und jede unserer Sprachhandlungen. Und ferner konstituiert er auch die *interexistentiellen*, authentischen wie inauthentischen *Verhältnisse* der gemeinsamen menschlichen Praxis. Nur, weil wir zeitlich-ekstatisch in einer offenen, nicht festgelegten und nicht gänzlich bestimmbaren Zukunftsperspektive leben, aus der wir auf eine irreversible, sich entziehende Vergangenheit zurückkommen können, leben wir in der Fülle qualitativ unendlich konkreter Gegenwart und Augenblicklichkeit, in einer Gegenwart, die wir in Wirklichkeit nie verlassen können. Wir stehen nicht noch einmal hinter uns, können weder uns noch die gesamte jeweilige Situation noch unser ganzes Leben vergegenständlichen.

Diese existentielle Augenblicklichkeit konstituiert unsere endliche Freiheit: Die Uneinholbarkeit unserer selbst, die existentielle Transzendenz unserer selbst zu all unserem Begreifen und Erkennen – auch zu unserer Selbsterkenntnis – eröffnet die Dimensionen der Tiefe und der Ferne, der uns selbst nicht vorab erkennbaren produktiven, kreativen, innovativen, imaginativen Potentiale, die in unsere praktischen – auch sprachlichen – Sinnentwürfe eingehen können. Die Transzendenz unserer selbst und unserer eigenen Existenz erschließt uns die Potentiale ekstatischen Transzendierens unseres Selbst- und Situationsverständnisses. Wir können demnach die Analyse der Unerkennbarkeit, der Unableitbarkeit, der Grundlosigkeit, Unverfügbarkeit und empirischen Entzogenheit unserer selbst in negative praktische Einsichten und in positive Antizipationen transformieren. Was uns wirklich gründet, entzieht sich als Grenze unseres Erkennens aller Vergegenständlichung, Instrumentalisierung und Empirie. Existentielle Transzendenz als Sinngrenze allen Erkennens bildet den Sinngrund personaler Freiheit und Würde. Der Sinngrund selbst ist nur negativ zu erfassen. Die Unableitbarkeit und Uneinholbarkeit der existentiellen Transzendenz lässt sich aber im Kontext *interexistentieller Transzendenz* in ihrer wirklichen Tragweite angemessen analysieren und begreifen. Die Ferne, Fremdheit und Tiefe, die schon die Komplexität und ekstatische Unendlichkeit der eigenen Existenz ausmacht, steigert und radikalisiert sich im Bezug zu Anderen. So wie wir uns selbst nicht objektivieren können, so ist uns auch der Andere nicht verfügbar und kann uns gerade so in seiner eigenen personalen Würde begegnen.[19] Existentielle und interexistentielle Transzendenz als Ferne und Alterität beginnen nicht erst angesichts alter Kulturen und lange vergangener Epochen oder in der Begegnung mit fremden Kulturen, Religionen und Lebensformen, wie dies ein oberflächlicher Kulturrelativismus aus einer externen Beobachterperspektive feststellt. Sie beginnt bereits im Verhältnis zu mir selbst. Wer war ich als Kind? Wer war ich mit 18 Jahren? Wer bin ich in der vergangenen Nacht und im Traum gewesen? Kann ich den vergangenen Tag, die vergangene Stunde verstehen, beschreiben, erfassen?

Wir stoßen mit diesen Analysen auf die sinnkonstitutiven Grenzen unserer Existenz und des Mitseins mit Anderen. Sie ermöglichen die unbedingte Achtung und Anerkennung der Mitmenschen als Personen mit irreduzibler Würde ebenso wie ein authentisches Selbstverhältnis in Freiheit und als Freiheit. Die transpragmatische und transethische Dimension der Nichtobjektivierbarkeit, der Unverfügbarkeit und Entzogenheit *gründet und trägt* personale und moralische Verhältnisse. Die Rede von der „Unantastbarkeit" des Menschen in seiner Würde artikuliert diesen Transzendenzaspekt.

In dieser tiefen Transzendenzdimension, die sich wesentlich negativ artikulieren lässt, gründet auch die Sinnperspektive, die sich in der Entstehung und Entfaltung der okzidentalen Vernunftgeschichte mit der Lehre von der *Verborgenheit und Unerkennbarkeit Gottes*, mit dem *Bilderverbot* und, im philosophischen Kontext, mit dem *Sokratischen Nichtwissen* verbindet. Gerade die Einsicht in das, was wir konstitutiv und definitiv *nicht können und nicht wissen*, eröffnet die genuinen Dimensionen eines freien, gemeinsamen und dialogischen Entwurfs kommunikativer Rationalitätsformen in Religion und Ethik, in Wissenschaft, Recht, Politik und Ökonomie, Technik und Kunst. Die kritische Zurückweisung irrationaler, unerreichbarer Wissens- und Erkenntnisansprüche ist es, die in Wahrheit die europäische Vernunftgeschichte beginnen lässt und ausmacht – und nicht etwa hybride Wissens- und Machbarkeitsvorstellungen, wie sie verkürzte, verdinglichte, die humane Transzendenz verfehlende Orientierungen kennzeichnet – ebenso wie irrationale fundamentalistische, religiöse Phantasmen und Wahnvorstellungen, die sich repressiv und terroristisch auswirken. Die negativ-praktische Einsicht in die Begrenztheit menschlicher Erkenntnis als Schlüssel zu einem authentischen Transzendenz- und Gottesverständnis prägt auch bereits die Götzenpolemik und Religionskritik des Propheten Jeremias: Es geht um die Befreiung von selbstgemachten Vorstellungen, die zu Götzen verherrlicht und angebetet wurden.

Die praktische Anerkennung der existentiellen und interexistentiellen Transzendenz als der unbedingten Grenze und dem Grund
unseres eigenen Transzendierens eröffnet erst die nahe, reale
Möglichkeit eines freien, verantwortlichen und moralischen Selbstverständnisses.

2.3.4 Die Einzigkeit Gottes und der logische Status des Wortes Gott

Die bisher aufgewiesenen und im Ansatz analysierten Aspekte
der Transzendenz bestätigen die Kritik an einem statischen bzw. vor-
handenheitsontologischen Transzendenzverständnis, welches Transzendenz als einen abgespalteten „Raum 2" einem bloß „diesseitigen"
„Raum 1" gegenüberstellt. Es sei aber festgehalten: die metasprachlichen Probleme des „Anrennens gegen die Grenzen der Sprache"
bleiben stets erhalten, wenn wir eine Sinnexplikation der Rede von
Transzendenz und Gott zu leisten versuchen. Sie bleiben erhalten,
auch wenn wir nicht mehr von einem „Himmel" und von dort „oben"
lokalisierbaren Wesen sprechen. Sie bleiben, deutlicher gesagt, erhalten, *gerade weil* wir keine naiven Weltmodelle zur Verfügung haben –
obwohl es solche Modelle im Bereich der Halbbildung und gar der
Parawissenschaften auch heute noch in Hülle und Fülle gibt. Ebenso
bleibt der genuine Wahrheitsanspruch und Geltungssinn durchaus
erhalten, der im Gebrauch der traditionellen religiösen Sprache in der
Praxis mit dieser Sprache verbunden ist. Ein naiv-realistisches, objektivistisches Transzendenzverständnis wird aber durch unsere Analysen überwunden. Ebenso konnte bereits deutlich werden, dass ein
transzendenzloses Verständnis der lebensweltlichen und lebenspraktischen Immanenz zu kurz greift, unser Welt- und Selbstverständnis
nicht nur um einige besondere, sondern um wesentliche Aspekte
reduziert. *Dass* überhaupt Seiendes ist, sich prozessual entfaltet hat bis
zur Existenz unserer Welt und unserer selbst, der Hervorgang einer
Wirklichkeit, die in sich intern unendlich komplex und unendlich
konkret ist, diese absolute Tranzendenz des Seins und der Welt, die
sich von einem für uns prinzipiell unfassbaren, unerkennbaren Ursprung bis in jeden Augenblick unserer Gegenwart und bis zu uns
selbst ereignet, muss philosophisch und existentiell als transpragmatische und transrationale Sinnbedingung unseres Lebens begriffen und
expliziert werden. Es handelt sich weder um eine empirische Tatsache
unter anderen empirischen Tatsachen, noch um eine Meinung, eine
Auffassungsweise oder Perspektive, noch um einen Mythos. Ohne
diese absolute Transzendenz ist keine Immanenz möglich, wirklich
oder nur denkbar. Und dies gilt nicht für einen wiederum jenseitig

vereinseitigten Ursprung, der zu einem „Knall", zu einer Art Explosion verbildlicht und in der Phantasie vergegenständlicht werden könnte, sondern es gilt vom ständigen gegenwärtigen Hervorgang alles Seienden im Universum und in der Materialität wie Sinnhaftigkeit unserer Welt.

Die Transzendenz als ständiger Prozess der offenen, nicht abgeschlossenen Sinnkonstitution zeigt sich für uns in aller Immanenz an der Sprache als dem unvordenklichen Sein des Sinns, das für uns die Horizonte der Wahrheit, des Guten, der Möglichkeit der begründeten Erkenntnis ebenso wie die der angemessenen Urteilsbildung und der Explikation von Einsichten eröffnet. Wir werden zu uns selbst in einem gemeinsamen Leben aufgrund dieses Seins des Sinns. Auch hier wird sichtbar: die Transzendenz und offene Prozessualität der Sprache gehört nicht zu einer „jenseitigen" Welt der Ideen oder einer von unserer Wirklichkeit ontologisch-dualistisch abgespaltenen rein intelligiblen Welt. Sondern die sprachliche, selbst unerklärliche Sinneröffnung der Wahrheit, des Guten, der verständigen Weltorientierung und Daseinsbewältigung geht hervor und geschieht inmitten unserer konkreten Wirklichkeit, in der leiblich-sinnlichen Konkretion der Laute und der Stimmen, der materiellen Spuren der Zeichen und der Schrift, des Hörens und Sehens. Die Prozessualität des Hervorgangs der Transzendenz weist eine konkrete, leiblich-sinnliche Richtung auf. Aber die kommunikative Transzendenz der sprachlichen Sinnpotentiale übersteigt fundamental und definitiv alle Vorhandenheit, alle Gegenwart und alle Materialität und Empirie. Transzendenz in der Immanenz bedeutet nicht, daß Transzendenz in Immanenz aufginge oder verschwände, auf sie reduziert oder von ihr abgeleitet werden könnte. *Vielmehr ist Immanenz in ihrer Tiefendimension nur aus der Transzendenz zu begreifen.* Denn die mit der Sprache hervorgegangenen normativen Sinngehalte und Sinnpotentiale sind nicht einholbar, offen weiter zu entwickeln und nicht auf faktisch erreichte Verhältnisse reduzierbar.

Die praktisch-anthropologischen, konkreten Dimensionen der Freiheit und der Moral, die mit der existentiell-interexistentiellen Nicht-Objektivierbarkeit und Transzendenz eröffnet werden, lassen sich wiederum nicht in einen „reinen", intelligiblen und so abstrakten Raum ontologisch abdrängen, und dann von dort nur wieder künstlich in die Wirklichkeit unserer Welt zurückholen. Transzendenz als bloß abstraktes, intelligibles Jenseits wird der Realität des Transzendenzgeschehens in unserem Leben ebensowenig gerecht, wie ein Lebensverständnis, das um das Wunder des unableitbaren, dennoch wirklichen Sinns des Seins der Welt, der Sprache und des eigenen Lebens gebracht würde und in seinen faktischen, endlichen, konstatierbaren, quantitativ erfassbaren und letztlich beliebigen Bewegungen und Äußerungen – in dem Bereich des bloßen Verstandes – aufginge.

Dennoch ist der Aufweis der Transzendenz-Aspekte mitsamt ihrer dynamisch-prozessualen Struktur der Sinneröffnung, die auf Zukunft, Erfüllungsperspektiven und einen Horizont authentischen, integren Menschseins in der Wirklichkeit weisen, nur der erste Schritt der Sinnexplikation einer philosophischen Theologie. Diese Theologie kann eben nicht, wie dogmatische Theologien einzelner Religionen, schon von Gott und seiner Offenbarung ausgehen. Sie kann aber auch nicht einen axiomatisch-deduktiven, in diesem Sinne theoretischen Zugang als Beweisstrategie wählen. Mit solchen Gottesbeweisen, unter Zuhilfenahme der formalen Logik, der Wahrscheinlichkeitsrechnung oder der Modallogik gelangen wir nicht zu vernünftigen, frei gewonnenen praktischen Einsichten über den Sinn und die Lebensbedeutsamkeit der Rede von und der Orientierung an Gott. Deswegen muss philosophische Theologie sich auf fundamentale, aber jedermann prinzipiell zugängliche Aspekte unseres Lebens, unserer Sprache und Praxis beziehen und diese allgemein verständlich erläutern.

Entscheidend für die Explikation und Entfaltung einer genuin systematischen theologischen Perspektive ist im Blick auf die aufgezeigten Transzendenz-Aspekte die Einsicht in ihre *Gleichursprünglichkeit*. Diese führt zur Perspektive einer *Einheit*, genauer: der *Einzigartigkeit* des Seins des Sinnes. Der Artikulation dieser Perspektive dient die Rede von Gott, der Orientierung an dieser Perspektive dient der praktische Lebensbezug zu Gott. *Die nun folgenden Ausführungen wiederholen deshalb die Transzendenzanalysen mit Blick auf die Grundphänomene der Einzigkeit und Einheit, um den Kernbereich philosophischer Theologie im Sinne des ethischen Monotheismus begrifflich zu erreichen und zu explizieren.*

Zunächst ist nach den bisherigen Aufweisen klar: man kann einzelne Transzendenz-Aspekte isoliert erkennen, thematisieren und sich zu ihnen auf sehr verschiedene Art und Weise verhalten. Die Religionsgeschichte, die Geschichte der Ethik und der Philosophie, aber auch der Kunst und Kultur zeigen uns ein überwältigendes Panorama menschlichen Sich-zu-sich-Verhaltens zur absoluten Transzendenz. So verhielten und verhalten sich Naturreligionen und agrarische Gesellschaften zu den unverfügbaren Sinnbedingungen ihres Lebens im Verehren von Göttern der Fruchtbarkeit und des Erntesegens. In der Linie einer sehr deutlichen Moralisierung und Ethisierung konnte andererseits Kant zentrale Lehren des ethischen Monotheismus und des Christentums zu einer philosophischen Theologie entwickeln, in der der Glaube an Gott die unverfügbaren, geltungskonstitutiven Voraussetzungen der moralischen Praxis artikuliert und trägt. Im

Buddhismus begegnen uns Haltungen und Selbstverständnisse angesichts absoluter Transzendenz, deren Ziel das völlige Freiwerden *von*, aber auch die Befreiung *zu* eigenen Sinnentwürfen, die Befreiung von Selbstsorge und Selbstbefangenheit angesichts der kreisend vorgestellten Prozessualität des Seins ist. Auch mystisch-meditative Praktiken dienen der Einübung in Seelenruhe, Gelassenheit und Freude angesichts der aufgezeigten authentischen Wunder. Ethischer und politischer Aktivismus wiederum versuchen, die freigesetzten moralischen und sittlichen Sinnpotentiale, so weit die Kräfte es gestatten, zu realisieren. Demgegenüber haben sich inzwischen Lebensverständnisse verbreitet, die sich als existentialistischer Nihilismus, als Gleichgültigkeit, als resignatives oder gelangweiltes Abtun aller Sinnperspektiven aufgrund sehr weit fortgeschrittener Aufgeklärtheit, als Ästhetizismus oder Hedonismus konkretisieren. In den modernen Gesellschaften des Westens sind Formen der Beliebigkeit und der Oberflächlichkeit des Lebensverständnisses häufig und naheliegend – zu diesem Befund benötigen wir keine aufwendige Kulturkritik und keinen metaphysischen Pessimismus.

Die philosophische Reflexion auf die Sinnbedingungen unserer Existenz und auf die Gottesfrage kann sich mit solchen Befunden nicht begnügen. Um eine theologische Vernunftperspektive zurückzugewinnen, die für die europäische Rationalitätsgeschichte konstitutiv war, müssen wir einen Zugang zur Transzendenz entwickeln, der den skizzierten Formen überlegen, glaubwürdig und vernünftig, das heißt auch: argumentativ einsichtig zu machen ist.

Dieser Zugang wird möglich, wenn wir uns die *Gleichursprünglichkeit* der bisher explizierten Aspekte der Transzendenz vergegenwärtigen. Einfach formuliert: die unerklärliche, unfassbare, aber sich ständig realisierende Transzendenz des Seins, der Welt, der Sprache und unserer eigenen Existenz mitsamt ihrem prozesshaften Hervorgang und ihrer Gegenwart bildet eine für uns zwar intern differenzierbare und auch differenzierungsbedürftige, aber völlig untrennbare Einheit, und zwar eine qualitative Einheit, die wir keinesfalls summativ oder additiv begreifen oder depotenzieren können. Wir können vorgreifend auch von einer *sich zeigenden Lebenssinngestalt* sprechen, die *vor einzelnen Transzendenzaspekten* bereits, diese real ermöglichend, vorausgeht. Dass sich diese in sich differenzierte Gestalt explizieren lässt, eröffnet die Möglichkeit einer rationalen philosophischen Theologie. Diese gestattet wiederum die Metakritik an atheistischen, szientistischen, subjektivistischen und auch an religiös-fundamentalistischen Selbst- und Weltverständnissen.

Die Gleichursprünglichkeit der bisher aufgezeigten Aspekte der Transzendenz erweist sich in der vorgängigen Einheit jeder Lebenssituation und jedes praktischen Sinnentwurfs, in denen die Aspekte zusammenspielen und so konkreten Sinn überhaupt erst ermöglichen. Die Einheit ihres Zusammenspiels ermöglicht so unsere eigenen Sinnentwürfe, den Entwurf eines leitenden Selbstverständnisses und einer praktischen, existentiellen Sicht des ganzen Lebens. Das Sein der Welt, die Dimension sprachlichen Sinns und unser eigenes, aus dem Transzendenzprozess auf unbegreifliche Weise hervorgegangenes Sein und Selbstverständnis bilden eine unvordenkliche Einheit, die sich in jeder Lebenssituation zeigt und die unsere endliche, freie und vernünftige Praxis ermöglicht. Diese Einheit wurde traditionell ontologisch, metaphysisch, mystisch, transzendental- und bewusstseinsphilosophisch auf metasprachliche Weise zu artikulieren versucht. Mit Wittgenstein (und wohl auch Heidegger) können wir sagen, dass sich diese Einheit eigentlich auf unsagbare Weise *zeigt*.

Es lässt sich jedoch in praktischer Perspektive aufweisen, dass wir uns durch die Horizontbildung und die antizipierenden Sinnentwürfe als auf Einheit bezogene, auf Einheit angewiesene Lebewesen verstehen und verstehen müssen. Wir sind *Lebewesen singulärer Totalität*, einmaliger Ganzheit. Unser je individuelles Leben ist eine einmalige Ganzheit. Aber diese Ganzheit ist kein statischer, räumlich zu objektivierender „Käfig" der Identität, sondern ein dynamischer Prozess des *Werdens zu sich selbst*, der selbst in jeder Situation weit über sich hinausweist in die Welt und in die kommunikative gemeinsame Praxis. Singuläre Totalität ist ein Urphänomen, eine fundamentale, nur freien Vernunftwesen zugängliche, andererseits solche freien Vernunftwesen überhaupt erst ermöglichende Dimension irreduziblen Sinns.

Jede Situation stellt eine solche einmalige, unerschöpfliche Ganzheit dar, offen und unendlich konkret, individuiert und in ihrer materiellen, leiblichen, sinnlichen, semantischen und normativen Feinstruktur und Komplexität von unfassbarer Tiefe. Jedes menschliche Individuum weist diese unausschöpfliche Tiefendimension auf: in jedem Augenblick des Lebens ist diese einmalige Ganzheit sinnkonstitutiv. Von ihr ermöglicht und geleitet, lässt sich auch die Einheit des Bewusstseins bzw. die Einheit theoretischer Vernunfterkenntnis in ihren formalen Aspekten begreifen.

Die Feinstruktur der existentiellen Lebensbewegung mit ihrer ekstatischen Zeitlichkeit kann auch die Struktur der singulären Totalität weiter erhellen. Wir müssen immer irgendwo sein, räumlich, leiblich, sinnlich, konkret. Nur *je von hier aus* können wir überhaupt handeln, entwerfen, denken, sprechen, verstehen. An der Basis aller Sinnbildungsprozesse in unserer Welt stoßen wir auf das Urphänomen des erfüllten, sinnkonstitutiv sich entziehenden Augenblicks. Alle mediale und apparative, technische Vermittlung vermag nicht darüber hinwegzutäuschen.

Aber die räumlich-sinnliche Konkretion und einzigartige Individuation an der Basis aller humanen Sinnbildungsprozesse wird noch einmal radikalisiert, präzisieren wir die Einmaligkeit in zeitlicher Hinsicht. Jeder Augenblick ist unwiederbringlich, irreversibel, nicht „an sich" erfassbar und objektivierbar, unvorhersehbar, zur Gänze für uns nicht kausal ableitbar, nicht erklärbar aus früheren Augenblicken. Er ist zur Gänze so unerkennbar und unableitbar, so ursachlos und unverfügbar wie wir selbst. Der Goethesche Satz *Individuum est ineffabile* („Das Einzelne ist unaussprechlich") gilt wie für uns, so für jeden Augenblick und jede einzigartige, unwiederbringliche Lebenssituation.

Ferner gilt aber: *nur so* ist Sinn, sind Vernunft wie Freiheit überhaupt denkbar, möglich und *wirklich*. Könnten wir etwas „an sich" erfassen und erkennen, so nur um den Preis der Vernichtung des Prozesses der Vernunft und der Freiheit, der uns selbst auf einzigartige Weise ermöglicht.

Die Einzigartigkeit der lebensweltlichen Sinnkonstitution zeigt sich noch genauer im Gebrauch der praktischen Sprache. Mit einer von mir getroffenen wahren Aussage, mit einer Auskunft, einem Rat oder mit einem Versprechen vollziehe ich einen zwar schon gelernten und auch später wiederholbaren Sprechakt. Aber in der jeweiligen konkreten Gebrauchssituation ist es *genau dieser Akt*, vollzogen *von mir* und gesagt zu *genau dieser* Bezugsperson, der diese Aussage und dieser Rat *gilt*.

Weit entfernt nun davon, dass diese einzigartige existentiell-interexistentielle Radikalität von Geltungssinn und Wahrheits- bzw. Wahrhaftigkeitsanspruch etwa nur außergewöhnliche Vertrautheits- und Bekenntnissituationen charakterisieren würde, ist vielmehr festzustellen, dass diese Unbedingtheit, Einzigartigkeit und irreversible, singuläre Totalität von Geltung und Sinn jede alltägliche Lebenssituation, jedes Gespräch, jede Kommunikation trägt und prägt. Und dies gilt selbstverständlich unter Einschluss aller defizienten Modi der Lüge, der Täuschung, der Heuchelei und des Betruges, die allesamt davon zehren und parasitär nur davon leben, dass es authentischen Geltungssinn, dass es Wahrheit und Gutes eben real, konkret *gibt*.

Die Einmaligkeit der konkreten Lebenssituation und die Gegenwart der Wahrheits- und Geltungsansprüche, die nur in ihnen konkret erhoben bzw., wieder konkret, von lebendigen Menschen authentisch angeeignet, wiederholt werden können – zum Beispiel, wenn sie einen Text lesen – diese Züge sind in aller Alltäglichkeit ständig implizit präsent, auch, wenn sie nicht bewusst werden. Philosophische Analyse kann sie in ihrer strukturellen Konstitution aufweisen und so die Tiefendimension der humanen Lebenspraxis explizit machen. Die Analysen von Kant, von Frege und Wittgenstein, von Apel, Habermas und Brandom gehören zu einer solchen philosophischen Tradition des *Explizitmachens der normativen Implikationen* der alltäglichen Sprach- und Handlungswelt. Sie setzen nur genauer und auf ihre Weise die Analysen fort, die im Zentrum der Ideenlehre Platons, der Kategorienlehre und der Sinnanalysen des Aristoteles, der Transzendentalienlehre der scholastischen Metaphysik, der Logik und Hermeneutik stehen.

Die Fähigkeit, in einmaligen, je neuen Situationen Sinn zu erfahren und diesen Sinn in ganzen Sätzen zu artikulieren, die sich wieder auf Sätze und ihren konkreten Gebrauch vorher und nachher sinnvoll beziehen, ermöglicht uns unser Transzendieren und unsere in die Zukunft gerichteten Entwürfe auf einzigartige Weise. Dabei lässt sich zeigen, wie sich der kreative Transzendenzprozess auch in unsere Sprachpraxis hinein fortsetzt. Wir können unsere spontane Praxis der innovativen Sinnkonstitution: „Dort ist eine rote Rose" nicht objektivistisch einholen, ohne bereits erneut innovativ Sinn in Sätzen und Handlungen zu entwerfen. Vernunft und Freiheit gründen in dieser – selbst nicht mehr erklärlichen – Praxis der lebensweltlichen Sinnkonstitution, die auf einzigartige Weise geschieht, auch wenn diese Einzigartigkeit in der Alltäglichkeit, Banalität und Routine verdeckt und vergessen wird. Auch die pervertierten Formen der Täuschung und Lüge verdecken die ursprüngliche Eröffnung der authentischen Sinndimensionen.

Es lässt sich somit zeigen, dass wir auf einzigartige Weise durch seienden Sinn ermöglicht werden. Der Transzendenzprozess reicht bis zu unserem Hervorgang und bis zum je gegenwärtigen Hervorgang unserer Sinnentwürfe.

An dieser Stelle muss darauf insistiert werden, dass die philosophische Analyse der Transzendenz dieser primären Sinnkonstitution und mit ihr der praktischen, realen Möglichkeit von Vernunft und Freiheit (verstanden in einem normativen, letztlich moralischen Sinne), von Selbsterkenntnis und Selbstbestimmung auf keinen Fall und um keinen Preis ersetzt werden kann durch Theorien, welche die bloße „Materie", die „Natur", die „Evolution", den „Nutzen", die „Funktion", das „Bewusstsein", „Systeme", den „Zufall", die „Kontingenz" oder das „Chaos" zu Grundbegriffen ihrer theoretischen Welterklärungsmodelle machen. Sie setzen alle bereits unsere Fähigkeit zur prädikativen Synthesis voraus. Mit dieser spontanen Fähigkeit, ganze Sätze in ganzen Situationen zu äußern und zu verstehen, ist auf einzigartige Weise ein Transzendieren der Faktizität der Wirklichkeit und jeder Situation ermöglicht, und zwar unter gleichzeitiger Wahrung des Bezugs zur faktischen Wirklichkeit. Der Sinngehalt „Dort ist eine rote Rose" wird ablösbar und unabhängig vom sinnlichen

Eindruck, den der Anblick der Rose auf uns machte und dem wir zunächst passiv ausgesetzt sind wie aller faktischen Wirklichkeit.

Mit der prädikativen Synthesis in ganzen Sätzen halten wir etwas Individuelles – die Rose, das sich dort zeigende Phänomen – im Allgemeinen fest. Steinvorth spricht zurecht von einem „welteröffnenden Bruch", der mit der prädikativen Synthesis, mit der Möglichkeit des Satzes geschieht.[20] Identität und Differenz, Bewusstsein und Selbstbewusstsein, die Potentiale vernünftiger Beurteilung freier Sinnentwürfe sind so als reale Perspektiven und Dimensionen unserer Wirklichkeit real erschlossen. Auch Theorien der formalistischen oder funktionalistischen, naturalistischen oder idealistischen Erklärung und Reduktion der humanen Sinnwelt sind nur möglich, weil eine ursprüngliche Eröffnung von Sinn schon geschehen ist.

Die bereits akzentuierte Einheit und Einzigartigkeit der uns vorgängig ermöglichenden Sinnkonstitution zeigt sich, wenn wir die zeitliche Einzigartigkeit jeden Augenblicks des Lebens eigens betrachten und hervorheben. Wir sind immer nur in der Gegenwart des je konkreten Augenblicks, der ekstatisch offen auf Zukunft ist. Nur im je konkreten Augenblick ist uns alle Wirklichkeit – auch die der Vergangenheit – überhaupt zugänglich. In je dieser konkreten Wirklichkeit des existentiellen Augenblicks aber sind alle gleichursprünglichen Transzendenz-Aspekte: das Sein der Welt, das Sein des Sinns und meine eigene Existenz vorgängig schon *eins*, bevor eine sinnvolle Bewegung, eine Handlung, ein Gedanke, die Äußerung eines sinnvollen Satzes überhaupt erfolgt und hervorgehen kann.

Die ursprüngliche und vorgängige Einheit dieser sinneröffnenden Transzendenz nannte die Tradition das Eine, das Absolute oder Gott. Es wird verständlich, dass Gott als namenloser Grund allen Seins sowohl negativ-theologisch in der Perspektive der absoluten Unerkennbarkeit und eher dem Nichts angenähert gedacht, andererseits mit maximalistischen Hyperformeln zu erfassen versucht wurde.

Philosophische Theologie kann diese traditionellen Versuche aufgreifen und in der Perspektive der sinnkritischen Grenzreflexion reformulieren. Der Bezug zu Gott, der Sinn der Rede von Gott und der Status des Wortes Gott lassen sich bisher so reformulieren:

Wir befinden uns als Menschen in einer *einzigartigen Sinnsituation*, die durch die *gleichursprüngliche Transzendenz* von Sein, Sprache und eigener (gemeinsamer) Existenz hervorgegangen ist und ständig weiter hervorgeht. Wir können weder „hinter" dieser Seinssinnstiftung noch „außerhalb" von ihr, weder zeitlich „vor" ihr, noch ohne sie schon vorauszusetzen, irgend etwas tun, erkennen, wollen oder verneinen, etwas erfahren oder empfinden. Gedanklich oder messend gelangen wir zu uns gegenwärtig zugänglichen räumlichen „Rändern" des Universums, und auch zu gegenwärtig angenommenen zeitlichen Grenzen seiner Entstehung ("Urknall"). Die ontologische, metaphysische, transzendentale bzw. philosophisch-theologische Ebene ist mit *dieser* Grenzreflexion kategorial nicht erreicht. Denn in ihr geht es um das einzigartige, völlig unerklärliche Hervorgehen des Dass des Seins überhaupt und ineins des Seins des Sinns, die unsere Vernunft und Freiheit je einzigartig hervorgehen ließen und jetzt noch ermöglichen. Wir können somit auf vernünftige, sinnexplikative Weise auf den Prozess der Sinneröffnung durch absolute Transzendenz hinweisen, der bis zu uns und in jeden Augenblick menschlicher Praxis reicht, diesen ermöglicht, trägt und auch seine Zukunftspotentiale eröffnet. Dies geschieht ständig, in aller Alltäglichkeit – vom Beginn der Welt an bis zu jedem unserer gelebten Augenblicke.

Diese absolute Transzendenz in der Immanenz aufzuzeigen, ist Aufgabe philosophischer Theologie. Dabei sind die kommentierenden, metasprachlichen Möglichkeiten hier allesamt problematisch, missverständlich und durch falsche Vorstellungen gefährdet. Ein praktisches Verhalten zur Transzendenz: die Freude an Gottes Schöpfung, die Dankbarkeit für die Wunder der Sinneröffnung, die gemeinsame Praxis der kreativen Weitergabe von Leben und Liebe im Alltag und in entwickelten kulturellen Formen des Gebets, des Gesangs, der Verkündigung – ein solches Verhalten in praktischer Frömmigkeit scheint aus vielerlei Gründen der Dimension der Transzendenz angemessener zu sein. Aber wir benötigen als Vernunftwesen gleichwohl eine reflexive, argumentative und sinnexplikative Klärung dieses in jeder Hinsicht fundamentalen Bereichs unseres Lebens, den wir nicht an historisch gewordene Formen allein delegieren können und die jede Generation sich innovativ aneignen muss.

Die sinnexplikative Analyse philosophischer Theologie kann auf dem Hintergrund des bisher Ausgeführten den Status des Wortes "Gott" genauer bestimmen und so auch zur Klärung der Grammatik der Rede von Gott beitragen.

Das Wort "Gott" und die Rede von Gott haben eine vielfältige, unüberschaubar komplexe Verwendung auf allen Ebenen und in allen Kontexten von Theorie und Praxis, in der gesamten Geschichte und Gegenwart. In exemplarischen Sprachanalysen zur Grammatik dieses Wortes lässt sich zeigen und wurde gezeigt, dass es eine Fülle verständlicher und sinnvoller Verwendungsweisen der Rede von Gott gab und gibt.[21] In Feier und Lob, Dank und Bitte, im meditativen Gespräch lassen sich ganze Sätze in ganzen Situationen angeben, in denen die Rede von Gott *synsemantisch*, d. h. im Kontext dieser ganzen Sätze und Verwendungssituationen einen Sinn hat.[22] Die Freude und Dankbarkeit dafür, sich in der Liebe Gottes geborgen zu wissen, die Hoffnung auf Gottes Schutz und Hilfe, die Bitte um Kraft und

Halt in der Not, wenn menschliche Möglichkeiten am Ende sind und versagen – in diesen Redeformen artikuliert sich die *unbedingte Wahrhaftigkeit* des Gesagten ebenso wie der *existentielle Totalitätsbezug* der Rede und damit eine spirituelle Realität eigenen Rechts. Insofern ist die Frage nach der Referenz der Rede von Gott sekundär angesichts der viel weitreichenderen Frage nach dem „Rückweg" von der im negativen „Aufstieg" erreichten Erkenntnis der absoluten Transzendenz in die konkrete Lebenspraxis. Ich habe diese Rede erst verstanden, wenn sich mein Leben ändert. So läßt sich die *ethisch-monotheistische Grundeinsicht* formulieren. Wir könnten die komplexe Vielfalt der Rede von Gott, vom Göttlichen, vom Absoluten, von der wahren, eigentlichen Wirklichkeit, vom unbedingten Sinn, vom Wunder und vom Geheimnis der Transzendenz mit Wittgenstein im Blick auf die *Familienähnlichkeit* der Sprachspiele erfassen, in denen diese Worte verwendet werden. Selbst der unbedachte, völlig konventionelle alltagssprachliche Gebrauch in Ausrufen („Mein Gott!", „Oh Gott!", „Gott sei Dank!") zeigt bestimmte Aspekte des erläuterten Transzendenzbezuges. Um die Transzendenz als Ineinander von Negativität und unbedingtem Sinn zu artikulieren, verwendet die religiöse Sprache *absolute Metaphern*, die vom wahren „Licht", von der „Höhe" und von der „Tiefe" Gottes sprechen. Der Überstieg ist hier ebenso artikuliert wie die unbedingte Sinndimension, ein persönliches Verhältnis zum einzigartigen Sinn findet unverwechselbaren Ausdruck. In der symbolischen Theologie lassen sich Spuren und Zeichen Gottes sinnvoll aufweisen.

Im folgenden Zusammenhang geht es mir um den *Kernbereich* derjenigen Bedeutung und Verwendung, der im ethischen Monotheismus und in der rationalen philosophischen Theologie zentral und grundlegend ist. Lässt er sich noch genauer erfassen?

Die außergewöhnliche Grammatik des Wortes „Gott" wurde immer wieder zu erfassen versucht. Ersichtlich handelt es sich nicht um ein gewöhnliches Prädikat wie „groß", „mächtig" oder „Liebe" – allerdings werden Gott solche Eigenschaften zu- oder abgesprochen („unsichtbar", „allgegenwärtig"). Gleichwohl werden mit dem Wort Gott Unterscheidungen getroffen. So ist Gott nicht die Welt oder ein Teil der Welt, kein „Gegenstand" der Erfahrung.

„Gott" ist aber auch kein gewöhnlicher Eigenname wie „Peter" oder „Paul". Das Wort bezeichnet kein Individuum im üblichen Sinne. Wenn wir Kern-Sätze religiöser Rede betrachten, die im Zentrum von Bekenntnissen stehen, zum Beispiel: „Ich glaube an Gott, den Schöpfer der Welt" und „Ich glaube, dass Gott Schuld vergibt", dann wird deutlich, dass Gott als handelndes Subjekt vorgestellt wird, dem die Eigenschaften der Allmacht und der Liebe zukommen. Andererseits sind die bildlichen Vorstellungen anthropomorpher Art – Gott „sieht", „spricht", „handelt", „liebt" – stets dann missverständlich, wenn wir solche Ausdrucksformen zu eigentlichen und realistischen Vorstellungen etwa von einem großen Menschen verselbständigen.

Der *praktische Geltungssinn* der Ausdrucksformen ist dennoch sinnvoll und vernünftig verstehbar. So bedeutet „Gott sieht alles" zum Beispiel: Ich bin stets unbedingt verantwortlich, mein ganzes Leben steht im Horizont von Vernunft und Freiheit, nur so kann ich ein authentisches Selbstverständnis entwickeln und zu mir selbst werden. Aber, wie schon Wittgenstein bemerkt, sind Vorstellungen von den „Augen" Gottes oder gar seinen „Augenbrauen" abwegig und irreführend.

Das darf weder zur Abwertung kindlichen Glaubens in seiner genuinen Authentizität noch zur hochmütigen Diskreditierung naiver Frömmigkeitsformen führen, die beide gelungenere Lebensformen sein können und oft genug sind, als verbreitete Formen eines „aufgeklärten" Materialismus und Zynismus.

Dennoch muss der philosophische Anspruch dahin gehen, die Rede von Gott so zu verstehen, dass wir auch die Wirklichkeit Gottes, die Dimension seines schöpferischen Wirkens, seines Handelns, und die Einzigkeit Gottes denken und explizieren können. Dies wird möglich, wenn wir das Wort „Gott" selbst *als einzigartiges Wort* verstehen – *als eigene Wortart mit nur einem Wort, das wie ein Name für den Grund des sinnerschließenden, sinneröffnenden Transzendenzgeschehens steht.* Damit ist verbunden, dass über die Grenze des Dass der Welt (des Seins des Seienden), des gleichursprünglichen Dass des Seins des Sinns der Sprache und des unerklärlichen Dass unserer eigenen, konkreten Existenz hinaus *nichts gedacht werden kann.* Alles jedoch, was wir sind und erfahren, ist nur möglich und wirklich in, mit und durch das einzigartige, vorgängige, prozessuale Transzendenzgeschehen, welches uns Vernunft und Freiheit, Wahrheit und Gutes – auf freilich unerklärliche Weise – eröffnet. Diese Stiftung, Eröffnung und Schöpfung aber, dieser Hervorgang ist real und konkret. Die Transzendenzdimension erschließt die innere Unendlichkeit der Wirklichkeit, sie ermöglicht unser eigenes Transzendieren – auf selbst unfassbare, unerklärliche Weise, denn alles Faßbare und alles Erklärliche wird durch sie erst ermöglicht. Auf diese Weise wird deutlich: Der einzigartige Name „Gott" bezieht sich auf *das unfassbare, authentische Wunder des Seins und des Seins des Sinns,* welches den Ursprung des gesamten Universums ebenso einbegreift wie jeden konkreten, gelebten Augenblick in unseren je einzigartigen Lebensvollzügen.

Möglicherweise entspricht dieser Rekonstruktionsansatz einem Vorschlag von Hilary Putnam. Putnam hat in zwei Aufsätzen eine Sprachanalyse der Rede von Gott im Kontext des jüdischen Monotheismus und im Anschluss an die negative Theologie des Moses Maimonides und an Wittgenstein vorgelegt.[23] Er geht davon aus, dass die religiöse Sprache zwar in das religiöse Leben eingebettet, aber zugleich auch offen ist für die gesamte nicht-religiöse Alltagswelt. Mit überzeugender Klarheit zeigt sich gerade an der religiösen Rede von Gott, dass die traditionellen Abbild- und Korrespondenztheorien der Sprache deren Komplexität völlig unterbestimmen. Denn worauf bezieht sich diese Rede? Es gibt Worte wie „Gott" die sich auf etwas beziehen, das selbst unbestimmbar und jeder Beschreibung entzogen ist. Eigennamen sind solche Worte. Der Charakter der Nicht-Referenz des göttlichen Eigennamens wird nach Putnam begreiflich, wenn diese „non-reference" nicht sinnlos ist. Im Falle des göttlichen Namens führen die Negationen zum Geheimnis dieses Namens: Er ist unbestimmbar und doch als Ursprung aller Bedeutung nicht bedeutungslos. Somit wäre der Transzendenzbezug in dieser „non-reference" gerade gewahrt. Die Einzigkeit Gottes ist nur sie selbst – im Sinne der biblischen Selbstoffenbarung: „Ich bin der ich bin." (2. Mose 3,14; in anderer, dem Transzendenzprozess angemessener Übersetzung: „Ich werde sein der ich sein werde.").

Philosophische, kritisch-hermeneutische und sinnexplikative Theologie kann bis zu dieser einzigartigen Seins-, Sinn- und Schöpfungsdimension vorstoßen, von der wir, recht verstanden, in jedem Augenblick leben: Im Atmen und Fühlen, im Sehen und Hören, in den Erfahrungen der Erfüllung und Versagung, in den Modi kommunikativer Hilfe und wechselseitiger Anerkennung, in den Möglichkeiten des Denkens.

Auf der Basis dieser Rekonstruktion lassen sich klassische Probleme und auch traditionelle Feststellungen der Theologie neu beleuchten.

Begreifen wir „Gott" philosophisch im erläuterten Sinne, als Name für den selbst unfassbaren, einzigartigen Grund bzw. das Dass der absoluten Transzendenz der Sinneröffnung in der konkreten, realen, je einmaligen Immanenz, so werden zunächst Ansätze der negativen Theologie verständlich, welche die Unsichtbarkeit, die Unerkennbarkeit, die Verborgenheit Gottes akzentuieren. Denn es geht in der sich kritisch verstehenden Theologie darum, die theologische Differenz von Gott und allem, womit Gott nicht gleichgesetzt oder verwechselt werden darf, auszuarbeiten. Gott darf nicht mit unseren Vorstellungen, Gedanken, Erfahrungen identifiziert werden, die allesamt den absoluten Sinngrund schon voraussetzen. Deswegen ist auch die Rede von der Abwesenheit Gottes sehr berechtigt und sinnvoll. Wenn Menschen in ihrer durch Gott ermöglichten Praxis die Orientierung an Vernunft und Freiheit, an Wahrheit und Liebe verlieren oder bewusst in Lüge, Hass und Mord pervertieren, dann büßen sie die von Gott gegebene Sinnperspektive ein. Das böse Handeln ist bereits selbst die Strafe. Es ist identisch mit der Ferne Gottes für diejenigen, die den unbedingten Sinn ihres Seins verderben.

Unerkennbar und unsichtbar ist Gott auch aufgrund der Verdecktheit und Verborgenheit seiner transpragmatischen, lebenssinnkonstitutiven Transzendenz in der Alltäglichkeit aller Immanenz. *Dass* wir von diesem uns auf unfassbare Weise eröffneten und gegebenen Sinn faktisch und praktisch jederzeit leben und auf ihn angewiesen sind, das ist in der (scheinbaren) Selbstverständlichkeit des Seins der Welt und aller Wirklichkeit, in der (scheinbaren) Selbstverständlichkeit der eigenen Existenz und der Existenz der Menschen überhaupt so überaus sichtbar und nah, dass es gewöhnlich nicht auffällt – nur in Grenzsituationen besonderer Bedrohtheit oder großer Glückserfahrungen. Ebendies gilt auch für die ,transzendentalen' Dimensionen der *Einheit* des Seins, der Welt, des Universums, unserer je eigenen Existenz, der offenen Einheit unserer holistisch verfassten und wahrgenommenen Lebenssituationen, der antizipierten Einheit unserer Sinnentwürfe und der Einheit unserer Sätze. Es gilt für die transzendentalen Sinn-Dimensionen des Guten, des Wahren und des erscheinenden Schönen. *Dass* sie *sind* – und uns eröffnet sind – wird als alltäglich und selbstverständlich nicht mehr eigens erfahren.

Philosophische Theologie kann sich als Aufklärung über Gott, als Aufklärung über sinnkonstitutive Transzendenz oder Negativität verstehen, indem sie auf diese Dimension erneut explikativ hinweist und ihre fundamentale Berechtigung aufzeigt. Denn nur so ist es möglich, den mit dem Gottesverständnis verbundenen Wahrheits- und Geltungsanspruch absoluten Sinns zu explizieren. Indem wir „Gott" als Eigennamen des einzigartigen Dass des Seins des Sinns explizieren, können wir neben den negativ-theologischen Explikationstraditionen auch die Eminenztraditionen in ihrer Berechtigung verstehen. Insbesondere die Übersteigs- und Hyperformeln des Neuplatonismus artikulieren ja die erkenntniskritische Einsicht in die Grenze unseres Erkennens, die wir als Grenze und ineins als sinnermöglichenden, sinneröffnenden Grund unserer Welt, unserer Existenz und unserer eigenen Entwürfe expliziert haben.

Auch die traditionellen theologischen Feststellungen über Analogien lassen sich sinnvoll verstehen. Gott ist „wie ein guter Vater" – ohne die uns real ermöglichenden Sinnbedingungen und ihre noch jetzt wirksame Macht wären wir gar nicht. Gott ist „wie das Licht" – der Grund, das Dass des Sinns des Seins ist selbst nicht sichtbar, aber alles wird sichtbar, erkennbar, wahrnehmbar, erfahrbar und kommunizierbar durch ihn, durch den sinneröffnenden Transzendenzprozeß. Auch die Rede von der *Nähe Gottes* wird verständlich. Transzendenz

ist kein jenseitiger Raum, sondern ein prozessuales Sinneröffnungs-
geschehen, das bis in die Materialität der Welt, der Natur, unserer
Freiheits- und Vernunftgeschichte und bis zu jedem von uns in seiner
leiblich-sinnlichen Existenz reicht. Dieses sinnkonstitutive Transzendenzgeschehen ist uns näher, als wir uns selber sind (Augustinus), weil
es auch sämtliche realen Voraussetzungen noch hervorgehen lässt, die
unsere endliche, partiale, begrenzte Erkenntnis und Selbsterkenntnis
erst ermöglichen. Es ist mit Kant das unvordenkliche Substrat aller
Erscheinungen der Natur und des Menschengeschlechts.[24]

Begreifen wir als *wirklich* nicht krude Gegenständlichkeit: Steine,
Atome, Dinge, szientifisch reduzierte Quantitäten, sondern begreifen
wir das Wirkliche als die *konkrete Lebenswirklichkeit*, in der
Menschen im höchsten Maße vernünftige, freie und Sinn erfahrende
und entwerfende Wesen sind und sein können, dann ist uns Gott nirgends *näher* als in authentischer existentieller und interexistentieller
Praxis: wenn wir uns selbst transzendieren in Richtung auf authentische Sinn- und Geltungsansprüche in der gemeinsamen Wahrheits-
suche, in Richtung auf Wahrhaftigkeit, Gerechtigkeit und Solidarität
auch mit schwachen und hilfsbedürftigen Mitmenschen. Die uns mit
diesen Richtungen erschlossene konkrete Lebenswirklichkeit lässt sich
mit guten Gründen als *die wahre, eigentliche Wirklichkeit* bezeichnen,
und somit Gott als *ens realissimum*. Auch diese Wirklichkeit kann in
der Alltäglichkeit der Lebenspraxis verborgen, unscheinbar, ja äußerlich dürftig, klein, ärmlich erscheinen. Angesichts der sinnkonstitutiven Transzendenz und Negativität lässt sich, wie von der Nähe und
Ferne Gottes, so auch von Gottes Handeln so denken und sprechen,
dass es sich als indirekt charakterisieren lässt. Indem wir die lebenstragenden, unbedingten Sinn ermöglichenden Perspektiven wählen und
entwickeln bzw. uns an sie nach Verfehlung und Scheitern erinnern,
setzen wir die das Gute ermöglichende, freisetzende Schöpfung fort.
Orientierungen an Vernunft und Wahrheit, die Schaffung und Erhal-
tung guter Lebensverhältnisse – sie sind letztlich allein lebenstragend
und verlässlich. Auch das Böse und Katastrophische hat indirekt Sinn:
Denn wir können als leid-, tod- und schuldbedrohte, endliche Lebewesen aus Scheitern und Schuld lernen. Die Verklammerung von Negativität und Sinn, von Negativität und Selbsterkenntnis ist auch hier
nicht auflösbar. Freiheit, Vernunft und sinnvolle existentielle wie geschichtliche Entwicklung gibt es nur so. Kants Rekonstruktion der
Sündentheologie in der Religionsschrift zeigt dies eindrücklich (vgl.
Kap. 3). Auch Hegels Analysen zur Bedeutung der Negativität für die
individuelle Selbstwerdung des Menschen wie für die Geschichte der
Menschheit bestätigen diese Einsicht. Deswegen beruht die Theodizee-Problematik, so wie sie üblicherweise behandelt wird, auf tief-
sitzenden Missverständnissen (s. Kap. 2.3.8).

Die bisherige Explikation des philosophischen Gottesverständnisses: Gott wird als (selbst unerkennbarer) Grund und Ursprung der unerklärlichen und dauernden Schöpfung aus Nichts verstanden, die – auf unerklärliche Weise – Sein, Sinn, Freiheit und Vernunft hervorgehen lässt, diese Explikation verhilft sowohl zu einem lebensweltlich-alltäglichen Verständnis der *Allgegenwart, der Nähe und Ferne Gottes*, als auch zu einem Verständnis der traditionellen theologischen Lehren von der *Gottebenbildlichkeit des Menschen*. Insbesondere Augustinus hat den Menschen als *imago Dei* bestimmt. In vielen philosophisch-theologischen Ansätzen wird gerade die *Gotteserkenntnis als wahre Selbsterkenntnis* analysiert. Diese Reflexion steht im Zentrum mystischer Traditionen, und sie führt in die Mitte von Hegels geistphilosophisch gegründeter Anthropo-Theo-Logik.[25] Die Schriftstelle des Schöpfungsberichtes „nach seinem Bilde schuf er ihn" wird in der Religionskritik von Neuzeit und Moderne schlicht umgedreht: Nicht Gott schuf den Menschen, sondern der Mensch schuf Gott nach seinem Bilde. Das Projektionstheorem Feuerbachs ist die krude Variante dieser Entfremdungstheorien, wie sie in subtileren Formen auch in den Ansätzen von Marx, Nietzsche und Freud entwickelt wurden.

Die hier unternommene systematische Erneuerung philosophischer Theologie erfolgt methodisch bewusst nach den genannten entfremdungstheoretischen Religionskritiken; sie erfolgt ebenso nach den Radikalisierungen bzw. Präzisierungen der Kantischen Vernunftkritik durch Heidegger, Wittgenstein, Adorno und Derrida (vgl. Kap. 3). Es lässt sich zeigen: ohne die absolut sinnkonstitutive Transzendenz waren und sind solche kritischen Entwürfe und Analysen selbst unmöglich; Analysen, die Täuschung, Ideologie, Illusion und Verdrängung freilegen wollen, sind an Vernunft und Freiheit interessiert – an einem geklärten, authentischen Selbstverständnis. Somit stehen sie im Horizont praktischen Transzendierens, der mit dem hier explizierten Gottesverständnis konstitutiv verbunden ist. Allerdings verfehlen die bedeutenden Entfremdungsanalysen ihre eigene Aufklärungsleistung, wenn sie sich ökonomisch, materialistisch-triebtheoretisch oder mit Blick auf Sexualität und Todesangst kausal-deterministisch selbst depotenzieren.

Die berechtigte Kritik an entfremdeten Selbstverständnissen kann philosophischer Theologie nur willkommen sein. Die Freiheit und Vernunft ermöglichende absolute Transzendenz Gottes in der Immanenz entfaltet sich in autonomer und authentischer humaner Praxis. *Dass* diese aber möglich und wirklich ist, das entstammt nicht dem Horizont entfremdeter Projektionen. Die Freilegung der transrationalen und transpragmatischen Sinnbedingungen der Welt und der Praxis als absolute Transzendenz Gottes zeigt: in der Tat lassen sich menschliche Lebens- und Sinnentwürfe in ihrer Struktur als Entsprechung des einzigartigen Transzendenzprozesses verstehen. Sie gehen ohne kausale Ableitung als in zukünftigen Erfüllungsgestalten begründete qualitative, einzigartige Ganzheiten in der Wirklichkeit hervor. Erst von dieser vorgängigen Ebene des emergierenden Erfüllungssinns aus und von ihr her können wir uns selbst, unsere Welt und unsere Wirklichkeit verstehen. Jede *Handlung*, jeder *Satz* und jede *Bewegung* – noch in der bösesten Absicht – lebt von dem sie tragenden, schon vorgängig erschlossenen Sein und Sinn der Welt, der Existenz und der Sprache und von der Antizipation des Gelingens und der Erfüllung. Haben wir die *Sinneröffnung durch absolute Transzendenz* erkannt – die transpragmatischen, transethischen und transrationalen Sinnbedingungen, die in ihrer einzigartigen Gleichursprünglichkeit unser eigenes Sein hervorgehen ließen und es in jedem Augenblick neu ermöglichen – dann haben wir uns selbst in unseren wesentlichen Möglichkeiten erkannt.

Somit ist auch die christliche Lehre von der *Menschwerdung Gottes* auf diesem Hintergrund neu und vernünftig verstehbar. Der sinnkonstitutive, einzigartige Transzendenzprozess reicht bis in die leiblich-sinnliche Konkretion menschlicher Existenz in ihrer Leidbedrohtheit, in die Wirklichkeit der Angst und der Sterblichkeit. Was die christliche Tradition narrativ, kultisch-sakramental vergegenwärtigt: den Opfertod Gottes aus Liebe zu den Menschen, der zur Auferstehung führt, ist der authentische, unüberbietbare Ausdruck für die praktische Einsicht, dass Leiden und Schmerzen den unbedingten Sinn des bewussten, einzigartigen Lebens jedes Menschen nicht berühren oder gar tilgen können. Gotteserkenntnis als wahre Selbsterkenntnis kann aber, das wird an diesen Überlegungen deutlich, weder bedeuten, dass ein Mensch „Gott" ist oder wird – oder, dass Gott eine „Projektion" von Seiten des Menschen ist. Nicht wir sind es, die Sein und Sinn „projiziert" haben, sondern absolute Transzendenz ermöglicht uns und setzt unser Transzendieren frei.

Es wäre kein der rationalen Tradition gerecht werdender Ansatz philosophischer Theologie, wenn wir nicht deutlich die praktischen Konsequenzen des entwickelten Gottesverständnisses herausarbeiten würden. Folgendes sollte schon deutlich geworden sein: Das entwickelte Gottesverständnis ist *universalistisch*. Es bezieht die Entstehung und Entwicklung des gesamten Universums ebenso ein wie die Entstehung und Geschichte der Erde, der Menschheit und jedes einzelnen Menschen. *Gott ist ein Gott aller Menschen* – er ist in *absoluter Transzendenz* völlig unverfügbar. Der Universalismus des Gottesverständnisses gründet mithin in der absoluten Transzendenz oder *Negativität Gottes*, in seiner *Abwesenheit und Verborgenheit*. Andererseits wurde deutlich: diese Negativität und Abwesenheit des

Grundes der Welt, unserer Selbst und des sprachlichen Sinns konstituiert allererst überhaupt Sinn in der Wirklichkeit – und zwar konkret, real, empirisch erfahrbar in der alltäglichen Lebenswelt. Das explizierte Gottesverständnis ist also *existentiell-interexistentiell praktisch* ausgerichtet. Zwar können wir uns über das Wunder der Schöpfung freuen, dankbar sein und die Dankbarkeit meditativ erleben, feiern und vertiefen – ein sinnvoller Zugang zu absoluter Transzendenz, der in religiösen Traditionen zu hohen Formen kultiviert wurde und wird. Ein wirklich vertieftes Verständnis kann sich aber nur dann einstellen, wenn das explizierte Gottesverständnis in das eigene und gemeinsame Lebensverständnis transformiert wird. Es zeigt sich dann, dass das Vernunft und Freiheit ermöglichende absolute Wunder der Schöpfung sich in der Einzigartigkeit jeder einmaligen Lebenssituation in aller Alltäglichkeit, ja Banalität fortsetzt und dass sich uns so in jedem recht verstandenen Augenblick irreduzibler Sinn konkret und real eröffnet. Wir *sind* nur durch diesen recht verstandenem Sinn; erst durch ihn, der sich nur in den einzigartigen konkreten Lebenssituationen erschließt und eröffnet, eröffnen sich auch alle Möglichkeiten der Verfehlung, der Schuld, des Scheiterns, der Lüge, des Verbrechens, der Selbsttäuschung, der Depotenzierung des humanen Bereichs auf subhumane Ebenen der bloßen Quantität, Materialität und Funktion. Gott lässt sich so als *Grund der Wirklichkeit authentischer Interpersonalität* begreifen. Dieser Grund bleibt selbst unverfügbar, eröffnet und erschließt je konkret den Horizont freier und vernünftiger Praxis und so einen praktischen zukünftigen Sinnhorizont, aus dem her wir unsere gegenwärtigen konkreten Lebenssituationen verstehen und gestalten können. Es gibt nun Grade oder Stufen, besser Aspekte des expliziten Bewusstseins der absoluten Transzendenz Gottes und des ständigen Schöpfungsprozesses.

2.3.5 Vernunft und Offenbarung: Aspekte des Transzendenzbezuges

Da die Wirklichkeit Gottes als absoluter Transzendenz inmitten der Immanenz im erläuterten Sinne alle konkrete Wirklichkeit hervorgehen lässt und trägt, da nicht wir diese Wirklichkeit geschaffen haben, sondern da wir uns, recht verstanden, dieser Wirklichkeit mit allem was wir haben und sind, verdanken, können alle Aspekte unserer Welt, unserer Existenz und unserer Praxis zu *Paradigmen der Transzendenz* werden. Das heißt: Es ist möglich, sowohl unsere natürlichen Lebensgrundlagen und die kosmischen Phänomene in ihrer unendlichen Komplexität und Variabilität, als auch die sozialen, existentiellen und ethischen, sprachlichen Phänomene in ihrer inneren Unerschöpflichkeit als Aspekte der Transzendenz zu begreifen und zu vergegenwärtigen. Und dies geschah und geschieht auch in den religiösen Praxen in Geschichte und Gegenwart weltweit in einer selbst unableitbaren kulturellen Ausdifferenzierung. Der innere Reichtum dieser kulturellen Vergegenwärtigungspraxen, z. B. im Schamanismus, in afrikanischen Religionen, im Hinduismus, aber auch in den geschichtlich vergangenen vorderorientalischen Religionen lässt sich nur kritisch-hermeneutisch begreifen, weil er mit der konkreten Lebensform und Lebenspraxis der sich in diesen Vergegenwärtigungsweisen artikulierenden Menschen untrennbar verwoben ist, mit ihrer Sprache, mit ihrer Kunst, mit ihrer Musik und mit ihrem konkreten Alltagsleben. Religionswissenschaften, Religionssoziologie, Religionspsychologie, Religionsethnologie und Religionsphänomenologie können diese innere Komplexität rekonstruieren und interpretieren.

Philosophisch muss darauf hingewiesen werden, dass die vorgängige absolute, sinnkonstitutive Transzendenz in der Immanenz, wie sie in den vorangegangenen Analysen aufgezeigt wurde, keine beliebige, subjektive, kulturell relativierbare Perspektive ist, sondern dass die gleich ursprünglichen und sich wechselseitig ermöglichenden Aspekte absoluter Transzendenz, nämlich die ontologisch-kosmologische Transzendenz, die Transzendenz des Logos und die anthropologisch-praktische Transzendenz die realen transpragmatischen Sinnbedingungen sind, durch die menschliches Leben, menschliche Vernunft und Praxis überhaupt nur wirklich sein können und wirklich sind.

Es gibt aber Grade der Bewusstheit der Transzendenz. Religion und Theologien können wir auf diesem Hintergrund als *Aufklärung über Transzendenz* bzw. als *Aufklärung über sinnkonstitutive Unverfügbarkeit* definieren, insbesondere als praktische Einübung in angemessenes, sinnvolles Verhalten gegenüber bzw. angesichts absoluter Transzendenz. Die Tiefendimension der spezifischen Form religiöser Rationalität zeigt sich hier im Begreifen der sinnkonstitutiven Unverfügbarkeit, Entzogenheit und des unvordenklichen Geschenkcharakters des Seins des Sinns in allen Formen. Religiöse Kritik eines religiösen Irrationalismus entfaltet sich demgemäß entsprechend den im ersten Kapitel aufgewiesenen Sinnkriterien negativer Theologie: Weder ist die Transzendenz des Seins des Sinnes Produkt oder Gegenstand einer naturwissenschaftlichen Theorie, noch ist sie eine subjektive Projektion, noch lässt sich ein funktionales, instrumentelles Verhältnis zum Göttlichen und zu Gott im erläuterten Sinne auf irgend eine Weise vernünftig denken und etablieren. Anders gesagt: Irreduzibler, authentischer Sinn ist nur umwillen seiner selbst da.

Die expliziten kulturellen Gestaltungsformen des Transzendenzbezuges haben ihre Dignität in dieser Dimension irreduziblen, unantastbaren, konstitutiv entzogenen, dennoch höchst realen Sinns. Meditative Praxis öffnet sich auf angemessene Weise dem unerklärlichen Sein, Sinn und eigene Existenz je neu schaffenden und in der Wirklichkeit gegenwärtig haltenden Transzendenzprozess. Rituelle kongregative (gemeinsame) Praxis feiert das Geschehen der Transzendenz als einzigartiges authentisches Wunder und Geheimnis. Die Kompositionen eines Palestrina, Bach oder Penderecki sind angemessene musikalische Vergegenwärtigungsweisen. Der afunktionale Sinn des Heiligen lässt sich aus der Sicht philosophischer Theologie in seiner Tiefenrationalität begreifen und, wo dies nötig ist, rehabilitieren. Gerade weil kein funktionales, subjektiv oder objektiv vergegenständlichendes Verhältnis zu Gott, zum Absoluten, zur gleichursprünglichen Transzendenz möglich ist, sind diejenigen kulturellen Formen im Recht, die diese absolute Entzogenheit und Unverfügbarkeit bewusst machen und bewusst halten. Die Dimension absoluter, sinneröffnender Transzendenz ist kein Bereich der Beliebigkeit, sondern ein umfassender und grundlegender Bereich mit genuinen Geltungskriterien.

Den Formen des expliziten Transzendenzbewusstseins und eines über Transzendenz aufgeklärten Gottesverständnisses stehen Formen säkularisierter Alltäglichkeit in der modernen Welt gegenüber, die auf den ersten Blick mit Gott und absoluter Transzendenz gar nichts zu tun haben und gar nichts zu tun haben wollen. Diese Formen lediglich so begreifen zu wollen, wäre aber ein sehr oberflächlicher Trugschluss. Wenn die vorgetragene Konstitutionsanalyse absoluter Transzendenz triftig ist, dann gibt es keinen separaten Bereich, dessen authentische Sinnpotentiale nicht durch die Aspekte dieser Transzendenz ermöglicht würden. Spuren der Transzendenz, Spuren Gottes zeigen sich daher entsprechend unserer Analyse überall im Alltag, wenn überhaupt Sinn erfahren wird und vernünftige und freie Handlungsmöglichkeiten wahrgenommen und fortgeführt werden, ohne dass von Gott oder von Transzendenz die Rede ist. Wo immer authentische menschliche Praxis geschieht, lebt diese von den freigelegten unvordenklichen Sinnbedingungen, deren einzigartige und einmalige Konkretion wir auch philosophisch begründet mit dem einzigartigen Eigennamen „Gott" ansprechen können.

Dass wir gemeinsam existieren, dass wir denken und sprechen können, dass uns die Konstitution der natürlichen Wirklichkeit mitsamt unserer Leiblichkeit im Regelfall auf vielfache Weise ermöglicht und trägt, dass wir so freigesetzt werden zu vernünftigem und verantwortlichem Reden und Handeln, dass wir sinnvolle Praxis gestalten können, wenn wir fundamentale Formen von Vertrauen, wechselseitiger Achtung und Anerkennung voraussetzen, – diese Dimension wird im Alltag vielfach als selbstverständlich empfunden.

Dennoch ist diese Dimension, recht verstanden, ganz und gar erstaunlich. Philosophische Theologie kann angesichts der soeben aufgewiesenen elementaren und fundamentalen Gewissheiten des Alltagslebens auf begründete Weise eine Sensibilität für die unverfügbaren, realen Sinnbedingungen unseres Seins wachrufen, die zu einem expliziten, reflexiven Transzendenzbewusstsein und zu einem geklärten Gottesverständnis verhelfen kann. Stets im Alltag leben wir von einer uns unverfügbaren Sinndimension. Wir verlassen uns auf die Stabilität der natürlichen Prozesse, auf unsere Handlungsmöglichkeiten, auf das Gelingen unserer prädikativen Synthesisleistungen, auf das Verhalten unserer Mitmenschen. Es lässt sich so inmitten der säkularen Moderne mit Bezug auf die Alltäglichkeit eine *implizite Ebene des Sinnvertrauens und der Sinngewissheit* freilegen, die gewöhnlich kaum bewusst ist. Sie ist der Ort eines unbewussten, verdeckten, oft verdrängten Tranzendenzverständnisses, welches sich letztlich in jeder auf Sinn ausgerichteten Geste oder Bewegung zeigt, in jedem Schritt und in jedem sprachlichen Satz. Denn jeweils erfolgt so im Alltag indirekt eins eine *praktische Bejahung* der Existenz, theologisch der Schöpfung, und gleichzeitig ein *praktischer Vorgriff* auf zukünftigen Sinn, den wir antizipieren. Wiederum: *dass* wir dies können, *dass* uns solche Gewissheiten leiten und tragen können – das können wir weder erklären noch garantieren, denn es ist die unvordenkliche, transzendente Voraussetzung all unserer Praxis, Vernunft und Freiheit. Aus der Sicht philosophischer Theologie lässt sich somit eine *rationale und universale Mystik der Alltäglichkeit* entfalten, deren Grundzüge ich hier nur skizzieren kann. „Mystik" hat in diesem rationalen Kontext keinerlei subjektivistisch-irrationale Bedeutung. Wohl jedoch kann auf die erörterte Weise erklärt werden, wie es angesichts mystischer Traditionen immer wieder zu einem solchen Eindruck hat kommen können. Denn die angesprochenen impliziten Sinndimensionen sind in der Tat in aller Alltäglichkeit *verborgen*. Sie sind so *verdeckt in aller Alltäglichkeit* wie die Existenz der Welt, unserer selbst und unserer sprachlichen Möglichkeiten es für ein bewusstes Wahrnehmen durch ihre übergroße Nähe sind. Die impliziten Gewissheiten sind uns „näher als wir uns selber sind", denn sie ermöglichen uns konkret und real. Der Grund unserer Praxis ist die in aller Alltäglichkeit verborgene absolute Transzendenz der Sinnbedingungen – religiös gesagt: Gott; diesen Grund bilden nicht einzelne, autonome Subjekte. Diese verdanken sich vielmehr, recht verstanden, dem Prozess der Transzendenz. Da die transzendenten Sinnbedingungen in der Immanenz uns so nah sind, fehlen in der Profanität der säkularisierten Welt die sprachlichen Mittel zu ihrer Artikulation und zu ihrer bewussten Explikation. Insbesondere fehlen dadurch Ausdrucksmittel für das ganz und gar Außergewöhnliche des Alltäglichen.

Eine philosophisch-theologische *Tiefenhermeneutik der Transzendenz in der alltäglichen Immanenz* stellt eine Aufgabe der Gegenwart dar. Sie kann zeigen, dass sich Formen von Glauben, Vertrauen und Sinnantizipation auch in der säkulären Moderne als Fundament unseres Lebens freilegen lassen. Es ist somit irreführend, das Gottvertrauen und seine Vorgestalten einem separaten religiösen Sonderbereich allein zuzuordnen. Wohl jedoch erfährt es dort eine explizite Thematisierung und Artikulation.

Aufgrund des konstitutiv afunktionalen, notwendig nichtinstrumentellen Verständnisses der Transzendenzdimension der Immanenz kann der Status der philosophisch-theologischen Reflexionsebene noch genauer bestimmt werden. Der Aufweis der Transzendenz-Aspekte und ihrer Gleichursprünglichkeit sowie tiefenhermeneutische Analysen der Alltagspraxis und der Alltagssprache – diese Zugriffe sind *deskriptiv, phänomenologisch und sinnexplikativ.* Es besteht einerseits ein enger Zusammenhang zwischen Methode und Selbsterkenntnis – denn wir explizieren ja die konstitutiven Bedingungen *unserer* Welt und *unseres* Selbstseins, andererseits geht es einzig und allein darum, diese Bedingungen *beschreibend und explizierend* zu erfassen. Einen solchen Status haben auch Husserl, Heidegger und Wittgenstein ihrer beschreibenden Konstitutionsanalyse zuerkannt. Es ist zu klären, ob dieser Status gerade im Blick auf die vorgestellte philosophische Theologie nicht dem der alten Metaphysik gleichkommt, wie sie von Aristoteles am Anfang seiner „Metaphysik" klassisch als „reine Liebe zum Schauen ohne Bezug zum Nutzen" (Met. A 980 a 21) definiert wird. Denn es geht darum, die Konstitution der Transzendenz, des sinnkonstitutiven Absoluten, möglichst vorbehaltlos zu erfassen und zu explizieren. Auch die klassischen Theorien, die die Transzendentalienlehre entwickeln, haben diesen Status. Es ist der Status der traditionellen metaphysischen Theoria, nicht der des neuzeitlichen Szientismus. Die Theoria schließt selbst eine *reflexive Besinnung auf das eigene praktische und normative Selbstverständnis* mit ein. Sie hat insofern meditative Elemente, als die Strukturen der Transzendenz sich nur einer ruhigen Betrachtung in ihrer ganzen Bedeutung und Tiefe erschließen. Trotzdem sind philosophische, begriffliche Reflexion und meditative Praxis deutlich zu unterscheiden.

In diesem Zusammenhang lässt sich auch das Verhältnis von *Glauben und Wissen, Religion und Erkenntnis* weiter klären. Naiv, oberflächlich und verfehlt ist eine schlicht dualistische, kontradiktatorische Gegenüberstellung empirisch sicheren Wissens in Alltag und Wissenschaft auf der einen Seite, bloßen „Glaubens" auf der anderen

Seite, wobei „Glauben" als eine Art unsicheren Vermutens oder bloßen Meinens gedacht wird. Vielmehr wird sichtbar: Formen des Glaubens als grundsätzlichen *Vertrauens auf Sinn* prägen und konstituieren die gesamte Lebenspraxis implizit. Ohne dieses elementare Grundvertrauen könnten wir keine kleineren und größeren Projekte und Sinnentwürfe konzipieren und realisieren. Nur in einer solchen, zumindest impliziten Hoffnungsdimension lässt sich die menschliche Welt in Geschichte und Gegenwart begreifen.

Das Begreifen der Einzigartigkeit des Seins des Sinns, der qualitativen Einheit des prozesshaften Hervorgangs der Transzendenz, des kreativen Transzendenzprozesses, der sich in die singuläre Totalität unserer Existenz und in unsere Praxis hinein fortsetzt, dieses Begreifen beansprucht Erkenntnisqualität. Die Züge der Transzendenz und ihre Gleichursprünglichkeit, die sich in der Einzigartigkeit der lebensweltlichen Sinnkonstitution in jedem Augenblick verdichten und Wirklichkeit schaffen, diese Züge sind *erkennbar, rational und universal*. Alle Menschen leben in dieser Wirklichkeit. *Wie* wir uns aber angesichts der Unerklärlichkeit der Transzendenz in der Immanenz selbst begreifen, macht den entscheidenden Unterschied aus. Wir können, um Extreme zu nennen, zum einen Dankbarkeit, Liebe und Vertrauen entfalten und kultivieren, wir können andererseits die ungeschuldet eröffneten Sinndimensionen funktional und egozentrisch nutzen und zu instrumentalisieren versuchen. Gott eröffnet, kurz gesagt, beide Möglichkeiten. Deutlich muss sein, dass ein vertieftes Welt- und Selbstverständnis ohne die Dimension der kreativen Transzendenz nicht denkbar ist, und dass dieses Verständnis mit Erkenntnis und Einsicht in die Wirklichkeit unseres Lebens sehr viel mehr zu tun hat als mit bloßen Vermutungen, „ein Gott könnte vielleicht existieren".

Der Realität der Transzendenz, des unerklärlichen und vorgängigen Seins des Sinns entsprechen konkrete praktische Lebensformen, die in religiösen Traditionen im Zentrum der Verkündigung bzw. der Lehre stehen. Ersichtlich erschließen sich die Züge der absoluten Transzendenz den Formen der Meditation, wie wir sie in der christlichen Mystik, im Buddhismus und in vielen anderen weltweiten Praxen des Mönchtums finden. Entscheidend ist aus der Sicht philosophischer Theologie hier, dass es nicht um eine „Flucht" aus der Wirklichkeit geht, sondern darum, tiefer in das Geheimnis und das Wunder der Wirklichkeit einzudringen – allerdings ohne die Absicht der Beherrschung, also absichtslos. Es geht darum, zu begreifen, *dass die Welt da ist*. Die Dignität der Formen der Transzendenz- und Gotteserfahrung, die sich auf diesem Wege erschließen, bildet einen markanten und scharfen Kontrast zu den Leistungs-, Konkurrenz- und Verwertungsprozessen des globalen Kapitalisierungsprozesses.

Gotteserkenntnis im erläuterten Sinne bedeutet gerade, unsere Lebenssituationen mit völliger Illusionslosigkeit zu begreifen. So, wie die menschliche Vernunft zu sich kommt, indem sie ihre Grenzen findet, so gelangen wir zu einem authentischen Selbstverständnis, wenn wir die unverfügbaren Sinnbedingungen erkennen und anerkennen, denen wir uns verdanken. Einige exemplarische Analysen zum christlichen Gottesverständnis, der mir nächsten Tradition, sollen die philosophischen Analysen konkretisieren und veranschaulichen.

Inwiefern ist die philosophische Analyse mit Religion und Glaubenspraxis kompatibel? Wie verhalten sich philosophische Theologie und existentieller Glaubensvollzug? Klassisch: Wie verhalten sich Vernunft und Offenbarung? Die philosophische Ebene der Analyse ist die Ebene eines kritisch-reflexiven, formalen Aufweises der Strukturen der Transzendenz, ihrer Gleichursprünglichkeit und des Prozesses der Transzendenz mit seiner kreativen Freisetzung irreduziblen Sinns, einer Freisetzung, die sich in den einzigartigen Lebenssituationen in Gestalt von freiem, selbst transzendierendem Handeln zeigt. Der transzendentale Sinnhorizont des Guten, des Wahren und des Schönen wird so auf einzigartige Weise konkret eröffnet mitsamt allen Formen der Verfehlung und der bewussten Verkehrung. Der philosophische, denkende, reflexive und formale Aufweis des Hervorgangs der Transzendenz in der Immanenz steht selbst nicht außerhalb des Transzendenzprozesses, sondern ist auch durch ihn ermöglicht. Dennoch ist der *reflexive Aufweis* nicht mit der existentiellen und interexistentiellen *praktischen Aneignung* der Transzendenzperspektive im konkreten Lebensvollzug gleichzusetzen. Es ist nicht so, dass sich „bloßer Glaube" und „sicheres Wissen" gegenüberstehen. Vielmehr ergänzen sich philosophische Transzendenzreflexion und religiöses Selbstverständnis. Die philosophische Transzendenzreflexion enthält spekulative, meditative Elemente, ohne die sich die Aspekte der Transzendenz nicht erkennen lassen. Sie lassen sich nur erkennen, wenn wir die Reflexion, das Nachdenken auf das Ganze unseres Lebens, auf *Grenze und Grund seines Sinns* sowie auf *Grenze und Grund des Seins* richten. Der Status der philosophischen Rede von Gott ist auf dieser Ebene zu verorten, und nicht auf der Ebene (natur-)wissenschaftlicher Erkenntnis einzelner empirischer Fakten.

Die philosophische (vernünftige) Gotteserkenntnis wird existentiell relevant, wenn sie vom spekulativen Ort in die Praxis des Lebenssinnverständnisses überführt, transformiert wird. Wir sahen bereits am Phänomen der im Alltag impliziten, unbewussten Glaubensgewissheiten, dass die *praktische Einsicht in lebenstragende Transzendenz*, in den uns ungeschuldet ermöglichenden, irreduziblen Sinn, viel weiter verbreitet ist als explizite religiöse Lebensformen oder gar ein philosophisches Gottesverständnis. Aus der Sicht philosophischer Theologie sollte die Scheinopposition von Glauben und Wissen überwunden werden. Wir sollten von theoretischen und praktischen Einsichten in die unverfügbaren Sinnbedingungen unseres Lebens und des Seins aller Wirklichkeit sprechen. Die theoretischen Einsichten sind keine (natur)wissenschaftlichen Erkenntnisse, sie verlangen nach praktischer Übersetzung und Einlösung. Die praktischen Einsichten können ganz implizit leitend sein; sie können (und müssen zu Zeiten) theoretisch neu expliziert, erläutert und neu angeeignet werden.

Um den vernünftig verstehbaren Sinn und die praktische Bedeutung eines expliziten und begriffenen Gottesverhältnisses und der Rede von Gott exemplarisch zu verdeutlichen, soll auf einige Grundzüge der christlichen Tradition eingegangen werden. Es macht nach meiner Rekonstruktion die Tiefenrationalität des christlichen Gottesverständnisses aus, dass in ihm die Einsicht in die *Negativität*, die sinnkonstitutive Entzogenheit und Unverfügbarkeit der absoluten Transzendenz Gottes mit der existentiell-praktisch durch die Prozessualität der Transzendenz in der Immanenz eröffneten, irreduziblen Ebene *realen Sinns* vermittelt wird. Das Paradigma der *Menschwerdung Gottes* hat in seinem Zentrum diesen – mit Vernunft nicht mehr überbietbaren – Geltungsanspruch. Folgen wir Paulus, so besteht die komplexe christliche Lebensform darin, nicht mehr an der eigenen Vergangenheit zu haften, auch nicht mehr darin, im gnostischen Thauma einer ursprünglichen Gotteserfahrung zu bleiben, noch darin, sich ethisch durch Befolgung des Gesetzes vor Gott zu legitimieren. Die angemessene Einstellung zu all diesen Aspekten der Transzendenz wird erst dann möglich, wenn der Mensch auf andere Weise eine Einstellung zur absoluten Transzendenz gewinnt. Es muss eine *Befreiung* von falschen und isolierten Gottesvorstellungen konkret gewonnen werden, um ein authentisches Gottesverhältnis zu erreichen und zu leben. Diese Befreiung geschieht auch hinsichtlich eines Verfügenwollens über Gott in Form mystischer, gnostischer Erfahrungen, ebenso hinsichtlich einer ethischen Selbstrechtfertigung des Menschen über seine guten Handlungen. Es muss demgegenüber eine Befreiung, das heißt, eine Preisgabe der Formen eigenmächtiger Selbstbefangenheit geschehen, denn nur so ist ein absoluter Transzendenz angemessenes Lebensverständnis zu gewinnen. Anders gesagt: *Jegliches funktionale, instrumentelle Gottesverständnis ist von vornherein verfehlt.*

Eine verwandte Einsicht prägt auch auf denkbar reflektierte Weise das im Neuen Testament überlieferte Gebetsverständnis Jesu. „Wenn ihr aber betet, sollt ihr kein unnützes Geschwätz machen wie die Heiden; denn sie meinen, dass sie um ihrer vielen Worte willen Erhörung finden werden. Seid ihnen nun nicht gleich; denn euer Vater weiß, was ihr bedürft, ehe ihr ihn bittet." (Mt 6, 7-8). Das Gebet wird als praktische Lebensform *Form der ganzen Existenz*: als Dankbarkeit im Sinne des Sich-verdankt-Wissens und als Offenheit auf zukünftigen Sinn.[26] So lehrt Jesus „Bittet, so wird euch gegeben werden; suchet, so werdet ihr finden, klopfet an, so wird euch aufgetan werden! Denn jeder, der bittet, empfängt; und wer sucht, der findet; und wer anklopft, dem wird aufgetan werden!" (Mt 7, 7.8; Lk 11, 9-10 par.).

Die Gebetshaltung ist gleichermaßen entfernt von einem magisch-manipulativen Wunschdenken, illusionär über Gott verfügen zu wollen, als auch von einem resignativ-fatalistischen Sichschicken ‚in ein bloßes Schicksal'. Sie bekundet vielmehr ein glaubendes Vertrauen. Sie ist selbst das Transzendieren eines angstvoll-instrumentellen Selbstverständnisses. Die Preisgabe illusionärer Selbstbefangenheit eröffnet im glaubenden Vertrauen gleichzeitig echte Zukunft im Sinne erhoffter Erfüllung. Anders gesagt: Einsicht in Transzendenz ermöglicht real und konkret Freiheit und Offenheit, Hoffnung und glaubendes Vertrauen. Explizit entwickelt wiederum Paulus im Korintherbrief diese Gott entsprechende Lebensform als die Trias von Glaube, Liebe und Hoffnung (1 Kor 13, 1-13). Der kreativen Sinneröffnung durch absolute Transzendenz, die den Grund aller Personalität hervorgehen lässt und sprachlich erschließt, entspricht eine glaubend-liebend-hoffende Lebenspraxis. Bei aller Verzerrtheit, Bedrohtheit und Beeinträchtigung menschlicher Praxis ist authentische Personalität und Interpersonalität vorgängig so, als Glaube, Liebe und Hoffnung *real*. Der Glaube lässt sich vertrauend ein auf die Transzendenz der eigenen Existenz, die Liebe öffnet sich der Transzendenz der Mitmenschen, die Hoffnung verlässt sich auf die unverfügbare, offene Zukunft. Das Gottesverhältnis im praktischen Sinne bildet sich im authentischen Verständnis absoluter Transzendenz; und dieses Verständnis ist gleichzeitig wahre Selbsterkenntnis: die Befreiung von illusionären, instrumentellen Selbstverständnissen. Dass diese Befreiung einmal beginnt, aber ein lebenslanger Prozess ist, ist klar. Ein authentisches Gottes- und Lebensverständnis kommt immer neu auf uns zu – sonst hätten wir den Transzendenzprozess illusionär stillgestellt und als beendet gedacht.

Ersichtlich ist die aufgewiesene Lebensform angesichts des Transzendenzprozesses in der Immanenz aus sich selbst verstehbar, unabhängig von spektakulären Sondererfahrungen, bei einigem Nachdenken in aller Alltäglichkeit und Unscheinbarkeit vertraut. Ihre tiefe Rationalität lässt sich auch unabhängig von christlichen Traditionen explizieren. Eine philosophische Erläuterung und Sinnexplikation kann zu einem erneuerten Verständnis führen; ersetzen lässt sich lebendige religiöse und existentielle Praxis durch eine solche Erläuterung niemals. Die von philosophischer Theologie aufgewiesenen Grundzüge absoluter Transzendenz und der Aufweis der Wirklichkeit Gottes in einem dem Anspruch nach vernünftigen, einsichtigen Sinne lassen sich als *Klärungen* religiöser Sinntraditionen verstehen. Der philosophische Diskurs muss wieder in lebendige Kommunikation mit religiösen und theologischen Traditionen treten. Reflexion und Praxis, vernünftige praktische Einsichten und Offenbarungstraditionen, die Vielgestalt der weltweiten religiösen Sinntraditionen – sie stehen sich, recht verstanden, nicht isoliert und gegeneinander vereinseitigt gegenüber. In diesem Zusammenhang ist eine weitere systematische Eigenart philosophischer Theologie wichtig: es ist die *sinnkonstitutive Unabgeschlossenheit der Verständnisbildung im Blick auf Gott und die Rede von Gott*. Es entspricht gerade der Offenheit und Unabgeschlossenheit des kreativen Transzendenzprozesses, dass ein endgültiges Urteil (im theoretischen Verständnis zumal) im Blick auf die mit Gott gemeinte absolute Realität nicht zur Verfügung steht. Mit Kant *und* Wittgenstein, deren theologische Grundgedanken wir im nächsten Kapitel genauer thematisieren, müssen wir die Perspektiven der *Freiheit* und die der *Sprache* aufeinander beziehen. Dann wird sichtbar: die Freiheitsdimension, wie sie durch absolute Transzendenz freigesetzt und eröffnet wird, erstreckt sich auch auf unsere sprachliche Sinnkonstitution und Selbstverständigungsprozesse. Eine Vertiefung, Klärung und Weiterentwicklung des Gottesverständnisses ist somit stets denkbar und möglich, ebenso aber dessen Verfall und Schwund. Dies wird uns angesichts exemplarischer Analysen zur Geschichte und Gegenwart philosophischer Theologie und ihrer Surrogate im nächsten Kapitel noch beschäftigen.

Ohne kulturelle Einbettung und die lebenspraktische Vertrautheit mit Formen religiöser Praxis und der Rede von Gott – in meinem Falle der christlichen – kann weder eine Sinnexplikation noch eine Kritik dieser Formen erfolgen. Es gilt jedoch, in fortgeschrittener kultureller Reflexionssituation künstliche und kontraproduktive Abschottungen und Wagenburgmentalitäten zu überwinden, zu mehr Durchlässigkeit und zu beweglichen Ordnungen zu gelangen.

Der Totalitäts- und Einzigkeits- (Einmaligkeits)aspekt des Transzendenz- und des Gottesverständnisses wurde deutlich: Es geht um unbedingten Sinn, der durch absolute Transzendenz des Seins (und aller Wirklichkeit) in der Immanenz eröffnet wird. In der Vertrautheit mit den Sinngrenz- und Sinngrundanalysen der philosophischen Theologie lässt sich die Einsicht in dieses einzige Wunder (und unerklärliche Geheimnis) gewinnen und – zunächst vornehmlich negativ – explizieren. Diese Erkenntnis- und Einsichtsebene eröffnet ein von falschen, instrumentellen und verdinglichten Verständnissen befreites Welt- und Selbstverhältnis. Die befreiende Einsicht, dass ich mich der

Transzendenz eigentlich verdanke, kann zur Loslösung von egozentrischer Selbstbefangenheit verhelfen, zu einem befreiten Ja zur Welt und zu sich selbst. Es bedarf zur Gewinnung einer praktischen Einsicht dieser Trag- und Reichweite einer tiefgreifenden *Umlenkung der Sichtweise*, einer Weltsichtveränderung, einer metanoia.[27] Auf verschiedenen Ebenen lässt sich diese Umlenkung, dieser Wandel der Sicht und der Lebenshaltung explizieren. Keine solche Explikation ersetzt den existentiell-praktischen Vollzug der Umlenkung. Dieser Vollzug kann sich nur auf der Ebene der konkreten Lebenserfahrung ereignen und bewähren. Die traditionelle Metaphysik und philosophische Theologie hat in diesem Kontext bewusst bereits einen denkbar engen Zusammenhang von *Erkenntnis und Interesse, Erkenntnis und Liebe* ins Zentrum gerückt. Philo-sophia ist im Wortsinn Liebe zur Weisheit: Nicht als affektive Irritation durch subjektive Vorlieben, sondern als Verlangen nach einer klaren Erkenntnis und Einsicht in Ursprung, Sinn und Ziel der Welt und des menschlichen Lebens, in die letzten Dinge. Bereits die Ebene der Vernunfterkenntnis hat diesen Totalitätsbezug notwendig – von Platon und Aristoteles bis zu Kant und Hegel. Der Übergang von der verständigen, wissenschaftlichen Analyse und Sicht einzelner Phänomen- und Problembereiche (dianoia, ratio) zur vernünftigen Sinngrenzerkenntnis (nous, intellectus) ist bereits transzendierende Erkenntnis: Einsicht in das lebensermöglichende und lebenstragende Gute und Göttliche. Die Fortsetzung dieser Vernunfterkenntnis in sowohl existentielle wie politische Praxis ist seit Beginn der Philosophie selbstverständliche Konsequenz der Grenz- und Grundreflexion, und zwar im Bewusstsein ihrer Vorläufigkeit. Die Umänderung der Sicht kann niemandem abgenommen werden: Die Einsicht in die eigentlich lebenstragende Vernunftorientierung ist weder selbst eine verfügbare Eigenschaft noch eine einzelne, an sich selbst beobachtbare Handlung: Sie ist eine existentielle Entscheidung, die das ganze Leben (und sein Verständnis) betrifft. Als solche hat sie offenen, freien – und gefährdeten – Prozesscharakter. Nur aus der Perspektive der 1. Person ist sie einnehmbar und zugänglich.

Bereits im Bereich der Vernunfterkenntnis muss daher ein tiefgreifender Sinnes- und Sichtwandel erfolgen und lebenslang eingeübt und erprobt werden. Dies zeigt sich im Blick auf die praktische Vernunft an allen Ethos- und Ethikformen. Wir sind, wie insbesondere die Analysen des späten Wittgenstein zum Aspekt-Sehen herausarbeiten, in unserer gesamten theoretischen wie praktischen Erkenntnis- und Orientierungspraxis auf das richtige Bemerken und Sehen von Aspekten der Wirklichkeit angewiesen. Ich sehe plötzlich etwas anders als vorher: die Zeichnung eines Hasenkopfs als Entenkopf, einen mir zunächst unsympathischen Menschen als alten Schulkameraden, mit dem mich viele Erinnerungen verbinden. Die Übergänge vom alten zum neuen Sehen ereignen sich plötzlich: „Ja, jetzt sehe ich es auch!"

Was die philosophische Analyse als Sinngrenze und Sinngrund an den gleichursprünglichen Transzendenz-Aspekten das Dass der Welt, des sprachlich erschlossenen Sinnes und des unerklärlichen, transrationalen Wunders der eigenen Existenz aufweist, ist Grenze und Grund von Sein und Sinn, Leben und Vernunft. *Das Bewusstsein dieser alles umgreifenden, ekstatischen Tiefendimension absoluter Transzendenz in der Immanenz zu entwickeln und zu schärfen, gehört zu einer Kultur der Vernunft.* Ich sehe und erkenne dabei nicht *etwas* neu, sondern im Aufstieg sehe ich *alles* – mein ganzes Leben – neu und anders: als unerklärliches Wunder, dem ich mich selbst verdanke. Damit werde ich der Kostbarkeit und Einmaligkeit der menschlichen Existenz inne. Es wird mir bewusst, dass das Universum insgesamt auf unerklärliche Weise ständig wirklich hervorgeht und dass diese Tiefendimension, das Wunder, universal alle Menschen einschließt. Die Einsicht in das Wunder meditativ zu kultivieren, ist ein Weg, den insbesondere Mystik und Buddhismus weisen. Die christliche Tradition wie auch philosophische Vernunftreligion akzentuieren zu Recht die Wichtigkeit, nach dem Aufstieg zur Transzendenz den *Weg zurück in die humane Praxis* zu gehen: den Weg der ethischen Praxis, den Weg der Nachfolge Jesu im Alltag der Welt. Da diese Wege nur in illusionären Vorstellungen leicht zu gehen sind, da sie in Wirklichkeit in das Leben mit all seinen Leiden und Kümmernissen zurückführen, sind wir im Zweifelsfall stets auf Trost und Beistand angewiesen, wenn wir uns dem unbedingten, einzigartigen Sinn öffnen, den die Rede von und zu Gott artikuliert. Im einzelnen Leben sind wirklich tiefgreifende existentielle Grunderfahrungen selten. Sie sind faktisch häufig mit Leiderfahrungen des Verlustes, mit dem Scheitern von Hoffnungen verbunden. Krankheiten können dabei „Schlüssel" sein, die uns gewisse Tore öffnen (André Gide). Es gibt gewisse Einsichten, die wir nur durch Leiden gewinnen können. Kant spricht bereits beim Übergang vom vormoralischen zum moralischen Selbstverständnis von einem „Sprung", von einer „Explosion", einer Revolution in der „Tiefe des menschlichen Herzens", von der „Höllenfahrt der Selbsterkenntnis" und vom „Anziehen des neuen Menschen" im Sinne der christlichen Botschaft.[28]

Wie auch immer wir den Übergang von der nur negativen zur existentiell-praktisch befreienden und positiven Einsicht in sinnkonstitutive Transzendenz verbildlichen: gemäß unserer Transzendenz, Immanenz und menschliche Freiheit verbindenden Analyse *beginnt* so ein lebenserneuernder Befreiungsprozess, endet nicht etwa mit oder in einer Einzelerfahrung oder Einzelerkenntnis. Sonst hätten wir

Transzendenz wiederum subjektivistisch oder objektivistisch verdinglicht und Gott verfügbar gemacht. Der Weg der Befreiung von falschen Selbst- Welt- und Gottesverständnissen ist ein lebenslanger Weg. Bei diesem Weg kommen dem Zweifel und dem Atheismus unter Umständen große Bedeutung zu.[29]

So selten wie Erfahrungen, die das einzelne Leben grundsätzlich wandeln, so selten waren menschheitsgeschichtlich die großen religionsgründenden Ereignisse. Auch hier besteht eine Nähe zur Entdeckung der Vernunft und des „Gottes der Philosophen" im Goldenen Zeitalter Athens. Ich will abschließend meine Sicht des Verhältnisses von Vernunft und Offenbarung noch weiter verdeutlichen und dies mit einem erweiterten Verständnis der religiösen Rede von Gott verbinden. Da nach meiner Analyse ein genuiner Befreiungsprozess mit der Einsicht in lebenssinnkonstitutive Transzendenz erst einsetzt, kann und konnte in den Religionen genuine Verkündigungssprache frei entworfen werden, die diese Einsicht bezeugend weiter gibt. So im Prolog des Johannes-Evangeliums:

„Im Anfang war das Wort, und das Wort war bei Gott, und Gott war das Wort. Dieses war im Anfang bei Gott. Durch dasselbe ist alles geworden, und ohne dasselbe wurde gar nichts, was geworden ist. In ihm war Leben, und das Leben war das Licht der Menschen. Und das Licht scheint in der Finsternis, aber die Finsternis hat es nicht begriffen. Ein Mensch trat auf, von Gott gesandt, mit Namen Johannes. Dieser kam zum Zeugnis, um Zeugnis zu geben für das Licht, damit alle durch ihn zum Glauben kämen. Jener war nicht das Licht, sondern er wollte nur Zeugnis geben für das Licht. Es war das wahre Licht, das jeden Menschen erleuchtet, der in die Welt kam. Es war in der Welt, und die Welt ist durch es geworden, aber die Welt wollte von ihm nichts wissen. Es kam in das Seine, aber die Seinen nahmen es nicht auf. So viele es jedoch aufnahmen, ihnen gab es Vollmacht, Gottes Kinder zu werden" (Joh 1, 1-12).

In diesem Prolog sind die von mir aufgewiesenen Transzendenz-Aspekte der Sprache und des Sinnes, des Lebens und der Welt in ihrem Ursprung in Gott bezeugt. Das „Licht" ist die wahre Einsicht in den unverfügbaren Sinngrund, begriffen als die Liebe Gottes. Die unlösliche Verbindung von Transzendenz und Immanenz inkarniert sich in Jesus Christus, dem Bringer des Lichtes. Aber dieses Licht „erleuchtet" eigentlich „jeden Menschen" – es geht um eine universale Wahrheit. Wir können sagen: *An der Grenze philosophischer Vernunfterkenntnis, die bis zur Entfaltung einer Theologie der Transzendenz in der Immanenz – auch und gerade im Blick auf ihre lebensermöglichende und lebenssinnkonstitutive Wirklichkeit und Wirksamkeit – reicht, beginnt das Verstehen und Begreifen der Geschichtlichkeit und Sprachlichkeit der großen monotheistischen*

*Weltreligionen und ihres authentischen, irreduziblen Wahrheitsge-
haltes.* Es wird hier auch sichtbar, dass die genuin religiöse Rede von
Gott im vollen Bewusstsein der absoluten Transzendenz erfolgt. So
verwendet das Johannes-Evangelium in unserem Text die Rede vom
Licht als „absolute Metapher": In der Botschaft von der Menschwerdung wird so die absolute Transzendenz Gottes sprachlich gerade
gewahrt. Wie Rudolf Bultmann besonders herausgearbeitet hat,[30]
prägt die Vergegenwärtigung von *Missverständnissen* zwischen der
Verkündung und ihrem unbedingten Wahrheitsanspruch und deren
falschem, trivialem Verständnis das Johannes-Evangelium. Das
„ewige Leben" ist kein Phänomen *im* Leben, auch keine bloße jenseitige Verlängerung des „hiesigen" Lebens. „Lebendiges Wasser" ist in
Joh. 4, 5-10 absolute Metapher für das Heil, den Sinn des Lebens.
Jesus verspricht einer Frau am Brunnen dieses „Wasser des Lebens".
Sie aber fragt: „Herr, du hast kein Schöpfgefäß, und der Brunnen ist
tief; woher hast du nun das lebendige Wasser?" (Joh. 4, 11-12). Ein
weiteres Missverständnis schließt sich an: „Jesus antwortet und sprach
zu ihr: Jeder, der von diesem Wasser trinkt, wird wieder dürsten; wer
aber von dem Wasser trinkt, das ich ihm geben werde, wird in
Ewigkeit nicht dürsten, sondern das Wasser, das ich ihm geben werde,
wird in ihm zu einer Quelle von Wasser werden, das sprudelt, um
ewiges Leben zu spenden." (Joh. 4, 13-14). Wiederum versteht die
Frau nicht, denn sie sagt: „Herr, gib mit dieses Wasser, damit ich nicht
dürste und nicht hierher kommen muss, um zu schöpfen!" (Joh. 4, 15)
– ein weiteres Missverständnis der Erlösung als nützliches technisches
Mittel zur Versorgung. Ebenso lehrt Jesus den Wandel des Selbstverständnisses als „geistliche Geburt" und „neues Leben". Der
Pharisäer Nikodemus missversteht vorbildlich: „Wie kann ein
Mensch geboren werden, wenn er alt ist? Kann er etwa zum zweiten-
mal in den Leib seiner Mutter eingehen und geboren werden?" (Joh.
3, 4). Ebenso wird die Universalität des Wahrheits- und Geltungsanspruchs der Botschaft für jeden Menschen unmissverständlich klar:
Das Licht dieser Botschaft bringt Aufklärung über absolute Transzendenz und unbedingten Sinn für jeden Menschen. Dieser Sinn
besteht in *Liebe* (vgl. Joh. 13, 34f.; 15, 9-12) und *Freiheit* (Joh. 8, 36)
als einem neuen Lebensverständnis: „Gott ist Geist, und die ihn anbeten, die müssen ihn im Geist und in der Wahrheit anbeten." (Joh. 4,
24). Gemäß unseren vorangegangenen Analysen wird an diesen Beispielen deutlich, warum und wie aufgeklärtes Transzendenzbewusstsein zur genuin religiösen Rede von Gott und zur konkreten Form
der Weitergabe dieses Bewusstseins in der Form der Gemeinde-
bildung führt und führen muss. Wie anders sollten und konnten seit
Bewusstwerdung der Menschheit die zentralen praktischen Ein-

sichten in die lebenssinnkonstitutive Transzendenz, in das Wirken Gottes, konkrete kulturelle Lebensform und -praxis werden?

Religiöse Rede und Verkündung von Gott ist, so wird ebenfalls deutlich, weder „fiktional" noch „hypothetisch" angemessen verstehbar. Vielmehr artikuliert sich in den großen Grundtexten *ein sich seiner selbst bewusst gewordenes Transzendenzverständnis*, das selbst sprachlich und handelnd befreiende Sinnentwürfe liebender und hoffender, sinnstiftender Praxis spendet und weitergibt. Diese Sinnentwürfe betreffen gerade das Zentrum der menschlichen Wirklichkeit und Lebenserfahrung: wird Gott als Liebe begriffen und ausgesagt, so verdichtet sich in diesem Satz eine lebenstragende Einsicht, die auch der vernünftigen Sinngrundreflexion der Philosophie entspricht. Nur ein reduktionistisches, um Vernunft und Transzendenz verkürztes, objektivistisch-szientistisches Weltverständnis kann die religiöse Rede von Gott als „fiktional" missverstehen. Wer begreift, dass die humane Welt aus ungeschuldetem Sinn lebt und besteht, der erkennt, dass diese Rede ins *Zentrum* der Welt zielt. Sie redet daher absolut, unbedingt. Ebenso steht es mit meditativen religiösen Praxisformen, die eine eigene Kultur des Transzendenzbewusstseins entfalten. Sie sind Praxisformen eigenen Rechts und durch nichts zu ersetzen. Säkularisierung, westliche Moderne und technisch-wissenschaftliche Zivilisation sind solange sinnvoll, wie sie authentische religiöse Lebensformen freisetzen und nicht versuchen, sich auf illusionäre und ideologische Weise an ihre Stelle zu setzen. So können sich die gleichermaßen komplexen wie unverzichtbaren Traditionen des Verstandes, der Vernunft und der religiösen Tiefenaufklärung und Verkündigung erneut produktiv ergänzen. Die Dialektik von Vernunft und Transzendenz gehört zur Vernunft selbst und darf nicht in eine künstliche, dualistische Entzweiung von bloß säkularer Rationalität und bloß fundamentalistisch, fideistisch oder kirchenmystisch zugänglicher Offenbarung aufgespalten werden. Wo das produktive Ergänzungsverhältnis von religiöser und profaner Vernunftperspektive einseitig aufgelöst wird, muss es neu entwickelt und mit Leben erfüllt werden – auch durch wechselseitige Kritik.

2.3.6 Der Antigottesbeweis

Das Wesen Gottes verbürge seine Existenz – d. h. eigentlich, dass es sich hier um eine Existenz nicht handelt.
Könnte man denn nicht auch sagen, das Wesen der Farbe verbürge ihre Existenz? Im Gegensatz etwa zum weißen Elefanten. Denn es heißt ja nur: Ich kann nicht erklären, was ‚Farbe' ist,

was das Wort „Farbe" bedeutet, außer an der Hand der Farb-
muster. Es gibt also hier nicht ein Erklären, ‚wie es *wäre*, wenn
es Farben *gäbe*'.

Und man könnte nun sagen: Es lässt sich beschreiben, wie es
wäre, wenn es Götter auf dem Olymp gäbe – aber nicht: ‚wie es
wäre, wenn es Gott gäbe'. Und damit wird der Begriff ‚Gott'
näher bestimmt.

Ludwig Wittgenstein

Im nächsten Kapitel werden wir noch genauer auf die Thematik der
Gottesbeweise eingehen. Angesichts der bisherigen Analysen können
wir jedoch vorgreifend schon eine Kritik der sich theoretisch verstehenden *Beweise der Existenz Gottes* formulieren. Sie bezieht sich auf
eine Fehldeutung der Grammatik der Rede von Gott und auf eine
Fehldeutung des mit dieser Grammatik verbundenen Geltungssinnes.

Nach unserer Rekonstruktion gebrauchen wir mit dem Wort
„Gott" ein Wort, mit dem wir uns auf absolute Transzendenz, die
ineins die Welt, die Sprache und unsere Existenz aus dem Nichts
schafft und in jedem einzigartigen Augenblick weiter hervorgehen
lässt, beziehen. Das Wort selbst ist ein einzigartiger Eigenname, der
seine eigentliche Bedeutung in Gebet und Lobpreis entfaltet, ebenso
in Verkündigung und in genuin religiösen Lehrtraditionen. Dennoch
kann eine philosophische Theologie die rationale und universale
Berechtigung der Rede von Gott und der mit dieser Rede verbundenen Praxis explizieren. Die Rede von Gott dient dazu, sich erkennend
und einsichtig sowie existentiell-praktisch auf absolute Transzendenz
als alles bestimmende Realität in der Immanenz zu beziehen. Die
Grammatik dieser Rede macht unmissverständlich klar, dass sie eine
bloß subjektive, eine objektivierende oder eine funktionale Perspektive überschreitet und ausschließt. Diese Rede bezieht sich auf
unser gesamtes Lebensverständnis, und dies im Horizont des unerklärlichen, einzigartigen Schöpfungsgeschehens, das bis zu uns und zu
jedem Augenblick der Gegenwart reicht. Alles, was *existiert*, ist in
diesem unvordenklichen prozessualen Hervorgang des Seins und des
Sinns einbegriffen. Insofern ist die Frage nach der „Existenz Gottes"
aus der Sicht philosophischer Theologie, aber auch aus der Sicht eines
geklärten religiösen Gottesverhältnisses irreführend. Der Schöpfungsprozess, in dem sich absolute Transzendenz mit der Wirklichkeit der
Immanenz verbindet, lässt das Sein überhaupt hervorgehen, wir wissen nicht wie. Wir können, *dass* überhaupt etwas ist, nicht erklären.
Dennoch erfahren wir die Wirklichkeit des Seins mitsamt unserer
eigenen Existenz. Ebenso ist die *Existenz der Sprache* ein unableitba-
res Wunder (vgl. Kap. 3 zu Wittgenstein). Ein geklärtes Transzen-
denz- und Gottesverständnis muss somit die Frage nach der Existenz

Gottes als unsinnig zurückweisen. Umgekehrt können wir nur denken, sprechen, fragen und von „Existenz" reden, wenn das einzigartige Sinngeschehen der Schöpfung auf unerklärliche Weise begann und stets neu beginnt. Es wäre ebenso missverständlich, „Gott selbst an sich" „hinter" dem Schöpfungsprozess anthropomorph zu vergegenständlichen und so das absolute Wunder des Hervorgangs von Sein und Sinn naiv zu bebildern. Es gibt allerdings in den religiösen, mythischen, mystischen und ästhetischen Traditionen genuine Vergegenwärtigungsformen absoluter Transzendenz, die in ihrer Bildlichkeit auf unverkennbare Weise ein vernünftiges Verständnis vermitteln.

Wir können noch anders reformulieren: Die mit der Rede von Gott angesprochene Perspektive ist so grundlegend, dass sie nicht mit der Rede von der Existenz oder Nichtexistenz einzelner Seiender auf eine Stufe gestellt werden darf. Die Reden von der Schöpfung aus dem Nichts, von der Allmacht, Liebe, Allgegenwart und Ewigkeit Gottes weisen demgegenüber, recht verstanden, in die richtige Richtung.

Es liegt nahe, dass der „Antigottesbeweis" besonders dazu geeignet ist, die Vorurteile und bekannten Assoziationen eines religiösen Irrationalismus, Dezisionismus und Subjektivismus erneut wachzurufen. Wird nicht „Gott" seitens philosophischer Theologie einfach nur vorausgesetzt? Keineswegs, es wird die Dimension sinnexplikativ freigelegt, angesichts derer vernünftig und verantwortlich von Gott geredet werden kann und angesichts derer sich eine an Gott ausgerichtete Praxis auch philosophisch begründen und rechtfertigen lässt. Dass es verständliche und authentische Formen des Atheismus, des Nihilismus, des säkularen Humanismus angesichts sinnkonstitutiver Negativität und Transzendenz gibt und geben muss, ist selbstverständlich. Sie stehen neben verfehlten Formen von Religiosität und neben Formen des Zynismus, des Stoizismus und Formen von Gleichgültigkeit, Resignation und Verzweiflung, die menschliche Lebensverständnisse oft aus nur allzu verständlichen Gründen prägen. Das erläuterte philosophische Gottesverständnis kann es wagen zu beanspruchen, die Leiden und Abgründe des Menschen in die Dimension unenttäuschbaren Grundvertrauens mit hineinzunehmen. Denn das Wunder der unerklärlichen Eröffnung von Freiheit und Liebe wird nicht geringer durch die Erfahrungen der Mühseligkeit, Endlichkeit und Fehlbarkeit unserer Existenz. Philosophische Theologie beansprucht, einen Weg zur vernünftigen Einsicht in den genuinen Geltungssinn der Rede von Gott und der damit verbundenen Lebenspraxis zu zeigen. Mit einem „Beweis der Existenz Gottes" wird ein solcher Weg nur sehr unzulänglich angedeutet. Den Weg selber zu gehen, ist eine Lebensperspektive, die jeder frei wählen und in hohem Maße individuell gestalten muss, auch wenn sie in einer kirchlichen Gemeinschaft beheimatet ist.

2.3.7 Jenseits und Ewigkeit

Soeben war schon von der Allgegenwart und Ewigkeit Gottes die Rede. Eines der schwierigsten Probleme gegenwärtiger Vermittlung eines vernünftigen Gottesverständnisses ist die Dimension des Jenseits und der Ewigkeit. Pointiert könnte man sagen, dass in säkularisierten Gesellschaften des Westens an die Stelle Gottes und der Hoffnung auf ein Jenseits die Todesangst und das Akzeptieren der eigenen Endlichkeit getreten sind bzw. – schlimmer noch – deren Verdrängung und Tabuisierung. Ein „Leben nach dem Tode", ein „Kommen in den Himmel" oder ähnliche Vorstellungen stoßen – außer in kindlich-naiver Form – auf Unverständnis.

Es lässt sich aber in der Linie unseres philosophisch-theologischen Ansatzes ein Verständnis ewigen Lebens entwickeln, das auf vernünftige Weise in die Tiefendimension unserer Existenz weist. Wenn wir das „Jenseits" nicht als zweite „Welt" neben der uns zugänglichen Wirklichkeit auf äußerliche Weise scheinhaft vergegenständlichen, wenn wir ferner das ewige Leben nicht als unendliche Fortdauer des uns bekannten, wirklichen Lebens imaginieren, haben wir bereits einen wichtigen Schritt getan, um die eigentlich befreiende Perspektive der gemeinten existentiellen Tiefendimension zu erreichen. Es sind zwei grundlegende Einsichten, die uns zu einem besseren Verständnis führen können. Wir müssen zunächst begreifen, dass wir stets *nur in der Gegenwart* leben und handeln. Nur von der jeweiligen Gegenwart aus können wir Zukunft entwerfen und Vergangenes erinnern und reflektieren. Dies aber galt und gilt für jeden Menschen. Anders gesagt: *Wir sind immer in der Gegenwart*, in einem einzigartigen Augenblick. Dieser Augenblick der Gegenwart währt bzw. „ist" somit immer. Genauer betrachtet weist der währende Augenblick der Gegenwart eine ekstatisch-transzendente Struktur auf. Der Transzendenzprozess, das Schöpfungsgeschehen, reicht bis zu jedem einzigartigen Augenblick und entfaltet sich jeweils als Eröffnung der Zukunft und als sinnhafte Vergangenheit; und dies im – unendlich konkreten, unfassbaren – Augenblick.

Es ist also nicht lediglich so, dass das Transzendenzgeschehen sich zeitlich-linear von Beginn des Universums an bis zu uns physisch-materiell ereignet, gleichsam „horizontal-innerkosmisch". Es ereignet sich ebenso in jeder lebendigen Gegenwart „vertikal" und ekstatisch. So werden Bewusstsein, Selbstbewusstsein und Freiheit in jedem Augenblick neu möglich und wirklich. Auf diese ekstatische Weise des sinneröffnenden Prozesses der creatio ex nihilo in jedem Augenblick werden uns als endlichen Vernunftwesen auch die sprachlichen und gedanklichen Synthese- und Unterscheidungsmöglichkeiten erschlossen, mit denen wir dann *innerzeitige* Unterscheidungen – Vergangenheit, Gegenwart, Zukunft – treffen können. In der Wirklichkeit der Tiefe unserer Existenz aber leben wir aus einer unzeitlich-ekstatischen Gegenwart, aus dem unvergänglichen Augenblick.

Dem entsprechen nun, und das ist die zweite zentrale praktische Einsicht, die genuinen humanen Möglichkeiten, die durch Freiheit und Vernunft im Augenblick erschlossen werden: vor allem wahre Sätze und gute Handlungen. Sie sind durch das Schöpfungsgeschehen erschlossen, und sie sind – das ist besonders wichtig – die *reale, konkrete, lebenstragende Basis* unserer menschlichen Existenz auf dem Grund ihrer materiellen Bedingungen. Ohne sie gibt es kein humanes Leben, und *nur dadurch, dass sie wirklich waren und sind* – in konkreten Augenblicken – können Menschen Sinn erfahren und auf vergangenen und zukünftigen Sinn hin selbst transzendieren. So wird in jedem Augenblick neu eine Hoffnungs- und Sinnperspektive eröffnet. Nur durch diese unvordenkliche, unerklärliche Sinneröffnung in der Immanenz sind auch die Verkehrungen des Wahren und Guten – im Kernbereich Lüge und Mord – überhaupt möglich. (Das wirft ein Licht auf die Theodizee-Problematik, s. Kap. 2.3.8.)

Wir sehen: in Gestalt absoluter Wunder – im Grunde handelt es sich nur um ein einziges Wunder – wird uns das Sein des Sinns eröffnet. Wichtig ist ferner, dass die Aspekte absoluter Transzendenz, die uns zu einer rationalen Rekonstruktion der Rede von Gott führten, *universale* Aspekte einer menschlichen Welt schlechthin sind. So sehr sie uns, wie wir aufgewiesen haben, *nah* sind, so sehr sie unsere Individualität und Subjektivität, die singuläre Totalität unserer Existenz in ihrer Tiefe konstituieren und prägen, so sehr sind sie universal und ermöglichen real und konkret die sinnvolle Existenz jedes Menschen.

Anders gesagt: Auch die „Ideen" sind in unserer Rekonstruktionsperspektive Aspekte der *absoluten Wirklichkeit*, des *ens realissimum*, das wir Gott nennen. Sie sind nämlich keine „bloßen Gedanken" „im Kopf" – so eine verbreitete falsche Vorstellung – sondern wahre Erkenntnis und gute Handlungsorientierungen, die Ideen sind *konkrete Lebensformen*. Wenn wir in ein ernsthaft vernünftiges Selbstverständnis eintreten, das uns prinzipiell rationale und universale Sinnperspektiven erschließt, dann treten wir auch ein in bleibende und dauerhafte, transsubjektive Orientierungen, die bloß subjektive, beliebige und partiale, endliche Sinnentwürfe fundamental und kriterial *transzendieren*. Die konkrete mitmenschliche Kooperation und Solidarität, die Hilfe, die wir geben können, das Verständnis des Anderen, das wir aufzubringen vermögen, die Kenntnisse, die wir weitergeben können – diese Sinnentwürfe transzendieren unsere Endlichkeit. Auf diese Weise der eigenständigen Fortsetzung des Transzendenzprozesses können wir „Ideen" der Vernunft konkret leben und gestalten und in eine offene Zukunft hinein weiter geben. Begreifen wir die unerklärliche Transzendenz, die unsere sinnvolle Immanenz real schafft, als göttlichen (unerklärlichen) Ursprung, so nehmen wir in Freiheit, Vernunft und Liebe konkret teil an Gott. Wir leben auf diese Weise *bewusst oder unbewusst in und durch* Gott. Dies geschieht wiederum in aller Alltäglichkeit und in unscheinbaren Alltagssituationen, ohne, dass von Gott die Rede sein müsste. Wir nehmen teil an absolutem, irreduziblem Sinn, wenn auch noch so unvollkommen, noch so vorläufig, oft in beeinträchtigter und verzerrter Form. Dennoch tragen die authentischen Welt- und Selbstverhältnisse, die wir mit den Ideen der Vernunft sprachlich charakterisieren, dauerhaft und verlässlich die menschliche Praxis. Es ist ersichtlich, dass in philosophisch-theologischer Perspektive deshalb ein christlicher Platonismus und Neuplatonismus als Sprache der Sinnexplikation systematisch naheliegt. Zum Gottesverständnis wie zum angemessenen Ideenverständnis gehört konstitutiv, dass wir unsere eigene, enge Subjektivität überschreiten, sie transzendieren, die Ängste unserer Selbstbefangenheit überwinden. Das „Idealistische" daran geht nicht auf in bloßen Gedanken und Worten – es ist *real und konkret lebensschaffend und lebenstragend, zukunftseröffnend und sinnstiftend* in interexistentieller Praxis. Somit ist die Orientierung an Gott und seiner sinnstiftenden Transzendenz *zeitüberlegen* und *endlichkeitsüberschreitend*. Die zukünftigen Erfüllungsgestalten gelingenden Lebens, die in authentischer Praxis antizipiert werden, sind *jetzt schon*, in augenblicklicher Gegenwart, konkret wirksam und wirklich. Es ist daher, recht verstanden, die zeitüberlegene, nicht zeitabhängige Transzendenz des Sinnes in der Immanenz, die eigentliche Lebenswirklichkeit erschließt und stiftet.

Aus diesem Grund sind auch authentische Bekehrungsprozesse so tiefgreifend und grundstürzend: Wenn wir in ein auf Gott, absoluten Sinn und das Wunder der Schöpfung gegründetes Selbstverständnis eintreten, dann wandelt sich das gesamte Welt- und Selbstverständnis. In gewisser Weise ist nichts mehr wie vorher. Wir überwinden ansatzweise ein der Endlichkeit und Vergänglichkeit unterworfenes Verständnis, öffnen uns den Sinnpotentialen der Transzendenz und haben so die Perspektive zeitüberlegenen, durch zeitliche Vergänglichkeit nicht tilgbaren Sinns wahrgenommen: Ewigkeit nicht als unendliche zeitliche Endlichkeit und Iteration, sondern *als Hereinbruch der Transzendenz in die Immanenz*, mit der begründeten absoluten Bildlichkeit religiöser Rede gesprochen: „senkrecht von oben". Es gehört konstitutiv mit zu diesem seltenen Sinnereignis, dass seine wahre Bedeutung unter Umständen nur in wenigen Augenblicken intensiv erfahren wird. In ihrem dauernden, den Alltag implizit tragenden Wirken ist die Gegenwart des Ewigen wiederum meist nur unbewusst gewiss. Angesichts der Grundfragen nach Jenseits und Ewigkeit gilt jedenfalls: unser eigenes Transzendieren auf Wahrheit und Gutes in Liebe und Freiheit erschließt uns auch die zeitüberlegene Dimension, durch die wir eigentlich und augenblicklich zu uns selbst werden können, wenn wir die engen Grenzen unserer Selbstbefangenheit durchbrechen und überwinden. Deswegen stimme ich Hans Michael Baumgartner zu, wenn er feststellt: „Die menschliche Vernunft ist nicht zu verstehen als ein Subjekt, das unter anderem auch Hoffnungen hat, sondern das Hoffnung ist. In dieser Perspektive gehört auch Platons Lehre vom Eros, kantisch formuliert, die der Vernunft immanente Suche nach dem Unbedingten, noch zum Grundbestand auch der gegenwärtigen philosophischen Reflexion. (…) Die Behauptung einer absoluten Vergänglichkeit muss vor diesem Hintergrund noch als dogmatisch erscheinen." Um ein Wort Ernst Blochs aufzugreifen, können wir sagen: genuine Formen menschlicher Selbstüberwindung und Sinnerfahrung sind deshalb „exterritorial zum Tode".[31]

2.3.8 Gott und die Weltgeschichte. Die „Theodizee"

Wir sind als endliche, leid-, schuld- und todbedrohte Wesen auf Sinn angelegt. Dies zeigt sich in aller menschlichen Praxis, somit auch in all ihren uns bekannten früheren Formen. Natürliche Katastrophen wie auch katastrophale moralische Übel prägen Geschichte und Gegenwart. Unsere philosophische Theologie hatte den Transzendenzprozess als ein – unerklärliches – Werden der Wirklichkeit zu uns selbst – den einzigen uns bekannten Wesen, die Sinn bewusst entwerfen und erfahren können, expliziert und die Rede von Gott auf diesen Prozess bezogen. In gebrochener, fragiler, durch Scheitern bedrohter Form sind uns Perspektiven der Vernunft, der Freiheit und des Guten eröffnet. In ihnen zeigt sich der – in Wahrheit unerklärliche – Sinn des Seins und unserer Existenz und ist uns real zugänglich. Dass dies für uns konkret nur in endlicher Form geschieht und geschehen kann, dass die Formen des Verlustes und des Scheiterns uns konkret drohen, gehört unlöslich zu unserer leiblichen Natur und zu unserer Freiheitsgeschichte. Aus Gründen, die bereits im ersten Kapitel negativtheologisch durch die Kritik des Instrumentalismus und Funktionalismus entwickelt wurden, ist eine eigenmächtige „Indienstnahme" Gottes mit einem verfehlten Transzendenzverständnis verbunden. Es ist vielmehr umgekehrt: *Weil* ich unbedingten, mir unverfügbaren Sinn bereits erfahre, Sein des Sinns, der mich ermöglicht, darum darf und kann ich auch hoffen, angesichts der vielen Formen des Übels, des Bösen und der eigenen Fehlbarkeit, absolut und definitiv betrachtet, zu bestehen. Ich muss aber begreifen, dass diese transzendierende Hoffnung selbst Geschenkcharakter hat. Wir wissen, dass in den konkreten Leidsituationen billiger Trost unredlich ist. Die Formen der Solidarität, die uns möglich sind, eröffnen uns - wiederum endliche und begrenzte, aber gleichwohl unbedingte und unbedingt gebotene - Handlungsperspektiven. Eine „Rechtfertigung Gottes" im Sinn einer theoretischen Demonstration, die „beweist", alles Geschehen sei letztlich gut bzw. zu etwas gut, versucht, sich selbst missverstehende, szientistische Metaphysik zu betreiben. Nur eine vernunftkritische, selbstkritische Sinngrenzanalyse - und damit ein existenziell-praktisches Verständnis von Transzendenz und sinnexplikativer, kritisch-hermeneutischer Metaphysik, eine transzendental-anthropologische Konstitutionsanalyse der humanen Welt kann den Zusammenhang von Negativität und Sinn angemessen einsichtig machen. Dann wird erkennbar: Die ursprüngliche (unerklärliche) Eröffnung von Sinn in der - selbst unerklärlichen - Wirklichkeit der Freiheit in der humanen Welt ermöglicht Leiderfahrung sowie alle Formen des moralischen Bösen. Die Wirklichkeit von Leiden und Schuld lässt sich nicht nur nicht „erklären" oder gar „wegerklären" oder auch beschwichtigend schönreden. Es lässt sich erkennen: Wir leben letztlich von ungeschuldetem, unverfügbarem Sinn. Die einzigartige, prozesshafte Existenz des Kosmos, des Universums unter Einschluss der Existenz des Lebens der Menschheit und jedes einzelnen Individuums wird sich in uns selbst bewusst. Dieses einzigartige Wunder wird nicht geringer durch Leiden und Schuld. Nur eine oberflächliche Sicht kann das Böse „relativieren" und so verharmlosen. Aber eine düstere Sicht der Welt im Sinne eines tragischen Pessimismus - so nahe sie aus verständlichen Gründen vielen Philosophen lag und liegt - ist der Vernunft und der unbedingten Sinndimension humanen Lebens unangemessen. Sie ist theoretisch unbegründbar, praktisch und existenziell irreführend und falsch. Wenn wir die abgründige Fehlbarkeit der Menschen und ihrer Leidensgeschichte - die niemand leugnen kann und darf - *bewusst* wahrnehmen, ist der Schritt zu Mitleid und Solidarität schon vollzogen, und mithin eine - bereits implizite - Antizipation von Hilfe, Leidensminderung und auch des Lernens aus Verfehlung. Die urgeschichtliche Abkunft der menschlichen Natur begleitet uns weiter. Die abgründige Boshaftigkeit ist tief in uns angelegt, was immer wir tun und sagen, welche oberflächlichen Selbstbilder wir auch von uns entwerfen. Diese Tiefendimension wird in der Leidensanalyse des Buddhismus und bei Schopenhauer sowie in der christlichen Tradition und bei Kant - lange vor Freud - zu Recht ins Zentrum gerückt und ausgelotet. Noch die formal-strukturelle Analyse des jeweiligen „Verfallens" in Heideggers *Sein und Zeit* zeigt etwas von der bei allen menschlichen Vollzügen unumgänglichen

Vergegenständlichung in zeitlicher Endlichkeit, der wir eben nicht
verhaftet bleiben dürfen, wenn wir zu unseren *eigentlichen*
Möglichkeiten des guten Lebens finden und frei werden wollen. In
der Bibel und in der Dichtung, vor allem in der Tragödie wird durch
Erzählungen und Dramatisierungen vergegenwärtigt, was wir auch
philosophisch begreifen müssen: die zeitlich-endliche Augenblicklichkeit unseres Handelns (es ist immer „jetzt"!), die unauslotbare
Entzogenheit des eigenen Inneren bei aller Selbstmächtigkeit, die leibliche und seelische Fragilität und Verletzlichkeit des Menschen, die
alle Menschen einende Kreatürlichkeit. Die lebendige personale
Existenz eines Menschen bildet sich im Medium der Irreversibilität
und Unabsehbarkeit seines Handelns. Sinnkonstitutiv für personales
Handeln ist gerade, dass es in seinem potentiellen Charakter keine
Sicherheit und Konstanz bietet. Es ist theoretisch unmöglich, sich
handelnd auf die Handlungen Anderer zu verlassen – ohne praktisches *Vertrauen* aber gibt es schlechterdings keine humane Welt. Ein
jeder, der handelt, läuft faktisch notwendig Gefahr, zu scheitern oder
Unrecht zu begehen. Das Ergebnis können wir erst im Nachhinein
wissen. Hannah Arendt hat besonders deutlich herausgearbeitet, dass
deshalb unsere ganze humane Handlungswelt im Kern auf *Ver-*
sprechen und *Vergeben* beruht. Es gilt daher für die Konstitution der
Moralität: Unsere Fähigkeit, wechselseitig zu vergeben, ermöglicht
und eröffnet allererst unsere praktische Freiheit und das menschliche
Zusammenleben. Hannah Arendt weist darauf hin, dass das Vergeben
kaum je theoretisch untersucht wurde und nur in den Lehren Jesu
eine zentrale Rolle einnimmt.[32]

Die Realität des Bösen ist mit der Selbstbewusstwerdung des
Menschen ursprünglich verbunden; ohne diesen reflexiven Status des
radikalen Bösen, ohne die reale Dimension fundamentaler Fehlbarkeit
lässt sich Moralität nicht begreifen. Die Erfahrung von Schuld, Ge-
wissensangst und Zweifeln gehört zur Konstitution personaler moralischer Identität. Deswegen ist das böse Handeln, recht verstanden,
selbst schon die Strafe, denn wir büßen durch dieses Handeln die uns
eröffnete unbedingte Sinnperspektive ein. In dieser Perspektive hat
Thomas von Aquin formuliert: „Es ist der Irrtum derer auszuschlie-
ßen, die aus den Übeln in der Welt folgern, dass Gott nicht ist (...) Sie
fragen: Wenn Gott ist, woher dann das Übel? (si deus est, unde
malum?). Aber man muss sagen: Wenn es das Übel gibt, dann gibt es
Gott (si malum est, deus est). Denn das Übel wäre nicht, wenn die
Ordnung des Guten nicht bestünde, dessen Beraubung das Übel ist.
Diese Ordnung aber wäre nicht, wenn Gott nicht wäre."[33]

Betrachten wir die katastrophischen Ereignisse der Weltgeschichte
(nicht nur des 20. Jahrhunderts), so können wir auch zu der wohlbe-
gründeten und vernünftigen Einsicht gelangen, dass das böse Tun

über kurz oder lang an sich selbst zugrunde geht. Dass es indirekt auch Gutes bewirkt (im Sinne von Hegels „Macht der Negativität" und „List der Vernunft"), stimmt zwar, sollte aber nicht wie eine Art Funktionsmechanismus angesehen werden. Die Erfahrungen, die mit Leid und Schuld verbunden sind, sind für uns unverzichtbar, gerade weil das Schreckliche und Fürchterliche weder verkleinert noch relativiert werden kann und darf. Je größer unsere Erkenntnis und Einsicht in die Natur des Bösen wird, desto unumstößlicher und gewisser wird für uns die Einsicht in den unbedingten, absoluten Wert des Guten werden können. Kant spricht in Bezug auf die Hiob-Geschichte der Bibel von einer „authentischen Theodizee", gerade weil der leidende Hiob alle gut gemeinten, aber oberflächlich bleibenden „Erklärungen" seiner Freunde zurückweist.[34] Da Gutes und unbedingter Sinn uns in ihrer irreduziblen, lebenstragenden und auch gewissmachenden, bergenden Bedeutung vernünftig zugänglich und erschlossen sind – ebenso wie Freiheit und Wahrheit – ist das Böse bereits als nur scheinhaft mächtig durchschaubar, so zerstörerisch-machtvoll es sich auch in der Wirklichkeit der Welt aufspreizt. Es ist somit im Ansatz bereits überwunden und weiter zu überwinden. Es wäre somit auch eine spekulativ-irreführende und illusionäre Vorstellung von der Allmacht Gottes, als bestünde sie in einem kausalistisch objektivierbaren „Eingreifen" in konkrete einzelne Geschehnisse und Handlungszusammenhänge. Absolute Transzendenz in ihrer Totalität besagt, dass *alles* Gottes Sein ausmacht, unter Einschluss unserer Freiheits- und Vernunftgeschichte. Die Allmacht Gottes zeigt sich indirekt gerade im Scheitern des Guten und der Liebe, die dennoch ihren unbedingten, absoluten Wert behalten. Das gilt auch für die weltgeschichtliche Perspektive. Eine Gottesvorstellung, die einen „Determinismus zum Guten" denkt, würde die humane Welt zerstören.[35] Bezüglich künftiger Entwicklungen ist unser Handeln unüberbietbar auf Hoffnung gestellt. Die Garantielosigkeit des Gelingens betrifft nämlich gemäß klarer Analysen *alle* unsere Handlungen – in jedem Augenblick. (Auch das besagt die Rekonstruktion der creatio ex nihilo et continua im Kap. 2)

Dass es unbedingten Sinn gibt und dass wir von ihm, durch ihn und in ihm leben, besagt eben nicht, dass „alles sinnvoll", „alles gut" ist auf eine vordergründig evidente Weise. In den religiösen, jüdischen Weisheitstraditionen wird die authentische Theodizee, der Hinweis auf die irreduzible Einzigartigkeit unbedingten Sinns positiv so artikuliert, dass das göttliche Gericht dadurch noch aufgehalten wird, solange sich noch einige wenige Gerechte in der Stadt bzw. im Volk befinden. Auch auf die Welt wird diese Weisheitslehre bezogen: Sie bleibt noch solange erhalten, wie einige Gerechte in ihr leben. Das Unbedingte ist eben nicht quantifizierbar. Im ganz profanen Blick auf die Greuel des 20. Jahrhunderts kann die praktisch-vernünftige Urteilskraft nicht umhin, Trost und Bestätigung aus dem Faktum der tätigen Hilfe, Solidarität und Nächstenliebe auch unter den widerwärtigsten Bedingungen der Vernichtungslager zu empfangen. Würde die Welt nicht existieren, so gäbe es diese Wirklichkeit der Liebe nicht – Gott wäre, spekulativ gesprochen, mit sich allein geblieben.

Auf karge, aber tragfähige Weise haben Kant und Wittgenstein diese Gedanken formuliert. Kant sagt in seinen Vorlesungen zur Religionslehre: „Die Entsagung (Resignation) in Ansehung des göttlichen Willens ist unsere Pflicht. Wir entsagen unserem Willen, und überlassen etwas einem anderen, der es besser versteht und es mit uns gut meint. Folglich haben wir Ursache, Gott alles zu übergeben, und den göttlichen Willen schalten zu lassen; das heißt aber nicht: Wir sollen nichts tun und Gott alles tun lassen, sondern wir sollten das, was nicht in unserer Gewalt steht, Gott abgeben, und das unsrige, was in unserer Gewalt steht, tun. Und dies ist die Ergebung in den göttlichen Willen."[36] Der frühe Wittgenstein schreibt, dass Gott ist, dass und wie alles geschieht und das, was wir tun sollen – dies zusammengenommen. Zu Drury bemerkt er: „We are not here just to have a good time."[37]

Dass die Sinngrenzanalyse auch bei dieser Thematik wieder zur Sinngrundanalyse führt, kann noch mit einem Argument von C. Illies verdeutlicht werden.[38] Er legt dar, dass die Erkenntnisgrenze im Blick auf das Gute des Bösen, die Unversöhnlichkeit des Bösen mit seiner Vorstellung als notwendiges Mittel zum Guten selbst etwas Positives ist. Denn von uns muss das Böse stets als ein absolut zu Vermeidendes erkannt werden. Es wäre nicht gut für uns, wenn wir – aus einer übergeordneten Perspektive – wüssten, wozu das Böse (letztlich) doch gut sein mag. Das Nichtwissen ist auch hier lebensermöglichend und lebenstragend. Deswegen ist es auch Mephisto, eine diabolische Gestalt, die sagen kann, er sei „ (e)in Teil von jener Kraft, Die stets das Böse will und stets das Gute schafft."[39]

3. Die Unvermeidbarkeit philosophischer Theologie: Exemplarische Analysen

Im folgenden werde ich exemplarische Ansätze zu unserer Thematik rekonstruieren. Hinter bestimmte kritische Einsichten der Tradition dürfen wir systematisch nicht mehr zurückfallen. Allerdings dürfen wir auch nicht bei Ansätzen der negativen Theologie, von Kant und Hegel, bei historisch gewordener Systematik stehenbleiben. Ich werde daher auch existenzphilosophische, pragmatistische und sprachkritische Zugangsweisen von Kierkegaard, Benjamin, Peirce und Wittgenstein kurz rekonstruieren und ihren Beitrag zu einer philosophischen Theologie erörtern. Von diesen ausgewählten modernen Ansätzen aus lassen sich – das ist meine systematische Grundüberzeugung – vernünftige Rekonstruktionen traditioneller ontologischer und metaphysischer theologischer Entwürfe unternehmen. Hinter die moderne Erkenntnis- und Sprachkritik können wir bei diesem Projekt ebenfalls nicht zurückgehen. Die traditionellen Entwürfe erweisen ihre eigentliche Stärke, wenn sie auch nach dem Durchgang durch die moderne kritische Philosophie entscheidende Rationalitätspotentiale behalten, die sich präzisieren lassen.

Der folgende interpretatorische Zugriff auf die negative Theologie, auf Kant und weitere Autoren, insbesondere auf Wittgenstein, verfolgt kein historisches, philologisches, sondern ein rein systematisches Interesse. Insofern werden nur bestimmte zentrale Einsichten der Autoren für eigene Überlegungen verwendet. Gesamtinterpretationen der Religionsphilosophie und philosophischen Theologie Kants und Kierkegaards oder der Religionsphilosophie Wittgensteins stellen selbstverständlich ein anderes, für sich sehr anspruchsvolles Unternehmen dar. Es geht mir im folgenden ausschließlich um systematische Anknüpfungsmöglichkeiten, die ich pointiert deutlich machen will.

3.1 Traditionen negativer Theologie

Um die Unvermeidbarkeit und die zentrale Bedeutung der Gottesfrage und der theologischen Dimension in der Philosophie exemplarisch zu verdeutlichen, sollen zunächst systematische Grundzüge ne-

gativer Theologie der Tradition aufgewiesen werden. Sie waren und
sind für die Entstehung und Entwicklung der okzidentalen Rationalität und das leitende Gottes-, Vernunft- und Transzendenzverständnis
konstitutiv. Warum? Es sind zwei miteinander verklammerte Gründe,
die uns auch zurückführen auf die Kernaussagen unserer philosophischen Theologie. Zum einen ist mit dem biblischen und dem grie-
chisch-philosophischen Transzendenzverständnis ein radikales *Be-
wusst- und Reflexivwerden der Grenzen* der menschlichen Vernunft,
Erkenntnis und Existenz auf allen Ebenen verbunden. Diese Grenzen
werden somit nicht erst in der Neuzeit durch Empirismus, Skepsis
und Vernunftkritik entdeckt. Die Erkenntnis der Grenzen ist vielmehr *Grundlage* des biblischen und griechischen Monotheismus. Das
biblische Bilderverbot sowie die prophetische Götzenkritik wenden
sich vehement und polemisch gegen eine illusionäre Verherrlichung
(Idolatrie) selbstgeschaffener Idealprojektionen. Viele Einsichten der
späteren Religionskritik werden so vorweggenommen.

Durch das Bilderverbot wird der menschlichen Vernunft eine radikale Grenze gezogen. Gott kann und darf nicht vergegenständlicht
werden; das Absolute steht nicht in der vorstellenden und instrumentellen Verfügung des Menschen. Damit ist zweitens eine ganz fundamentale, weitreichende Erkenntnis verbunden: Auf die Negativität
der Transzendenz lässt sich nur im angemessenen *praktischen* Welt-
und Selbstverständnis antworten. Denn in der Konsequenz des kritischen Potentials des Gedankens absoluter Transzendenz liegen
sowohl die *Universalisierung* als auch die *Ethisierung* des Gottesverständnisses. Warum? Die Unfassbarkeit und Entzogenheit des
göttlichen Ursprungs aller Wirklichkeit gilt für alle Menschen. Alle
Menschen existieren nur auf dem Grunde dieser absoluten Unverfügbarkeit. Angesichts ihrer Gleichheit vor Gott und ihres Ursprungs in
Gott wird ihre wechselseitige Achtung gefordert. An der Basis der
okzidentalen Vernunftgeschichte finden wir somit *negative praktische
Einsichten*, die die *Sinngrenze* (Gott; absolute Transzendenz; Schöpfung, d.h. unerklärliches Sein der Welt und aller Wirklichkeit) und
den *Sinngrund* (die so ermöglichte, genuin menschliche gemeinsame
Praxis) konstitutiv verklammern: Wir leben *in und von* den transpragmatischen Sinnbedingungen, über die kein Mensch verfügt.

Diese Negativität in der Konstitution der okzidentalen Rationalität hat eine ungeheure kritische, freisetzende Dynamik. Die Entzogenheit und Verborgenheit Gottes setzt im Ansatz bereits die autonome menschliche Praxis frei, das sinnvolle Handeln in eigener
unbedingter Verantwortung vor Gott, wie es in den Zehn Geboten
dauerhaften Ausdruck findet. Ich bin der Auffassung, dass dieser
Schritt der entscheidende, weichenstellende zur Konstitution der
Vernunft war.

Der Schritt zur praktischen Einsicht in die Negativität der absoluten Transzendenz wird auf griechischer Seite ergänzt und bestätigt durch das *sokratische Nichtwissen.* Auch diese philosophische Einsicht in sinnkonstitutive Unverfügbarkeit setzt den freien, gemeinsamen, dialogischen und nicht-instrumentellen Prozess einer Verständigungspraxis frei, in dem sich Wissenschaften, Recht, Moral, Technik und Politik erst auszudifferenzieren vermögen.

Die *Einsicht in Transzendenz* und die *praktischen Konsequenzen* aus dieser Einsicht sind für die Vernunftgeschichte bleibend unverzichtbar. Das Ganze der *Welt* steht unserer Erkenntnis und unserem Handeln nicht zur Verfügung. Vielmehr verdanken wir uns dem Sein dieser Totalität. Transzendenz setzt sich *in uns* fort: Auch uns selbst und den bzw. die Anderen können wir nicht erkennen und zur Gänze objektivieren; die einzige authentische Möglichkeit des Verhältnisses zu dieser existentiellen und interexistentiellen Transzendenz ist die praktische, wechselseitige Achtung und Anerkennung der irreduziblen personalen Menschenwürde. Transzendenz setzt sich auch in die *sprachlichen* Sinnbedingungen unserer Existenz fort: Wir können – auf unerklärliche Weise – von Wahrheit und Gutem sprechen und uns in diesen Grundorientierungen Lebensformen schaffen und einrichten. Aber niemand verfügt allein über die Wahrheit und das Gute.

Gott wird philosophisch gedacht, wenn die Einheit und Einzigkeit der Transzendenz-Aspekte in ihrer Negativität wie in ihrer sinnstiftenden Dimension erkannt wird. Das geschieht bei Platon und Aristoteles, und, auf vertiefte und radikalisierte Weise, im Neuplatonismus und im christlichen Platonismus. Es wird dabei zunehmend bewusst, welche erkenntniskritischen Probleme und Gefahren im Denken Gottes angelegt sind. Die Unverzichtbarkeit bzw. Unvermeidbarkeit der Reflexion auf Grenze und Grund des Seins, des Sinns und der eigenen Existenz, das heißt, auf Transzendenz inmitten der Immanenz führt in den zentralen Ansätzen von Dionysios Areopagita, Meister Eckhart und Cusanus zu einer radikalisierten Erkenntniskritik, die, ausgelegt nach ihrer praktischen Bedeutung, ein befreites Lebensverständnis ermöglicht, das sich des unfassbaren Geschenks des Sinns und seiner Kostbarkeit bewusst ist. Der Partizipation an Gott, an absoluter Transzendenz korrespondiert bereits bei Dionysios eine Limitation der Vernunft, die sowohl die *Hybris* menschlicher Selbstvergöttlichung als auch die *Verzweiflung* an der totalen Endlichkeit des Menschen zu vermeiden sucht. Der eigentliche Ertrag der negativen Theologie ist die Selbsterkenntnis des Menschen als eines endlichen, freien Vernunftwesens, das *zwischen* absoluter Transzendenz und materieller Endlichkeit auf die genuin praktischen Modi eines authentischen Transzendenzverständnisses angewiesen ist, recht verstanden von ihnen lebt: Von einer vernünftigen Selbstpreisgabe

und Öffnung auf Transzendenz, die als vertrauender Glaube, als mitmenschliche Solidarität und Hilfe (Liebe) und als Hoffnung auf
zukünftige Erfüllung konkret und real wird. Mit der Erweiterung und
Vertiefung der Vernunftperspektive im praktischen Anerkennen der
Transzendenz, der unverfügbaren Sinnbedingungen unserer Existenz,
die sich im Namen „Gott" artikuliert, ist somit gerade kein ‚Über-
schwänglichwerden' im Sinne von Aberglaube und Irrationalismus,
Dogmatismus und Fundamentalismus verbunden. Die negative Theologie, die sich insbesondere in der rationalen mystischen Tradition
entfaltet, entwickelt ein ekstatisches Vernunftverständnis, das offen ist
für das Unerklärliche, für die Transzendenz aller Wirklichkeit, für das
Wunder des sich ereignenden Augenblicks und für die gegenwärtige
Tiefe und Fülle der Erfahrung, für die Unerschöpflichkeit und
Unsagbarkeit des Individuellen. Ekstatische, transzendierende Vernunft öffnet sich der Tiefe und Ferne, der Nähe und der Fülle der
unendlichen Gegenwart, wie sie in der Stille und im Innehalten
erfahrbar wird. Auf dem Hintergrund der Tradition lehrt Meister
Eckhart die Identität von Gott, Nichts, Seelengrund und Vernunft.[40]
Wir können diesen ersichtlich radikalen Ansatz in manchen seiner
Aspekte mit unserer Rekonstruktion der prozessualen Transzendenz
in der Immanenz und des freigesetzten menschlichen Transzendierens
als eines unerklärlichen Hervorgangs zu verstehen versuchen. Auch
die Lehre des Cusanus von der „docta ignorantia", der belehrten
Unwissenheit, zielt auf den für uns zentralen systematischen Konnex
von Unverfügbarkeit, Freiheit und Sinn.

Der Weg der Erkenntnis, den die negative Theologie vom Neuplatonismus bis zu Wittgensteins paradoxaler Selbstaufhebung der
philosophischen Reflexion im *Tractatus* geht, ist radikal und konsequent: Die Unerkennbarkeit Gottes führt an die Grenze der Welt- wie
der Selbsterkenntnis und auch an die Grenze der Sprache.

Im Transzendieren der ratio wird ein wissendes Nichtwissen
(Cusanus: docta ignorantia) erreicht. Auf diesem Weg „hinauf" wird
eine Befreiung von falschen, verdinglichenden Welt- und Selbstverständnissen eingeleitet, die den Rückweg zu authentischer Praxis, zum
Guten öffnet. Die Negationen erfolgen also nicht, um Sinn zu destruieren und zu depotenzieren, wie in Formen des Naturalismus,
Szientismus und Nihilismus, sondern um wirklich tragfähigen Sinn zu
eröffnen.

Für die philosophische Reflexion nach der Ontologie- und
Sprachkritik Heideggers und Wittgensteins ist es besonders aufschlussreich, dass sehr ähnliche ontologie- und sprachkritische Einsichten hinsichtlich des Gottes- und des Wirklichkeitsverständnisses
sich in ganz unterschiedlichen Traditionen negativer Theologie finden. Dazu nur ein Beispiel: Dionysios Areopagita, der bedeutende

frühchristliche Mystiker, lehrt um 500, dass Gott „keines von den seienden und keines von den nichtseienden Dingen ist."[41] Der Buddhist Nâgârjuna lehrt über die letzte Wirklichkeit, sie sei „nicht seiend noch nicht-seiend".[42] Wittgenstein hat in seiner Spätphilosophie die sich selbst zeigenden Urphänomene, die eine menschliche Welt ausmachen, ganz entsprechend als „weder etwas noch nichts" negativ beschrieben. Die – unsagbare – Einzigkeit der Erfahrung zeigt sich, wenn wir unseren Eindruck von einem Zimmer als das „visuelle Zimmer" bezeichnen: „Das, was keinen Besitzer hat, ist das ‚visuelle Zimmer'. Ich kann es so wenig besitzen, als ich darin umhergehen, oder es anschaun, oder darauf zeigen kann. Es gehört insofern nicht mir an, als es niemand anderm angehören kann."[43] Nichts am visuellen Zimmer deutet auf seinen „Besitzer" hin: Das visuelle Zimmer „hat keinen Herrn außer sich und keinen in sich".[44] Man könnte auch sagen: der Besitzer des visuellen Zimmers müsste doch wesensgleich mit ihm sein; aber er befindet sich nicht in ihm, noch gibt es ein Außen."[45] An diesem Beispiel soll deutlich werden, dass die sinnkritischen Grenzanalysen der negativ-theologischen Tradition sich mit den Grenzanalysen der Philosophie nach Heidegger und Wittgenstein auf erstaunliche Weise berühren, und zwar, weil sie unser Seins-, Selbst- und Wirklichkeitsverständnis verdinglichungskritisch in Frage stellen und neu zu denken versuchen. Auch Adornos Denken des Nichtidentischen denkt Transzendenz in der Immanenz.

Dieser Befund gilt auch für die sprachkritische Grenzreflexion. Auch hier entfaltet die negative Theologie eine *Dialektik der Transzendenz und der Unsagbarkeit* – wie später Wittgenstein. Das Unsagbare ist nicht gegenständlich vorstellbar und „abspaltbar" durch eine dann abbildend, repräsentierend gedachte Rede, sondern das Unsagbare ist, recht verstanden, Grund jeder Aussage. Die Rede kann ihren Grund nicht aussagen, darum „sagt jede Rede das Unaussagbare aus" – so lehrt Cusanus („omnis elocutio ineffabile fatur").[46] Auch diese Einsicht findet sich bei Wittgenstein wieder: „Was sich in der Sprache ausdrückt, können wir nicht durch sie ausdrücken." „Wenn man sich nicht bemüht das Unaussprechliche auszusprechen, so geht nichts verloren. Sondern das Unaussprechliche ist – unaussprechlich – in dem Ausgesprochenen enthalten!"[47]

Im Sinn dieser tiefergehenden Verbindungen von negativer Theologie und moderner Philosophie lässt sich ein kritisches Transzendenzverständnis im Blick auf unser Welt-, Selbst- und Sprachverständnis nur durch die immer neu nötige Destruktion vergegenständlichender und verdinglichender, szientistischer Weltanschauungen entwickeln. Wir müssen erneut anders sehen lernen.

3.2 Kant

Zur Kant-Rekonstruktion beziehe ich mich auf seine Schrift über *Die Religion innerhalb der Grenzen der bloßen Vernunft* von 1793.[48] Kant setzt in der Konsequenz seiner Systematik bei der unbedingten Autonomie der Moral an. Der allererst durch moralische Einsicht in einem anspruchsvollen Sinn freie Mensch bedarf zu dieser Einsicht „weder der Idee eines anderen Wesens über ihm, um seine Pflicht zu erkennen, noch einer anderen Triebfeder als des Gesetzes selbst, um sie zu beobachten (...) weil, was nicht aus ihm selbst und seiner Freiheit entspringt, keinen Ersatz für den Mangel seiner Moralität abgibt" (3). Die Moral „bedarf also zum Beweis ihrer selbst (...) keineswegs der Religion, sondern vermöge der reinen praktischen Vernunft ist sie sich selbst genug" (3).

Dieser Ansatz entspricht der Kritik einer Reduktion der theologischen Dimension auf ethische Verständnisse, einer Kritik, die ich bereits (in Kap. 1.7) entwickelt habe. Die Moral ist in ihrer Geltung unableitbar und eigenständig. Dennoch, und das macht Kants Ansatz so aufschlussreich, geht der Mensch nicht in Moralität auf. Seine Angewiesenheit auf ein sinnvolles Verständnis des ganzen Lebens überschreitet deren Geltungsbereich. Die Idee Gottes ist nach Kant verbunden mit der „Idee eines höchsten Guts in der Welt, zu dessen Möglichkeit wir ein höheres, moralisches, heiligstes und allvermögendes Wesen annehmen müssen" (5) – ein Wesen, das Moral und Glück „vereinigen kann" (5). Kant geht in seiner Grenzreflexion noch weiter. Würde ein moralisches Freiheitswesen das Moralgesetz erkannt haben, aber gleichsam noch „weltlos" sein, so „würde (es) auch wollen, dass eine Welt überhaupt existiere" (5), und zwar auch um den Preis der Einbuße der Glückseligkeit und der Gefahr des Scheiterns. Wir können diese kritische Grenzreflexion Kants gleichsam als dialektische Umkehrung der Pascalschen Wette lesen. Während Pascal auf den allmächtigen Gott setzt und diese Wette in ihrer Rationalität erläutert, fingiert Kant ein weltloses moralisches Vernunftwesen, das in der Konsequenz der moralischen Geltung auch die Schöpfung im Interesse an der Existenz einer Welt vollzieht, in der Moral – das Gute – allein wirklich werden kann.

Man hat Kants Theologie den Vorwurf gemacht, sie werde quer zur Logik der Religion und des Gottesglaubens allein als geradezu funktionales Anhängsel der Moralphilosophie entwickelt. Bei oberflächlicher Kenntnisnahme und insbesondere auch angesichts der sinnexplikativen Metasprache seiner Religionsphilosophie liegt diese Interpretation nahe. Dennoch greift sie zu kurz. Zunächst muss klar sein, dass Moral Maßstab der Kantschen Religionskritik und daher notwendige Bedingung für ein adäquates Gottesverständnis ist. Kants

Architektonik und der Gang seiner Vernunftkritik lassen sich im Kern so reformulieren: die Kritik der reinen Vernunft führt im Zentrum ihrer sinnkriterialen Analysen zur Freilegung der transzendentalen Spontaneität und der transzendentalen Kausalität aus Freiheit. Mithin erweist sich die praktische Vernunft als Fundament der theoretischen Erkenntnismöglichkeiten. Im Zentrum der Kritik der praktischen Vernunft legt Kant wiederum deren Voraussetzungen frei, die in den traditionellen Lehrstücken der „metaphysica specialis": Gott, Freiheit und Unsterblichkeit bestehen. Die Religionsschrift vertieft genau dieses Bedingungsverhältnis und expliziert es in immer neuen Anläufen. Betrachten wir ferner ‚Moral' nicht moralistisch bzw. ethizistisch-präskriptiv, sondern transzendental-anthropologisch als diejenige sprachlich-praktische Ebene, auf der uns unableitbare und irreduzible Einsichtsmöglichkeiten eines genuin menschlichen Selbst- und Weltverhältnisses am ehesten zugänglich sind, dann lässt sich Kants Ansatz der Theologie vom Eindruck der Engführung durch das Nadelöhr der Moralität befreien und in seinen weiter reichenden Stärken rezipieren. Es geht Kant keineswegs um eine theologische Begründung der Moral. Es lässt sich zeigen: Indem Kant angesichts der Autonomie der Moral seine theologische Reflexion bei ihr ansetzt, verortet er die Gottesfrage im Zentrum der Frage des Menschen nach sich selbst. Genauer verortet er sie bei der Reflexion auf die *transpragmatischen* und insbesondere *transethischen Sinnbedingungen aller unserer Praxis*: „Moral also führt unumgänglich zur Religion, wodurch sie sich zur Idee eines machthabenden moralischen Gesetzgebers außer dem Menschen erweitert, in dessen Willen derjenige Endzweck (der Weltschöpfung) ist, was zugleich der Endzweck des Menschen sein kann und soll" (6). Hier wird die schöpfungstheologische Dimension in Kants Ansatz sichtbar, die auch unsere philosophische Theologie charakterisiert.

Ebenso, wie die sinnkriteriale Reflexion der Gottesfrage Kants zur schöpfungstheologischen Dimension führt, so führt sie ihn auch zur interexistentiell-praktisch gedachten eschatologischen Erfüllungsperspektive. Denn nur so lässt sich seine Rede vom „höchste[n] in der Welt mögliche[n] Gut" verstehen, welches „jedermann sich (...) zum *Endzwecke* machen solle" (7, FN). Wir können dies so reformulieren: In der Grammatik unserer praktischen Orientierungssprache und unserer Sinnentwürfe – ohne die wir uns selbst nicht angemessen verstehen können – ist ein Vorgriff auf Gelingen eingearbeitet. Wenn wir handeln, wenn wir überhaupt etwas anstreben, dann antizipieren und unterstellen wir notwendig dessen Sinn und auch das Gelingen dieses Handelns und Strebens. Alle zum Kernbereich humaner Praxis gehörenden Sinnentwürfe: Freundschaft, wechselseitige Hilfe, Uneigennützigkeit, Aufrichtigkeit, Formen des Teilens und des Abgebens, der offenen Aussprache, aber ebenso bereits der Anspruch, gute Arbeit zu leisten, einen guten Unterricht zu machen, gut zu kochen, gut zu beraten, gut zu heilen – all diese Sinnentwürfe sind, recht verstanden, auf Erfüllung ausgerichtet – bereits bevor sie konkret begonnen werden. Diese immanent-eschatologische Erfüllungsperspektive ist handlungssinnkonstitutiv, weiter gedacht; *lebenssinnkonstitutiv*. Kant spricht an dieser Stelle von der erhofften Koinzidenz von Moral und Glück (Glückseligkeit). In dieser Dimension – ebenso wie in der der Schöpfung, der Existenz der „Welt überhaupt" – verortet er den Sinn der Rede von Gott. Es ist konstitutionsanalytisch im übrigen völlig klar und zutreffend, dass der *jeweilige interne Geltungssinn* der Sinnentwürfe – der Moralität, aber auch aller anderen menschlichen Praxisformen – *unabhängig* von der Schöpfungsdimension und der eschatologischen Perspektive besteht. Die Grammatik der Sinnentwürfe ist intern sinnvoll konstituiert; aber ihr Gebrauch im Ganzen einer humanen Praxis verweist auf den von Kant in theologischer Perspektive freigelegten übergreifenden Sinn, mit dem er die Rede von Gott interpretiert.

Bereits zu Beginn der Religionsschrift akzentuiert Kant einen weiteren, zentralen Aspekt seines Ansatzes. Die sich in der Moral verdichtende, Freiheit und sinnvolle Orientierung verbindende zentrale humane Lebensperspektive, religiös gesagt: der Wille Gottes, ist berechtigterweise „Gegenstand der *Anbetung*" (7). Deutlich wird hier ein authentischer Transzendenzbezug, denn ihm kommt „Majestät" (7) zu. Auch die Analyse dieses authentischen, existentiell-praktischen, interexistentiellen und auf Einsicht beruhenden Transzendenzbezugs in der Immanenz, den Kant mit der Liebe gleichsetzt (7, FN), ist systematisch aufzugreifen. Dies um so mehr, als die Analyse des authentischen Transzendenzbezugs auch zum Ausgangspunkt tief ansetzender Religionskritik wird: „Aber alles, auch das Erhabenste, verkleinert sich unter den Händen der Menschen, wenn sie die Idee desselben zu ihrem Gebrauch verwenden. Was nur sofern wahrhaftig verehrt werden kann, als die Achtung dafür frei ist, wird genötigt, sich nach solchen Formen zu bequemen, denen man nur durch Zwangsgesetze Ansehen verschaffen kann, und was sich von selbst der öffentlichen Kritik jedes Menschen bloßstellt, das muss sich einer Kritik, die Gewalt hat, d.i. einer Censur, unterwerfen" (7f.). Kant sieht somit den authentischen Transzendenzbezug notwendig in Freiheit gründend. Andernfalls, so können wir ergänzen, lägen entfremdete Transzendenzverständnisse vor, wie wir sie bereits im ersten Kapitel kritisiert und abgewiesen haben: funktionale, instrumentelle oder aus Angst motivierte Verhältnisse zu Gott. Sie führen weg von einem angemessenen Verständnis, sind auf Dauer nicht tragfähig und unterliegen berechtigterweise der Religionskritik.

Dass es Kant gerade um die Verortung eines wahrhaftigen Gottesverhältnisses im Kontext der transpragmatischen und transethischen,
transfunktionalen Sinnbedingungen der gemeinsamen humanen Existenz geht, zeigt sich auch in seiner Analyse des „radikalen Bösen in
der menschlichen Natur". Kants Vernunftkritik ist gerade aufgrund
ihres Realismus und ihrer illusionslosen anthropologischen Prämissen
allen rationalistischen, idealistischen und in diesem Sinne moralistischen Ansätzen überlegen. Er arbeitet nicht nur auf existentiell-reali-
stische Weise gegen den antiken Eudämonismus die grundlegende
Differenz von Moral und Glück heraus, er analysiert in der Religionsschrift die strukturelle Fragilität, Ambivalenz und Fehlbarkeit auch
der besten menschlichen Absichten (29): die „Schwäche", die „Ge-
brechlichkeit" des menschlichen „Herzens" (als des Zentrums der
menschlichen Person) und dessen „Hang" zur Pervertierung des
Guten in das Böse.

Ich halte diese Analysen für zutreffend, zumal sie keine dogmatische Sündenontologie übernehmen, sondern für sich genommen die
Konstitution eines endlichen, freien, moralischen und eben fragilen,
schwachen, fehlbaren Wesens aufweisen. Geschichte, Praxis, Lebenserfahrung und aller Alltag zeigen uns, dass die von Kant analysierten
Pervertierungen für die menschliche Wirklichkeit auch dann prägend
sind, wenn wir es nicht mit offenen verbrecherischen Handlungen zu
tun haben, sondern mit „ganz normalem" Verhalten und mit sinnvoller Praxis. Auch das gute Handeln kann ich aus Eitelkeit, aus Eigennutz tun, „und der Mensch ist bei lauter guten Handlungen dennoch
böse" (31). Ebenso antizipiert Kant Befunde der Psychoanalyse, aber
auch unserer alltäglichen Erfahrung, wenn er bemerkt, „es sei in dem
Unglück unsrer besten Freunde etwas, das uns nicht ganz missfällt"
(33).

Die gesamte Perversionsanalyse der Moralität, die Kant hier
leistet, bezeugt wiederum, dass und wie er die Dimension eines
authentischen Gottesverständnisses bei den transpragmatischen und
transmoralischen Sinnbedingungen eines gesamten, praktischen,
selbstbewussten menschlichen Lebensverständnisses ansetzt. Sie lässt
sich wie folgt reformulieren: Wir sind selbst mit unseren besten
Intentionen und Sinnentwürfen von definitivem Scheitern bedroht,
faktisch und praktisch, und vor allem auch in der Perspektive der
Selbstreflexivität.

Es ist erneut die erkenntniskritische Stärke Kants, das solcherma-
ßen aufgewiesene Böse weder naturalistisch zu ontifizieren – dies
käme in der Konsequenz einer bloßen Vertierung des Menschen
gleich – noch es gänzlich mit dem bewussten Willen gleichzusetzen.
Der reine böse Wille würde den Menschen schlechthin zu einem
Teufel machen (35). Vielmehr besteht die für ein tiefergehendes

Religions- und Gottesverständnis wesentliche Einsicht einer negativ-kritischen Anthropologie darin, dass die freie und reflexive moralische Lebenspraxis von einer tiefgreifenden, strukturellen, konstitutiven *Ambivalenz* geprägt ist, so dass wir der Authentizität unserer Orientierungen nie ganz gewiss sein können. Anders formuliert: Wir können unser Inneres, unser „Herz" nicht gänzlich durchschauen – wir sind uns nicht „durchsichtig"; die Transparenz unserer inneren Natur wie auch der mit ihr verwobenen moralischen, personalen Identität ist erkenntniskritisch begrenzt: endlich, fragil, ambivalent, materiell bedingt und partial verdeckt. Subtil unterscheidet Kant Stufen solcher Verdecktheit bis hin zur bewussten Pervertierung (38). Die an dieser Stelle durchgeführten Analysen zur Unredlichkeit, zur Selbstgerechtigkeit und zur Nichtswürdigkeit zeigen negativ-anthropologisch und tiefenhermeneutisch eine radikale Problematik an der *Basis* und an den *Grenzen* aller Moralität und allen authentischen menschlichen Selbstverständnisses auf.

Genau an dieser Stelle erläutert Kant wiederum, worin ein wahrhaftiger Transzendenzbezug in diesem Kontext radikaler Fragilität und Ambivalenz besteht, und zwar gerade so, dass dieser Transzendenzbezug nicht auf die Rolle einer bloß funktional dem Bedürfnis nach Bewältigung der besagten existentiell-praktischen Problematik entsprechenden Instanz eingeschränkt werden kann. Vielmehr zeigt seine Konstitutions- und Geltungsanalyse – vorgreifend mit Wittgenstein formuliert – den *grammatischen* Ort einer Hoffnungslogik, die zu den existenztragenden Sinnbedingungen humaner Praxis gehört. Kant führt erkenntniskritisch aus, warum der „Vernunfturprung" (39ff.) des Moralisch-Bösen, der die nicht „zeitlich" zu denkende Freiheit voraussetzt, nicht weiter erklärbar, aus natürlichen Anlagen nicht ableitbar, mithin kein empirisches Phänomen ist: „Diese Unbegreiflichkeit (…) drückt die Schrift (…) dadurch aus, dass sie das Böse zwar im Weltanfange, doch noch nicht im Menschen, sondern in einem *Geiste* von ursprünglich erhabnerer Bestimmung voranschickt" (43f.). Die Grenzen der Moralität zeigen sich in dieser von Kant herausgearbeiteten, tiefgreifenden Ambivalenz des menschlichen Selbstverständnisses und in der mit der Freiheit auf nicht weiter begreifliche Weise verbundenen Möglichkeit und Wirklichkeit des Bösen.

Zu den transpragmatischen und transethischen Bedingungen eines vernünftigen (moralisch-praktischen) menschlichen Selbstverständnisses gehört nun Kant zufolge gerade angesichts der dauernden Fragilität, Ambivalenz und der Radikalität des Bösen eine fundamentale, einsichtsbezogene Änderung dieses Verständnisses. Zum Menschen und seinen authentischen Lebensmöglichkeiten gehört, dass er zu tiefgreifendem Wandel der Sicht fähig ist.[49] Ein solcher existentiel-

ler Perspektivenwechsel gehört zu einem geklärten Gottesverständnis.
Kant weist in diesem Kontext „allmähige Reformen" des Verhaltens
im Sinne einer aristotelischen gewohnheitsmäßigen Einübung des
Sittlichen zurück. Es geht angesichts der dauerhaften Fehlbarkeit, die
Grenze und (auf unbegreifliche, mit der Freiheit verbundene Weise)
Grund der Moralität ist, um eine „Herzensänderung": „Dass aber
jemand nicht bloß ein *gesetzlich*, sondern ein *moralisch* guter (Gott
wohlgefälliger) Mensch, d. i. tugendhaft nach dem intelligiblen
Charakter (virtus Noumenon), werde, (…) das kann nicht durch allmähige *Reform*, so lange die Grundlage der Maximen unlauter bleibt,
sondern muss durch eine *Revolution* in der Gesinnung im Menschen
(einen Übergang zur Maxime der Heiligkeit derselben) bewirkt werden; und er kann ein neuer Mensch nur durch eine Art von
Wiedergeburt gleich als durch eine neue Schöpfung (Ev. Joh. III, 5;
verglichen mit 1. Mose I, 2) und Änderung des Herzens werden" (47).

Auch hier wieder entwickelt Kant an den Grenzen der menschlichen Lebenswirklichkeit und der menschlichen Möglichkeiten die
Dimension eines Gottesverständnisses, das im Kern schöpfungstheologisch ist. Um ein authentisches humanes Selbstverständnis zu gewinnen, ist eine grundsätzliche „Umwandlung der Denkungsart"
nötig, die kreative, innovative „Gründung eines Charakters". Kant
radikalisiert nun neben der Dimension der Neuschöpfung die in diesem Kontext sinnkonstitutive Hoffnungsperspektive: Wir können uns
den Übergang und den Eintritt in ein authentisches Selbstverständnis
angesichts unserer Fehlbarkeit, Bedingtheit und Ambivalenz nicht
selbst empirisch vorstellen und absichern. Wir können von diesem
guten Selbstverständnis weder ein „unmittelbares Bewusstsein"
haben, noch können wir es durch einzelne Taten beweisen (51) – alle
diese pragmatischen Verfügbarkeitsvorstellungen erweisen sich negativ-anthropologisch und erkenntniskritisch als noch zu vordergründig bzw. illusionär: „[W]eil die Tiefe des Herzens (der subjective erste
Grund seiner Maximen) ihm [sc. dem Menschen, Th. R.] selbst uner-
forschlich ist" (51). Mit diesen negativ-anthropologischen Analysen
nimmt Kant tiefenhermeneutische und psychoanalytische Befunde
des 20. Jahrhunderts vorweg. Aber er verbindet sie mit der Perspektive eines authentischen Lebensverständnisses und mit einer fundamental religiösen Orientierung. Angesichts seiner Fragilität muss
der Mensch *„hoffen* können", dennoch eine sinnvolle und gelingende
Praxis zu vollbringen.

Die Analysen Kants enthalten in diesem Kontext eines existentiel-
len Wandels des Selbstverständnisses Vorwegnahmen der Analysen
Kierkegaards zur Existenzdialektik und zum „Sprung", die auch bei
Heidegger und Wittgenstein aufgegriffen werden. Ein vernünftiges
Verständnis der Orientierung an Gott in einem auf Hoffnung grün-

denden Lebensentwurf bedarf der entschiedenen und entschlossenen existentiellen Aneignung der Hoffnungsperspektive. Diese Aneignung, dieser „Sprung" lässt sich empirisch nicht beobachten oder von außen feststellen, sondern er muss selbst vollzogen werden. Und weder „Schwärmerei", noch „Aberglaube", weder Erleuchtungsphantasien („Illuminatism") noch magische Ersatzhandlungen („Thaumaturgie") können diese bewusste Lebensentscheidung ersetzen (53).

Den systematischen Konnex von Negativität und Selbsterkenntnis akzentuierend, kann Kant dialektisch pointiert formulieren, „das erste wahre Gute, was der Mensch thun kann", ist, „vom Bösen auszugehen, welches nicht in den Neigungen, sondern in der verkehrten Maxime und also in der Freiheit selbst zu suchen ist" (58, FN).

Auf dieser Grundlage interpretiert Kant die christliche Botschaft von der Menschwerdung Gottes als der „personificirte[n] Idee des guten Princips"; der Sohn Gottes „ist sofern kein erschaffenes Ding, sondern sein eingeborner Sohn, ‚das Wort (das Werde!), durch welches alle andre Dinge sind, und ohne das nichts existiert, was gemacht ist' (denn um seinet-, d. i. des vernünftigen Wesens in der Welt, willen, so wie es seiner moralischen Bestimmung nach gedacht werden kann, ist alles gemacht.)" – „„Er ist der Abglanz seiner Herrlichkeit!' –‚In ihm hat Gott die Welt geliebt', und nur in ihm und durch Annehmung seiner Gesinnungen können wir hoffen, ‚Kinder Gottes zu werden'" (60f.).

Es erfolgt also bei Kant im Ansatz eine transzendental-praktische Reformulierung des Sinns der Botschaft von der Menschwerdung Gottes, der „*Erniedrigung* des Sohnes Gottes" (61) und des Sinns der in diesem Zusammenhang fundamental dualistischen, gnostischen Unterscheidungen von „Himmel" und „Hölle", Gut und Böse, Licht und Finsternis (60, FN).

„Im *praktischen Glauben an diesen Sohn Gottes* (...) kann nun der Mensch hoffen, Gott wohlgefällig (dadurch auch selig) zu werden" (62). Die *anthropologische* Dimension der Theologie und der Gottesperspektive, wie sie in Kants Deutung der Christologie zum Ausdruck kommt, ist somit kein zufälliges historisches Phänomen der Religionsgeschichte; angesichts der existentiell-praktischen Verortung des Gottesverständnisses lässt sich diese anthropologische Dimension vielmehr als konstitutiv für dessen Sinn explizieren.

Bisher ist klar, dass Kant ein authentisches Gottesverständnis an den *Grenzen* eines unbedingten moralischen Selbstverständnisses und an der konstitutiven *Begrenztheit* der menschlichen Selbsterkenntnis („Unerforschlichkeit") verortet. Deswegen: Weil diese negativ-kritischen, transzendental-anthropologischen Grenzanalysen für ihn leitend sind, lässt sich Kants Theologie auch keineswegs als rationalistisch oder als funktionales Anhängsel der Moralphilosophie einordnen. Dennoch ist seine metasprachliche Explikation in dieser Richtung missverständlich. Unsere Interpretation wird versuchen, ein solches Missverständnis zu vermeiden.

Dazu hilfreich und wesentlich ist ein von Kant selbst herausgearbeitetes Konstituens. Es geht beim authentischen religiösen Selbstverständnis und Gottesverhältnis um Verständnis und Ausrichtung *des ganzen Lebens*: „Denn das (…) Princip der *Gesinnung*, wonach sein Leben beurtheilt werden muss, ist (als etwas Übersinnliches) nicht von der Art, dass sein Dasein in Zeitabschnitte theilbar, sondern nur als absolute Einheit gedacht werden kann, und da wir auf die Gesinnung nur aus den Handlungen (als Erscheinungen derselben) schließen können, so wird das Leben zum Behuf dieser Schätzung nur als *Zeiteinheit*, d.i. als ein *Ganzes*, in Betrachtung kommen" (70 FN).

Die Analysen Kants zur Gottesfrage verbinden somit Negativität, Praxis und Freiheit mit der anthropologischen Grundfrage nach einem authentischen existentiellen Selbstverständnis, einem *Verständnis des ganzen Lebens* angesichts von dessen unverfügbaren Sinnbedingungen.

Eine weitere, nicht preiszugebende Einsicht der Kantschen Analyse besteht in der prozessualen, dynamischen und kreativen Charakterisierung der Ausbildung des authentischen Selbstverständnisses. „Die Sinnesänderung ist nämlich ein Ausgang vom Bösen und ein Eintritt ins Gute, das Ablegen des alten und das Anziehen des neuen Menschen", aber in dieser Wandlung „sind nicht zwei durch eine Zwischenzeit getrennte moralische Actus enthalten, sondern sie ist nur ein einiger, weil die Verlassung des Bösen nur durch die gute Gesinnung, welche den Eingang ins Gute bewirkt, möglich ist, und so umgekehrt" (74). Anders gesagt: Einerseits ist der Schritt (bzw. Sprung) in ein – in einem anspruchsvollen Sinne – existentiell-praktisches, moralisch authentisches Lebensverständnis mit grundlegenden Erfahrungen und Einsichten verbunden, die einmal und definitiv wirken und prägen (sonst hätte noch keine Einsicht stattgefunden). Andererseits ist gerade so die existentielle Aneignung und Praktizierung der Konsequenzen dieser Einsicht ein lebenslanger Prozess mit vielen Aspekten und Facetten. Gerade wenn wir in kritischer Selbsterkenntnis ein auf Hoffnung gegründetes Selbstverständnis im Kantschen Sinne gewonnen haben, sind wir allererst in der Lage, uns auch selbst (wiederum fehlbar) praktisch zu beurteilen und z.B. Verfehlungen einzusehen und zu ihnen bewusst zu stehen. Ein „Gott wohlgefälliger Mensch zu sein", ist „bei uns im Erdenleben (vielleicht auch in allen künftigen Zeiten und allen Welten) immer nur im bloßen *Werden*" (75). In negativ-kritischer Absicht weist Kant die Möglichkeit und Tendenz einer *Funktionalisierung der Gnade Gottes* zur eigenen Selbstrechtfertigung ab (76): „Opium fürs Gewissen zu geben, ist Verschuldigung an ihm selbst" (78, FN).

Kants Zugriff gestattet eine existentiell-praktische Interpretation der Botschaft des Neuen Testaments und seiner Christologie. Die Rede von praktischen (moralischen) Ideen hat in dieser Rekonstruktion mithin gerade keinen ‚idealistischen' Status. Es handelt sich nicht um bloße Worte oder Begriffe, mit denen wir uns prädikativ, unbeteiligt und von einer Beobachterposition aus auf vorhandene empirische Gegebenheiten beziehen. Ein verdinglichtes und objektivistisches Verständnis von Ideen verkennt, dass diese auf praktische, existentielle Lebensformen nur hinweisen, ihr Leben also in konkreten Lebenssituationen und nur dort haben.

Kant interpretiert das Johannes-Evangelium: Da das gute Prinzip „in einem wirklichen Menschen als einem Beispiel für alle anderen erschien, ‚so kam er in sein Eigenthum, und die Seinen nahmen ihn nicht auf, denen aber, die ihn aufnahmen, hat er Macht gegeben, Gottes Kinder zu heißen, die an seinen Namen glauben,; d.i. durch das Beispiel desselben (in der moralischen Idee) eröffnet er die Pforte der Freiheit für jedermann, die eben so wie er Allem dem absterben wollen, was sie zum Nachtheil der Sittlichkeit an das Erdenleben gefesselt hält" (82). *Der Geltungssinn der „Idee" ist die existentiell-praktische Freiheitseröffnung.*

Diese Perspektive existentieller und interexistentieller Befreiung ist es auch, die Kant zur Interpretation des Sinns der „Gründung eines Reichs Gottes auf Erden" heranzieht. Die „Befreiung von der Herrschaft" des Bösen steht im Zentrum; dass der Mensch frei wird von der Knechtschaft eines verfehlten Selbstverständnisses, „das ist der höchste Gewinn, den er erringen kann" (93). Auf Grund seines negativ-kritischen und existentiell-praktischen Zugriffs kann Kant im Dritten Stück seiner Religionsschrift ebenso distanzierte und kritische Analysen zu faktischen, historischen Religionen und zum „Kirchenglauben" entwickeln. Er stellt die unmissverständliche These auf: *„Der Kirchenglaube hat zu seinem höchsten Ausleger den reinen Religionsglauben"* (109). Es ist zu fragen, ob Kants Systematik hier zu ungeschichtlich, zu statisch, zu rationalistisch wird, oder ob seine Kritik sich allein seinem existenzbezogenen, praktischen Ansatz verdankt. Jedenfalls gilt für ihn, dass vor der historischen Ausbildung bestimmter Glaubensvorstellungen („Volksglaube", „Kirchenglaube"), „die Anlage zur moralischen Religion in der menschlichen Vernunft verborgen lag" (111). Wenn wir diesen „übersinnlichen Vernunfturspung" mit Kant existentialanthropologisch und sprachkritisch weiter entwickeln, ohne ihn rationalistisch und moralistisch engzuführen, dann gehört er sicher zu den Voraussetzungen einer philosophischen Theologie der Gegenwart. Das existentielle Vernunftverständnis Kants mit seinem normativen Freiheitskriterium im Zentrum verlangt eine authentische Aneignung von Offenbarungsquellen und -traditionen.

Nach diesen Kriterien ist die „reine *Vernunftreligion*" (neben historisch-exegetischen Methoden eigenen Rechts, der von Kant so genannten „*Schriftgelehrsamkeit*") „allein *authentisch*" und daher „für alle Welt gültig" (114) – sie gründet, anders formuliert, in existentiell-praktischen Einsichten, die mit universalen Geltungsansprüchen verbunden sind. Weil dies so ist, ist der „*allmähige Übergang des Kirchenglaubens zur Alleinherrschaft des reinen Religionsglaubens (...) die Annäherung des Reichs Gottes* " (115). Kant zufolge muß authentischer, unentfremdeter, „seligmachender" Glaube *praktisch*, und das heißt vor allem „ein freier (...) Glaube" sein (115). In diesem Sinne liegt „[i]n dem Princip der reinen Vernunftreligion, als einer an alle Menschen beständig geschehenden göttlichen (obzwar nicht empirischen) Offenbarung" für Kant auch „der Grund" für revolutionäre Weiterentwicklungen der Menschheit, in denen „Gleichheit (...) aus der wahren Freiheit [entspringt], jedoch ohne Anarchie" (122). Es wird sichtbar: die existentiell-praktische Dimension des Gottesglaubens verbleibt für Kant nicht im privaten, subjektiven Bereich. Sie weitet sich zu einem universalen, praktisch-politischen Welt- und Selbstverständnis aus. Man kann also begründet sagen, dass Kant revolutionäre Potentiale des ethischen Monotheismus und der Botschaft Jesu deutlich expliziert, ohne mit dieser geschichtlich-eschatologischen Perspektive naive Unmittelbarkeitsillusionen zu verbinden: „Man kann aber mit Grunde sagen: ‚dass das Reich Gottes zu uns gekommen sei', wenn auch nur das Princip des allmähligen Überganges des Kirchenglaubens zur allgemeinen Vernunftreligion und so zu einem (göttlichen) ethischen Staat auf Erden allgemein und irgendwo auch *öffentlich* Wurzel gefasst hat: obgleich die wirkliche Errichtung desselben noch in unendlicher Weite von uns entfernt liegt" (122). Die Menschwerdung Gottes eröffnet in Kants Sicht die existentiell-praktische Dimension wahrer, authentischer Freiheit. Und diese Dimension impliziert in der Konsequenz eine universale, weltgeschichtliche Hoffnungsperspektive auf wahre Freiheit für alle Menschen.

Es ist daher nur konsequent, wenn Kant gegen faktische religiöse Fehlentwicklungen, gegen Aberglaube und Unmündigkeit eine „alle Menschen auf immer vereinigende(n) Kirche" denkt, „die die sichtbare Vorstellung (...) eines unsichtbaren Reiches Gottes auf Erden ausmacht" (131f.). „‚Wenn kommt nun also das Reich Gottes?' – ‚Das Reich Gottes kommt nicht in sichtbarer Gestalt. Man wird auch nicht sagen: siehe, hier oder da ist es. *Denn sehet, das Reich Gottes ist inwendig in euch!*' (Luc. 17, 21 bis 22)" (136). Es sei festgehalten: *Gerade die existentiell-praktische Interpretation dieser Rede vom*

Reich Gottes führt Kant weiter zu einer weltgeschichtlichen Hoff-
nungsperspektive der Befreiung der Menschen. Diese Perspektive wird
durch die existentiale Grammatik der Rede von Gott notwendig eröff-
net, ist in ihr geltungslogisch impliziert.

Kants philosophische Theologie wurde in unserer bisherigen
Interpretation nicht hinsichtlich ihrer vordergründig rationalistischen
und moralistisch erscheinenden metasprachlichen Engführung betrachtet, sondern sie wurde in ihrer eigentlichen Stärke *als radikale*
Sinngrenzreflexion und Sinngrundreflexion auf die transpragmati-
schen und transethischen Bedingungen humanen Lebens verstanden.
Die Rede von Gott hat in genau diesem Kontext ihren sinnvollen Sitz
und Gebrauch. Dass dieser Zugriff berechtigt ist, zeigt sich auch in
Kants Thematisierung des Geheimnisbegriffs. Während er eine (bis
heute) verbreitete Vorstellung von religiösen Geheimnissen, die mit
vagen Intuitionen und diffusen Gefühlen verbunden ist, als irrational
zurückweist, kann er sinnkriterial ebenso authentische Geheimnisse
aufweisen. Ich erinnere an unsere Analyse authentischer Wunder im
vorigen Kapitel.

Der Ansatz Kants ist hier insofern wegweisend, als der Zugang
zum eigentlichen Geheimnis die alltägliche lebensweltliche Praxis ist:
„So ist die Freiheit, eine Eigenschaft, die dem Menschen aus der
Bestimmbarkeit seiner Willkür durch das unbedingt moralische
Gesetz kund wird, kein Geheimniß, weil ihr Erkenntniß jedermann
mitgetheilt werden kann; der uns unerforschliche Grund dieser
Eigenschaft aber ist ein Geheimniß, weil er uns zur Erkenntniß *nicht*
gegeben ist. Aber eben diese Freiheit ist auch allein dasjenige, was,
wenn sie auf das letzte Object der praktischen Vernunft, die Rea-
lisierung der Idee des moralischen Endzwecks, angewandt wird, uns
unvermeidlich auf heilige Geheimnisse führt" (138). In der Linie
Kants können wir demnach irrationale Schein- bzw. Pseudoge-
heimnisse von wirklichen, transrationalen, absoluten Geheimnissen
unterscheiden, die sich als unerklärlich, unableitbar und unerforsch-
lich im wesentlichen negativ charakterisieren lassen. Sich zu absoluten, transrationalen Geheimnissen noch sinnvoll zu verhalten, das
lässt sich als authentischer Geltungssinn meditativer, kultischer, ritu-
eller, sakramentaler Praxis erweisen – auch über Kant hinaus.

Kant verbindet sein praktisches Gottesverständnis mit einem
negativen Geheimnisbegriff. Wenn der Mensch im Entwurf seines
authentischen Lebens- und Weltverständnisses in die Hoffnungsperspektive eintritt, so „eröffnet sich vor ihm der Abgrund eines Geheimnisses von dem, was Gott hierbei thue" (139).

Hier gilt erkenntniskritisch, dass wir Gott nicht „an sich" erkennen können, sondern nur in seiner Bedeutung für unser existentiell-
praktisches Selbstverständnis. Es lassen sich nun in der Konsequenz

der Kantschen Analyse in eigener Formulierung drei grundsätzliche Feststellungen einer rationalen (universalen) philosophischen Theologie formulieren, welche die Sinnbedingungen unserer Praxis und unseres Lebens im ganzen betreffen.

1. Unverfügbare und völlig unerklärliche Sinnbedingung ist die Existenz der Welt, des gesamten Universums und die Existenz unserer selbst, in ontologischer Ausdrucksweise: *dass* überhaupt etwas ist und nicht vielmehr nichts, in religiöser Ausdrucksweise: das Wunder der Schöpfung. So bestimmt Kant: „der allgemeine wahre Religionsglaube [ist] der Glaube an Gott (...) als den allmächtigen Schöpfer Himmels und der Erden, d.i. moralisch als *heiligen* Gesetzgeber" (139). Drei Aspekte sind in diesem Zusammenhang hervorzuheben. Es ist *erstens* erneut auf die *schöpfungstheologische* Dimension und Akzentsetzung in Kants Theologie hinzuweisen. Im Blick auf die unverfügbaren, gleichwohl existierenden Sinnbedingungen allen und unseren Seins lässt sich daher der Rede von der *Schöpfung aus dem Nichts* („creatio ex nihilo") ein vernünftiger, genauer: vernunftkritischer Geltungssinn geben. Denn: die menschliche Vernunft, die praktische Vernunft und die Freiheit sind selbst auf unerklärliche Weise durch diese Schöpfung ermöglicht. Es ist daher *zweitens* besonders aufschlussreich und hervorzuheben, dass Kant Gott – als den Schöpfer nicht nur der Welt, sondern insbesondere der moralischen Welt in ihrer Unbedingtheit – ins Zentrum seiner Rekonstruktion des wahren Religionsglaubens stellt („heiliger Gesetzgeber") – im Einklang mit dem Alten Testament. *Drittens*: die philosophisch-theologische Dimension, die Kant eröffnet, geht mitnichten auf in praktischer Vernunft. Vielmehr wurde klar, dass diese Dimension von ihm eindeutig auf der Ebene der im Kern protologischen, schöpfungstheologischen, transrationalen und unverfügbaren, dennoch existierenden Sinnbedingungen von Vernunft, Praxis und humanem Leben überhaupt angesetzt wird.

2. Unverfügbare und unerklärliche Sinnbedingung allen humanen Lebens ist ferner der Fortbestand der Menschheit und unserer Existenz unter Einschluss unserer Handlungsmöglichkeiten, der Entwicklungs- und Verbesserungsmöglichkeiten – an dieser Stelle nennt Kant den Glauben an Gott, den „Erhalter" der Welt und der Menschheit (139). Auch hier ist die schöpfungstheologische Dimension im Sinne der „creatio continua" ‚der „beständigen Schöpfung" zentral, und auch sie bezieht sich ebenfalls auf die immer neue Eröffnung und die Möglichkeit der Weitergabe moralisch-praktischer Einsichten, man könnte in der Linie Kants sagen: auf das Wunder der Existenz einer moralisch-praktischen Welt inmitten unserer Wirklichkeit und trotz aller ihrer gravierenden Mängel.

3. Eine konstitutive Sinnbedingung unseres authentischen Lebens ist die Unbedingtheit (und Unableitbarkeit) von (insbesondere prakti-

schen) Geltungsansprüchen. Ohne sie gäbe es kein Gewissen, keine Verantwortung, keine ernsthaften und tragfähigen interexistentiellen Verhältnisse, ebenso kein authentisches (wahrhaftiges) Selbstverhältnis. *Dass wir die Sprache dazu haben, gehört zu dieser Dimension.* Kant expliziert sie als den Glauben an Gott, „den Verwalter seiner eignen heiligen Gesetze, d.i. als gerechten Richter" (139). Die Dimension des wahren und allgemeinen, vernünftigen Glaubens an Gott, wie sie Kant expliziert, stiftet in seiner Rekonstruktion auch die *praktische Einheit der menschlichen Existenz.* Die Hoffnung, diesem Glauben gerecht zu werden, eint „Vernunft, Herz und Gewissen" (145). Die anthropologisch-praktische Interpretation dient zur Rekonstruktion der Trinitätstheologie. Zum zentralen Satz des Gottesglaubens wird dabei: „‚Gott ist die Liebe', in ihm kann man den Liebenden (...), den *Vater;* ferner in ihm, so fern er sich in seiner alles erhaltenden Idee, dem von ihm selbst gezeugten und geliebten Urbilde der Menschheit, darstellt, seinen *Sohn;* endlich auch, so fern er dieses Wohlgefallen auf die Bedingung der Übereinstimmung der Menschen mit der Bedingung jener Liebe des Wohlgefallens einschränkt und dadurch als auf Weisheit gegründete Liebe beweist, den *heiligen Geist verehren"*(145f.). Mit dieser Rekonstruktion hat Kant im Ansatz auch die Rede von der Gottebenbildlichkeit des Menschen als „imago Dei" neu zugänglich gemacht. Ebenso lässt sich die Lehre des Augustinus, Gott sei uns näher als wir uns selber sind, mit Kants Theologie verstehen.

Der negative, erkenntniskritische Ansatz der philosophischen Theologie Kants versagt es sich bewußt, „sich anzumaßen", der Idee von Gott „durch theoretische Erkenntniß die objective Realität sichern zu können" (154, FN). Deswegen gilt: „Es giebt keine besonderen Pflichten gegen Gott in einer allgemeinen Religion; denn Gott kann von uns nichts empfangen; wir können auf und für ihn nicht wirken" (ebd.). *Der rationale Ansatz steht sowohl gegen einen Naturalismus, der alle religiöse und theologische Geltung depotenziert* und so „die Wirklichkeit aller übernatürlichen göttlichen Offenbarung verneint", *als auch gegen einen Supernaturalismus, der den Glauben an eine solche übernatürliche Offenbarung* „zur allgemeinen Religion für nothwendig" *hält* (ebd.). Der rationale Ansatz wird Kant zufolge nie einem naturalistischen Reduktionismus zustimmen, und ebenso wird er „weder die innere Möglichkeit der Offenbarung überhaupt, noch die Nothwendigkeit einer Offenbarung als eines göttlichen Mittels zur Introduction der wahren Religion bestreiten" (154f.). Diese dialektische, negativ-kritische Zwischenstellung ist aufschlussreich und enthält systematische Potentiale, die auch über Kants Theologie hinausweisen. *Denn es ist nicht von vornherein festgelegt und ableitbar, welche religiösen Perspektiven und Einsichten sich ver-*

*nünftig verstehen lassen und welche nicht. Die Perspektive und die
Anforderung an eine kritische Hermeneutik kann durchaus weiter reichen als im von Kant durchgeführten Entwurf.* Nach Kant gilt,
„Offenbarung kann zum Begriff einer *Religion* nur durch die
Vernunft hinzugedacht werden, weil dieser Begriff selbst, als von
einer Verbindlichkeit unter dem Willen eines *moralischen* Gesetzgebers abgeleitet, ein reiner Vernunftbegriff ist" (156). Anders gesagt:
Wenn wir im Kontext der Religion und des Gottesverständnisses das
allgemeine Niveau unserer Erkenntnismöglichkeiten und Sinnkriterien nicht preisgeben wollen, dann müssen wir uns auch hier um vernünftig beurteilbare Einsichten bemühen. Da aber, was vernünftig ist,
nicht von vornherein feststeht, da ferner die Ebene der theologischen
Sinnbedingungen bei genauerer Rekonstruktion auch bei Kant selbst
den Status transrationaler Bedingungen hat, eröffnet sich in Kants
Analyse über seine Interpretationen hinaus eine weiter reichende kritisch-hermeneutische Perspektive.

Auf der Linie seiner praktischen Rekonstruktion würdigt Kant die
radikalisierte Ethik Jesu und setzt sie, wie dieser selbst, kirchen- und
kultkritisch ein: „Die *enge Pforte* und der schmale Weg, der zum
Leben führt, ist der des guten Lebenswandels; die *weite Pforte* und
der breite Weg, den viele wandeln, ist die *Kirche*" (160, FN). Kant
übernimmt die radikalisierte Liebesbotschaft Jesu und richtet sie
gegen den „Eigennutz", den „Gott dieser Welt" (161). Der Vernunft-
glaube ist jedermann zugänglich: „Von dem Bösen, was im menschlichen Herzen liegt, und von dem Niemand frei ist, von der Unmöglichkeit, durch seinen Lebenswandel sich jemals vor Gott für
gerechtfertigt zu halten, und gleichwohl der Nothwendigkeit einer
solchen vor ihm gültigen Gerechtigkeit, von der Untauglichkeit des
Ersatzmittels für die ermangelnde Rechtschaffenheit durch kirchliche
Observanzen und fromme Frohndienste und dagegen der unerläß-
lichen Verbindlichkeit, ein neuer Mensch zu werden, kann sich ein
jeder durch seine Vernunft überzeugen, und es gehört zur Religion,
sich davon zu überzeugen" (163).

Das innere, existentielle Selbstverständnis und die „Authenticität"
der praktischen Aneignung der Einsichten der Vernunftreligion gehen
nach Kant allen statuarischen, doktrinalen, historischen und offenba-
rungsbezogenen Religionsformen voraus. Systematisch für unsere
Gegenwart wieder besonders relevant ist in diesem Kontext seine
Kritik des *Religionswahns* (168ff.). Eine Usurpation und Funktionalisierung des Gottesglaubens im Sinne eines totalitären Fundamentalismus, im Sinne eines subjektiven Anspruchs und eines Mittels zum
Zweck wird „ein *praktischer Wahn*" (168, FN). Die negativ-kritische
Theologie einer absoluten Transzendenz steht gegen solche irrationalen Phantasien, die sich gewalttätig auswirken und gegen den „An-

thropomorphism", „denn *da machen wir uns einen Gott*" (168). Aufschlussreich ist vor allem Kants sinnkriteriale Kritik an solchen selbsterzeugten Phantasmen: Um überhaupt beurteilen zu können, ob es sich bei den Vorstellungen von Gott und den fundamentalistischen Auffassungen um sinnvolle Orientierungen handelt, müsste eigentlich ein Vorverständnis des wahren Gottes schon vorausgesetzt werden. Bloße Macht und Indoktrination geben keine Sinnkriterien her, ebensowenig wie kultisch-rituell initiierte Gemütsstimmungen (170).

Anders gesagt: Der Ort des Übersinnlichen ist unsere authentische Lebenspraxis und unser freiheitliches Selbstverständnis, und wir können diese existentielle Dimension der Transzendenz nicht vergegenständlichen und instrumentalisieren. An der Basis der Kantschen Analysen finden sich Aspekte einer negativen, praktischen Existentialpragmatik der Unverfügbarkeit. Nur, wenn wir instrumentelle und szientistische Vorstellungen von Gott sein lassen und preisgeben, eröffnet sich die authentische Perspektive von Freiheit und Hoffnung jenseits von Aberglaube und selbstgemachten Vorstellungen (172). Deswegen ist die „unsichtbare Kirche" universal und unabhängig von statuarischen Sätzen und Observanzen (176) und von der Herrschaft eines Klerus (180). Im Zentrum von Kants Vernunfttheologie steht der Grundsatz, dass Gott den Menschen zur Freiheit geschaffen hat, und dass somit Religion selbst als existentielle Praxis der Freiheit verstanden werden muss, die allein zur Moral und zur Liebe befähigt (188).

Die existentiell-lebenspraktische Interpretation des Gottesverständnisses erstreckt sich bei Kant auch auf das Gebetsverständnis. Anstatt sich vorzustellen, auf Gott einzuwirken, ist es *„der Geist des Gebets*, der ‚ohne Unterlass' in uns statt finden kann und soll" (195). Der Sinn des Gebets ist das gesamte Lebensverständnis. Auf diesem rigiden vernunftreligiösen Hintergrund würdigt Kant allerdings immer wieder die Bedeutung kultisch-ritueller kirchlicher Praxis gegen alle funktionalistischen Missverständnisse.

Bereits zu Beginn der Religionsschrift hatte Kant schöpfungstheologisch auf die Unerklärlichkeit der Existenz der Welt hingewiesen. Die bewusste Meditation dieser unerklärlichen Existenz und ihrer Ausformungen erörtert er auch zum Abschluss des Werkes: „So hat die Betrachtung der tiefen Weisheit der göttlichen Schöpfung an den kleinsten Dingen und ihrer Majestät im Großen (...) eine solche Kraft, das Gemüth (...) in (...) *Anbetung* (...) zu versetzen, (...) es ist (...) darin eine so seelenerhebende Kraft, dass dagegen Worte, wenn sie auch die des königlichen Beters *David* (der von allen jenen Wundern wenig wusste) wären, wie leerer Schall verschwinden müssen, weil das Gefühl aus einer solchen Anschauung der Hand Gottes unaussprechlich ist" (197).

Der gesamte kritische Ansatz Kants ist darauf gerichtet, Religion und Gottesglauben nicht als funktional, instrumentell, nicht als Substitut, Surrogat und *Ersatzhandlung* für authentische Praxis zu verstehen. Das unbedingte praktische Freiheitsverständnis begründet auch das Gottesverhältnis. Kants Rekonstruktion geht nicht auf in einem vordergründigen moralistischen, rationalistischen Standardmodell. Vielmehr fragt er zurück nach den transpragmatischen Sinnbedingungen aller unserer Praxis. Aber wir können diese Ebene der Sinnkonstitution über seine Analysen hinaus existential- und sprachanalytisch präzisieren und kritisch-hermeneutisch weiter entwickeln, ohne hinter seine kritischen Einsichten zurückzufallen.

3.3 Konstruktive Entwürfe nach Kant: Hegel – Kierkegaard – Peirce – Benjamin

3.3.1 Hegel

Im Horizont des vorgestellten Ansatzes philosophischer Theologie wie auch im Blick auf Kants rationale Rekonstruktion lassen sich zentrale Aspekte der Religionsphilosophie und Theologie Hegels systematisch rezipieren, ohne Hegels Gesamtkonzeption damit zu affirmieren. Entscheidend sind folgende Grundzüge des Hegelschen Ansatzes. Erstens unterstreicht Hegel den Vernunftanspruch der Religionen und des Gottesverständnisses, und zwar so stark, dass die Logik als Grundlagendisziplin der Philosophie mit rationaler Theologie identifiziert wird – als Explikation des Wissens vom Absoluten. Mehr noch: die Grundstruktur des Logos, der Sinnbedingungen rationaler menschlicher Weltorientierung, wird mit aller wünschenswerten Deutlichkeit mit der Dreifaltigkeit des christlichen Gottes gleichgesetzt. Der emphatische Wahrheitsanspruch der Religion und insbesondere des Christentums gründet in solchen universalen, vernünftigen Geltungsansprüchen, er kann nicht in subjektiven Meinungen, historischen Fakten oder empirischen Tatsachen oder auf bloßer Autoritätswahrheit gründen.

Religionen, naive Frömmigkeitsformen traditioneller Art unter Einschluss des Christentums bleiben in der Sicht Hegels aber auf der Ebene von *Vorstellungen*. Philosophisch muss eine vernünftige, reflexive Aneignung der Wahrheitsansprüche, die mit diesen Vorstellungen verbunden sind, das Ziel sein. Dieser sinnkriterialen Forderung Hegels entspricht unsere Unterscheidung von *Geltungsansprüchen*, ihrem praktischen *Sinn* und ihrer existentiellen und interexistentiellen Bedeutung einerseits, ihrer jeweiligen *Ausdrucksform* andererseits.

Auch, dass Hegel nicht bei einem bloßen, subjektiven *Glauben* im Gegensatz zu einem objektiven, abgesicherten *Wissen* stehen bleiben will, entspricht meiner Analyse praktischer, lebenstragender, interexistentieller Einsichten. Solche Einsichten können authentische Formen von Glauben und Vertrauen, Mitmenschlichkeit und Hoffnung freisetzen, mehr noch: Sie implizieren sie in gewisser Hinsicht *praktisch notwendig*. Allerdings sollten wir die Sinnexplikation der Grammatik authentischer Lebensorientierungen nicht in Richtung eines bloß theoretischen, rationalistischen „Deduktivismus" verstehen. Eben dazu kann Hegels Gesamtkonstruktion sowohl genetisch als auch systematisch-geltungsbezogen verleiten, wenn man die verschiedenen *Ebenen* seiner Reflexion nicht genügend beachtet und unterscheidet. Seine rationale Reflexion des Absoluten ist kein Rationalismus. Hegel ist mit seinem *dialektischen* Ansatz Recht zu geben, dass eine bloß abstrakte Entgegensetzung von Endlichkeit und Unendlichkeit, Mensch bzw. Welt und Gott zu kurz greift. Alles kategorial transzendierende, „absolute" Reden von Gott, Idee und Form ist nur in der Endlichkeit möglich. Ebenso gehört die Perspektive der Transzendenz, des Absoluten, Gottes, zur Erkenntnis der endlichen Wirklichkeit. Wir haben versucht, in diesem Sinn das Verhältnis von Transzendenz und Immanenz neu zu bestimmen.

Hegel unternimmt es nun, von der Vorstellungsebene religiöser Verständnisse zu einer *begrifflichen* Fassung des Absoluten, Gottes, vorzustoßen. Die Trinitätstheologie dient ihm dazu, die innere Struktur des Absoluten als Einheit der in sich differenzierten Aspekte des Allgemeinen (Gott der Vater), des Besonderen (der Sohn) und der Einzelheit (des Geistes) zu verstehen. Die Einheit dieser Aspekte ermöglicht den Geist bzw. *„ist selbst Geist"*.[50] Der Geist im Hegelschen Sinn ist der Prozess, in dem die „bei sich" seiende Allgemeinheit aus sich heraus in die Besonderheit des Seins für Anderes übergeht, um dann als Einzelheit in sich selbst zurückzukehren.

Hegel erfasst so Aspekte der begrifflichen Form der vernünftigen Sinnkonstitution für endliche und freie, menschliche Wesen. Er identifiziert die logische Struktur der zeitlich-endlich geschehenden prädikativen Synthesis im Urteil mit der internen Differenziertheit der göttlichen Dreieinigkeit. Die interne Komplexität des sprachlichen Handelns ist nach ihm das offenbare Geheimnis der trinitarischen Form das „ewigen Logos". Die logischen Formaspekte sprachlicher Sinnkonstitution bilden die „Explikation der göttlichen Idee".

„Gott" ist nach dieser Rekonstruktion kein Wort oder Eigenname, sondern hat die Struktur des Satzes. Ich weise darauf hin, dass auch Wittgensteins *Tractatus* zunächst den Titel „Der Satz" haben sollte. Im Satz ist das Wesen der Welt ausgesprochen. Mit dem spekulativen Zugriff auf die unsere menschliche Welt mitsamt der Freiheits-

dimension und des Selbstbewusstseins eröffnende Möglichkeit des
sprachlichen Handelns hat Hegel sicher einen wesentlichen Aspekt
rationaler Theologie auf moderne (bzw. zeitlose) Weise erfasst. Die
göttliche Idee, die sich in der logischen Form zeigt, ermöglicht auch
die Wahrheitsorientierung. Somit kann Hegel Gott als den sich im
Menschen allererst selbst begreifenden Begriff explizieren. Die
Perspektive der Eröffnung von Einheit (des Sinnes von Bedeutungen,
Sätzen, Urteilen, Orientierungen), Wahrheit (von Aussagen, Behauptungen, Schlüssen und Einsichten) und Freiheit im Sinne freier, Sinn
selbst stiftender, selbstbestimmter Praxis lässt sich ebenso als eine
Rekonstruktion der klassischen Transzendentalienlehre verstehen,
wie sie auch in unserer Konzeption unternommen wurde. Die Pro-
zesshaftigkeit der Sinnkonstitution wird von Hegel religions- und
weltgeschichtlich wie auch im Aufbau der *Logik* zu rekonstruieren
versucht. Religiöse und theologische Aussagen werden so in philosophische Analysen und Feststellungen über die begriffliche Konstitution des menschlichen Selbst- und Weltverhältnisses überführt bzw.
selbst als solche gedeutet. Auch die Perspektive rationaler Wunder
kennt Hegel, wenn er „die Erscheinung des Geistes" und der „Vernunft" als das „wahrhafte Wunder in der Natur" bezeichnet.[51] Wir
könnten nicht zum Absoluten gelangen, „wenn es nicht [...] schon bei
uns wäre und sein wollte".[52]
   Ausführlich könnten wir noch auf die Bedeutung der Negativität
bei Hegel eingehen, die mit der Bedeutung der Unverfügbarkeit und
Entzogenheit der Transzendenz in unserer Konzeption verwandt ist.
Besonders nahe ist mein Ansatz Hegels Zuspitzung der Analyse auf
die Einzelheit der synthetisierenden Aktivität des Geistes: „Gott [...]
als Geist enthält das Moment der Subjektivität, der Einzigkeit an
ihm".[53] Im Sinne einer rationalen Mystik wird hier die Einzigartigkeit
von menschlichen Lebenssituationen herausgearbeitet, die auch wir
besonders akzentuiert haben. Der konstitutive Konnex von existentieller Negativität, Sprache und Freiheit dient Hegel auch zur Rekonstruktion der Sündhaftigkeit und Fehlbarkeit des Menschen, des
Ursprungs des Bösen und der realen Möglichkeit seiner Überwindung durch Vergebung, Verzeihung und Gnade.
   Grundlegende Züge von Hegels rationaler Theologie sind mit
meinem Ansatz rekonstruierbar. Seine Theologie stellt aber auch –
ähnlich wie die Kants – eine gewisse Engführung dar, die bei ihm
nicht moralphilosophisch, sondern theoretisch, logisch und formal
ausfällt. Die Gestalt eines totalisierenden Gesamtsystems trägt zu-
weilen schematische Züge. Der Zugriff auf geschichtliche Gestalten
von Religion erfolgt oft überkonstruktiv und willkürlich. Die logischen Konstitutionsbedingungen sind zwar universal, entzogen, ermöglichend, freisetzend, begrenzend und sinnstiftend, im eigentlichen

Sinn transsubjektiv; sie sind Bedingungen der Vernunft – aber kann ihnen allein deshalb ein *spezifisch religiöser Sinn* zukommen? Die Formbegriffe „Allgemeinheit", „Besonderheit" und „Einzelheit" geben tatsächlich Konstitutentien des Selbstbewusstseins auf grundlegende Weise an, wie Hegel zeigt. Lässt sich aber ihre Zuordnung zur Trinitätstheologie so schlüssig durchführen? Bleibt es systematisch nicht bei dem für Hegel grundlegenden Zusammenhang von Negativität, Sprache und Freiheit (mitsamt den so eröffneten universalen, partikularen und singulären Sprachmöglichkeiten), ohne dass ihnen über ihre formale Konstitution hinaus ohne weiteres noch ein zusätzlicher, dann religiös bzw. theologisch artikulierbarer Sinn zukäme? Der Ort genuin religiöser Praxis müsste dann noch einmal eigens in seinem irreduziblen Recht begriffen werden – als Ort freier Sinnentwürfe einer Kultur der Transzendenz, die in profane Rationalität zwar eingeht, aber nicht in ihr aufgeht und auch nach ihrer Selbstbewusstwerdung nicht aufgehen kann.

Die von mir entwickelte Konzeption der gleichursprünglichen Transzendenzaspekte und der absoluten Transzendenz in ihrer Prozessualität als befreiende Sinneröffnung hat Verwandtschaft mit Hegels Ansatz. Dennoch ist sie viel expliziter *praktisch, offen* und *interexistentiell* ausgerichtet. Der Zusammenhang von Negativität und Transzendenz, von Negativität und Sinn, von Transzendenz und Einzigartigkeit wird zudem hermeneutisch und sinnexplikativ deutlicher als in einem übergreifenden dialektischen Schema. Die *ganze* Welt, das Dass des Seins, ist vorausgesetzt, wenn wir *ein einzelnes* Seiendes sehen und erkennen. Die *ganze* Sprache ist implizit vorausgesetzt, wenn wir *einen Satz* sagen und verstehen. Unser *ganzes* gemeinsames Leben ist vorausgesetzt, wenn wir *einen Augenblick unseres Lebens* bewusst oder unbewusst erfahren. Die Weise, in der Gott als das Absolute, als die Einheit dieser gleichursprünglichen Transzendenzen in seiner Abwesenheit anwesend, in seiner Ferne nahe ist, wird in genuin religiöser Rede und Erfahrung und ihrer Bildlichkeit auf unersetzliche Weise existentiell-praktisch und konsubjektiv deutlich, auf andere Weise in einer rationalen Transzendenzanalyse des Absoluten. Auf den lebendigen Prozess der Entfaltung und der offenen, freien, unabgeschlossenen, je neuen Eröffnung und Aneignung von Sinn muss jedenfalls von philosophischer Theologie in der Gegenwart wieder besonders nachdrücklich aufmerksam gemacht werden.

3.3.2 Kierkegaard

Wie in den kritischen Bemerkungen zu Hegel, so gilt auch für die folgenden Thesen zu Kierkegaard, dass sie nur einer kurzen Standortbestimmung und Abgrenzung dienen, die selbstverständlich die Gesamtleistung dieser Philosophen bereits im Bereich der Religionsphilosophie und der philosophischen Theologie nicht hinreichend würdigen kann. Diese Leistung gehört schon für sich genommen zum Erbe der Menschheit. Befreit von einem solchen Anspruch können wir deutlich Abgrenzungskonturen markieren. Kurz gesagt, akzentuiert Kierkegaard als Begründer des modernen Existentialismus auf außergewöhnlich tiefe und subtile Weise die subjektive Seite des religiösen Selbstverständnisses. Seine antihegelianische These ist: „Die Subjektivität ist die Wahrheit". Denn „es gilt eine Wahrheit zu finden, die Wahrheit für mich ist, die Idee zu finden, für die ich leben und sterben will. Und was nützte es mir dazu, wenn ich eine sogenannte objektive Wahrheit ausfindig machte; wenn ich mich durch die Systeme der Philosophie hindurcharbeitete".[54] Diese Akzentuierung der Subjektivität gegen Hegels „objektiven" Idealismus wird von Kierkegaard auf romantische Weise als „Leidenschaft" charakterisiert, der gegenüber „wissenschaftliche Objektivität" und historisches Wissen auf der Ebene der Allgemeinheit völlig bedeutungslos sind. Mit dieser kritisch-polemischen Wendung geht mithin eine Existentialisierung des religiösen Wahrheitsverständnisses einher. Auf diese Weise entfaltet Kierkegaard in seinen auch literarischen Meisterwerken *Furcht und Zittern*, *Die Krankheit zum Tode* und *Der Begriff Angst* reiche und tiefe phänomenologische und hermeneutisch-sinnexplikative Analysen zu menschlichen Lebensphänomenen der Schuld, der Angst und vor allem der Verzweiflung. Es erfolgt – auch durch literarische Formen der Ironisierung und der Pseudonymisierung – eine extreme Radikalisierung des Glaubens und der Hoffnungsperspektive. Ins Zentrum rückt so der Begriff des *Paradoxes*: „dass die Wahrheit das Paradox wird, ist gerade in ihrem Verhältnis zu einem existierenden Subjekt begründet".[55] Das Verhältnis zu Gott wird zu einem absoluten Paradox – denn wie soll sich ein endliches, zeitliches Wesen zur ewigen Wahrheit verhalten? Die Menschwerdung Gottes in Jesus Christus wird nicht, wie bei Hegel, zum Paradigma der *Vermittlung* und *Versöhnung* von Vernunft und Endlichkeit, göttlicher Idealität und menschlicher Sprache, sondern sie wird zum *Paradox*, zum *Absurden*.

Mit diesem Zugriff akzentuiert Kierkegaard Aspekte des Gottesverhältnisses, die bei Hegel rational rekonstruiert werden: die existentielle Radikalität und Negativität muss in dieses Verhältnis eingehen bzw. aufgenommen werden – ein bloß „theoretisches" Zurkenntnisnehmen hilft nicht. So werden auch die existentiellen Aspekte der zeitlichen Endlichkeit, der Offenheit und Freiheit der Aneignung des rettenden Sinns, der Unabgeschlossenheit des Prozesses der Selbsterkenntnis deutlich.

Bereits auf dem Hintergrund seiner Stadienlehre entfaltet Kierkegaard eine Analyse existentieller ästhetischer, ethischer und dann religiöser Selbstverständnisse, in deren Zentrum die Zwiespältigkeit des Menschen in seinem dialektischen Selbstverständnis steht. Auch in unserer Rekonstruktion ist die Erkenntnis der Transzendenz mit einem tiefgreifenden Sichtwandel, mit praktischen Einsichten mit Bezug auf die eigene Transzendenz wie auch auf die Transzendenz der Mitmenschen sinnkonstitutiv verbunden: Ohne praktische Achtung, Anerkennung und Selbstachtung können wir nicht von einem geklärten Transzendenzverständnis sprechen. Kierkegaard arbeitet diesen Aspekt mit seinen Analysen zur *Selbstwahl* besonders deutlich heraus: Ich muss mich selbst in meinem Verhältnis zu mir selbst auf sinnvolle Weise begreifen. Dazu ist – auch in unserer Analyse – eine Anerkenntnis der Transzendenz in jeder Hinsicht erforderlich. Diese kann nach Kierkegaard nur durch einen „qualitativen Sprung" im „Augenblick"[56] erfolgen. Auch hier folgt ihm unsere Analyse – in gewisser Hinsicht. Der Sprung im Augenblick ist die gegen Hegels Vermittlungsdenken gerichtete existenzbezogene Anti-Kategorie. Im Augenblick freier Selbstwahl verdichtet und konkretisiert sich auf einzigartige Weise die menschliche, bewusste Lebensorientierung und „die Möglichkeit des Geistes (der Freiheit) in der Individualität" (ebd., 93) wird wirklich.

Kierkegaard rekonstruiert die Glaubens- und Gottesperspektive mit einer negativen Existenzdialektik zwischen „Verzweiflung" und dem „Sprung" in den Glauben als das Absurde. Er verkennt dabei, dass die von ihm geforderte Radikalität bereits in der recht verstandenen religiösen Sprache und Praxis und in ihrem inhaltlichen Anspruch auf unbedingten Sinn *interexistentiell* und *allgemein verständlich* artikuliert wird. Genau davon geht Hegel aus. Angesichts der absoluten Sinneröffnung, wie sie zum Beispiel im jüdischen und christlichen Bereich bei der Verkündung der Zehn Gebote unter dramatischen Umständen oder bei der alles bislang religiös vertraute überbietenden Bergpredigt Jesu erfolgt, ist unmissverständlich klar, dass es sich um die Artikulation unbedingten und existentiellen Lebenssinnes handelt – nicht etwa um theoretische, in diesem Sinne „objektive" Informationen, die wir unbeteiligt zur Kenntnis nehmen könnten oder dürften! Nach Wittgenstein (s. u.) können wir deutlicher erkennen, dass die Kierkegaardschen Zuspitzungen von der Grammatik der religiösen Sprache bereits zehren und leben, und dass diese Sprache ihren wahren, ihr angemessenen Sitz in der praktischen Lebensform von

Menschen hat, von der sie ausgeht und in die sie zurückweist. Es ist das große Verdienst Kierkegaards, die existentielle Radikalität des Wahrheits- und Geltungsanspruches religiöser Sprache und ihres unbedingten Sinnes wieder gegen alle Verharmlosung herausgestellt zu haben. Dennoch stellen sowohl der rationale Objektivismus Hegels als auch der existentielle Subjektivismus Kierkegaards in der Konsequenz gegen einander vereinseitigte und, für sich genommen, reduktionistische Konzeptionen dar. Die objektive, reflexive, stark formal-begrifflich gehaltene Rekonstruktionsebene der Hegelschen Vermittlung kann die authentische, existentielle und lebenspraktische Aneignung religiöser Wahrheit durch den einzelnen Menschen nicht ersetzen, und will es auch nicht. Andererseits: Die „Leidenschaft", die den „Sprung" in das „Wagnis" des Glaubens vollzieht, und die sich des „Paradoxes" bewusst ist, in der zeitlichen Endlichkeit doch unbedingten Sinn zu erfahren – diese muss doch auf Verstehen und Begreifen gründen. Kierkegaards Interpretationen und Rekonstruktionen sind selbst sprachliche, sekundäre Vergegenwärtigungsleistungen, wie es auch Hegels Systementwürfe sind. Vorgreifend mit Wittgenstein gesagt: Authentische Transzendenzverständnisse lassen sich vernünftig explizieren; aber diese Explikationsebene ist eine andere als die des konkreten Vollzugs der Lebenspraxis in einem solchen Verständnis. Sprachliche Formen und Lebensformen sind denkbar eng miteinander verwoben, und gerade die spezifisch religiösen Artikulations- und Vergegenwärtigungsformen: liturgische, sakramentale, verkündigende, meditative Formen, *zeigen* von sich aus, dass sie auf einen unbedingten, absoluten Sinn bezogen sind. Die authentische Sprache und Praxis mit Bezug auf Gott – betend, verkündigend und im gesamten Lebensvollzug – geht der vernunft- *wie* der existenzbezogenen Rekonstruktion voraus. Ferner gilt: Es handelt sich hierbei um verschiedene Ebenen, nicht um ausschließende Alternativen. Denn wir sind auf Vernunft und Einsicht wie auf existentielle Praxis und ebenso auf religiöse Sinntraditionen gleichermaßen angewiesen.

Kierkegaards Ansatz beleuchtet auf außergewöhnlich prägnante Weise die Notwendigkeit (und Schwierigkeit) der aktiven Aneignung religiösen Sinns, in seinem Fall die Aneignung der christlichen Heilsbotschaft von der Menschwerdung Gottes. Die Wahrheit dieser Botschaft kann nicht „objektiv nachgeprüft" werden – wir können nicht „nachsehen". Diese Wahrheit muss lebendig angeeignet, „wiederholt" werden in der eigenen Existenz. Wir haben diesen Aspekt als das freie Fortsetzen des Transzendenzprozesses in der einzigartigen Augenblicklichkeit des je gegenwärtigen eigenen Lebens erläutert.

Kierkegaards Rekonstruktion stellt insofern eine Engführung dar, als sie die Zuspitzung auf die existentielle Einzigartigkeit als etwas

Subjektives, „Innerliches" zu begreifen sucht. Ohne kommunikative, soziale, interexistentielle Vermittlungsebenen von Transzendenz in der Immanenz (unter Einschluss aller Missverständnisse und Fehlformen) kann auch existentielle Subjektivität sich nicht ausbilden. *Die Gottesperspektive selbst ist ein kommunikatives Interexistential des gemeinsamen Lebens,*[57] und erst so, in gemeinsamen Sprach- und Lebensformen, wird auch ein individuelles Transzendenzverständnis konkret möglich und wirklich. Auch Kierkegaard konnte sein subtiles und komplexes, radikalisiertes Verständnis nur auf der Basis öffentlicher Kirchlichkeit, allgemein zugänglicher und verständlicher Texte und intensiver Kommunikationsprozesse überhaupt gewinnen und selbst artikulieren. Es bedarf daher einer „normalen" und allgemein verständlichen Einbettung, Kontextualisierung und *Vermittlung* auch der schärfsten, radikalsten, die Negativitätsaspekte der Transzendenz besonders akzentuierenden Sichtweise des religiösen Glaubens.

Ebenso ist mit der gesamten ernsthaften religiösen Tradition – und nicht nur mit der christlichen – klar, dass unbedingte Ernsthaftigkeit und Schwere mit den anzueignenden Grundansichten verbunden sind, dass unenttäuschbares Grundvertrauen Prüfungen, Anfechtungen, Zweifeln ausgesetzt ist. Aber genau dies lässt sich angesichts der Kostbarkeit, der Einzigartigkeit absoluten Sinns auch ganz leicht vernünftig verstehen, ohne dass dieses Verstehen das praktische Gelingen schon selbst wäre oder ersetzen könnte. Das Wagnis des existentiellen Sinnentwurfs kann man niemandem abnehmen.

Wittgenstein hat in seinen Tagebuchaufzeichnungen sowohl die existentielle Radikalität im Wandel des gesamten Lebensverständnisses als auch die Normalität, Alltäglichkeit und Verständlichkeit eines solchen Verständnisses herausgearbeitet, und zwar im expliziten Anschluss an Kierkegaard. Er schreibt einerseits: „Du musst Dich also als tot anerkennen, ein *anderes* Leben in Empfang nehmen (denn ohne das ist es unmöglich, Dich, ohne Verzweiflung, als tot anzuerkennen). Dieses Leben muss Dich, gleichsam, schwebend über dieser Erde erhalten; d.h., wenn Du auf der Erde gehst, so *ruhst* Du doch nicht mehr auf der Erde, sondern *hängst* im Himmel; Du wirst von *oben* gehalten, nicht von unten gestützt. – Dieses Leben aber ist die Liebe, die menschliche Liebe, zum Vollkommenen. Und *diese* ist der Glaube."[58] Während diese Passage die Radikalität des Existenzwandels („tot", „Leben", „Erde", „Himmel") artikuliert, überwindet der folgende Text Wittgensteins die paradoxalen Zuspitzungen Kierkegaards: „Ich glaube: es ist durch das Wort ‚glauben' in der Religion furchtbar viel Unheil angerichtet worden. Alle die verzwickten Gedanken über das ‚Paradox', die *ewige* Bedeutung einer *historischen* Tatsache u. dergl. Sagst Du aber statt ‚Glaube an Christus': ‚Liebe zu Christus', so verschwindet das Paradox, d.i., die Reizung des *Ver-*

standes. Was hat die Religion mit so einem Kitzeln des Verstandes zu tun. (Auch das kann für den oder den zu seiner Religion gehören. Nicht dass man nun sagen könnte: Ja jetzt ist alles einfach – oder verständlich. Es ist gar nichts *verständlich*, es ist nur nicht unverständlich.«[59]

Wir können ergänzen: Eine irreführende dualistische Gegenüberstellung von existentiellem, subjektivem *Glauben* und objektivem *Verstand* muss durch eine *interexistentielle, praktische Vernunftperspektive* überwunden und ersetzt werden. Es ist auffällig, dass Kierkegaard nicht von Vernunft spricht, sondern immer nur von Verstand – vielleicht, um nie in die Gefahr zu geraten, auf die Hegelsche Ebene der rationalen Reflexion zu geraten. Mit Kant, Hegel, Wittgenstein und der traditionellen philosophischen Theologie ist daher diese Ebene erneut anzustreben, um die Dimension einer Vernunft zu explizieren, die ihre eigene Negativität und ihren eigenen konstitutiven Transzendenz- und Gottesbezug mit in ihre Selbstreflexion einbezieht, ohne diese Reflexion und die ihr zugrundeliegende Praxis für schematisch erfassbar und gar für abgeschlossen zu halten.

3.3.3 Peirce

Einen originellen und weiterführenden Ansatz philosophischer Theologie bietet auch Charles S. Peirce in einigen seiner späteren Texte. Einige Aspekte sind besonders hervorzuheben, weil sie die von mir vorgestellte Konzeption bereichern und erläutern helfen, weil sie – entgegen falschen Vorstellungen – in die richtige Richtung weisen. Peirce hat ein reiches, progressives, normatives Wissenschaftsverständnis. Dennoch setzt er den Gottesglauben auf einer tieferen, grundsätzlicheren Ebene, nämlich auf der der gewöhnlichen Alltagserfahrung, an. Auf ihr gründen alle Wissenschaften, alles explizite Erkennen und alles logische Schließen. So setzen wir die Stabilität der Wirklichkeit und die Zugänglichkeit von Sinn ständig implizit voraus, ohne sie beweisen, begründen oder von einem Wissen ableiten zu können. Wir haben diese impliziten Gewissheiten als lebensweltliches Ur- oder Grundvertrauen charakterisiert, welches, ohne explizit sprachlich artikuliert oder nur bewusst zu werden, alle unsere Sinnentwürfe bereits fundiert und begleitet. Wäre die mögliche und die wirkliche Orientierung an Gott nicht auf dieser *ganz fundamentalen Ebene* zu verorten – näher als wir uns selbst sind – , sondern allererst Ergebnis logischer Analysen und theoretischer Beweise, dann hätten wir ihren Status verfehlt. Allerdings ist menschliche, vor allem praktische Vernunft weiter und tiefer zu verstehen als wissenschaftliche

Rationalität. Ich habe sie deshalb als ekstatische Vernunft bezeichnet, weil sie die im Alltag implizit und in religiöser Erfahrung und Lebenspraxis explizit erschlossenen Dimensionen der Transzendenz mit umfasst.

Die Analyse des Wissenschaftsprozesses legt in der Sicht von Peirce *praktische Sinnimplikationen* frei, die aber bereits das Alltagsleben implizit fundieren: Wir setzen in der Orientierung an Wahrheit, wie sie den Forschungsprozess konstituiert, eine nicht mehr begrenzte, nicht mehr beschränkte Gemeinschaft mit den Mitmenschen als Perspektive und Sinndimension voraus. Ohne dieses universalistische Erkenntnisinteresse lässt sich der Wissenschaftsprozess nicht angemessen verstehen. Insofern setzt das Wahrheitsinteresse bereits eine *Hoffnungsperspektive* voraus, ebenso eine feste Gewissheit, dass die Wahrheitsorientierung in höchstem Maße sinnvoll ist. Peirce legt also am emphatischen Vernunft- und Wahrheitsverständnis eine tiefere, dieses ermöglichende Schicht frei. Diese Schicht entspricht eindeutig der religiösen Transzendenzdimension, und er setzt sie mit den von Paulus ausgezeichneten Lebensformen der Liebe, des Glaubens und der Hoffnung gleich.

Die Alltäglichkeit dieser praktischen Sinnimplikation für den wissenschaftlichen Fortschrittsprozess (und auch gemäß unserer Analyse bereits für alle Alltagspraxis) macht Peirce auch in seiner Theologie deutlich. „Gott" ist ein Wort der Alltagssprache. Gerade in seiner Vagheit erfüllt es den Zweck, eine unbedingte Hoffnungs- und Sinnperspektive für jedermann verständlich zu artikulieren. Die Angewiesenheit auf diese Perspektive ist nach Peirce so tief in uns angelegt, wie es bei den Tieren die Instinkte sind: Diese Perspektive schließt Leidenschaft und Liebe ein – die gesamte Existenz des Menschen und sein umgreifendes, tiefes Lebensverständnis.

Deswegen wählt Peirce in einem beeindruckenden, ganz ungewöhnlichen Text von 1908 über *Ein vernachlässigtes Argument für die Wirklichkeit Gottes*[60] einen meditativen, sinnexplikativen Zugang zur *Wirklichkeit* Gottes über die Erfahrung der lebendigen Wirklichkeit. Bereits früher hatte er die Rede von der Wirklichkeit Gottes gegenüber der Rede von und der Frage nach seiner „Existenz" ausgezeichnet. Die Erfahrung und Lebenswirklichkeit Gottes bereits im alltäglichen und schlichten Verständnis lässt sich mit der Rede von seiner Existenz bzw. Nichtexistenz nicht angemessen erfassen. Der Glaube an Gott hängt nicht an Gottesbeweisen in diesem Sinne. Der Status des *Arguments* von Peirce ist ein anderer. Das vernachlässigte Argument setzt sich näherhin aus drei Argumenten zusammen, die die Perspektiven der religiösen Erfahrung, der Wissenschaft und der Theologie einbeziehen. Die erste Perspektive – nur sie sei im folgenden erörtert – wird als *Bescheidenes Argument* bezeichnet. Sie wird durch meditative Praxis eröffnet. Es gilt nach Peirce, in einen Zustand der „Versonnenheit" (Musement) zu gelangen, einen Zustand, in dem man sich frei seinen Erfahrungen öffnet und überlässt: „Steig in dein Boot der Versonnenheit, stoße ab in den See des Denkens, und überlasse es dem Atem des Himmels, das Segel zu schwellen. Mit offenen Augen werde wach für das, was um dich herum oder in dir ist, und eröffne ein Gespräch mit dir selbst, denn das heißt Meditieren".[61] Der Meditierende geht über in ein freies Spiel, er öffnet sich der Schönheit, dem Wunder der Wirklichkeit – der Transzendenz des Seins der Welt in unserem Sinne. In der Tat ist eine Sensibilität für diese Dimension nur frei, nicht in funktionaler, instrumenteller Einstellung zu gewinnen.

Die in der Versonnenheit, der meditativ-kontemplativen Einstellung erreichte Offenheit für das Wunder der Wirklichkeit bezieht Peirce genauer auf seine Lehre von den drei Universen: dem der Ideen, dem der Faktizität (der Tatsachen) und dem der aktiven Verbindung zwischen den beiden in Form von Gedanken, Gesetzen und Zeichen. Es erforderte eine eigene ausführliche Untersuchung, um zu klären, wie sich die Universen von Peirce zu den von uns aufgewiesenen Aspekten der Transzendenz verhalten. In dieser kurzen Charakteristik seines Zugriffs kann ich nur darauf hinweisen, dass die Möglichkeit und Wirklichkeit der gelingenden Verbindung von Faktizität und Sinn in Form von Gedanken und Sätzen auf der Basis eines vorgängigen Situationsverständnisses auch in meiner Darstellung zu den unvordenklichen Sinnbedingungen menschlichen Lebens zählt. Die Wirklichkeit sinnvoller Lebenserfahrung selbst unter Einschluss realer Möglichkeit, den Transzendenzprozess mit eigenen Sinnentwürfen produktiv im Medium von Wahrheits- und ethischen Geltungsansprüchen fortzusetzen, ist ein einziges Wunder und Grund unserer Personalität. Wir können daher begründet von Gott als diesem (selbst unfassbaren) Grund sprechen, auf den die Gleichursprünglichkeit der allen Sinn gemeinsam ermöglichenden Transzendenz-Aspekte verweist.

In durchaus ähnlicher Absicht denkt Peirce Gott: „Das Wort ‚Gott' (...) ist der definierbare Eigenname zur Bezeichnung des *ens necessarium*; nach meiner Überzeugung *real* der Schöpfer der drei *Universen der Erfahrung*".[62] Durch seine anti-metaphysische Akzentsetzung in Richtung der Lebenspraxis und des existentiellen Welt- und Selbstverständnisses ist auch das hermeneutische Gefälle von Peirces Ansatz klar: Die Rede vom „ens necessarium", dem „notwendigen Sein" (wie auch meine Anknüpfung an die Rede vom „ens realissimum", dem „wirklichsten Sein") ist nur im Kontext lebendiger, an Wahrheit, Vernunft und unbedingtem Sinn orientierter Lebenspraxis verstehbar; Gott, das heißt insbesondere, die von ihm je und je geschaffene Wirklichkeit, ermöglicht real und konkret Wahrheit, Liebe und Hoffnung.

Aus der Sicht von Peirce können wir Gott, seine Existenz, nicht theoretisch *beweisen*, sondern das intuitive Urvertrauen erschließt sich viel alltäglicher vor- und außerwissenschaftlich, *ermöglicht und trägt* aber andererseits alle sinnvolle Praxis und Theoriebildung, implizit oder explizit. Ohne uns die Wahrheit Gottes existentiell-praktisch anzueignen, bleibt sie äußerlich und nichtssagend.

Mit den weichenstellenden Thesen von dem lebensweltlich-alltäglichen, uns sehr nahen Status des Gottvertrauens sowie von dem lebenspraktischen Totalitätsbezug des Sinns der Rede von Gott hat Peirce einen überzeugenden Ansatz philosophischer Theologie entworfen. Er tendiert in der frühen Moderne dazu, Erkenntnis und Liebe, Einsicht und Leidenschaft wieder in ihrer Verbindung zu thematisieren. Bewusstes und vernünftiges Leben außerhalb eines expliziten Transzendenzbezugs und außerhalb unbedingten Sinns, außerhalb der Realität Gottes, wäre sich selbst letztlich fremd und würde sich nicht aus der eigentlichen Wirklichkeit verstehen. Ein Leben ohne Gott wäre um die wesentliche Dimension des Wirklichkeitsverständnisses verkürzt und verarmt. Das Verkümmern des Gottesbezuges und insbesondere der mit ihm verbundenen Freiheitsdimension, die sich eigentlich nur im nicht-instrumentellen Weltverständnis eröffnen kann, wäre ein tiefgreifender Verlust.

Dennoch wirft die Explikationsstrategie von Peirce auch Fragen auf. Nach meiner Auffassung kann das Verhältnis von lebensweltlicher und unbewusster, passiver Sinnantizipation und Sinnunterstellung einerseits und rationaler, praktischer Einsicht in die Sinnbedingungen andererseits systematisch stärker verklammert werden, ohne dass es zu einer missverständlichen, gefährlichen Opposition von meditativer ‚Versonnenheit‘ und ‚Instinkt‘ und philosophischer Reflexion bzw. wissenschaftlicher Rationalität kommen müsste. Und die Perspektive einer *praktischen Einsicht* in die sinneröffnende Transzendenz in der Immanenz auf allen Ebenen der Wirklichkeit sollte auch nicht als „Hypothese“ bzw. „Gotteshypothese“ bezeichnet werden. Was Peirce zu seiner Zeit mit dieser metasprachlichen Ausdrucksweise artikulieren wollte, kann heute nach meiner Auffassung besser als Einsicht in die Tiefe der alles ermöglichenden Wirklichkeit im Sinne ekstatischer Vernunft bezeichnet werden.

3.3.4 Benjamin

Zu der Gruppe produktiver, weichenstellender Weiterentwicklungen philosophischer Theologie nach Kant zähle ich auch die Ansätze von Walter Benjamin. Ich konstatiere nach dem zweiten Weltkrieg und in der zweiten Hälfte des 20. Jahrhunderts einen Verfall philosophischer Theologie auf dem europäischen Kontinent und analysiere später noch einige exemplarische Ansätze, die ich als Ersatzbildungen für genuin theologische Konzeptionen betrachte. Benjamin gehört zu den Autoren, die solche Ersatzbildungen konsequent vermeiden. Wie ist das möglich? Die Antwort ist einfach und berührt doch alle zentralen Aspekte des Denkens von Benjamin. Weil Benjamin ein *irreduzibles Transzendenz- und Eschatologieverständnis* hat, welches sich begrifflich völlig der Funktionalisierung und der reflexiven, ethischen oder politischen Indienstnahme verweigert, geradezu radikal sperrt, eben deswegen kann er unklare Säkularisierungskategorien vermeiden, eben deswegen gelingt es ihm, Profanität anders zu begreifen und auf diese Weise auch eine andere Perspektive von Materialismus und Praxis zu entwickeln. Zu fragen ist, wie diese genuin theologische Dimension von Benjamin gedacht wird. Entspricht sie strukturell den Entwürfen der Dialektischen Theologie? Es muss gefragt werden, ob dieses radikale Transzendenzverständnis kryptognostische Züge aufweist, ob es somit der Habermas'schen Kritik ausgesetzt ist: Benjamins Denken sei anti-evolutionistisch und zeige einen manichäischen Blick.[63] Meine abschließende These weist diese Kritik zurück und zeigt den Weg einer möglichen systematischen Rekonstruktion für die Gegenwart auf.

Zunächst zeichnet sich Benjamins Ansatz durch den konsequent durchgehaltenen historischen Materialismus und die dauernde Bezugnahme auf die konkrete Leidensgeschichte der Menschen aus. Mit dieser konsequenten Rückbindung der Reflexion *in praktischer Absicht* ist bereits eine anti-idealistische, ideologiekritische Korrektur quasi-mythischer, nur erkenntniskritischer, in der Reflexion oder in der Subjektivität mystischer Erfahrung verbleibender Surrogate der Transzendenz ganz grundsätzlich verbunden. Ein bloß theoretisches, idealistisches Verständnis des Absoluten bzw. von Transzendenz ist für Benjamin – wie ja auch für Kant – ausgeschlossen. Das Transzendenzverständnis muss sich auf die konkrete Geschichte der wirklichen Menschen beziehen.

Mit dieser materialistischen Weichenstellung verbunden ist ferner eine konsequente Kritik der politischen Theologie und mithin aller Versuche, genuin religiöse Kategorien für weltliche, politische Zwecke und Herrschaftsansprüche zu funktionalisieren. Deswegen analysiert Benjamin im *Ursprung des deutschen Trauerspiels* (1928) die theokratischen Ansprüche der Gegenreformation als Ausfall der Eschatologie und als Wegfall der Transzendenz. Weder politische noch ökonomische innerweltliche Herrschaftsformen können einen solchen Anspruch erheben. Benjamin argumentiert hier auf der Linie der prophetischen, biblischen Götzenkritik und Götzenpolemik, auf der Linie der religiösen Religionskritik, die sich in der Erzählung von der Zerstörung des Goldenen Kalbes verdichtet. Damit sind auch irrige Vorstellungen von der Säkularisierung substantiell religiöser Sinngehalte in eine weltlich-immanente Form der Kritik ausgesetzt. Solche latent substanzontologischen geschichtsphilosophischen Großmodelle verfehlen nach Benjamin die authentische Transzendenzdimension ebenso wie die Ebene der Weltlichkeit, der Profanität.

Es geht Benjamin also darum, aus sinnkriterialen Gründen die Fundamentalunterscheidung von Gott und Welt, Transzendenz und Profanität, Eschatologie und Geschichte, Erlösung und Befreiung konsequent durchzuhalten, und das bedeutet für ihn, der Erfahrung des Eingedenkens gerecht zu werden: „(…) im Eingedenken machen wir eine Erfahrung, die es uns verbietet, die Geschichte grundsätzlich atheologisch zu begreifen, so wenig wie wir sie in unmittelbar theologischen Begriffen zu schreiben versuchen dürfen."[64] Die theologische Perspektive ist nicht Medium einer Gesamtinterpretation der Geschichte, sondern kritische Instanz radikaler Infragestellung aller Immanenz. Nur aus dieser Perspektive ist somit nach Benjamin „rettende Kritik" möglich – im Vergangenen, gerade auch im Gescheiterten und Verlorenen, können wir deshalb eine Hoffnungsdimension verorten. Die genuin religiöse Dimension der Hoffnung auf Erlösung sprengt so alle Üblichkeit und lineare Kontinuität der Geschichte und der Erfahrung. Die genuine Transzendenzperspektive der *Erlösung* ist auf einer anderen Ebene der existentiellen Erfahrung zu verorten als die Perspektive innerweltlicher *Befreiung* und geschichtlicher, emanzipatorischer Praxis. Erlösung bedingt einen existentiellen Weltwandel. Deswegen kann Benjamin gerade radikale Profanität als Widerschein der Transzendenz denken, das Profane als Kategorie des „leisesten Nahens" des Reichs.[65] Radikale Transzendenz und Eschatologie ermöglichen gerade radikale Weltlichkeit und befreiende Praxis. Das besagt ja auch: menschliche Praxis wird fundamental davon befreit, Heil, Absolutes, selbst zu bewirken. Nur so ist eine unbedingte Transzendenzperspektive zu wahren, die nicht für das Diesseits zu vereinnahmen ist. Diese Konzeption Benjamins scheint (einerseits) mit den radikalen Unterscheidungsintentionen von Kant (und auch Wittgenstein) kompatibel zu sein.[66] Andererseits stellt sich die Frage nach einer Abgrenzung zum gnostischen Dualismus. Jedenfalls denkt das *Theologisch-politische Fragment* absolute Transzendenz in ihrer Bedeutung für Geschichte, Immanenz und Weltgeschichte, aber gleichzeitig konsequent als absolut und daher inkommensurabel mit dem, was wir können und mit Politik. Profanes und Messianisches, Ziel und Ende, Vorletztes und Letztes sind streng irreduzibel aufeinander bezogen. Wohl jedoch hat Transzendenz einen irreduziblen Bezug auf die Existenz des einzelnen Menschen.

Nur die Perspektive absoluter Transzendenz entbirgt ein anamnetisches und auch auf Zukunft gerichtetes Vernunftpotential, das in keinem linearen Fortschrittsoptimus aufgehoben werden kann. Kurz: Die authentische Transzendenzperspektive allein eröffnet nach Benjamin die *Tiefenstruktur der praktischen Vernunft* und solche Dimensionen wie Gedächtnis, Erinnerung und Trauer über das Leiden der Unschuldigen, die „Wahrnehmung des Unrettbaren".[67]

Betrachten wir die eschatologisch-messianischen Transzendenzkategorien Benjamins daraufhin, ob sie sich einem quasi manichäischen Blick verdanken und so definitiv anti-evolutionistisch sind, wie Habermas meint.

Zunächst ist deutlich, dass die Konzeption radikaler Transzendenz bei Benjamin geradezu dadurch definiert ist, dass keine weltlichen Substitute oder Surrogate für sie denkbar und möglich sind. Mythisierungen weltlicher Instanzen, politische Hoffnungen als Hoffnungen auf endgültiges Heil, Herrschaftsformen als göttlich legitimiert – das sind fundamentale Missverständnisse, die sich in der Praxis verheerend auswirken. (Die Probleme des Fundamentalismus der Gegenwart auf islamistischer wie christlicher Seite sind von dieser Analyse betroffen.) Im Unterschied zu Substituten des Absoluten enthält die Transzendenzdimension bei Benjamin einen ständigen Rückbezug auf die materialistische Basis der gesellschaftlichen Praxis einerseits, auf die konkrete, singuläre Existenz der einzelnen Menschen andererseits. Schließlich wird beim Aufweis der anamnetischen Tiefendimension von Vernunft und Aufklärung diese praktische Dimension ins Zentrum gerückt: die Transzendenzdimension der Hoffnung auf Erlösung wird als *Sinnpotential* auch vergangener, verlorener Augenblicke konkreter menschlicher Existenz gedacht und entfaltet. In Benjamins rettender Kritik soll für jeden Augenblick dessen ekstatische Potentialität im Horizont von Hoffnung auf Erfüllung mitgedacht werden.

Diese Transzendenzperspektive auf Rettung geht nicht auf und kann nie aufgehen in fortschreitender, innergeschichtlicher Emanzipation, auch nicht in Erfahrungen des Glücks einzelner Menschen. Auf diese Weise hält Benjamin einen irreduziblen theologischen und eschatologischen Transzendenzüberschuß fest, der in seinem Denken allererst die anderen Bereiche der menschlichen Geschichte und Praxis freisetzt und angemessen erfahrbar macht. Er denkt Unverfügbarkeit und Negativität der konkreten Geschichte als Ort des

Ereignisses von Transzendenz, die inkommensurabel mit den Begebenheiten der Profanität ist und bleibt. Es ist, in anderer systematischer Reformulierung, gerade die „Grenze der Verfügbarkeit über die Bedingungen unseres Handelns"[68], die die Tiefendimension der praktischen Vernunft eröffnet: das Sinnpotential einer genuinen Transzendenzperspektive, einer nicht säkularisierbaren und nicht substituierbaren Hoffnung auf Rettung.

Systematisch bin ich der Auffassung, dass sich Benjamins Denken im Kern auch unabhängig von dessen oft kryptischer, literarischer Form aneignen lässt: Mit Kant und Wittgenstein im Sinne einer *Topik* sprachlicher Vernunftpotentiale, deren spezifische Verortung sie in ihrem Eigenwesen freisetzt, und die sich doch – auf eine nicht hierarchische, konstellative Weise – sinnvoll ergänzen und erläutern. In dieser Topik nimmt die religiös-eschatologische Transzendenzperspektive einen vertikalen, synchronen, augenblicklichen, ekstatisch-pleromatischen Ort ein, die materialistische Emanzipationsgeschichte einen diachronen, linearen, horizontalen Ort. Aber mit Kant, Wittgenstein und Benjamin gilt: Wir kennen die Grammatiken beider Sprachspiele, und um ihren genuinen Geltungssinn zu bewahren, dürfen wir sie nicht durcheinanderbringen, und damit die Sinnpotentiale beider verspielen.

Benjamins systematische Stärke sehe ich im Kontext einer neu zu findenden Topik der Entbergung (Freisetzung) heterogener Vernunftpotentiale, die nur kritisch-dialektisch auf einander zu beziehen sind und die andernfalls der philosophischen Reflexion als Substitute oder Surrogate verloren gingen. So hat Benjamin Materialismus und Messianismus konsequent dialektisch gesehen, in seiner bildlichen Ausdrucksweise: „Mein Denken verhält sich zur Theologie wie das Löschblatt zur Tinte. Es ist ganz von ihr vollgesogen. Ginge es aber nach dem Löschblatt, so würde nichts was geschrieben ist, übrig bleiben (...)".[69] Entscheidend ist, dass die Ebene der Transzendenz stets sowohl in ihrer irreduziblen Authentizität als auch, paradoxal, in ihrer Bezogenheit auf die materialistische Verbesserung der menschlichen Lebensverhältnisse gesehen wird. „Die Ordnung des Profanen hat sich aufzurichten an der Idee des Glücks. (...) Wenn eine Pfeilrichtung das Ziel, in welchem die Dynamis des Profanen wirkt, bezeichnet, eine andere die Richtung der messianischen Intensität, so strebt freilich das Glückssuchen der freien Menschheit von jener messianischen Richtung fort, aber wie eine Kraft durch ihren Weg eine andere auf entgegengesetzt gerichtetem Wege zu befördern vermag, so auch die profane Ordnung des Profanen das Kommen des messianischen Reiches. (...) Denn im Glück erstrebt alles Irdische seinen Untergang, nur im Glück aber ist ihm der Untergang zu finden bestimmt (...)".[70] Man könnte reformulieren: Nur im Widerschein

absoluter Transzendenz zeigen sich auch die transpragmatischen
Sinnbedingungen aller Praxis und Rationalität. Letztere aber müssen
für sich stehen, für sich selbst sorgen. Daher kann sich „nichts
Historisches (...) von sich aus sich auf Messianisches beziehen wollen".[71] Ebenso konsequent unterscheidet Benjamin in der *Wahlverwandtschaften*-Arbeit „scheinhafte" von „wahrer Versöhnung".
Wahre Versöhnung gibt es „in der Tat nur mit Gott. Während in ihr
der Einzelne mit ihm sich versöhnt und nur dadurch mit den
Menschen sich aussöhnt, ist es der scheinhaften Versöhnung eigen,
jene untereinander aussöhnen und nur dadurch mit Gott versöhnen
zu wollen".[72] Dennoch hat „die Versöhnung, die ganz überweltlich
und kaum fürs Kunstwerk gegenständlich ist (...), in der Aussöhnung
der Mitmenschen ihre weltliche Spiegelung". In diesen Passagen wird
sehr gut die konsequent dialektische, und d.h.: nicht dualistische,
nicht gnostische Weise des Bezuges von profaner Materialität und
theologischer Transzendenzperspektive deutlich. Dieser Bezug lässt
sich eben weder natural noch supranatural reduzieren und auflösen.
Deswegen kann Benjamin im Passagen-Werk schreiben: „Das Eingedenken kann das Unabgeschlossene (das Glück) zu einem Abgeschlossenen und das Abgeschlossene (das Leid) zu einem Unabgeschlossenen machen. Das ist Theologie; aber im Eingedenken machen
wir eine Erfahrung, die uns verbietet, die Geschichte grundsätzlich
atheologisch zu begreifen, so wenig wir sie in unmittelbar theologischen Begriffen zu schreiben versuchen dürfen."[73] Nur so ist verstehbar, dass Benjamin im Festhalten eines echten Eschaton schreiben
kann: „Es schwingt (...) in der Vorstellung des Glücks unveräußerlich
die der Erlösung mit."[74] sowie: „Die echte Konzeption der historischen Zeit beruht ganz und gar auf dem Bild der Erlösung."[75]
   Wir berühren mit diesem Gedanken den Kernbereich der philosophischen Reflexion absoluter Transzendenz bei Benjamin. Einerseits
denkt Benjamin Transzendenz als ekstatisch-plötzliches, augenblickli-
ches Erfüllungsgeschehen in seiner Blitzhaftigkeit.[76] Die Dimensionen der Apokatastasis und der Wiederbringung aller Dinge, d. h. einer
endgültigen, alles erfassenden Erlösung am Ende der Zeiten bei
Origenes und Irenäus bewegen sich auf dieser Ebene.[77] Aber andererseits denkt Benjamin die ekstatische Aufsprengung *selbst dialektisch*:
als „dialektisches Bild", d. h. reflexiv und erkenntnisbezogen, und vor
allem sprachkritisch.[78] Es wird also nicht unkritisch eine Ebene mystischer Unmittelbarkeit – gleichsam als letzte Lösung aller Probleme
– als scheinbar verfügbar angesetzt. Die so eröffnete „Rettung" „lässt
immer nur an dem, im nächsten Augenblick schon unrettbar verlorenen sich vollziehen".[79] Die Gegenwart der Erlösung bleibt paradox,
das Ineinander von Ekstasis und Transzendenz gestattet gerade keine
mystische Vereinigung, sie eröffnet in ihrer Negativität erneut den

Blick auf die Praxis der menschlichen Geschichte mit ihren Ent-
stellungen und ihrer Verlorenheit wie auch mit ihrem authentischen,
vergänglichen Glück.

3.4 Wittgenstein

3.4.1 Der frühe Wittgenstein

Welche wesentlichen Einsichten zur Entwicklung einer philosophischen Theologie lassen sich dem Denken Wittgensteins entnehmen?
   Der existentiell-praktische Sinn des Gottesverhältnisses wird bereits im *Tractatus* und in der *Lecture on Ethics* besonders deutlich.
Man kann die paradoxe Selbstaufhebung des *Tractatus* in der Perspektive des Unsagbaren, des Mystischen und des Schweigens als Radikalisierung der Kantschen Kritik an theoretisch-objektivierenden, wissenschaftlichen Erkenntnismöglichkeiten im Bereich der Grenzen
unseres Welt- und Selbstverständnisses verstehen. Diese Radikalisierung ist keine Depotenzierung, keine Destruktion, sondern soll – wie
bei Kant – den eigentlichen Sinn und den eigentlichen Geltungsanspruch von Religion und authentischem Glauben an Gott freilegen.
Neben der sprachkritischen und wissenschaftskritischen Radikalisierung, der die Gottesfrage beim frühen Wittgenstein unterzogen wird,
erfährt auch die praktische Transformationsebene noch eine existentielle Zuspitzung. Bedeutung und Tragweite seiner Kierkegaard-
Rezeption sind Thema historischer Untersuchungen; aber dass die
existenzdialektischen Analysen Kierkegaards ihn tief beeindruckt und
dauerhaft beschäftigt haben, steht außer Frage.
   Bereits in den Tagebuchaufzeichnungen, die als „Prototractatus"
bezeichnet werden, wird die Absolutheit und Unbedingtheit von
Wittgensteins Reflexion angesichts unserer Thematik unmissverständlich deutlich. *„Die Grenzen meiner Sprache* bedeuten die Grenzen meiner Welt. (...) Schon lange war es mir bewusst, dass ich ein
Buch schreiben könnte ‚Was für eine Welt ich vorfand'." (23.5.1915).[80]
Diese Welt analysiert Wittgenstein als bloße Faktizität, als „alles was
der Fall ist". Es ist die Welt aller Tatsachen ohne „höheren" Sinn,
ohne Wertungen, ohne Einsichten, eine Welt ohne die Dimensionen
und Perspektiven, die sich in der Kunst, in der Moral und in der
Religion, theoretisch in Ästhetik, Ethik und Metaphysik artikulieren.
In der Welt der Tatsachen ist alles zufällig; alles könnte auch anders
(oder gar nicht) sein. „In dem Buch, ‚Die Welt, welche ich vorfand'
wäre auch über meinen Leib zu berichten und zu sagen, welche
Glieder meinem Willen unterstehen etc. Dies ist nämlich eine
Methode, das Subjekt zu isolieren, oder vielmehr zu zeigen, dass es in

einem wichtigen Sinne kein Subjekt gibt: von ihm allein nämlich könnte in diesem Buche *nicht* die Rede sein" (23.5.1915). Diese Notizen zeigen, dass der frühe Wittgenstein mit einer radikalen Sinngrenzreflexion einsetzt, in der er die gesamte Weltwirklichkeit als sinnfreie Faktizität denkt, in der es keinen Wert und nichts Höheres gibt. Aber dies geschieht gerade nicht, um die religiöse Perspektive positivistisch und szientifisch zu eliminieren, sondern vielmehr, um diese Perspektive in ihrer Eigenart und Irreduzibilität zu verdeutlichen. „Gott und den Zweck des Lebens? / Ich weiß, dass diese Welt ist. / Dass ich in ihr stehe, wie mein Auge in seinem Gesichtsfeld. / Dass etwas an ihr problematisch ist, was wir ihren Sinn nennen. / Dass dieser Sinn nicht in ihr liegt, sondern außer ihr. (...) Ich kann die Geschehnisse der Welt nicht nach meinem Willen lenken, sondern bin vollkommen machtlos./ Nur so kann ich mich unabhängig von der Welt machen – und sie also doch in gewissem Sinne beherrschen – indem ich auf einen Einfluss auf die Geschehnisse verzichte" (8.7.1916). Diese gesamte empirische Welt der Tatsachen erschließt keine Basis und keine Perspektive für das Gute, für Gott und einen unbedingten Sinn. Das entspricht den Grenzanalysen Kants hinsichtlich der Möglichkeiten empirischer und theoretischer Erkenntnis im Blick auf Moral und Religion. Demgegenüber gilt für den frühen Wittgenstein: „An einen Gott glauben heißt, die Frage nach dem Sinn des Lebens verstehen. / An einen Gott glauben heißt sehen, dass es mit den Tatsachen der Welt noch nicht abgetan ist. / An Gott glauben heißt sehen, dass das Leben einen Sinn hat" (8.7.1916).

Wittgenstein verortet in diesem radikalen und existentiellen Zugriff den Sinn des Glaubens an Gott, den er mit der Einsicht in den Sinn des Lebens gleichsetzt, an den Grenzen der Sprache, an den Grenzen der Welt und ineins damit an den Grenzen der menschlichen Existenz. Gemäß der bewusst restriktiven Logik und der Tatsachensprache des späteren *Tractatus* sind diese Grenzen nicht *sagbar*, sondern sie *zeigen* sich nur. Wittgenstein expliziert somit den Sinn des Gottesglaubens in der Linie Kants, aber noch deutlicher als dieser, im Blick auf die unverfügbaren, transpragmatischen und transrationalen Sinnbedingungen unseres Lebens. Diese Sinnbedingungen gestatten es, die Dimension eines authentischen Transzendenzbezuges zu eröffnen und aufzuzeigen.

Welche unverfügbaren, empirisch unsagbaren und dennoch konstitutiven Sinngrenzen weist der frühe Wittgenstein auf? Es ist erstens die *Existenz der Welt: Dass* die Welt überhaupt ist, ist unerklärlich und von nichts her- oder ableitbar. Diese unverfügbare Sinnbedingung ist ferner gleich ursprünglich mit meiner eigenen Existenz: „Nur aus dem Bewusstsein der *Einzigkeit meines Lebens* entspringt Religion (...). Und dieses Bewusstsein ist das Leben selber." (1. und

2.8.1916). „Das Ich ist kein Gegenstand." (7.8.1916). Diese Dimension des Geheimnisses an den Grenzen der Welt und der einzigartigen Existenz eröffnet das Mystische: „Das Gefühl der Welt als begrenztes Ganzes ist das mystische." (T 6. 45).

Da wir allem, was auch immer geschieht (und auch, was immer wir selber tun oder lassen), wiederum ausgesetzt sind, befinden wir uns in grundsätzlicher Abhängigkeit: „Daher haben wir das Gefühl, dass wir von einem fremden Willen abhängig sind. *Wie dem auch sei*, jedenfalls *sind* wir in einem gewissen Sinne abhängig und das, wovon wir abhängig sind, können wir Gott nennen" (8.7.1916).

Im *Tractatus*, in den frühen Tagebucheintragungen wie auch in der *Lecture on Ethics* werden die aufgezeigten, unsagbaren Grenzen der Existenz der Welt und des gleich ursprünglichen Ich zudem mit der Bedingung des Lebenssinns und gleichermaßen mit der *Dimension des Ethischen* verbunden. Wir können diesen Aspekt so reformulieren: Das Ethische – der Kern moralischer Geltung – erhebt, ganz im Sinne Kants, einen unbedingten, absoluten Anspruch. Wir können diesem Anspruch nicht gerecht werden, wenn wir nicht unser ganzes Leben und Selbstverständnis in diesem Sinne ausrichten. Die Sicht der Welt und des gleich ursprünglichen Lebens *als begrenztes Ganzes* und so auch als *einzigartige Einheit* ist konstitutiv für ein praktisches Selbstverständnis, in dem Verantwortung und Schuld bewußt sind. Der *Tractatus* als Ganzer ist eine Sprachhandlung, als Ganzer zeigt er das ‚Anrennen' gegen die Grenzen der Welt der Tatsachen, gegen die Grenzen des Lebens, gegen die Grenzen empirisch-wissenschaftlicher Sprache: „Es gibt allerdings Unaussprechliches. Dies *zeigt* sich, es ist das Mystische." (T 6. 522). „*Wie* die Welt ist, ist für das Höhere vollkommen gleichgültig. Gott offenbart sich nicht *in* der Welt." (T 6.432). „Die Tatsachen gehören alle nur zur Aufgabe, nicht zur Lösung." (T 6.4321). „Nicht *wie* die Welt ist, ist das Mystische, sondern *dass* sie ist." (T 6.44).

Auf dieser Ebene der radikalisierten, existentiellen Unbedingtheit, die aller empirischen Verfügbarkeit und Absicherung konstitutiv entzogen ist und sein muss, verortet Wittgenstein ein authentisches Gottesverhältnis, das allein auch ein existentiell-praktisches Verständnis des Ethischen eröffnet. „Schlick sagt, es gebe in der theologischen Ethik zwei Auffassungen vom Wesen des Guten: nach der flacheren Deutung ist das Gute deshalb gut, weil Gott es will; nach der tieferen Deutung will Gott das Gute deshalb, weil es gut ist. Ich meine, dass die erste Auffassung die tiefere ist: Gut ist, was Gott befiehlt. Denn sie schneidet den Weg einer jeden Erklärung, ‚warum' es gut ist, ab, während gerade die zweite Auffassung die flache, die rationalistische ist, die so tut, als ob das, was gut ist, noch begründet werden könnte. Die erste Auffassung sagt klar, dass das Wesen des Guten nichts mit den

Tatsachen zu tun hat und daher durch keinen Satz erklärt werden kann. Wenn es einen Satz gibt, der gerade das ausdrückt, was ich meine, so ist es der Satz: Gut ist, was Gott befiehlt."[81]

Der frühe Wittgenstein sieht mit der Rede von Gott einen gleichursprünglichen Zusammenhang artikuliert, den die *unverfügbare* Existenz der Welt, die *unerklärliche* eigene Existenz und die mit ihr ermöglichte Einsicht in die *Unbedingtheit* des Guten als des Willens Gottes gemeinsam bilden. Diese transpragmatischen, gleichursprünglichen Bedingungen eines „richtigen" menschlichen Selbstverständnisses – der „richtigen Sicht der Welt" – konstituieren den unbedingten „Sinn" der Welt und des Lebens auf *einzigartige* Weise. Wittgenstein bestätigt auf diese Weise Kants Analyse, die die Konstitution der Moralität mit der Dimension des Gottesverständnisses ebenfalls verklammert, ohne dass die schöpfungstheologischen Perspektiven der Existenz, der Freiheit und der Unbedingtheit in partikularen empirischen Handlungen und Erfahrungen bestünden oder aufgingen. Die Ebene der Singularität und Totalität der menschlichen Existenz – der Sicht der Welt als begrenztes Ganzes – gehört als Dimension der Einzigartigkeit und des letztlich unsagbaren Mystischen zum Gottesverständnis.

„Wenn mein Gewissen mich aus dem Gleichgewicht bringt, so bin ich nicht in Übereinstimmung mit Etwas. Aber was ist dies? Ist es *die Welt?*

Gewiss ist es richtig zu sagen: Das Gewissen ist die Stimme Gottes." (8.7.1916).

„Was weiß ich über Gott und den Zweck des Lebens?

Ich weiß, dass diese Welt ist.

Dass ich in ihr stehe wie mein Auge in seinem Gesichtsfeld.

Dass etwas an ihr problematisch ist, was wir ihren Sinn nennen.

Dass dieser Sinn nicht in ihr liegt, sondern außer ihr.

Dass das Leben die Welt ist.

Dass mein Wille die Welt durchdringt.

Dass mein Wille gut oder böse ist.

Dass also Gut und Böse mit dem Sinn der Welt (...) zusammenhängt.

Den Sinn des Lebens, d.i. den Sinn der Welt, können wir Gott nennen." (11.6.1916).

Die Rede von Gott – die Bedeutung des Wortes Gott – nimmt somit Bezug auf die letzten Grenzen und Sinnbedingungen der menschlichen Existenz – auf das Verständnis des Seins und des Sinns der Welt und des einzigartigen menschlichen Lebens, und zwar im Horizont der moralisch-praktischen Situation zwischen Gut und Böse.

Wittgensteins frühe philosophische Theologie stellt eine konsequente Fortführung und Radikalisierung der Kantschen Sinngrenz- und Sinngrundreflexion dar. Zu den Grenzen der Erkenntnis und der Praxis gehört auch die Wirklichkeit in ihrer Unumstößlichkeit. „Wie sich alles verhält, ist Gott" (1.8.1916). Die Unverfügbarkeit der Wirklichkeit zu begreifen, das gehört mit zu einem geklärten Selbstverständnis.

„Wenn das Gute oder Böse Wollen eine Wirkung auf die Welt hat, so kann es sie nur auf die Grenzen der Welt haben, nicht auf die Tatsachen, auf das, was durch die Sprache nicht abgebildet, sondern nur in der Sprache gezeigt werden kann." (5.7.1916; vgl. T 6.43). „Kurz, die *Welt* muss dann dadurch überhaupt eine andere werden." (5.7.1916; T 6.43). „Gut und Böse tritt erst durch das *Subjekt* ein. Und das Subjekt gehört nicht zur Welt, sondern ist eine Grenze der Welt (...). Wie das Subjekt kein Teil der Welt ist, sondern eine Voraussetzung ihrer Existenz, so sind gut und böse Prädikate des Subjekts, nicht Eigenschaften in der Welt." (2.8.1916).

Wittgenstein arbeitet heraus, dass das Wollen „die Handlung selbst" sein muss, dass das Wollen die Form der Welt betrifft (4.11.1916) und dass die Ethik daher „eine Bedingung der Welt sein [muss], wie die Logik" (24.7.1916). Er beschreibt auf diese Weise den Übergang von einem gottlosen, gottfernen bzw. ethisch unqualifizierten Lebensverständnis zu einem explizit unbedingten Lebensverständnis vor Gott – und das bedeutet auch: in praktischer Anerkennung der eigenen Endlichkeit und Ohnmacht angesichts der Faktizität – wie Kant als einen fundamentalen *Weltwandel*. Allerdings impliziert Wittgensteins frühe mystische Theologie bei aller Negativität auch die existentielle Dimension des emphatischen Glücks. Ich muss mich, um Gott gerecht zu werden, selbst preisgeben, um mich neu zu gewinnen – ganz im Sinne der biblischen Botschaft: „Wer sich verliert, wird sich finden." „Um glücklich zu leben, muss ich in Übereinstimmung sein mit der Welt. Und dies *heißt* ja ‚glücklich sein'. Ich bin dann (...) in Übereinstimmung mit jenem fremden Willen, von dem ich abhängig erscheine. Das heißt: ‚ich tue den Willen Gottes'" (8.7.1916). Wittgensteins Theologie lehrt die Koinzidenz von Glück, Sinn und dem Tun des Willens Gottes. Hier würde Kant vorsichtiger, skeptischer und kritischer von der Hoffnung sprechen, glückswürdig zu sein.

Auch in der *Lecture on Ethics* analysiert Wittgenstein paradigmatisch *unbedingte Geltung* und *unbedingten Sinn* im Blick auf die Erfahrung des *Wunders der Existenz der Welt* (dass überhaupt etwas ist: *„I wonder at the existence of the world. And I am then inclined to use such phrases as ‚how extraordinary that anything should exist' or, ‚how extraordinary that the world should exist.'"*),[82] im Blick auf die

Erfahrung absoluter Geborgenheit („the experience of feeling *absolutely* safe. I mean the state of mind in which one is inclined to say, I am safe, nothing can injure me whatever happens."), im Blick schließlich auf die *Erfahrung persönlicher, moralischer Schuld*.

In Wittgensteins ebenfalls existentiell-praktisch ausgerichteten, sprachkritischen Analysen zu *Grenzerfahrungen* und *Grunderfahrungen* des Menschen ist wie in Kants transzendental-erkenntniskritischen Analysen der Religionsschrift ein systematischer Ansatz leitend, der in anderer metasprachlicher Gestalt bereits für die Transzendentalienlehre der theologischen Metaphysik zentral und bestimmend war: die systematische Interkorrelation zwischen Gott und Form, zwischen Sein, Einheit und dem Wahren und Guten: „Ens et unum, verum, bonum et pulchrum convertuntur." („Das Sein und das Eine, das Wahre, Gute und Schöne lassen sich ineinander verwandeln.")

In sinnkriterial präzisierter, sprach- und erkenntniskritischer Lesart und Transformation sowie auf dem Hintergrund einer negativen Anthropologie der Unverfügbarkeit lässt sich zeigen, dass und wie eine kritische Transzendentalienlehre und eine mit ihr verbundene philosophische Theologie nach Kant und Wittgenstein erneut formulierbar sind. Es lässt sich zeigen, dass und wie nach der Wende zur kritischen, modernen Philosophie der *eigentliche Geltungssinn* traditionell metaphysischer und theologischer Wahrheitsansprüche erst genau und unmissverständlich erneut expliziert werden kann. Der existentiell-praktische Bezug auf die Form der Welt-als-Ganzer und auf die Form des Lebens-im-Ganzen (das Lebensverständnis) ist dabei unverzichtbar.

In diesem Kontext unterscheidet Wittgenstein bereits in der *Lecture on Ethics absolute* von *relativer Rede*. Es gibt einen trivialen, natürlichen (natural), *relativen* Sinn, in dem wir normative Sätze verwenden und Werturteile fällen: „Das ist ein gutes Essen", ein „guter Wagen", ein „guter Koch", ein „guter Fahrer"; „ich muss aufpassen, dass ich mich nicht erkälte"; „das ist der richtige Weg nach Dresden". Demgegenüber sind ethische und religiöse Urteile *unbedingt* und *absolut* gemeint: „Das ist ein guter Mensch", „er hat das moralisch Richtige getan", „es ist Gottes Wille". Eine philosophische Theologie muss den Sinn dieser absoluten Sprachebene explizieren. Sie bezieht sich nicht auf vorhandene Tatsachen in der Welt, auf empirische Fakten, sondern auf den eben unbedingten, absoluten Sinn der Welt und des Lebens, auf das, „what is really important" (LE 11). So grundsätzlich sich die Grammatik unbedingter Rede im ethischen und religiösen Bereich von empirischen und relativen faktischen und normativen Urteilen unterscheidet, so tiefgreifend sind auch die möglichen Missverständnisse.

Wittgensteins kritisches Bewusstsein der Sprachproblematik angesichts absoluter praktischer Geltungsansprüche in Ethik und Religion wird auf erhellende Weise von ihm selbst in relevante historische Kontexte eingeordnet. Angesichts der Grenzen unseres Lebens und unserer Welterfahrung „rennen wir gegen die Grenzen der Sprache an. Dieses Anrennen hat auch Kierkegaard gesehen und es sogar ganz ähnlich (als Anrennen gegen das Paradox) bezeichnet. Dieses Anrennen gegen die Grenze der Sprache ist die *Ethik*."[83]

Wittgenstein bezieht diese Bemerkung sowohl auf die Analysen zu „Sein" und „Angst" in Heideggers *Sein und Zeit*, als auch auf die theologische Sprachgrenzreflexion des Augustinus. „Ich kann mir wohl denken was Heidegger mit Sein und Angst meint. Der Mensch hat den Trieb, gegen die Grenzen der Sprache anzurennen. Denken Sie z. B. an das Erstaunen, dass etwas existiert. Das Erstaunen kann nicht in Form einer Frage ausgedrückt werden, und es gibt auch gar keine Antwort (...). Was immer man für eine Definition zum Guten geben mag – es ist immer nur ein Missverständnis, das eigentliche, was man in Wirklichkeit meint, entspreche sich im Ausdruck (...). Aber die Tendenz, das Anrennen, *deutet auf etwas hin*. Das hat schon der heilige Augustin gewusst, wenn er sagt: ‚Was, du Mistviech, du willst keinen Unsinn reden? Rede nur einen Unsinn, es macht nichts!'"[84]

Wittgensteins sprachkritische Radikalisierung der ethischen und der philosophisch-theologischen Problematik kommt somit dem eigenen Selbstverständnis zufolge nicht „von außen", von einer szientifischen, logischen, positivistischen Rekonstruktionsebene her. Sie entspricht dem systematischen Anspruch nach sowohl der großen theologisch-metaphysischen Tradition – dafür steht der Name Augustinus – als auch der existenzdialektischen Radikalisierung der theologischen Problematik, wie sie das christliche Denken Kierkegaards darstellt. Wenn sich dies zeigen lässt, dann ist die sachliche und systematische Kontinuität genuin philosophischer Theologie in der Entwicklung der okzidentalen Rationalität größer, als allgemein angenommen wird.

Die kathartisch-kritischen Radikalisierungen, wie sie in den Werken von Kant, Kierkegaard und Wittgenstein vorliegen, gehören zur unverzichtbaren systematischen Weiterentwicklung philosophischer Theologie in der Moderne nach dem Siegeszug der modernen Naturwissenschaften und ihrer technischen Folgen, nach der Entfaltung weit reichender Herrschafts-, Religions- und Ideologiekritik in der Konsequenz der Analysen von Marx, Nietzsche und Freud und den mit ihnen verbundenen wissenschaftlichen, politischen, ökonomischen und sozialen Aufklärungsprozessen. Unter den Bedingungen der Moderne den Geltungssinn von Theologie neu und tragfähig philosophisch zu explizieren, ohne sich auf die faktische Positivität von Offenbarungsansprüchen, kirchlichen Lehren und Autoritäten berufen zu können, stellt eine erhebliche Herausforderung dar. Dass in diesem Zusammenhang der Sprachproblematik eine besondere Bedeutung zukommt, ist systematisch klar.

Im Anschluss an Kant, Kierkegaard und Wittgenstein kann genauer geklärt werden, wie weit die Erkenntnis- und Sprachkritik an Religion und Theologie reicht, welcher Status der genuin religiösen Rede von Gott zukommt, wie sich Sprache und Praxis, Sprache und Lebensform zueinander verhalten und welchen Status schließlich die philosophisch-theologische Metasprache der Sinnexplikation hat – auch im Verhältnis zur traditionellen Theologie und Metaphysik.

Die erkenntniskritische, negativ-kritische Stoßrichtung zielt auf die vielen Missverständnisse, die wir auch schon im ersten Kapitel zu erfassen versucht haben – insbesondere objektivistische, scheinhafte subjektivistische oder auch „offenbarungspositivistische" Verständnisse. In diesem Kontext gehören die sinnkritischen Abarbeitungen der Missverständnisse in eine Moderne, in der die Erosion religiöser Traditionen und deren Vergessen bzw. ihr Ersatz durch andere Weltverständnisse weit verbreitet sind. Kant und Wittgenstein eint die Perspektive der theoretischen Unerkennbarkeit bzw. Unsagbarkeit Gottes; sie eint ferner der Primat der Praxis. Letztlich zeigt sich nur im ernsthaften, verantwortlichen und guten Lebensvollzug, ob der Rede von Gott in der Perspektive der Moralität und des Verständnisses des Sinns des menschlichen Lebens eine klare Bedeutung zukommt oder nicht.

Diese existentiell-praktische Radikalisierung ist bei Wittgenstein im Frühwerk explizit mit einer affirmativen Rezeption der Existenzdialektik Kierkegaards und ihrer paradoxalen Struktur verbunden. Und auch dieser Aspekt der transpragmatischen, transethischen Sinnbedingungen humanen Lebens hat ihre Vorgestalt bei Kant: in dessen transzendentaler Dialektik gleichsam im theoretischen „Großformat", in der Religionsschrift bei der Analyse des durchaus existenzdialektisch verstehbaren, unerklärlichen Übergangs vom „alten" zum „neuen", schuld- und verantwortungsbewussten, authentischen Freiheitsverständnis eines konkreten Menschen.

In diesem Zusammenhang liegt die radikalisierte Sprachkritik des frühen Wittgenstein auf der Linie Kierkegaards und seiner Analyse der paradoxalen Struktur der christlichen Botschaft. Kierkegaard hält es aufgrund des welt- und selbstverändernden, rettenden, erlösenden Status dieser Botschaft in seiner *Einübung im Christentum* (1850) für irreführend, diese Botschaft als eine Art Information über die Tatsache des Erlösungswerks, über vergangene wunderbare Ereignisse aufzufassen, die man aufgrund ihrer ‚direkten Mitteilung' dann ‚glaubt'. Man „glaubt" dann auf eine „oberflächliche" Weise an eine

„unwahre Erfindung", „welche den unendlichen qualitativen Unterschied zwischen Gott und Mensch vergisst (...) [so dass] kein Mensch
es zu begreifen vermag, dass im Verhältnis zu ihm der Anfang und das
Ende Anbetung ist".[85] „Der Ernst ist gerade, dass Christus unmittelbare Mitteilung nicht geben kann, dass die einzelne unmittelbare
Aussage lediglich in dem gleichen Sinne wie das Mirakel dazu dienen
kann, aufmerksam zu machen, auf dass alsdann der Aufmerkende,
indem er am Widerspruch anstößt, wähle, ob er glauben will oder
nicht. (...) Ist Christus wahrer Gott, so muss er auch in der Unkenntlichkeit sein, mit der Unkenntlichkeit angetan, welche die Verneinung
aller Unmittelbarkeit ist. Die unmittelbare Kenntlichkeit ist gerade
bezeichnend für den Götzen."[86]

Wittgenstein nimmt Kants Analyse der theoretischen Unerkennbarkeit Gottes, seine transzendentale Dialektik und seine praktische
Transformation des Gottesglaubens und Kierkegaards existenzdialek-
tische Lehre von der Unkenntlichkeit Gottes und der indirekten
Existenzmitteilung in der Zeit der *Tagebücher* und des *Tractatus* auf.
Der unbedingte Sinn, der in absoluter Rede artikuliert werden soll,
zeigt sich dem für diesen Sinn offenen, verstehenden Menschen von
selbst. Da wir diesen Sinn nicht ‚machen', sondern umgekehrt: durch
ihn überhaupt leben, ist es so: „Wenn man sich nicht bemüht, das
Unaussprechliche auszusprechen, so geht *nichts* verloren. Sondern das
Unaussprechliche ist, – unaussprechlich – in dem Ausgesprochenen
enthalten!"[87]

Entscheidend ist für Kant, Kierkegaard und Wittgenstein daher im
Zentrum ihrer Erkenntnis- und Sprachkritik gerade die Explikation
dessen, was wir die entscheidende *theologische Differenz* nennen können. Ihrer Freilegung diente bereits der Abweis der Verfallsformen
und Missverständnisse der Gottesperspektive in Kapitel eins. Die
theologische Differenz darf nicht durch unser Wunschdenken und
unsere Illusionen und Projektionen eingeebnet werden, nicht mit
einem Scheinwissen quasi-empirischer Art verwechselt werden, nicht
als Vermutung oder idealistische Fiktion verharmlost und entleert
werden. Alle diese Holzwege führen berechtigterweise über kurz
oder lang zum Verlust des Gottesglaubens, zum ‚Tod Gottes' und
zum resignativen oder triumphierenden Atheismus bzw. zur Indifferenz und Gleichgültigkeit. Das sprachkritische Bewusstsein der Problematik der Rede von Gott und von unbedingtem Sinn war der
philosophisch-theologischen Tradition der negativen Theologie und
der rationalen Mystik von Beginn an wesentlich.

In seiner Ethik-Vorlesung interpretiert Wittgenstein die von ihm
als Beispiele absoluter Rede angeführten existentiellen und ontologischen Sinngrenzerfahrungen und Sinngrunderfahrungen als Kern religiösen Redens und Handelns und des Gottesverständnisses; er macht

in der Konsequenz seines Ansatzes zugleich das semantische Potential tiefgreifender Missverständnisse deutlich: „Now all religious terms seem (...) to be used as similes or allegorically. For when we speak of God and that he sees everything and when we kneel and pray to him all our terms and actions seem to be parts of a great and elaborate allegory which represents him as a human being of great power whose grace we try to win, etc., etc. But this allegory also describes the experience which I have just referred to. For the first of them is, I believe, exactly what people were referring to when they said that God had created the world; and the experience of absolute safety has been described by saying that we feel safe in the hands of God. A third experience of the same kind is that of feeling guilty and again this was described by the phrase that God disapproves our conduct." (LE 9). Das Paradoxe der existentiellen Sinngrenzphänomene des Dass der Welt (theologisch: die Schöpfung), der fundamentalen Schuld und Geborgenheit (Gottes Zorn und Gnade) besteht nach Wittgenstein darin, dass sie einerseits Erfahrungen und Gefühle sind, und insofern bloß Tatsachen in der Welt sind, denen kein absoluter Wert zukommen kann. Andererseits weisen diese Grenz- und Sinnerfahrungen eben in die ‚richtige' Richtung.

Es geht mithin weiter darum, die theologische Differenz so zu verdeutlichen, dass sie nicht mit auch noch so intensiven Gefühlen, Empfindungen und empirischen Tatsachen konfundiert und auf diese Weise dann grundsätzlich verfehlt wird. Und genau in derselben Stoßrichtung geht es darum, dennoch den lebensbezogenen Realitätsgehalt dieser Differenz nicht idealistisch oder fiktionalistisch preiszugeben. Ein analoger Status kommt in Kants Moralanalyse dem Gefühl der Achtung und der Erfahrung des Erhabenen zu. Durch den Begriff des *Wunders* versucht Wittgenstein, den spezifischen Geltungssinn authentischer Transzendenzerfahrungen weiter zu explizieren. Dabei geht es ihm erneut darum, ein eigentliches Wunder von allen möglichen innerweltlichen Mirakeln, spektakulären, beobachtbaren Ereignissen fundamental zu unterscheiden. Denn ein solches Verständnis würde das eigentlich Wunderbare, das Geheimnis, das *absolute Wunder* gerade verdecken und verstellen. Das ‚Paradox' des eigentlich Unsagbaren wäre zum Verschwinden gebracht, der eigentliche Anstoß verharmlost und innerweltlich depotenziert. Ich erinnere daran, dass Kant im Blick auf das eigentliche (absolute) Wunder der Freiheit eine ähnliche sinnkriteriale Strategie verfolgte. Um das eigentliche Wunder zu begreifen, dazu können die von Wittgenstein paradigmatisch aufgewiesenen Sinngrenzerfahrungen hilfreich sein. Sie sind aber nicht zu identifizieren mit der eigentlichen Sinndimension, die mit der Rede von Gott gemeint ist. Sonst würden ein psychologistischer Mystizismus, die Intensität der Ergriffenheit oder ähnliche, letztlich quantifizierbare Phänomene an die Stelle der authentischen Qualität dieser Sinndimension treten.

Wir können daher sagen, dass die von Wittgenstein gemeinte authentische Sinndimension sich in und mit solchen Sinngrenzerfahrungen zeigt und sich durch sie und an ihnen aufweisen und erläutern lässt, nicht jedoch, dass sie sich durch solche Erfahrungen ersetzen lässt. Ähnlich würde die praktische Einsicht in die unbedingte Geltung moralischen Sinns nicht aufgehen in und ersetzt werden können durch intensive Achtungsempfindungen. Diese könnten die ernsthafte moralische Praxis nie ersetzen.

Es ist besonders aufschlussreich, dass Wittgenstein die absolute Sinndimension des Wunders in seiner Ethikvorlesung über die Existenz der Welt auch auf die Existenz der Sprache ausdehnt. Er weist zu Recht alle Wunder-Konzeptionen ab, die als bloßes „miracle" eingestuft werden können. Er fingiert das „miracle", dass einem Menschen plötzlich ein Löwenkopf wächst und zu brüllen beginnt. Nach intensiven wissenschaftlichen Untersuchungen läßt sich das „miracle" möglicherweise erklären; wenn nicht, so heißt das nur: „We have hitherto failed to group this fact with others in a scientific system" (LE 10/11). Jeder weitere wissenschaftliche Befund wäre wieder nur eine Tatsache. Anders steht es mit eigentlichen Wundern: „And I will now describe the experience of wondering at the existence of the world by saying: it is the experience of seeing the world as a miracle. Now I am tempted to say that the right expression in language for the miracle of the existence of the world, though it is not any proposition in language, is the existence of language itself".

Halten wir fest: im Kernbereich der Religion und der Frage nach Gott entwickelt Wittgenstein eine Sinngrenzanalyse absoluter Wunder. Dass es überhaupt die Welt gibt, dass es überhaupt die Sprache gibt, gehört zu einer Dimension absoluter Sinnbedingungen, deren Begreifen zum Gottesverständnis führen kann und zu ihm gehört. Zu diesem Begreifen gehört konstitutiv die Möglichkeit des Missverstehens, eine existentielle Krisis der Reflexion, die Wittgenstein mit Kierkegaard als das „Anrennen gegen die Grenzen der Sprache" bzw. gegen das Paradox bezeichnet. Deswegen gehört der negativ-kritische Abweis der Missverständnisse ins Zentrum der Sinnexplikation der theologischen Differenz.

3.4.2 Der späte Wittgenstein

Die sprachkritische, sinnkriteriale Reflexion Wittgensteins erfährt auf dem Weg zur Spätphilosophie eine mehrfache Vertiefung und weitere

Radikalisierung. Ich vertrete die These, dass der ethische und religiöse, existentielle Untergrund seines Denkens dabei stets erhalten blieb und leitend war. Insbesondere der andauernde, sich noch verstärkende Einfluss Kierkegaards wird in der Forschung immer deutlicher. Die Bedeutung der Spätphilosophie für die moderne, internationale religionsphilosophische Diskussion ist unübersehbar und kaum zu überschätzen. Im folgenden soll es nur darum gehen, die entscheidenden neuen Einsichten kurz und verständlich zu reformulieren, die für das Projekt einer kritischen Religionsphilosophie und philosophischen Theologie wichtig und weiterführend sind. Ich bin davon überzeugt, dass die soeben für den frühen Wittgenstein aufgezeigten grundsätzlichen Auffassungen für ihn auch später leitend blieben. Das zeigen viele Gesprächsnotizen, Berichte und Tagebuchtexte.

Ins Zentrum der Analysen der Spätphilosophie rückt die Alltagssprache, die sich letztlich sinnkriterial als unhintergehbares Fundament aller Spezialisierungen und Teil-Präzisierungen in Wissenschafts- und Fachsprachen, in Kunst und Religion erweist. Wir sind bleibend auf sie an- und zurückgewiesen. Für die Weiterentwicklung der Kantschen Vernunft- und Moralkritik entscheidend ist die systematische Einsicht, dass es keine flächendeckende allgemeine Theorie unserer sprachlichen Unterscheidungspraxis geben kann. Was für „die Welt" und „den Menschen" nach Kant gilt: dass sie theoretisch letztlich unerkennbar sind und nur durch freie Entwürfe konstituierbar gedacht werden können, dass sie mithin auch als *intern unendlich komplex* begriffen werden müssen – diese Einsicht hatte Hegel mit seiner Lehre von der wahren, inneren Unendlichkeit als Geheimnis der Personalität und Individualität, auch im Anschluss an Goethe, entwickelt, und die Phänomenologie Husserls vertiefte diese Einsicht –, dies gilt nach Wittgenstein auch und insbesondere für die Sprache. Wie alle unverfügbaren Sinnbedingungen unseres Lebens lässt sie sich nicht objektivieren, als gegenständlich „vorhanden" erfassen und wissenschaftlich zur Gänze durchschauen und erkennen, „ableiten" oder „ausrechnen". Diese negative Einsicht ist für unser Vernunftverständnis von großer Tragweite. Ohne Kants kritische Leistung preiszugeben, können und müssen wir diese nämlich sprachkritisch radikalisieren und präzisieren.

Während der mainstream der Analytischen Philosophie formale und naturwissenschaftlich-empiristische, z. B. behavioristische Ansätze und Theorien entwickelte – wir werden die Konsequenzen solcher Ansätze für die philosophische Theologie noch kurz kritisch beleuchten – steht Wittgenstein in der Tradition Kants, Hegels und Kierkegaards, wie sich in vielen wegweisenden Untersuchungen ergab. Seine Sinnkritik und seine Sprachanalyse folgen keinem linguistischen Idealismus oder logischen Formalismus, die über die Sinnkriterien und Analysemöglichkeiten methodologisch schon vorab entschieden hätten. Insofern rückt seine Spätphilosophie – in ihrer genauen Beschreibung der unendlich komplexen und ausdifferenzierten, geschichtlich gewordenen Alltagssprache – in die Nähe von Phänomenologie und Hermeneutik. Die Spätphilosophie ist ferner von jedem linguistischen Idealismus und Formalismus unterschieden, weil Wittgenstein die Sprache in engster Verflochtenheit mit ihrem Gebrauch in der Alltagspraxis und in konkreten Lebensformen thematisiert. Es tritt mithin der *gesellschaftliche, kulturelle und geschichtliche Kontext* als sinnkonstitutive „Umgebung" der Sprachverwendung ebenso in die Analyse ein wie der *existentielle* und *interexistentielle Kontext* dieser Verwendung. Diese bedeutungskonstitutiven Aspekte sind für das philosophische Begreifen religiöser Praxis und der Rede von Gott unverzichtbar. *Sie weisen in die Richtung einer kritischen Hermeneutik, statt in die einer formal-semantischen Sprachanalyse.*

Ein weiterer Aspekt der Spätphilosophie Wittgensteins ist auch für unsere Thematik grundlegend. Es ist die *Unbestimmtheit* und die *Offenheit* der Sprache. Die Sprachpraxis (auch der Rede von Gott) lässt sich genauer als *freies Fortsetzen nicht-festlegender Anfänge* charakterisieren. Mit dieser fundamentalen, sinnkriterial weitreichenden Einsicht sind zu statische, zu objektivistische, scheinhaft „exakte" Vorstellungen vom Funktionieren der Sprache als unserem Medium par excellence der rationalen Selbstreflexion abgewiesen. Aber dieser Abweis geschieht nicht zugunsten eines nun diffusen, vagen bzw. beliebigen, ,relativistischen' Sprachverständnisses. Er geschieht vielmehr zum Zweck einer *viel genaueren* Analyse des Sinnes von Worten und der Bedeutung des Gebrauchs von Sätzen in ganzen, konkreten Lebenssituationen. Man kann durchaus so weit gehen und sagen, dass Kants Spontaneitäts- und Freiheitskonzeption mit diesem Zugriff auf die Sprache als freie, aber geordnete, strukturierte Entwurfspraxis, die für unsere Selbstdeutung und Selbsterkenntnis konstitutiv ist, wesentlich bereichert und präzisiert wird und gewissermaßen ins Ziel gelangt.

Wie wendet Wittgenstein diese innovativen Einsichten, die auch in der heutigen Philosophie in ihrer Tragweite noch kaum realisiert werden, auf unsere Thematik an? In seinen *Vorlesungen und Gesprächen über Ästhetik, Psychologie und Religion*[88] fragt Wittgenstein in der für ihn charakteristischen Zugangsweise der Spätphilosophie, wie das Wort „Gott" gelernt wird: „Das Wort ,Gott' gehört zu denen, die am frühesten gelernt werden – Bilder, Katechismen usw. Aber diese Bilder haben nicht dieselben Folgen wie die Bilder von Tanten. Man hat mir nicht das gezeigt (was das Bild abbildet). Dieses Wort wird wie ein Wort gebraucht, das eine Person repräsentiert. Gott sieht, belohnt usw." (95).

Im folgenden verdeutlicht Wittgenstein, dass beim frühen Lernen des Wortes „Gott" neben den bildlich-analogen Bedeutungsaspekten immer auch schon die Negationen von missverständlichen, wörtlichen, üblichen Verständnissen der Rede von Gott mit gelernt werden. Gott ist zwar „Vater", er „liebt" uns – aber gleichwohl anders als Menschen Väter sind und lieben. In solchen elementaren Lehr- und Lernsituationen sind die theologischen Ansätze der Analogie und der Negation vorgezeichnet. Entscheidend ist, dass die Rede von Gott in größere Kontexte der Handlungsorientierung eingebettet wird. Wenn Gott liebend und strafend gedacht und vergegenwärtigt wird, dann hat dieses Denken und Vergegenwärtigen keinen bloß theoretischen, neutralen Informationsstatus. Das zeigt sich in der Perspektive des Glaubens an das Jüngste Gericht: „Wenn jemand an das Jüngste Gericht glaubt und ich nicht, heißt das, dass ich das Gegenteil dessen glaube, was er glaubt, nämlich dass es so etwas nicht geben wird? Ich würde sagen: ‚Ganz und gar nicht, oder nicht in jedem Falle!' (…) Angenommen, jemand wäre gläubig und sagte ‚Ich glaube an das Jüngste Gericht' und ich sagte ‚Nun, ich bin da nicht so ganz sicher. Vielleicht'. Man würde doch sagen, dass ein Abgrund uns beide trennt." (87).

Wittgenstein arbeitet mit seinen Sprach-Gebrauchsanalysen der Spätphilosophie auf diese Weise den *existentiell-praktischen Geltungssinn* religiöser Rede – hier der Rede vom Jüngsten Gericht – heraus.

Dieser Geltungssinn unterliegt nicht einer empirischen Überprüfung und Verifikation bzw. Falsifikation. Das existentielle Paradigma des göttlichen Gerichts funktioniert auf einer *ganz anderen* Ebene als üblicher, empirischer Geltungssinn. An dieser Analyse wird deutlich: Wittgenstein behält seine Grundauffassung der theologischen Differenz, des Unbedingten und Absoluten in der Linie von Kant und Kierkegaard in seiner Spätphilosophie bei. Bereits deskriptiv-sprachphänomenologisch lässt sich zeigen, dass der Glaube an das Gericht einen existentiell-eschatologischen, praktischen Status als Ausdrucksform eines unbedingten Selbstverständnisses hat. Deswegen wird dieser Glaube auch nicht begründet, wie übliche empirische Überzeugungen. Die existentielle Gesamtorientierung steht nicht auf der Stufe des Für-wahr-oder-falsch-Haltens von einzelnen Tatsachen in der Welt. Wer sich am Endgericht ausrichtet, „hat (…) vielmehr das, was man einen unerschütterlichen Glauben nennt. Und der wird sich nicht beim Argumentieren oder beim Appell an die gewöhnliche Art von Gründen für den Glauben an die Richtigkeit von Annahmen zeigen, sondern vielmehr dadurch, dass er sein ganzes Leben regelt" (88).

Dieser existentielle Ganzheitsbezug hat auch den Abweis psychologistischer, emotivistischer Missverständnisse von Glaubensüberzeugungen zur Konsequenz. Das eschatologische Paradigma *unbedingter* Verantwortung und Schuldfähigkeit gehört, so können wir ergänzend erläutern, ebenso wie die von Kant freigelegte Hoffnungsdimension, zu einem geklärten Freiheitsverständnis. Dieses tiefe, lebenspraktische und lebenstragende Verständnis gründet nicht in Gefühlen, Empfindungen und Stimmungen, die kommen und gehen. Es ist umgekehrt: Als existentieller – und interexistentieller – *Vorentwurf* wirkt das eschatologische Unbedingtheitsverständnis normativ und orientierungskonstitutiv zurück auf die Praxis der sich so Verstehenden. „Die Stärke eines Glaubens ist nicht vergleichbar mit der Intensität eines Schmerzes"; „Ein Glaube ist nicht so etwas wie ein momentaner Gemütszustand" (89).

Dieser existentielle Totalitätsbezug gilt auch für das Gottesverständnis. Der „Abgrund", der die Missverständnisse des eschatologischen Gerichtsverständnisses von einem authentischen Verständnis trennt, trennt auch falsche Vorstellungen von Gott von den angemessenen: „Wenn der an Gott glaubende um sich sieht und fragt: ‚Woher ist alles, was ich sehe?', ‚Woher das alles?', verlangt er *keine* (kausale) Erklärung; und der Witz seiner Frage ist, dass sie der Ausdruck dieses Verlangens ist. Er drückt also eine Einstellung zu allen Erklärungen aus."[89]

Dieser existentiell-holistische Status des Gottesverhältnisses berührt auch die Rede von der *Existenz Gottes*: „Wenn sich die Frage nach der Existenz eines Gottes oder Gottes stellt, dann spielt sie eine ganz andere Rolle als Fragen nach der Existenz aller Menschen oder Dinge, von denen ich sonst noch gehört habe." (96).

Im Sinne einer existentialen Grammatik[90] können wir weiterführend sagen: Verstehen wir den authentischen Sinn der Rede von Gott in einer durch diese Rede geprägten, sinnvollen Lebenspraxis, dann ist mit diesem Sinn auch die Existenz Gottes ganz selbstverständlich verbunden bzw. die zusätzliche Frage, ob Gott existiert oder nicht, ist überflüssig, sinnlos oder irreführend. Auf diese Weise habe ich bereits Gottesbeweise thematisiert. Es stellt sich, im Anschluss an die Gedanken Wittgensteins, die Frage nach dem grammatischen Status des Wortes Gott. Die religionsphilosophischen Rekonstruktionen des späten Wittgenstein weisen wichtige Aspekte auf, die sich auf andere Weise auch in den transzendental-praktischen und in existenzphilosophischen Rekonstruktionen finden. Mit diesen Zugriffen sind theoretische, szientifische, objektivistische und unkritisch-ontologische Vorstellungen auf der Ebene der metasprachlichen Sinnexplikation ebenso zurückzuweisen wie private, subjektivistische, emotive Vorstellungen von Gott und einer sinnvollen Rede von Gott. Worum es tatsächlich geht, das ist ein sinnvolles gemeinsames Lebensverständnis und im Kern die Lebenspraxis, die ein solches Verständnis eröffnet, ermöglicht und trägt. In diese Richtung weisen ja auch die religionsgründenden Geschichtsereignisse und Sprachtraditionen. Die Kerntexte der biblischen Überlieferungen rufen zur Umkehr, zur Annahme der göttlichen Wahrheit und zu neuem Leben; das gilt auch für den islamischen Monotheismus.

Es stellen sich aber Anschlussfragen an die wegweisenden Zugriffe von Kant, Kierkegaard und Wittgenstein, auch wenn wir sie im Sinne einer von Peirce weiterentwickelten Hoffnungslogik noch konstruktiv ausbauen. Atheisten, Religionskritiker, ebenso aber auch fromme Gemeindemitglieder könnten auf diese Rekonstruktionen etwa folgendermaßen reagieren: Die Atheisten und Kritiker nehmen die Rekonstruktionen als Bestätigung ihrer Überzeugung, „Gott" sei eine von Menschen gemachte Vorstellung, eine Fiktion zur Stabilisierung von Moral und Lebenssinn – so ernsthaft die Glaubenden intern, in ihrer Praxis auch an ihn glauben mögen. Die frommen Gottgläubigen finden sich in der moralbezogenen Kantischen Reformulierung nicht wieder, was den Kernbereich ihrer Bekenntnisse anbetrifft. Sie finden sich aber auch in den Beschreibungen Wittgensteins insofern nicht wieder, als der bloße Verweis auf eine – intern noch so ernsthaft gelebte – Lebenspraxis das Gottesverhältnis zu einer Praxis neben vielen anderen zu vergleichgültigen scheint. Neben Christen gibt es Atheisten, Humanisten, Buddhisten, Agnostiker, Hedonisten – na und?

Es kommt für die Philosophie alles darauf an, diesen verbreiteten Eindruck von Reduktionismus und Beliebigkeit zu überwinden, ohne in einen Dogmatismus zu verfallen. Sowohl bei Kant wie auch bei Kierkegaard und Wittgenstein finden sich bereits eine ganze Reihe von Aspekten, die auf die unverfügbaren Sinnbedingungen unserer Existenz Bezug nehmen und die Möglichkeit eröffnen, auf dem Hintergrund der bisherigen Analysen und auch der negativ-kritischen Abweise eine philosophische Theologie in unserem Sinne so zu entwickeln, dass die Dimension eines geklärten Gottesverständnisses wieder in den Reflexionshorizont von Philosophie eingeholt werden kann – nach der Vernunft- und Sprachkritik der modernen Philosophie, aber auch mit der Möglichkeit, klärend und rekonstruierend an die metaphysischen und ontologischen Traditionen von Platon, Aristoteles, Plotin und der mittelalterlichen Philosophen anzuknüpfen. Diese philosophische Theologie muss aber eigenständig im Ansatz konzipiert werden. Ein bloßer historischer Rückgang ohne eigenständige systematische Orientierung wäre nicht tragfähig. Deswegen wurde ein solcher Ansatz von mir den historischen Analysen dieses Kapitels vorangestellt.

Nicht preiszugeben ist von den bislang vorgestellten konstruktiven Ansätzen erstens *die irreduzible Unbedingtheit des Sinn- und
Geltungsanspruches* der Orientierung an Gott, wie sie schon Kant
zentral am Paradigma der moralischen Praxis und der mit ihr verbundenen transpragmatischen und transmoralischen Sinndimension aufgezeigt hat. Wittgensteins Interpretation der eschatologischen Dimension entspricht dieser Unbedingtheit. In der Perspektive des Jüngsten
Gerichts artikuliert sich ein unbedingt verantwortetes Lebensverständnis im Ganzen, unter Einbezug der existentiellen Dimension der
Schuld (bzw. besser der Sünde). Diese Dimension überschreitet den
Rahmen des Rechtlichen und auch des Moralischen, des guten oder
des bösen Tuns. Damit ist eine zweite irreduzible Perspektive angesprochen, die der *existentiellen Totalität*. Mit dem Gottesverständnis
ist das Verständnis des gesamten, des ganzen Lebens in seiner
Einmaligkeit verbunden. Es muss aber klar sein: ein solches Gesamtverständnis gehört ebenso wie ein moralisch-praktisches Verständnis
konstitutiv zu einem überhaupt grundsätzlich geklärten menschlichen
Selbstverständnis.

Philosophisch auf die Konstitution von Sinn und Geltung bezogen
können wir also sagen: Die Dimension der traditionellen Gottesproblematik, der Frage nach Gott ist mit der Frage nach einem authentischen Sinn unserer Existenz untrennbar verbunden. Der Schwund
Gottes, das Fehlen Gottes, die Abwesenheit Gottes, der Tod Gottes
und das Vergessen Gottes in Teilen der modernen Welt, unter Einschluss der Philosophie, hat viel mit den katastrophalen Ereignissen
des 20. Jahrhunderts zu tun. Für viele ernsthafte Menschen blieb als
glaubwürdigste Identifikationsgestalt eines zwar vergeblichen, dennoch durchzuhaltenden, vielleicht sogar humanistischen Selbstbehauptungswillens nur der den Stein wieder aufwärts rollende Sisyphos übrig. Fundamentalistische Gegenbewegungen aller religiösen
Richtungen bildeten und bilden wenig überzeugende bis zutiefst
abschreckende Formen eines dogmatischen Festhaltens an bestimmten Vorstellungen von Gott.

Auf genau diesem skizzierten Hintergrund und nach den bisheri-
gen Ausführungen insistiere ich auf der expliziten systematischen
Wiederholung der Gottesfrage. Wenn die Richtung, die Kant, Hegel,
Kierkegaard, Peirce und Wittgenstein gewiesen haben, einiges Recht
hat, dann muss eine Erneuerung systematischer philosophischer
Theologie möglich sein und unternommen werden.

3.5 Spuren Gottes? Substitute und Surrogate des Absoluten in Kultur und Reflexion der Moderne

3.5.1 Wie kam es zu Substitutionen Gottes?

In diesem Abschnitt wird die negativ-kritische Ausgrenzung und Abwägung verfehlter Gottes- und Transzendenzverständnisse in der Gegenwart weitergeführt, konkretisiert und präzisiert. In den säkularisierten Kulturen des Westens „nach der Aufklärung"[91] lassen sich seit langem tiefgreifende Transformations- und Umbesetzungsprozesse beobachten. Können solche heterogenen, pluralistischen Gesellschaften „eine vernünftige Identität ausbilden"?[92] Eine solche Identität scheint anders als formal, prozedural, legal und liberal nicht vorstellbar zu sein. Eine inhaltliche, normative, positive Identität scheint darüber hinaus jedoch kulturell, geschichtlich und individuell im Horizont freiheitlicher Selbstbestimmung zu liegen.

In diesem Kontext wurden Religion, Theologie und Metaphysik wie auch die Antworten auf existentielle Sinn- und Grundfragen zur persönlichen Sache des Einzelnen. In der Linie der Reformation und des Protestantismus erfolgte eine Existentialisierung und Subjektivierung, die eng mit der ökonomischen Entwicklung und den modernen Rationalisierungsprozessen verzahnt war und auch die „Entstehung des Selbst"[93] wesentlich prägte.

Das geschichtsphilosophische Ergebnis dieser Entwicklung kann man, ohne zu stark zu vereinfachen, mit Hegel durchaus noch heute als die „moderne Entzweiung" von Subjektivismus und Objektivismus, von Geschichte und Gegenwart, von Gemeinschaft und Gesellschaft, von Lebenswelt und System bezeichnen. Diese Entwicklung der Ausdifferenzierung und Komplexitätssteigerung ist keiner einfachen Beurteilung und Bewertung zugänglich. Für eine gesellschafts- und ideologiekritische Philosophie ist es aber wesentlich, eklatante Fehlentwicklungen zu erkennen und diese zum Zweck der Explikation rationaler Alternativen auf ihre Ursachen und Gründe hin zu untersuchen. Zu solchen Fehlentwicklungen gehören ideologische, politische, ökonomische und kulturelle Konstrukte, die sich als schlechte Ersatzreligionen erweisen lassen, ebenso Konstrukte, die sich an die Stelle Gottes setzen. Man braucht philosophisch keine positive Theologie zu vertreten oder überhaupt für möglich zu halten, um die quasi-religiöse, mythische Verherrlichung von Stalin, Hitler, Mao, Pol Pot oder Kim Il Sung als Verirrung und Perversion des Totalitarismus abzulehnen. Es braucht also nicht die positive Konzeption eines wahren Gottes, um die falschen Götter und Götzen zu entlarven. Oder doch?

In der Gegenwart gibt es eine ideologiekritische Richtung der negativen politischen Theologie, deren Grundthese sich gut mit dem Bild vom leeren Thron erläutern lässt. In der Mitte der modernen Gesellschaft, in ihrem geheimen normativen Zentrum steht ein Thron, auf dem einst Gott gesessen hatte. Dieser Thron bleibt in der modernen, westlichen Demokratie leer. Er ist nicht mehr von Gott besetzt, aber – und das ist entscheidend – er darf durch nichts sonst besetzt werden. Dies ist die moderne Variante des Grundsatzes: „Nemo contra Deum nisi Deus ipse" – „gegen Gott niemand, es sei denn Gott selbst."

Auch eine konsequent religionskritische und atheistische Philosophie nach der Aufklärung muss im Sinne der erläuterten negativkritischen Theologie die falschen Götter vom Thron zu stoßen suchen. Bereits dazu aber bedarf es einer minimalen philosophischen Theologie. Denn wie sollte sonst, kriterienlos, zwischen falschen und angemaßten Göttern und einem eigentlich wahren Gott unterschieden werden können – auch wenn es letzteren „gar nicht gibt"?

Wir erreichen so eine erste wichtige systematische Aufgabe philosophischer Theologie der Gegenwart, die unabhängig von der Möglichkeit einer „positiven" Behandlung der Gottesfrage ist. Es gibt in der modernen Entwicklung immer wieder Tendenzen, an die Stelle des vielfach geschwundenen oder vergessenen Gottes bzw. des Absoluten Ersatzgötter zu setzen. Die oft repressive Gewaltstruktur, die den archaischen, feudalen und hierarchischen Theozentrismus charakterisierte, kehrt in Formen politischer Theologie oder ökonomischer Machtkonzentration wieder. So, wenn das Geld zum alles bestimmenden Faktor und Zentrum des menschlichen Lebens wird und die Bankgebäude an Pracht und demonstrativer Größe sämtliche Sakralbauten und die Kathedralen des Mittelalters überragen.

Neben Totalitarismus und Kapitalismus als ideologischen Pseudo-Theologien, die auf trügerische Weise „Heil" und „Sinn" verheißen, die sie in Wirklichkeit pervertieren und zerstören, können auch individualistische wie massenhaft verbreitete Lebensformen „Kultstatus" erreichen. Diese Kulte einer oberflächlichen Unterhaltungsindustrie werden dann zu Surrogaten des Absoluten, wenn sich gesellschaftlich wie individuell alles „um sie dreht". Wir benötigen keine larmoyante und elitäre Kritik der Massenkultur, wenn wir in der philosophischen Reflexion darauf hinweisen, dass menschliches Glück und Lebenssinn nicht im Aufhäufen von Besitz und in Spaß und Konsum ihr alleiniges Fundament haben können. Zu dieser Einsicht gelangen wir bereits ohne Rekurs auf die Gottesfrage nach wenigen Schritten der Überlegung.

Es könnte sein, dass den westlich-kapitalistischen Systemen der Gegenwart die Tendenz innewohnt, Surrogate einer glaubwürdigen humanen Lebensorientierung zu begünstigen. Solche Tendenzen fallen insbesondere den Angehörigen traditionell-konservativer, orthodoxer und fundamentalistischer, theistischer Richtungen ins Auge. Es entwickelt sich auf dem Trümmerfeld anspruchsvoller Diskurse zwischen Philosophie und Theologie, Moderne und religiösen Traditionen eine prekäre negative Dialektik. Genau an dieser ungemütlichen, prekären Schnittstelle der gegenwärtigen, weltweiten Konfliktsituation zwischen ideologischen Surrogaten religiöser Sinnorientierung und ebenso ideologischen, zur Selbstkritik unfähigen Formen des Fundamentalismus muss die philosophische Reflexion der Frage nach Gott erneut einsetzen. Es gilt, die fehlgelaufenen und misslungenen Formen der Säkularisierung wie auch die gegen vernünftige Einsicht und Kritik abgeschotteten Formen eines theologischen Positivismus zu destruieren und zu überwinden. In der gegenwärtigen, vielfach durch irrationale Vereinseitigungen geprägten Situation, steht nicht nur ein unkritischer Säkularismus gegen einen religiösen Fundamentalismus, ebenso stehen auf internationaler Ebene Formen des jüdischen, christlichen, islamischen und hinduistischen Fundamentalismus gegeneinander – alle verwoben mit lokalen, ethnischen und traditionellen Macht- und Herrschaftsansprüchen.

Demgegenüber hat die philosophische Reflexion die genuinen Rationalitäts- und Befreiungspotentiale der religiösen und theologischen Traditionen eigenständig freizulegen und zu explizieren. Sie muss dazu die negative Dialektik der Säkularisierungsprozesse ebenso in ihre Kritik einbeziehen wie die Dialektik des religiösen Fundamentalismus. Für die Kritik und die Freilegung der genuinen Rationalitätspotentiale benötigen wir keine allgemeine Theorie der Säkularisierung und keine allgemeine Theorie der weltgeschichtlichen Entwicklung. Auf solche immer perspektivisch konstruierten und normativ bereits auf der deskriptiven Ebene sehr voraussetzungsreichen Theorien können wir die eigentliche philosophische Aufgabe, die systematische Vermittlung von Methode und Selbsterkenntnis auf der Ebene expliziter Sinnkonstitutionsanalyse, nicht abschieben. Wir sind mit Wahrheits- und Geltungsansprüchen konfrontiert, deren Status nicht auf der Ebene empirischer historischer Fakten anzusetzen ist.

In einem Beitrag zur Frage nach Gott in der Gegenwartsphilosophie stellt Klaus-Michael Kodalle fest, dass sich mit der „Epochenschwelle zur Neuzeit" das grundsätzliche Einverständnis zwischen Vernunft und Glauben tendenziell aufgelöst (hat)", dass das religiöse Bedürfnis sich vielfach „in exzentrischen Kostümierungen befriedigt", dass schließlich die „Philosophie, im Banne der Religionskritik des 19. und 20. Jahrhunderts" „eine tiefe Scheu ausgebildet [hat], die

Thematik aufzugreifen, die einmal ihre Mitte und ihren Ursprung bildete."[94]

Im folgenden werde ich diese zutreffende Diagnose durch eine Analyse von Substituten des Absoluten in der Reflexion der Moderne zu bestätigen suchen. Wie in anderen Bereichen von Kultur und Gesellschaft, so zeigen sich auch in der Philosophie Phänomene der Wiederkehr einer verdrängten Transzendenz in anderer Gestalt.

Das klassische Paradigma einer solchen Wiederkehr des Verdrängten ist die *Gesamtarchitektonik* des Kantschen Systems der Philosophie. Die erkenntniskritischen Prämissen, übernommen vom Empirismus, führen zu einer negativen Ausgrenzung des Noumenalen, des Dings an sich, des „Übersinnlichen" „in uns" und „außer uns" als eines prinzipiell unerkennbaren, transzendenten Bereichs. Dass wir auch bei der Ausgrenzung bereits ein *Vorverständnis* dieses Bereichs benötigen und hermeneutisch voraussetzen müssen, wird nicht bedacht. Wie haben versucht, diesen Fehler im Entwurf unserer philosophischen Theologie zu vermeiden. Das Verhältnis des transzendenten Bereichs zur Ebene der später rational rekonstruierten Metaphysik der Postulatenlehre bleibt unklar und unvermittelt. Die ganze Destruktion in der transzendentalen Analytik wie auch die Rekonstruktion in der transzendentalen Dialektik, der praktischen Philosophie, der Metaphysik der Sitten und der Religionsschrift wird durch das Nadelöhr der Freiheitslehre hindurch geführt. Diese Lehre aber besagt im Kern nur, dass es glücklicherweise nicht beweisbar ist, dass wir nicht frei sind – mehr nicht. An dieser Negation der Negation hängt die gesamte Rekonstruktion der humanen Welt und der lebensweltlichen Praxis. Während in der Wirklichkeit der menschlichen Lebenspraxis das Ethische, die Sinn- und Glücksorientierung, die konkreten existentiellen Leid- und Erfüllungserfahrungen das Zentrum und die Mitte bilden, und während in dieser Wirklichkeit unsere mannigfachen Bedingtheiten und unsere demgegenüber schmalen Handlungsspielräume eng miteinander verwoben sind, werden bei Kant durch die zum unerkennbaren Punkt eingeschrumpfte transzendentale Freiheit (Spontaneität) dualistisch zwei Welten getrennt: die Welt empirischer Sinnesdaten, die mit Hilfe der Kausalitätskategorie im Rahmen der Naturwissenschaften thematisierbar ist einerseits, die moralische Welt der personalen Freiheit, die theoretisch unerkennbar bleibt andererseits. Der Reduktion der in Wahrheit grundlegenden *interpersonalen, kommunikativen Alltagspraxis* und der *lebensweltlichen Erfahrung* im Kontext der theoretischen Vernunft entspricht die Tendenz zur Formalisierung, Purifizierung und Fiktionalisierung im intelligiblen Kontext der Ethik. Was der Erfahrung zunächst genommen wird – eine praktische Sinndimension – wird ihr in der metasprachlichen Konstruktion des Systems später gleichsam wieder angestückt – als Idee, als Ideal, als Postulat. Wir haben in den systematischen Überlegungen zu einer philosophischen Theologie bereits gezeigt, wie wir die metasprachliche Schieflage der Kantschen Rekonstruktionen von Metaphysik und Theologie vermeiden können, ohne deren wichtige Einsichten, die wir in der Interpretation der Religionsschrift Kants freigelegt haben, preiszugeben. Erst mit einer sinnkriterialen Tiefenhermeneutik der Alltagspraxis, der Alltagserfahrung und der Alltagssprache ist es möglich, die genuin metaphysische Dimension zurückzugewinnen, die auch für eine philosophische Theologie unverzichtbar ist. Wesentliche Ansätze dazu finden sich, wie wir sahen, gerade in den Einzelanalysen Kants – quer zu seiner Gesamtarchitektonik.

Im Zuge der Entwicklung der modernen Philosophie geriet die genuin metaphysische Dimension gerade aus Gründen der Kantschen Gesamtsystematik immer mehr aus dem Blick. Warum? Der szientifisch-empiristische Strang der Reflexion führte über mehrere Stationen der Depotenzierung bei Schopenhauer zur Identifikation des „Dings an sich" mit dem Weltwillen, in der Konsequenz zu dessen naturalistischer und darwinistischer Transformation bei Nietzsche. Bereits Nietzsche ist ein gutes Beispiel für die Wiederkehr des Verdrängten in anderer, befremdlicher Gestalt. Nachdem Platonismus, Christentum und Dimensionen der Transzendenz einer radikalen Destruktion und Elimination unterzogen und der „Tod Gottes" verkündet wurde, setzt mit konsequenter innerer Logik die ideologische Ersatzbildung ein: die Mythen vom Übermenschen und von der ewigen Wiederkehr des Gleichen werden entworfen. Es lässt sich zeigen, wie gerade die Schiefstellung des Kantschen Systems – sicher wider Willen – zu diesen Destruktions- und Ersatzbildungsprozessen führt, nicht nur bei Schopenhauer und Nietzsche, sondern auch bei Herbart und Fries, bei Vaihinger und im Neukantianismus. Wir haben bereits gezeigt, warum Kants Leistung in der Religionsphilosophie dennoch unverzichtbar bleibt.

Die so begonnene Transformation und Umbesetzung des Absoluten lässt sich in großen Entwürfen der Philosophie des 20. Jahrhunderts aufschlussreich weiterverfolgen. Das soll im folgenden im Blick auf Wittgenstein, Heidegger, Adorno, Apel und Habermas sowie Derrida kurz skizziert werden. Auch hier gilt noch verstärkt, was schon mit Bezug auf die im ersten Kapitel zurückgewiesenen empirisch-wissenschaftlichen, psychologischen, funktionalen und fiktionalen Gottesverständnisse unterstrichen wurde: Diesen Ansätzen eignet ein verdeckter Wahrheitsgehalt bzw. Wahrheitskern, der bei geeigneter Reformulierung auch für eine rationale philosophische Theologie fruchtbar gemacht werden kann. Es gilt für die thematisierten Autoren verstärkt, weil ihr systematischer Beitrag zur Philosophie des

20. Jahrhunderts für die erneute Entfaltung einer philosophisch-theologischen Perspektive unverzichtbar ist. Es gibt, das ist die Position
der vorliegenden Arbeit, kein einfaches Zurück zu Platon, Thomas
oder Kant im Blick auf die Gottesfrage, ohne die kritischen Fort-
schritte und die tiefgreifende „Transformation der Philosophie"
(K.-O. Apel) aufzunehmen, die durch Wittgensteins Sprachkritik und
Alltagssprachanalyse, durch Heideggers Fundamentalontologie und
existentiale Analytik und Hermeneutik, durch Adornos negative
Dialektik und durch bestimmte Aspekte der Dekonstruktion ermöglicht wurden. Allerdings führt der Weg, den Apel, Habermas und
Rorty im Anschluss an und in Absetzung von diesen weiterführenden
Ansätzen beschritten haben, nur zu einem formalen Rationalismus
einerseits, zu einem liberalen Relativismus und Dezisionismus andererseits. Auch eine hermeneutische Zurücknahme von Wahrheits- und
Geltungsansprüchen im Sinne Gadamers oder ihre Auflösung in eine
Philosophie der Differenz bleibt systematisch unzulänglich. Erst,
wenn wir die negativ-kritische Tragweite der Analysen von Wittgenstein, Heidegger, Adorno und Derrida wirklich ausbuchstabieren,
gelangen wir auf eine sinnkriteriale Ebene, die auch die Rekonstruktion einer authentischen praktisch-anthropologischen und theologischen Dimension der Philosophie eröffnet, und damit auch die eigenständige neue, wiederholende Aneignung der metaphysischen und
religiösen, der mystischen und spekulativen Sinntradition wieder ermöglicht.

Charakteristisch für die Denkwege der innovativsten Philosophen
des 20. Jahrhunderts ist zum einen ihre tiefe Verbundenheit mit dem
metaphysischen und theologischen Erbe, zum anderen ihre Tendenz,
mit der Tradition so radikal zu brechen, dass sich die einzig verbleibenden Perspektiven des Relativismus und Nihilismus abzuzeichnen
scheinen. In dieser unaufgelösten Spannung hält sich ihr Denken und
bildet auf diesem Weg charakteristische Substitute des Absoluten aus.

Das Phänomen einer solchen Substitutbildung – der Wiederkehr
des verdrängten Gottes – soll im folgenden nicht im Kontext einer
vorwurfsvollen Ideologiekritik aufgewiesen werden. Es macht vielmehr Stärke und Leistung der Autoren aus, in ihrer negativ-kritischen
Sinngrenz- und Sinngrundreflexion bis in diesen Bereich vorzustoßen
– und dies im Bewusstsein der radikalen Begrenztheit und Endlichkeit
unserer Erkenntnis. Sie erreichen so eine *Radikalisierung* wie auch
eine systematische *Präzisierung* und *Konkretisierung* der Kantschen
Erkenntniskritik. Erst, wenn wir ihre Ansätze ihrerseits noch auf
einander beziehen und anwenden, erreichen wir die radikale Reflexionssituation, die uns die Wiedereröffnung der bereits explizierten
philosophisch-theologischen Perspektive gestattet, anstatt uns in Formalismus, oberflächlichen Rationalismus, Relativismus oder Nihilis-

mus zu führen und den Weg der okzidentalen Vernunftgeschichte preiszugeben.

3.5.2 Paradigmen der Substitution: Wittgenstein – Heidegger – Adorno – Habermas – Derrida

Wittgenstein

Wir sahen: Beim frühen Wittgenstein wird der allumfassende, ontologische Bereich: *Dass* die Welt – unter Einschluss des menschlichen Lebens – *ist*, als „das Mystische" und *Unsagbare* von innen her ausgegrenzt. Was so, negativ, ausgegrenzt wird, ist zugleich die Ebene des *Sinns* der Welt und des Lebens, die „außerhalb" ihrer liegt und sich nur „zeigt". Es ist bezeichnend, dass der Aufweis dieses emphatisch ausgezeichneten Bereichs bzw. dieser genuinen Sinn-Ebene mit denkbar weitreichenden Verboten, Tabuisierungen und einer Art Arkandisziplin einhergeht, mit denen Wittgenstein auch seine Zeitgenossen irritierte. Dass der gesamte indirekte Aufweis der Sinn-Dimension zwar existentiell, und nicht empirisch-wissenschaftlich verstanden werden muss, dass er aber mitsamt den geläufigen Wortbedeutungen von „Gott", „Sinn" und „Mystischem" *nur im Kontext* der metaphysischen und insbesondere christlich-theologischen Überlieferung überhaupt verstehbar ist – diese notwendige Voraussetzung seines Verstehens expliziert der *Tractatus* nicht. An die Stelle einer solchen Explikation tritt ein offenbar beredt gemeintes „Schweigen" *über* das Unsagbare. In Briefen teilt Wittgenstein Freunden mit, dass gerade der ungeschriebene Teil des Werkes, an dem er über Jahre arbeitet, dessen eigentlich wichtiger und gemeinter Inhalt sei. Die Lebenspraxis Wittgensteins, sein Rückzug ins Kloster, dann als Dorfschullehrer in die niederösterreichische Provinz gehören ebenso zu dieser Sinnexplikation wie die jahrelange, existentiell motivierte Beschäftigung mit dem Werk Kierkegaards, wie sie erst wieder durch die neuerlichen Tagebuch-Veröffentlichungen in ihrer ganzen Komplexität und Intensität unzweifelhaft dokumentiert wird.[95]

Aber – und das ist entscheidend – diese religiös-existentielle Ebene des Privatlebens wird mit der philosophischen Reflexion *nicht mehr explizit und rational vermittelt*. Die Hinweise, die Wittgenstein, wie indirekt auch immer, im Blick auf den Sinn der Rede von Gott und der religiösen und mystischen Praxis gibt, haben wir bei der Ausarbeitung des eigenen Ansatzes wesentlich mit berücksichtigt. Ihnen kommt sogar zentrale Bedeutung zu. Er weist Gott, dem Sinn, dem Mystischen und dem Wunder einen Ort zu. Kryptisch und voraussetzungsreich bildet dieser Bereich des Theologischen sogar so etwas wie die geheimnisvolle, verborgene Mitte seines Denkens. Für die Philosophie des *Tractatus* und die *Lecture on Ethics* ist dies klar. Ich vertrete die Auffassung, dass es auch für die Spätphilosophie gilt. In einem knappen Diktum hat Wittgenstein selbst diese ambivalente, geradezu paradoxe Stellung auf den Punkt gebracht: „I am not a religious man but I cannot help seeing every thing from a religious point of view."[96]

In dieser Ambivalenz repräsentiert Wittgenstein paradigmatisch eine Grundform der klassischen Moderne: die Form kathartischer, paradoxaler, negativer, indirekter Rezeption der großen theologischen und mystischen Tradition, wie sie parallel auch in großen literarischen Werken, in Werken der Musik und der bildenden Kunst aufkommt. Festzuhalten bleibt in unserem Kontext: Der verständliche Sinn philosophischer Reflexion gerade im Blick auf das Lebensverständnis ist ohne die religiös-theologische Dimension nicht zugänglich und nicht explizierbar – bei aller Negativität dieser Explikation. Der spätere Rekurs Wittgensteins auf Sprachspiele in Lebensformen – und das heißt auch: auf Kultur, Gesellschaft und Geschichte – ist bereits die Konsequenz dieser Einsicht. Aber eine explizite rationale Vermittlung von Religion und Denken, Glauben und Vernunft, Philosophie und Theologie bleibt dennoch aus, obwohl Wittgenstein von den Sinnpotentialen der religiösen Dimension in nicht geringem Maße zehrt.

Heidegger

Eine Entsprechung der mystischen Tabuzone, um die indirekt alles Denken kreist, findet sich in Heideggers Grund- und Urwort des *Seins*. Heidegger und Wittgenstein denken beide die ontisch-ontologische Differenz: das *Dass* der Welt bzw. des Seins im Unterschied zu allem Seienden. Damit denken sie, ob bewusst oder nicht, in der Tradition der ontologischen Ursprungsmetaphysik und der von Leibniz und Schelling formulierten Seinsgrundfrage: *Warum ist überhaupt etwas und nicht vielmehr nichts?* So, wie Wittgenstein in einem statisch-ungeschichtlichen, streng systematischen Ansatz die empirischen Wissenschaften und alles logisch Sagbare für konstitutiv unfähig erklärt, etwas über den „Sinn" der Welt und des Lebens, über das „Mystische" bzw. über „Gott" zu sagen, so erklärt Heidegger aus der Perspektive der Fundamentalontologie und der Seinsgeschichte alle bisherige Metaphysik und Onto-Theologie für konstitutiv unfähig, von der ontologischen Differenz her zu denken und so das „Sein" – das Sein des Seienden – zu thematisieren. Beide – Heidegger wie Wittgenstein – liefern mit dem Aufweis des (unsagbaren, unerkannten) Absoluten mithin gleichzeitig den Grund seiner Unsagbarkeit und Unerkennbarkeit. Der *Unsagbarkeit* des Mystischen im Ansatz des frühen Wittgenstein entspricht die *Vergessenheit* (bzw. die Verborgenheit) des Seins bei Heidegger. Beiden gemeinsam ist also nicht nur die für ihre philosophischen Gegenentwürfe zentrale Diagnose der konstitutiven Verdecktheit und Abwesenheit der unbedingten Sinndimension in der modernen technisch-wissenschaftlichen Zivilisation und ihrer Denk- und Lebensweise. Beiden gemeinsam ist auch der ,tiefenhermeneutische' Befund, dass sich dieser unbedingte Sinn in seiner Abwesenheit indirekt *zeigt*. Diese methodische Verortung der genuinen Sinndimension auf einer genuinen Ebene der Erfahrung – jenseits sprachlicher Sagbarkeit und dennoch indirekt, sich zeigend, stets gegenwärtig, jenseits des gegenständlich Seienden, und dennoch, als „Ereignis", Sinn eröffnend – diese Verortung bezeugt auf klare Weise die Rückbezogenheit beider Philosophen auf ein metaphysisches, theologisches bzw. mystisches Transzendenzverständnis, ohne das weder ihre kritischen noch ihre konstruktiven Ansätze letztlich verstehbar sind. Ihre kultur- und zivilisationskritischen Auffassungen, die von manchen Autoren der Gegenwart gern als obsolete, antiquierte Zutat ihres Denkens abgetan werden, führen deswegen in Wahrheit eher in dessen Zentrum.

Im späteren Denken Heideggers erscheint „das Sein" als eine kryptotheologische, quasi-mythische, machtvolle und rätselhafte Instanz. Zu dieser Instanz gehören sowohl die Attribute bzw. Aktivitäten des Sich-Verbergens und des Sich-Entbergens als auch das Geschickhafte dieses Geschehens, dem der Mensch ausgesetzt ist, ob er will oder nicht, und das die Epochen, sie bestimmend, durchwaltet. In den *Beiträgen zur Philosophie (Vom Ereignis)* will Heidegger der Seinsvergessenheit mit einer „Sigetik", einer so genannten Schweigelehre, entsprechen, da man „das Seyn selbst ... nie unmittelbar sagen" kann, da es nur „west" in der „Erschweigung". Das „Seyn" wird als mit Attributen der Personalität versehene wirkende Macht konzipiert; es „spricht an" und „versagt sich" den wenigen „Zukünftigen", „auf die als die rückwegig Er-Wartenden in opfernder Verhaltenheit der Wink und Anfall der Fernung und Nahung des letzten Gottes kommt."[97] Die Schreibung „Seyn", dann noch die das Geheimnishafte steigernde kreuzweise durchgestrichene Variante von „Sein" sind typische Züge dieses Substituts des Absoluten bzw. Gottes.[98] Dieser Befund gilt auch dann noch, wenn wir Heidegger darin folgen, dass er mit dem seinsgeschichtlichen Denken bzw. „Andenken" des Seins nur dem „Fehl", der Abwesenheit Gottes in der Gegenwart der modernen Welt entspricht.[99]

Heideggers und Wittgensteins Substitutions- und Transformationsstrategien, die an die Stelle konventioneller Auseinandersetzung mit traditionellen Formen der Metaphysik, Theologie und religiösen Praxis treten, sind auch noch in einem weiteren Punkt ähnlich. Wittgenstein hält die Artikulation des Eigentlichen oder Wesentlichen für sehr schwer, sehr missverständlich und zunächst für unmöglich und gebietet daher das Schweigen. Später hält er poetische, dichtende Sprachformen für der Philosophie eigentlich angemessen. Auch Heidegger rückt das eigentliche Denken später in die Nähe des Dichtens. Beiden geht es darum, im sprachlichen Medium bereits eine spezifische Form der Artikulation zu verorten, die das Außergewöhliche und Besondere, ja Einzigartige des Gemeinten anzeigt.

Adorno

Eine weitere Variante der Substitute des Absoluten neben Wittgensteins mystischem Dass der Welt und seiner Unsagbarkeit und Heideggers sich entbergend-verbergendem Sein und seiner Vergessenheit ist das *Nicht-Identische*, wie es in Theodor W. Adornos Theorie der *Negativen Dialektik* eingeführt wird.[100] Es ist die Dimension des begrifflich Unfassbaren an allen Dingen, eines Unfassbaren, das dennoch gleichsam den Nerv und das Zentrum aller Wirklichkeit bildet. Auch es ist somit unsagbar und wird – notwendig – übersprungen, verdrängt und vergessen. Alles notwendigerweise identifizierende Denken nämlich vergegenständlicht bereits Etwas als etwas, macht so gleich, was eigentlich anders wäre und „schneidet das Inkommensurable weg".[101] Der Kantische Hintergrund der Reflexion Adornos ist fast überall präsent, insbesondere, wenn er die konstitutiv diskursive, endliche, identifizierende Synthesisleistung der Subjekte ins Zentrum rückt. Den negativ ausgegrenzten Bezugsrahmen dieser Erkenntniskritik bildet sowohl ein emphatisches Verständnis von unverkürzter, nichtverdinglichter individueller Identität als auch die Dimension endgültiger, nämlich göttlicher Erkenntnis. Diese würde die Individuen zur Gänze erkennen und lieben. Dass eine solche eschatologische Utopie der Erkenntnis Adornos Denken untergründig leitet, davon zeugen viele seiner, auch ästhetik-theoretischen Arbeiten.

Einerseits entzieht sich das Nicht-Identische *per definitionem* jeglicher begrifflichen Thematisierung; andererseits soll es der Ort des Eigentlichen und Telos des wahren Lebens sein. Dieser negativen Dialektik entspricht auch Adornos ästhetische Theorie. Sie trägt eschatologische Züge und lebt von hintergründig wirksamen Theologoumena, die – das gehört dazu – ständig dementiert und verboten werden. In der Form der Kunstwerke sieht Adorno die „gewaltlose Synthesis des Zerstreuten", die „gewaltlose Einheit des Vielen in einem versöhnten Zusammenhang alles Lebendigen", „die gewaltlose Überbrückung der Kluft zwischen Anschauung und Begriff. Und nur dieser, den versöhnten Zustand in sich vorbildenden Gestalt kann *überhaupt* Erkenntnis zufallen; in diesem Sinn ist der Satz aus den *Minima Moralia* zu verstehen, dass ,Erkenntnis kein Licht [hat], als das von Erlösung her auf die Welt scheint.'".[102] Erst der eschatologische Zusammenfall von ästhetischer Erfahrung und begrifflicher Diskursivität ergäbe nach Adorno die „wahre Sprache", deren Idee ihm zufolge „die Gestalt des göttlichen Namens"[103] ist. Nach Michael Theunissen bleibt Adornos ästhetische Eschatologie einer metaphysischen Theologie bei aller Negativität verhaftet. Da das Absolute jedoch nicht positiv gedacht und vergegenständlicht werden darf – welche Tradition hatte dies im übrigen jemals beansprucht? – „wird es immer kleiner".[104] Es schnurrt zusammen zum blitzartigen Aufscheinen-und-schon-Verlöschen von Sternschnuppen oder Feuerwerken, wie Adorno z. B. in seiner Rezeption des Valeryschen Begriffs der Apparition ausführt.[105] Versatzstücke einer neuplatonisch inspirierten Ästhetik von Plötzlichkeit, Ekstasis und metaphysischer Fülle (Pleroma) verbinden sich mit einer kenotischen, d. h. einer Erniedrigungschristologie: in den Kunstwerken geschieht „das Verdampfen der Transzendenz", und Schönbergs Musik hat „alle Dunkelheit und Schuld der Welt (...) auf sich genommen."[106] Auch Kodalle weist auf die für Adornos Denken unverzichtbare Ebene der Transzendenz, des Absoluten und des „Sinns jenseits allen Machens" hin.[107]

Habermas

Auch in Jürgen Habermas' *Theorie des kommunikativen Handelns* erfolgt eine sprachliche Anverwandlung des Sakralen. Habermas geht es darum, die Einheit der Vernunft in der kommunikativen Alltagspraxis zurückzugewinnen, nachdem seiner Auffassung nach „alle substantiellen Vernunftbegriffe kritizistisch aufgelöst worden sind".[108] Gegenüber kultisch-rituellen Vergegenwärtigungsformen der emphatisch verstandenen Heilswahrheit stelle die Versprachlichung eine „kommunikative Verflüssigung des religiösen Grundkonsenses"[109] dar. Dass die transzendentale bzw. ideale Kommunikationsgemeinschaft sowohl in ihrer Herkunft aus den Grundgedanken von Josiah Royce und Charles S. Peirce als auch in der Konzeption von Karl-Otto Apel von theologischen Modellen und religiösen Vorgestalten perfekter Transzendenz und Kommunikation geprägt bleibt, wurde schon früh z. B. in der kritisch-rationalistischen Kritik an diesen in der Sicht von Hans Albert „transzendentalen Träumereien" deutlich. Der Untertitel des kritischen Buches von Albert von 1975 lautet dementsprechend „Karl-Otto Apels Sprachspiele und sein hermeneutischer Gott".[110] Und in der Tat erklärt auch Habermas die Diskursgemeinschaft zum Substitut des Heiligen in der Gegenwart: „allein die zur Diskursethik entfaltete, kommunikativ verflüssigte Moral kann (...) die Autorität des Heiligen substituieren. In ihr hat sich der archaische Kern des Normativen aufgelöst, mit ihr entfaltet sich der rationale Sinn von normativer Geltung."[111] Obwohl sich Habermas später differenziert mit religiösen Wahrheitsansprüchen auseinander setzt, stellt er fest: „Nachmetaphysisches Denken unterscheidet sich von Religion dadurch, dass es den Sinn des Unbedingten rettet ohne Rekurs auf Gott oder ein Absolutes."[112]

Dennoch wird er zunehmend sensibel dafür, „dass die monotheistischen Traditionen über eine Sprache mit einem noch unabgegoltenen semantischen Potential verfügen, das sich in weltaufschließender und identitätsbildender Kraft, in Erneuerungsfähigkeit, Differenzierung und Reichweite" gegenüber „säkularen Traditionen" „als überlegen erweist."[113] Deutlich wird diese Sensibilität in Habermas' Rede zum Friedenspreis des Deutschen Buchhandels: „Säkulare Sprachen, die das, was einmal gemeint war, bloß eliminieren, hinterlassen Irritationen. Als sich Sünde in Schuld, das Vergehen gegen göttliche Gebote in den Verstoß gegen menschliche Gesetze verwandelte, ging etwas verloren."[114] Es geht Habermas in der Tradition Kants daher um „eine säkularisierende und zugleich rettende Dekonstruktion von Glaubenswahrheiten": „Wer einen Krieg der Kulturen vermeiden will, muss sich die unabgeschlossene Dialektik des eigenen abendländischen Säkularisierungsprozesses in Erinnerung rufen."[115] Das heißt: Der Prozess der Aufklärung im Dialog zwischen Religion und Philosophie ist offen und geht weiter.

Derrida

Noch eine letzte Variante der von mir gemeinten Substitutionsbildung will ich erläutern. Sie vereint in sich viele Eigenschaften der schon behandelten Formen. Wittgensteins sprachkritische Variante der Unsagbarkeit, Heideggers fundamental-ontologische Differenz und Adornos Nichtidentisches tragen Züge, die auch im numinosen Grundbegriff der französischen Poststrukturalisten und der postmodernen Dekonstruktion, in dem der Differenz, mitschwingen. In den für die genannten Traditionen grundlegenden Arbeiten von Jacques Derrida, Gilles Deleuze und Francois Lyotard fungiert die Differenz als die Instanz sich eröffnenden, gleichzeitig sich konstitutiv entziehenden sprachlichen Sinns, deren Schwund und Entzug, deren Abwesenheit man nie in Anwesenheit verwandeln kann.[116] Strukturell wiederum der traditionellen Konzeption der Ferne und Nähe, der Abwesenheit und Anwesenheit Gottes konform, entfaltet sich um die Differenz, verfremdet wie das durchgestrichene „Sein" Heideggers als „différance", im Frühwerk Derridas eine Gruppe von ehemals metaphysisch aufgeladenen Begriffen, deren wichtigster der der „Spur" ist. Den metaphysik-geschichtlichen Hintergrund bildet hier Plotins *ichnos*–Begriff, der im neuplatonischen Christentum als *vestigium* aufgenommen wird. Ichnos meint bei Plotin die Spur, die auf das überseiende Eine weist; vestigium nennt Augustinus die Spur Gottes. Insbesondere, wenn Derrida das allen Unterscheidungen noch vorausliegende Geschehen als „archi-trace", als „Urspur", bezeichnet und für die „Differenz", die noch älter als das Sein ist, die abweichende Schreibung „différance" einführt, begibt er sich auf den Weg einer Substitution des Absoluten im erörterten Sinne.[117] Der religiöse, negativ-theologische, mystische Subtext des Denkers der entzogenen Schrift ist in seinen vielen Werken überall präsent. Als algerischer Jude beerbt Derrida so die Lehre von der verborgenen Thora. In weiteren großen Texten zu „Glauben und Wissen" und zur Sprache des Gebets expliziert Derrida immer deutlicher seine lebenslange Bezogenheit auf religiöse Ursprünge und die „Rückkehr des Religiösen" in der modernen Welt: „Die ‚Tode Gottes', auf die man vor dem Christentum, im Christentum und jenseits des Christentums stößt, sind (...) Figuren und Peripetien einer (...) Anwesenheit einer Abwesenheit. Das Nichterzeugbare, das so immer wieder erzeugt wird, ist der leere Ort. Ohne Gott kein absoluter Zeuge."[118] Er reflektiert „die weltweite Latinisierung (jenes eigentümliche Bündnis des Christentums als Erfahrung von Gottes Tod mit dem fernwissenschaftstechnischen Kapitalismus)", die „eine hegemonische Position einnimmt und zugleich an ihr Ende gelangt, übermächtig und fast schon erschöpft."[119] Er macht deutlich, dass der absolute Wert des menschlichen Lebens – gegen allen Marktpreis und gegen alle Biotechnologie „die unendliche Transzendenz bezeugt, die dem, was mehr wert ist als es selbst, eignet" – „die Göttlichkeit, das Allerheiligste."[120] In seinen Interpretationen arbeitet Derrida konsequent und dramatisch die konstitutiv religiösen und theologischen Prämissen des Kantschen Denkens wie der westlichen Moderne insgesamt heraus. Er rekonstruiert eine gegenwärtige Konstellation, die sich „zwischen einer Sakralität ohne Glaube (Anzeichen dieser Algebra: ‚Heidegger') und einer Heiligkeit ohne Sakralität (...) (Anzeichen: ‚Levinas' (...))" abzeichnet.[121] Seine persönlichen Reflexionen zur Gebetspraxis vertiefen das Bewusstein dieser Konstellation auf eindrucksvolle Weise.[122] Inmitten sprachphilosophischer Reflexion der Postmoderne werden so theologisch hochkomplexe und voraussetzungsreiche Termini in profane Kontexte der Hermeneutik und Interpretationstheorie transferiert, ohne deren ursprüngliche Bedeutung und Herkunft noch deutlich zu explizieren. Ihr suggestives Potential und ihre theologisch-metaphysische Sinndimension behalten die Grundbegriffe in veränderten Kontexten auf eigentümlich verfremdete Weise. Insbesondere, wenn „Differenz" und „Spur" theoretisch verselbständigt werden, ergeben sich Metatheorien bzw. metatheoretische Untersuchungen, die zu eigentümlichen Quasi-Metaphysiken tendieren.

3.5.3 Die Struktur der Substitutionen

Abschließend will ich einige Strukturelemente der vorgestellten Substitute des Absoluten hervorheben und mögliche Konsequenzen meiner Diagnose formulieren. Sicher ließen sich in modernen Theoriebildungen auch weitere Substitute des Absoluten aufzeigen. Es sind vornehmlich flächendeckend verwendete Grundbegriffe wie „Struktur" und „System", aber auch solche wie „Kontingenz" oder „Chaos", die so formal und neutral verwendet werden, dass die mit ihnen formulierten Großtheorien zu Quasi- bzw. Ersatzmetaphysiken tendieren. Auch die Rede von „Zeichen" und „Interpretation" kann solche Tendenzen befördern. Bei den von mir thematisierten Substitutionsformen lassen sich insbesondere folgende Strukturmerkmale herausstellen.

1. Die Ersatzbildungen (das „Mystische", das „Sein", das „Nichtidentische", die „ideale Kommunikation", die „Differenz") sind nicht religiös, metaphysisch oder theologisch im traditionellen, üblichen Sinne verstehbar.

2. Sie sind allerdings auch ohne den geschichtlichen Hintergrund und kulturellen Kontext von Mystik, Metaphysik, Religion und Christentum (bzw. Neuplatonismus und Gnosis) nicht angemessen verstehbar.

3. Ihnen eignet starke Negativität: Unsagbarkeit, Verborgenheit, Verdecktheit; deswegen werden sie übersprungen, übersehen, verkannt, und das hat unheilvolle Folgen, denn

4. Ihnen kommt in Wahrheit ein eminenter, erhabener, emphatisch auszuzeichnender Status zu; ein Ausnahmestatus, der in Wirklichkeit von herausragender praktischer Bedeutung für das wahre menschliche Selbstverständnis ist. Die mit den genannten Bildungen verbundene Dimension zu begreifen, das ist eigentlich die wahre, rettende Einsicht. Denn von jeweils ihr aus zeigen sich die eigene Existenz, die Welt und die Geschichte ganz anders als üblicherweise in Alltag und Theorie.

5. Dennoch besteht ein wesentliches Defizit dieser Substitute auch in ihrer lebenspraktisch-existentiellen, moralischen Unterbestimmung. Das gilt für die ontologische Differenz, die isoliert von unserem praktischen Selbstverständnis Züge eines mythisierten, dennoch quasi-positivistischen Meta-Faktums annimmt; es gilt für das von praktischer Vernunft losgelöste, bloße „Mystische" ; es gilt auch für das „Nichtidentische", wenn man nicht die praktische Dimension dieser Grundkategorie negativer Dialektik präzisiert, es gilt für die formal-rechtlichen Strukturen der kommunikativen Rationalität, und es gilt auch für die „Differenz" Derridas, wenn sie praktische Geltungsansprüche im wesentlichen nur dekonstruiert und „verschiebt", anstatt sie zu präzisieren.

Welche Konsequenzen verbinde ich mit der skizzierten Analyse?

Meinem Urteil nach ist es in der systematischen Gegenwartsphilosophie angesichts der Sonderbildungen und ihrer Wirkungsgeschichte verstärkt erforderlich und angeraten, viel expliziter an Traditionen der Religion, der Theologie, der Metaphysik und (rationalen) Mystik anzuknüpfen und sich bewusst mit ihnen auseinanderzusetzen, anstatt diese parasitär zu beerben oder sie bloß indirekt vorauszusetzen, ohne sie zu klären. Im Rahmen einer kritischen philosophischen Theologie und Metaphysik gilt es, sich wieder mit den Originalen, mit den Vor- und Urbildern der genannten Sekundärbildungen zu befassen, ihren spezifischen Sinn und genuinen Wahrheitsanspruch erneut freizulegen und ihre praktische Bedeutung für das Welt- und Selbstverständnis des Menschen im Dialog von Philosophie, Theologien und Religionen herauszuarbeiten. Ein allgemeines Verdikt über die Unsagbarkeit authentischer absoluter Sinnansprüche, über die Unmöglichkeit metaphysischer Wahrheit und über die Fehlentwicklung der gesamten okzidentalen Rationalitätsgeschichte – sie tragen dazu ebensowenig bei wie die Wettbewerbe im Totsagen und Für-Beendet-Erklären von theologischen, metaphysischen und religiösen Inhalten, Themen und ganzen Epochen, die leider zur üblich gewordenen „Logik" vieler gegenwärtiger Diskurse gehören, während sich in Alltag und Kultur der Spätmoderne religiöser Irrationalismus ausbreitet.

Bei den Prozessen der Substitution des Absoluten im skizzierten Sinne und für die mit diesen Prozessen verbundenen Phänomene der Existentialisierung, der Formalisierung, der Logisierung (Versprachlichung) ist im übrigen Kierkegaard wesentlich, der in Absetzung von Hegel und in der Absicht der ursprünglichen Aneignung der christlichen Botschaft eine eigene, moderne Sprache des Absoluten entwickelt. Die weitreichende Bedeutung Kierkegaards sowohl für Wittgenstein, als auch für Heidegger, Adorno und Autoren der Dekonstruktion wird in der Forschung immer deutlicher. Die explizite Aufklärung des Verhältnisses philosophischer Theologie zur modernen Reflexion hat daher auch die weichenstellende Bedeutung der Kierkegaardschen Analysen erneut in den Blick zu nehmen. Sie kann aber nicht bei diesen Analysen stehen bleiben, wenn es darum geht, Minimalbedingungen einer philosophischen Theologie ohne Surrogatcharakter zu reformulieren.

3.6   Systematische Ansätze der Gegenwart: Swinburne – Plantinga – Mackie – Hick

3.6.1 Swinburne

Die kurze Thematisierung zentraler Ansätze in der philosophischen Theologie der letzten Jahrzehnte dient der abgrenzenden Standortbestimmung. In seinem Hauptwerk *Die Existenz Gottes* von 1979 hat Richard Swinburne eine theoretische Rekonstruktion der Theologie vorgelegt, die konsequent alle kritischen Überlegungen ignoriert, die ich in meinem Entwurf zu berücksichtigen versuche. *Die Existenz Gottes* ist Mittelteil einer Trilogie, deren erster Band, *The Coherence of Theism* (Oxford 1977), deren dritter Band *Faith and Reason* betitelt ist. Swinburne entwickelt zwar in *Faith and Reason* (Oxford 1981) eine Theorie des Verhältnisses lebenspraktischen Vertrauens (faith) zu kognitiver Erkenntnis einerseits und zu dem engeren Begriff des religiösen Glaubens (belief) andererseits. In *The Coherence of Theism* argumentiert er ausführlich gegen an Wittgenstein anknüpfende „attitude theories". Erkenntniskritische, existentialanalytische, sprachkritische, kritisch-hermeneutische philosophische Methodenelemente spielen bei ihm keine Rolle. Die durch Kant, Kierkegaard und Wittgenstein erfolgten Weichenstellungen werden nicht in die Rekonstruktion einbezogen, sondern ausgegrenzt. Insofern ist der Ansatz von Swinburne dauerhaft als Kontrastfolie für einen kritischen Entwurf geeignet.

Swinburne führt einen großangelegten, umfassenden *Gottesbeweis* auf theoretischer Grundlage. Die Existenz Gottes ist in seiner Sicht eine *Erklärungshypothese* für alle Phänomene der Welt, insbesondere für die naturwissenschaftlich erfassbaren Phänomene (Kap. 5). „Gott" wird von Swinburne vorab als eine „Person" definiert, „die allmächtig, allwissend, vollkommen frei, gut und Schöpfer aller Dinge ist". Es ist nun Swinburnes zentraler Rekonstruktionsschritt, die Existenz Gottes im definierten Sinn als *wahrscheinlicher* zu erweisen als seine Nichtexistenz. Eine Theorie ist umso wahrscheinlicher, je einfacher sie ist. Der Theismus ist denkbar einfach, denn er hat für alles eine personale Erklärung bereit. Swinburne qualifiziert die Wahrscheinlichkeit der Existenz Gottes, mit der alles erklärt werden kann, als größer als 0,5 (Kap. 14).

Swinburne bezieht die Rekonstruktion der Wahrheit bzw. Wahrscheinlichkeit der Existenz Gottes auf die Grundgegebenheiten der (naturwissenschaftlich unerklärlichen) Existenz des Universums (Kap. 7) wie der Existenz moralischer, freier Vernunftwesen (Kap. 9 und 11). Es ist wahrscheinlicher, dass Gott das Universum geschaffen hat, als dass es unverursacht besteht. Da die Existenz moralischer Vernunftwesen bei normalem Ablauf physikalischer Prozesse nicht zu erwarten gewesen wäre, ist es wahrscheinlicher, dass Gott sie geschaffen hat. Swinburne verknüpft auf ebenso rationalistische wie sophistische Weise die kosmologischen und teleologischen Gottesbeweise mit der Theodizee-Thematik (Kap. 11). Die Übel sind für endliche, freie Vernunftwesen nötig, weil sie als Erfahrungsbasis für Verbesserungen dienen. Ebenso ist es gut, dass wir von Gott keine zweifelsfreien Sanktionen unmissverständlich mitgeteilt bekommen. Denn ohne Versuchung wäre auch keine Eigenverantwortung mehr möglich. So, wie die Welt tatsächlich ist, können wir „wachsen".

Der Ansatz von Swinburne gibt uns eine gute Möglichkeit, den Status der eigenen Rekonstruktion erneut zu verdeutlichen. Mit Wittgenstein und Kant, aber auch im Blick auf die genuine Grammatik der religiösen Rede von Gott ist die Konstruktion einer *personalen Erklärung* eine Fehlkonstruktion. Bei Swinburne herrscht somit ein theoretisches Missverständnis in der Rekonstruktion des Weltgrundvertrauens „wie zu einer Person" vor. Die Grammatik der personalen Erklärung enthält bereits einen tief sitzenden Kategorienfehler. Da Swinburne die Negativität, die Grenzen der Erkenntnis und der Sprache nicht reflektiert, kann er konsequent lehren: „Kants Prinzip ist völlig verkehrt."[123] Etwas stilkritischer kann man Swinburnes Ansatz auch als einen rührenden Anthropomorphismus unter szientifischer Maske charakterisieren, der durch seine charmante Naivität und seinen entwaffnenden Rationalismus auffällt, allerdings auch durch das gänzliche Fehlen jeder Selbstreflexion der eigenen Rationalitätskriterien.

Mit Wittgenstein könnte man das Vorgehen von Swinburne so beschreiben: Er nimmt Kernsätze der Rede von Gott aus ihrem Kontext und projiziert auf sie die Grammatik der Rede von Wissen im Kontext von Induktionsprozessen. Beide Grammatiken werden aber auf die Person Gottes bezogen. So ergibt sich auf der metasprachlichen Ebene der theoretischen Gottesrede Swinburnes die Kalamität, sich gleichsam noch hinter Gott stellen zu müssen, um zum Beispiel Gottes „Zulassen" des Bösen, des Übels rational einsichtig zu machen. Die Redeebene eines szientistischen, rationalistischen, probabilistischen Theismus lebt und zehrt aber in Wahrheit von dem authentischen Sinn der Rede von Gott. *Einerseits* wird der Sinn dieser Rede von Swinburne bereits als verstehbar und sinnvoll, ja als wahr *vorausgesetzt* – wir müssen schließlich wissen, was es heißt, dass Gott „existiert", „Person" ist, allmächtig, ewig und gut – *andererseits* soll die Wahrheit dieser Rede auf der Ebene der Wahrscheinlichkeitstheorie und eines induktiven Wissens überprüft und gesichert werden. Swinburne selbst verfügt über beide Sprachebenen.

Eine Reflexion darauf, wie sich die Grammatiken der induktiven Hypothesenbildung und die der Rede von Gottes Liebe und Gnade, seiner Schöpfung und Ewigkeit zueinander verhalten, findet nicht statt. Mit seiner Rekonstruktion erreicht Swinburne kaum die von mir ins Zentrum gerückte Ebene des sinnkonstitutiven Verhältnisses von Negativität und absoluter Transzendenz in der Immanenz. Die von ihm rekonstruierte Ebene szientifischer Rationalität und die auf dieser Ebene erfolgende Erläuterung der Grammatik der Rede von Gott zehrt von der Ebene unbedingten Sinnes, die wir expliziert haben. Diese genuin auf absolute Transzendenz und ihr existentiell-praktisches Verständnis bezogene Ebene konfundiert Swinburne unter Verzicht auf jegliche hermeneutische Sinnkriterien mit der Ebene wissenschaftlicher Hypothesenbildung. Auf genau dieser Ebene rekonstruiert er die klassischen Gottesbeweise. „Folglich", so sein abschließendes Fazit, „ist es auf der Basis unseres gesamten Beweismaterials insgesamt wahrscheinlicher, dass es einen Gott gibt, als dass es ihn nicht gibt."[124]

Mit diesem Ansatz verfehlt Swinburne die Dimension des ekstatischen Transzendenzprozesses ebenso wie die einer genuin religiösen Vernunftperspektive, die sich im Medium von freien, gemeinsamen praktischen Einsichten in die unverfügbaren Sinnbedingungen auch der Vernunft selbst entfaltet.

3.6.2 Plantinga

Eine weitere prominente Position theoretischer Rekonstruktion entwickelt Alvin Plantinga in seinem Buch *Warranted Christian Belief* (2000). Das Buch ist der Abschluss einer Trilogie zur analytischen Erkenntnistheorie (*Warrant: The Current Debate*; *Warrant and Proper Function*, beide Oxford 1993), in der eine komplexe „reformierte Epistemologie" entwickelt wird. Der Glaube ist genau dann erkenntnistheoretisch gerechtfertigt („warranted"), wenn er in den richtigen Umständen von korrekt arbeitenden kognitiven Vermögen gebildet wird. Die Grundidee Plantingas ist es, eine Diskussion zwischen Theist und Atheist so zu rekonstruieren, dass der atheistische

Gegner zeigen muss, der theistische Glaube sei nicht gerechtfertigt. Es ergibt sich: Die theistische Position ist ein berechtigter Glaube (warranted belief), wenn sie sich mit ihren Grundannahmen über Gott, Welt und Mensch als *möglich* rekonstruieren lässt. Diese Möglichkeit im erkenntnistheoretischen und modallogischen Sinne wird von Plantinga auf subtile Weise insbesondere auf ihre interne Konsistenz hin untersucht. Es ergibt sich ein geschlossenes, internes, formal-modallogisch mögliches Interpretationssystem der Welt. Dieses System bestätigt sich selbst: Wenn es wahr ist, dann, weil es dem göttlichen Plan entspricht, durch den alles am besten erklärt werden kann. Für die theistische Theorie bzw. Hypothese gilt: Sie ist kompatibel mit unserem sonstigen, insbesondere naturwissenschaftlichen Wissen.

Auch dieser Zugriff ist dem menschlichen Gottesbezug, wie er von mir erläutert wurde, äußerlich und im Grunde fremd. Es wird nicht versucht, die spezifische Bedeutung der Rede von Gott und den genuin lebensbezogenen Sinn einer Orientierung an Gott kritisch und hermeneutisch zu explizieren. Alle Sinn- und Bedeutungsfragen sind also – wie bei Swinburne – bereits beantwortet. In einer grundsätzlichen systematischen Auseinandersetzung mit Autoren wie Swinburne und Plantinga müsste es um den Status der Philosophie selbst gehen: Um ein reflexives und praktisches Vernunftverständnis, welches sich nicht auf die Ebene des Verstandes und der Kompatibilität mit szientifischem Hypothesenwissen niedertransformieren lässt, und das dennoch gerade nicht auf der Ebene irrationaler Intuitionen und subjektiver religiöser Gefühle und Anwandlungen anzusiedeln ist. An Autoren wie Swinburne und Plantinga wird erneut prägnant deutlich, dass die Gottesfrage ein heikler Treffpunkt der gegenwärtigen menschlichen Weltsituation selbst ist: eine Schnittstelle von Tradition und Zukunft des menschlichen Welt- und Selbstverständnisses zwischen Wissenschaft, Religion und Philosophie.[125] Die soeben kritisierten Autoren übernehmen *erstens* unkritisch szientifische Sinnkriterien, setzen *zweitens* einen dogmatisch verstandenen theoretischen Theismus als geschlossenes Gesamtsystem auf der gleichen Ebene voraus, und beweisen dann *drittens* auf der Grundlage der Wahrscheinlichkeitsrechnung bzw. der Modallogik die Wahrscheinlichkeit bzw. die Möglichkeit und interne Konsistenz der Gott-„Existenz" bzw. der „Hypothese" Gott. Es ist daher festzustellen, dass viele der neueren Beiträge der analytischen Religionsphilosophie zu einem metaphysisch-objektivistischen „Realismus" in der Gottesfrage hinter erkenntnis- und sprachkritische Einsichten zurückfallen. Sie meinen dies zu müssen, weil die Annahme von Gottes Existenz sonst schutzlos dem Subjektivismus und dem Projektionsverdacht ausgesetzt sei. Dass eine solche dualistische Gegenüberstellung von metaphysischem Szientismus und bloßem Subjektivismus und Fiktionalismus von vornherein verfehlt ist, gehört zu den Prämissen des vorliegenden Ansatzes (s. Kap. 1).

Diesen Zugriffen entsprechen spiegelbildlich sowohl reduktionistisch-szientistische, rein naturalistische Konzeptionen halbierter, auf den Verstand verkürzter und darum ums Ganze gebrachter Aufklärung, als auch dogmatisch-fundamentalistische Positionen, die vom genuinen Wahrheits- und Geltungssinn religiöser Vernunft parasitär zehren und sie zu ideologischen und machtpolitischen Zwecken entstellend funktionalisieren. Und diesen Fehlentwicklungen arbeiten auf prekäre Weise im Sinne einer negativen Dialektik irrational subjektivistische Glaubens- und Frömmigkeitsformen zu. Alle diese Ansätze reichen sich am Grab eines nicht reduktionistischen Vernunft-, Religions- und Gottesverständnisses die Hände. Ein solches Verständnis wird zwischen den irreführenden Fronten dieser Ansätze zerrieben.

3.6.3 Mackie

Der Atheist John Leslie Mackie nutzt die soeben aufgewiesenen prekären Fronten, um seinen philosophischen Atheismus in expliziter Auseinandersetzungen mit ihnen argumentativ zu begründen. In seinem Buch *Das Wunder des Theismus. Argumente für und gegen die Existenz Gottes* (1982) wendet er sich einerseits gegen pseudo-szientifische Ansätze wie den von Swinburne. Im Sinne des überlieferten berühmten Satzes des französischen Mathematikers und Astronomen Laplace, der Napoleon mit Bezug auf „Gott" als metaphysischer Erklärungshypothese beschied: „Sire, je n'avais pas besoin de cette hypothèse" (Majestät, ich brauchte diese Hypothese nicht), erklärt er gegen die Annahme der personalen Erklärungshypothese „Gott": „Die personale Erklärung im Sinne einer unvermittelten Verwirklichung von Absichten stellt keine gangbarere Brücke dar als jene, die der Materialist zwischen bestimmten komplizierten elektrochemischen Systemen und dem Bewusstsein postulieren muss."[126] Diese erklärende Zusatzhypothese erweist sich als überflüssig.

Ebenso konsequent wendet sich Mackie gegen die Rückseite des theistischen Szientismus in der Gestalt eines existentiellen Dezisionismus. Als klassisches Beispiel fungiert hier Kierkegaard, dessen schwache Seiten: der Subjektivismus seiner Innerlichkeit wie auch der paradoxe, absurde Status der Glaubenswahrheit von Mackie herausgearbeitet werden: Was „Kierkegaard empfiehlt, ist eher eine Art intellektuellen russischen Rouletts."[127] Aber die Argumentationsstrategie von Mackie geht noch erheblich weiter. Weil er bereits die Rekonstruktion Kants nicht versteht und als nicht tragfähig destruiert, kritisiert er Wittgensteins Grundgedanken zur philosophischen Theologie ebenso wie an ihm orientierte Ansätze wie z. B. den von D. Z. Phillips als „Religion ohne Glaube".[128]

Der Scylla des scheiternden theistischen Szientismus auf der einen Seite entspricht die Charybdis einer vermeintlich kriterienlosen Religiosität, die – in der Sicht von Mackie – überhaupt nichts mehr zu glauben scheint. Zwischen diesen gleichermaßen abschreckenden Missgestalten kann das Schiff „Atheismus" in sicherer Fahrt hindurchsteuern.

Und in der Tat: Wenn dies die Alternativen wären, wenn insbesondere die Wittgenstein-Interpretation von Mackie zuträfe, dann wäre es auch nach meinem Urteil mit der philosophischen Theologie schlecht bestellt. Weil Wittgenstein radikal bestreitet, dass der religiöse Glaube auf der Ebene naturwissenschaftlichen Wissens oder historischer Tatsachenfeststellungen angesiedelt werden kann, weil Rush Rhees im Anschluss an Wittgenstein analysiert: „‚Gott existiert' ist keine Tatsachenfeststellung. Man könnte auch sagen, hier liege keine indikativische Redeweise vor", und „‚Es gibt einen Gott' ist (…) ein Ausdruck des Glaubens",[129] weil Phillips Religion und Gottesverständnis „without explanation" rekonstruiert – ohne theoretische Erklärungsansprüche im Paradigma der Naturwissenschaften –, deswegen erscheint es Mackie so, als würde damit jeglicher Wahrheitsanspruch preisgegeben. Übrig bleibe letztlich ein bildlicher Ausdruck für subjektive Überzeugungen – noch deutlicher könnte man sagen: übrig bleiben *Metaphern für Illusionen*. (Auf dieser reduktionistischen Linie liegt auch schon die Kant-Interpretation Mackies.)

Wenn man sich aus dem prekären Dilemma von einem reduktionistischen Objektivismus und Szientismus einerseits – der Ebene eines sehr eingeschränkten Verstandes –, von einem ebenso reduktionistischen Subjektivismus und ideologischen Fundamentalismus andererseits nicht befreien kann, dann kann man allerdings weder die Ebene der (umfassenden) praktischen Vernunft, noch die Ebene lebenstragender praktischer Wahrheitsansprüche und lebenskonstitutiver, transsubjektiver Orientierungen jemals erreichen. Dann kann man die genuine Perspektive des Absoluten, des Unbedingten, der Transzendenz in der Immanenz sinnexplikativ nicht erreichen, weil sie bereits *vor* wissenschaftlicher, hypothetischer Erkenntnis von Einzeltatsachen und *vor* der Herausbildung subjektiver Einzelinteressen ansetzt und ansetzen muss. Ist man nicht offen für die Perspektive des Unbedingten, dann kann man mit der Grammatik absoluter Rede und ihrer Wahrheit nichts anfangen. So geht es konsequent Mackie, wenn er befindet: „Phillips' Gerede von einer anderen

Grammatik von ‚Wahrheit', ist ein vergeblicher Versuch, diesem einfachen und unausweichlichen Dilemma zu entgehen."[130]

Nein: Das „Gerede" ist auf der Seite reduktionistischer Religionsphilosophien, die durch ihre Rekonstruktionsebene noch nicht einmal
die interexistentielle, praktische Dimension und Grammatik der
Transzendenz erreichen. Auf diese Dimension aber ist die genuin religiöse Rede, die Gebets- und Verkündigungssprache bezogen, ebenso
auf ihre Weise die (neu)platonische Metaphysik, die Metaphysik als
scientia transcendentalis, die rationale Mystik und die gesamte negative Theologie in praktischer Absicht. Es geht, wie wir sahen, um eine
Grammatik, die nicht abbildend-tatsachenbezogen verstanden werden kann, sondern lebenssinnstiftend und wahrheitseröffnend. Dazu
bedarf es einer Sprache, die Sinn eröffnet, erläutert, nahe bringt und
verdeutlicht. *Die Grammatik der Sprache vernünftiger praktischer
Einsichten ist eine andere als die der Naturwissenschaften und eine
andere als die subjektiver Meinungen, Intuitionen und Gefühlsbekun-
dungen.* Diese Grammatik ist selbst komplex. Die Sprache der Propheten Israels ist eine andere als die der Bergpredigt Jesu, die Sprache
Buddhas eine andere als die der Suren des Koran; die Sprachen der
Metaphysik, der Mystik, der Transzendentalphilosophie und des spekulativen Idealismus werfen jeweils ein anderes Licht auf absolute
Transzendenz; aber diese Grammatiken sind durch Familienähnlich-
keiten miteinander verwandt. Mackie jedoch lehnt die existentielle,
praktische Tiefendimension der religiösen Sinnsprache strikt ab.

An den kritisch diskutierten exemplarischen Ansätzen von
Swinburne, Plantinga und Mackie wird aber folgendes deutlich: Beim
Streit um Gott und bei der Frage nach Gott geht es offenkundig nicht
„nur" um die Gottesfrage, sondern in einem denkbar grundsätzlichen
Sinne um eine seinsgeschichtliche und weltgeschichtliche Standortbestimmung der philosophischen Reflexion im Blick auf unser gesamtes
Welt- und Selbstverständnis. Wir befinden uns an der Schnittstelle
von Tradition und Zukunft, an der Stelle der interkulturellen Kon-
frontation, an der Stelle der ungeklärten Spannungen zwischen Sinntraditionen, Aufklärung, Moderne und Spätmoderne, zwischen
Wissenschaft, Kultur, Religion und Philosophie. Für die Philosophie
gilt: mit einem reduktionistischen Vernunft- und Wirklichkeitsverständnis können wir die Reflexion der Gottesfrage und unbedingten
Sinnes, die von Platon bis zu Kant, Hegel und Wittgenstein reicht,
nicht verstehen. Die praktische Tiefendimension der europäischen
Vernunftgeschichte: ihr Wahrheits- und Freiheitsverständnis, ist aber
weder naturwissenschaftlich noch mit zur Beliebigkeit freigestellten
subjektiven Interessen und Bedürfnissen erreichbar. Übrig bleiben –
mit Marx – die sich zur Ergänzung entsprechenden Seiten einer
Entzweiung: die entfesselte Maschinerie der Kapitalakkumulation

und des militärisch-industriellen Komplexes auf der einen Seite, auf der anderen Seite die verzerrten ideologischen Spiegelreflexe der Quantifizierungs- und Verdinglichungsprozesse: die Kompensationen, die Illusionsproduktion, Ablenkung, Unterhaltungsindustrie, Zerstreuung. Erst, wenn diese Entzweiung kritisch-reflexiv und im Ansatz auch praktisch-politisch überwunden wird, beginnt die europäische Vernunftgeschichte und nur so kann sie produktiv fortgesetzt werden. Eine Naturwissenschaft wie auch eine Ökonomie ohne normative, praktische Vernunftperspektive in Ethik und Politik, eine Subjektivität ohne geklärtes Verhältnis zu letzten Fragen der Existenz, eine Öffentlichkeit stereotyper Banalisierung und Brutalisierung, die die Grundfragen verdrängt und tabuisiert – diese Instanzen können keine Maßstäbe für die philosophische, kritische Geltungsreflexion liefern. Die Begründung des Atheismus durch Mackie und sein völliges Unverständnis für die Sinnkriterien Kants und Wittgensteins, sie leben von der soeben skizzierten Entzweiung, jenseits der die Dimensionen der Vernunft und Transzendenz beginnen.

3.6.4 Hick

Einer derjenigen Religionsphilosophen, die die Negativität und Unsagbarkeit der absoluten Transzendenz konsequent in ihre Reflexion aufnehmen und sie für eine pluralistische Religionstheologie systematisch nutzen, ist John Hick.[131] Aspekte seines Zugriffs weisen über die soeben kritisierten reduktionistischen Ansätze hinaus. Die Perspektive absoluter Transzendenz eröffnet in ihrer „transkategorialen" Unbegreiflichkeit – in unserer Terminologie: in ihrer sinnkonstitutiven Negativität, Entzogenheit und Unverfügbarkeit – gerade erst das Verstehenspotential für den unendlichen, komplexen und tiefen Reichtum der weltweiten und die gesamte Menschheitsgeschichte prägenden religiösen Sinntraditionen und Praxisformen. Die Einsichten, die wir der negativen Theologie, dem Bilderverbot des ethischen Monotheismus, dem Neuplatonismus, der rationalen Mystik, dem Nichtwissen und der docta ignorantia wie auch den erkenntnis- und sprachkritischen Analysen Kants und Wittgensteins verdanken, führen gerade zu einer positiven Freisetzung des interkulturellen Verstehens der vielgestaltigen Formen des Transzendenzverständnisses, des Gottesverhältnisses und der sprachlichen und praktischen Modi ihrer Vergegenwärtigung. Vernünftige praktische Einsichten in absolute Transzendenz lassen sich somit nicht einer privilegierten Tradition allein zumessen. Der Reichtum der Transzendenzbezüge und die Komplexität und Tiefe ihrer kulturellen Artikulationsweisen gestattet auch eine kritisch-hermeneutische Vertiefung des philosophischen Verständnisses religiöser, ekstatischer Vernunft.

Im Sinne einer „Positivierung" der Negativität absoluter Transzendenz, das heißt auch: im Sinne eines sinnkriterialen Begreifens der Authentizität praktisch-vernünftiger, bewusster Verhältnisse zur Transzendenz lassen sich nun mit Hick insbesondere vertrauende, liebende, erfahrenen Sinn trotz aller Widrigkeiten weitergebende Existenzverständnisse und Lebensformen auszeichnen. Es sind angemessene Verhältnisse zur Transzendenz in ihrer ganzen Komplexität und Variabilität, wie sie endlichen Freiheits- und Vernunftwesen in ihren jeweiligen Lebensformen sprachlich und praktisch, kulturell und geschichtlich möglich sind und eröffnet werden.

In diesem Zusammenhang ist hervorzuheben, dass Hick stark den *Wirklichkeitscharakter* der Transzendenz und ihrer der menschlichen Erfahrung und dem religiösen Bewusstsein zugänglichen Aspekte betont. Weit entfernt davon, Projektionen, Fiktionen und Illusionen zu diagnostizieren, geht es im authentischen Bereich religiöser Erfahrung, knapp gesagt, gerade um die „Wirklichkeit an sich", die eigentliche Wirklichkeit, in der und von der wir selber sind – die wir aber weder unmittelbar erkennen können, noch von der wir schon wüssten, wie wir uns zu ihr angemessen verhalten sollen. Diese eigentliche, absolute Wirklichkeit unserer unverfügbaren Faktizität und Praxis schließt die Tiefendimension unseres eigenen Seins ebenso ein wie unsere Schuld, unseren Tod, unser Miteinandersein, unsere Vernunft und Sprache und ihre Grenzen, unser Bewusstsein des unvordenklichen Ursprungs des Universums, unsere Frage nach unbedingtem Sinn. Diese Wirklichkeit absoluter Transzendenz bezeichnet Hick als „the *Real*". Die Negativität, die Entzogenheit der absoluten Wirklichkeit eröffnet auch in unserem Sinne eine produktive, vertiefende Kant-Rezeption, die gerade die grundlegende Erkenntniskritik mit der Ebene der systematischen, praktischen Rekonstruktion von Metaphysik und Theologie viel enger verbindet als dies üblicherweise geschieht. Hick ist jedenfalls auch durch seinen Lehrer Kemp Smith von Kants Ansatz stark beeinflusst.

Ein zentraler, aber problematischer Gedanke von Hick ist der der „eschatologischen Verifikation". Mit diesem Gedanken versucht er, der Erkenntnis- und Sprachkritik des logischen Empirismus und seiner Frage nach expliziten Sinnkriterien der Verifikation und Falsifikation von überhaupt möglichen, wahrheitsfähigen Behauptungen Rechnung zu tragen. Die Wahrheit über den Glauben an Gott, die Existenz Gottes wird sich nach dem Tode für uns beantworten. Umgekehrt gilt: Dass wir im gegenwärtigen Leben diese Wahrheit nicht wissen und nicht verifizieren – aber auch nicht falsifizieren können, das gehört wiederum zu der sinnkonstitutiven *Freiheitsdimension* des – für Hick den Ausgangspunkt seiner Explikation bildenden – christlichen Glaubens. Im Glauben werden wir offen und frei für absolute Transzendenz – the *Real* – und für die Realität eigentlichen Sinns. Erkenntnis der Wirklichkeit und Freiheit sind nach Hick eng verklammert. Er unterscheidet drei Stufen: Die Naturerkenntnis und das Vertrauen auf die Stabilität der Naturprozesse ermöglicht uns – obwohl nicht letztbegründbar – eine verlässliche äußerliche Handlungsorientierung. Die Einsicht in die Wirklichkeit der moralischen Verpflichtung eröffnet uns die Dimension personaler Verantwortung und Freiheit. Die Freiheit auf der religiösen Ebene ist am größten. Denn alle Erfahrungen, die sich im Lichte des Gottesverhältnisses verstehen lassen, oder auch, in anderen Traditionen, mystisch-meditativ, sie lassen sich auch naturwissenschaftlich, atheistisch, nihilistisch interpretieren. Absolute Transzendenz wird erfahrbar als Tao, der wahre Weg aller Dinge, als schöpferische Energie (Brahman), als waltendes Gesetz (Dharma), als Ziel- und Ruhepunkt (Nirvana), als Jahwe, als Vater Jesu Christi, als Allah, als Shiva – als die Eröffnung rettenden, heilenden, bergenden Sinns. Auch in unserem Ansatz sind die praktischen Einsichten in die sinneröffnende Unverfügbarkeit der Transzendenz nicht erzwingbar. Hick betrachtet die Theodizee-Frage im Blick auf die menschliche Freiheit. Die Möglichkeit und Wirklichkeit des Bösen wie auch die der physischen Übel in einer Welt der materiellen Endlichkeit und Bedingtheit sind gemäß seiner Analyse unverzichtbar und sinnkonstitutiv für eine humane Welt. Gerade deshalb aber steht die eschatologische Perspektive einer Hoffnung auf Vollendung im Jenseits im Blick auf die Opfer des weltgeschichtlichen Prozesses und die unschuldig Leidenden nach Hick im Zentrum des christlichen Glaubens. In *Evil and the Love of God* (London ³1988) erinnern die Theodizee-Argumente Hicks an die bereits bei Swinburne kritisierten. Im Blick auf die Offenheit und Unabgeschlossenheit des Schöpfungs- und Transzendenzprozesses hebe ich aus erkenntniskritischen Gründen den gegenwärtigen Charakter von sich eröffnenden Erfüllungsperspektiven in der Immanenz hervor. Aussagen über das Jenseits im Sinne des ekstatischen Transzendenzprozesses sind nur im Diesseits möglich. Alles „Ausmalen" postmortaler subjektiver Erfahrung im Sinne endlich-diskursiver Erfahrung ist problematisch – nicht jedoch der transsubjektive praktische Geltungssinn und Wahrheitsanspruch von soteriologischen und eschatologischen Aussagen. An dieser Stelle müssten wir die zum Themenkomplex von Jenseits und Ewigkeit angestellten Überlegungen weiterführen und vertiefen.

Hick verbindet in weiteren Untersuchungen die eschatologische Perspektive wieder mit seinem Ansatz der pluralistischen Religions-

theologie. Dieser Ansatz ist zunächst mit dem eines offenen Transzendenzprozesses verwandt und vereinbar. Die Grundeinsicht in die
unfassbare, aber seins- und weltsinnkonstitutive absolute Transzendenz und ihre Entfaltung in Natur und Geschichte macht auch die
Vielfalt religiöser Erfahrung einsichtig. Dabei steht aber die Befreiung
durch Transzendenz zu eignem Transzendieren, das heißt zu Formen
der Mitmenschlichkeit, der Liebe und Solidarität mit allen Geschöpfen durchaus im Zentrum der authentischen Formen von
Religion, die Hick thematisiert. Der zentrale religiöse Prozess der
personalen Selbstwerdung ist der der „transformation from self-cent-
redness to Reality-centredness"[132] – Gottes Liebe setzt uns frei zur
eigenen Freiheit: selbst Liebe zu geben. Auch in nichttheistischen
Religionen ist dieser Prozess des Transzendierens angelegt.

Der interessante Ansatz von Hick weist Probleme und Schwächen
auf. *Erstens* scheint mir sein Erfahrungsbegriff („religious experience") noch der weiteren Erläuterung und Präzisierung zu bedürfen. Er
scheint mir noch zu sehr empiristisch verengt und dann auch zu sehr
auf explizit und spezifisch „religiöse" Phänomene bezogen zu sein. Es
muss deutlich werden, dass die Transzendenz erschließenden Erfahrungen solche *mit* dem Leben im Ganzen sind, im Unterschied zu
einzelnen sinnlichen Erfahrungen. Sie führen zu Einsichten, zu
bewussten Formen des Welt- und Selbstverständnisses. Auch und
gerade die Sprachlichkeit religiöser Sinntraditionen und ihrer Vermittlung ist höher und komplexer, differenzierter und reflexiver anzusetzen als ein (empiristischer) Erfahrungsbegriff. Wir erfahren religiösen Sinn insbesondere in seiner aktiven Aneignung und produktiven
Weitergabe.

Damit verbunden ist ein *zweiter* Aspekt kritischer Rückfrage. Der
Transzendenzprozess und die Absolutheit der Transzendenz sind,
wenn unsere Analysen zutreffen, so fundamental und konstitutiv, dass
sie auch in den nichtreligiösen Kontexten der alltäglichen Lebenserfahrung und Praxis für Sinn und Sinnerfahrung (oft indirekt und
unbewusst oder wie selbstverständlich) konstitutiv sind. Gerade weil
Religionen sich als an die allgemeine Lebenserfahrung anknüpfende
Explikation und somit *Aufklärung* über sinnkonstitutive Transzendenz begreifen lassen, haben sie universalistische Vernunftpotentiale.
Insofern muss der *Konnex von Transzendenz und Alltäglichkeit*, gerade angesichts der Negativität der Transzendenz, auch in seiner alle
expliziten Formen von Religion transzendierenden und universalen,
bestimmenden Wirklichkeit begriffen werden. Dann aber muss die
spezifische Differenz von entwickelten religiösen Praxen freigelegt
und selbst kritisch beurteilt werden.

Ein *dritter* Punkt der Rückfrage betrifft den metasprachlichen
Status der Rede von der eschatologischen *Verifikation*. Diese Re-

konstruktionsperspektive versucht, zwischen der christlichen Jen-
seits- und Vollendungshoffnung und einem eher wissenschaftstheore-
tischen Rationalitäts- und Überprüfbarkeitskriterium eine grammati-
sche Brücke zu schlagen. Diese metasprachliche Operation ist
genauso verfehlt wie die „personale Erklärung" im Ansatz von Swinburne. Wir sahen bereits, dass Glaubensorientierungen und interexistentielle praktische Einsichten angesichts der Transzendenz sich nicht
mit wissenschaftlichen Kriterien beurteilen lassen, dass sie dennoch
vernünftig sein können. So ist die Haltung der Dankbarkeit für emp-
fangenen ungeschuldeten Sinn stets jetzt schon vernünftig, hat aber
nichts mit Wissenschaft zu tun. Dass die Einsicht in lebenstragende
Transzendenz und die durch sie ermöglichte gemeinsame Praxis eines
guten Lebens sich auf längere Sicht als verlässlich – als die im emphatischen Sinne wahren Orientierungen – erweisen, dazu benötigen wir
nicht erst noch eine postmortale „Verifikation" im Jenseits. Anders
gesagt: Wir können und brauchen, recht verstanden, die Einsicht in
unbedingten Sinn, wie er sich uns in der Orientierung an Gott eröffnet, nicht auf später vertagen oder verschieben, sondern diese Einsicht
befreit uns zur Hoffnung (auch angesichts von Scheitern und Tod).
Wenn wir schon „verifikationistisch" denken wollen – stellen wir zum
Zweck der weiteren Klärung ein Gedankenexperiment an. Ein
gemeinsames Leben in Dankbarkeit, wechselseitigem Vertrauen und
Liebe hat in Orientierung an Gott zu konkreten Erfüllungsgestalten
geführt. Würde der unbedingte Sinn dieser konkreten Erfüllungsgestalten, ebenso ihr direktes und indirektes Weiterwirken in der
Immanenz, relativiert oder eingeschränkt, wenn die Hoffnung auf
endgültige Erfüllung, das „Abwischen aller Tränen" in der Herrlichkeit Gottes, sich am Ende aller Zeiten nicht „verifizierte", sondern
„eschatologisch falsifiziert" würde? Der Geltungssinn und der interexistentielle Wahrheitsanspruch des Glaubens an Gott und seine
Wirklichkeit würde durch eine solche „Falsifikation" nicht berührt.
Ebenso, dies kann man mit Blick auf die Theodizee-Problematik
anmerken, ist das Böse nicht dadurch böse, dass es dereinst im Jenseits
durch drastisch ausgemalte Höllenstrafen geahndet wird, sondern das
böse Handeln ist bereits selbst die Strafe, ob der verantwortliche Täter
dies nun begreift oder nicht. Der klägliche Untergang vieler Tyrannen
bestätigt, „verifiziert" zwar die tatsächliche Ohnmacht des Bösen,
aber wir können auf solche Entwicklungen nicht „setzen". Diese kritische Bemerkung richtet sich nicht gegen die eschatologische
Hoffnungsperspektive, wie sie Kant, Peirce, Wittgenstein und, wie
wir sahen, auch Benjamin zustimmend reformulierten. Sie lässt sich
ebensowenig in Richtung einer „Auflösung" von Transzendenz in
„bloße" Immanenz verstehen wie in Richtung einer alle Immanenz

„tilgenden" Transzendenz. Beide Lesarten des von uns explizierten Transzendenzverständnisses wären Missverständnisse ums Ganze.

Eine *vierte* kritische Rückfrage an den Ansatz von Hicks pluralistischer Religionstheologie betrifft die Gefahr eines verkürzten Negativitätsverständnisses und einer Unterbestimmung von *religionskritischen* Aufgaben der Religionen und auch der philosophischen Theologie. Die absolute Transzendenzkonzeption von Hick im Sinne dessen, was er *the Real* nennt, setzt in ihrer Negativität die Fülle religiöser Erfahrungsdimensionen frei. Dies darf nicht zur Indifferenz des „anything goes" führen. Beliebigkeit, Austauschbarkeit, funktionale Äquivalenz und „Relativismus" sind den authentischen religiösen Praxen fremd. Denn es gab und gibt vernünftige interreligiöse Diskurse. Es gibt sie nur mit genuinen Wahrheitsansprüchen. Es fehlen dem religionstheologischen Pluralismus, wenn er bei absoluter Transzendenz verbleibt, Beurteilungskriterien, um den genuinen Wahrheitsanspruch von Religionen ernst nehmen zu können. Der kognitive Gehalt des authentischen Transzendenzbezuges darf nicht preisgegeben werden und im Absoluten diffundieren. In unserer Terminologie: Die praktischen Einsichten mit Transzendenzbezug müssen auf glaubwürdige *Rückwege* führen, die klar von Fehlformen, Missverständnissen und Irrwegen unterschieden werden können. Auch *religionsintern* ist die negativ-kritische Dimension authentischer Verständnisse – im Sinne des Abweises der im ersten Kapitel analysierten Missverständnisse – stets gegenwärtig und bewusst zu halten. Dies kann „von außen" und „von oben herab" nicht gelingen. Dass wir in Praxen der Sinneröffnung, der Sinnerfahrung und der von uns immer wieder auch korrigierbaren, neu konzipierbaren Sinnentwürfe leben und so gemeinsam zu uns selbst werden können, das gehört zum Sinn unbedingter Orientierungen. Da Hick die Freiheitsdimension religiöser Welt- und Selbstverständnisse deutlich macht, müsste sein Ansatz auch diese ständige Möglichkeit negativ-kritischer Reflexion und Weiterentwicklung deutlich machen. An seiner Religionstheologie zeigt sich schließlich wieder eine systematische Grundproblematik philosophischer Theologie überhaupt, nämlich die, den Status der sinnexplikativen Sprache der Philosophie nicht theoretisch zu überfrachten und als eine „eigentliche Metasprache" überzubestimmen. Die Termini „Verifikation", „Wirklichkeit" (the Real) oder auch „Transzendenz" müssen an die komplexe Alltagssprache, an die religiöse Rede von Gott und die mit ihr verwobene interexistentielle Praxis erläuternd anschließen. Sie können diese Rede und Praxis erläuternd durchsichtig und verständlich machen, diese aber nicht ersetzen oder allererst aus Prinzipien ableiten und begründen.

Der Ansatz von Hick zeigt, dass rationale philosophische Reflexion der Gottesfrage ohne die rekonstruktive Wiederaufnahme eines Verständnisses absoluter Transzendenz im Sinne des überseienden Einen des Neuplatonismus, der Gottheit (deitas) Meister Eckharts oder des Gottes „über Gott" im Unterschied zu Gott „als Symbol" (Tillich) nicht möglich ist. Aber die Gesamtkonzeption von Hick zeigt eine unvermittelte, aporetische Stellung zwischen dem fälschlich szientifisch gedachten „eschatologischen Verifikationismus" einerseits und dem zu nonkognitivistisch gedachten Pluralismus der Religionen andererseits.

3.6.5 Gott in der heutigen Philosophie

Abschließend beziehe ich mich auf einige ausgewählte neuere und gegenwärtige konstruktive Ansätze, die mit meinen Grundgedanken auf die eine oder andere Weise Nähe oder Entsprechungen aufweisen, weil sie in der Philosophie die Gottesfrage explizit und kritisch thematisieren. Auf die Entwicklung des Denkens von Habermas und Derrida in dieser Frage wurde schon Bezug genommen.

Auch Fergus Kerr hat in einer sehr instruktiven Untersuchung herausgearbeitet, dass die moderne Philosophie entgegen weit verbreiteter Meinung in säkularisierter Form tief von religiösen Motiven geprägt ist. In seinen Stanton Lectures an der Universität Cambridge analysiert er die theologische Tiefendimension der Philosophien von Martha Nussbaum, Iris Murdoch, Luce Irigaray, Stanley Cavell und Charles Taylor. Er zeigt, dass in allen diesen Ansätzen Wege des Transzendierens des Menschlichen um des Menschen Willen leitend sind. Theologische Vorbegriffe spielen in der modernen Philosophie eine viel größere Rolle als bisher wahrgenommen.[133] Wichtige Philosophen des 20. Jahrhunderts haben explizite religionsphilosophische, metaphysische und theologische Werke vorgelegt, so Karl Jaspers, Paul Tillich und Ernst Bloch.[134]

In seinem grundlegenden philosophiehistorischen Werk zur Geschichte der philosophischen Theologie, *Der Gott der Philosophen*[135] mit dem bezeichnenden Untertitel *Grundlegung einer philosophischen Theologie im Zeitalter des Nihilismus* kommt der Skeptiker Wilhelm Weischedel angesichts der Gottesfrage zu einer eigenen Position der „Schwebe" und des Sich-Offenhaltens: Das Philosophieren „darf sich in keinerlei dogmatische Position flüchten, weder im positiven noch im negativen Sinne. Eben in der Schwebe zwischen den beiden extremen Möglichkeiten eines unbedingten Sinnes und einer absoluten Sinnlosigkeit wird es wahrhaft zu sich selbst gebracht.

Die Möglichkeit eines solchen Schwebens liegt eben im Fragen. Darum verharrt der Philosoph im Fragen und legt sich auf keine Antwort fest" (II, 178). Gerade, weil das philosophische Denken frei ist und bleiben muss, muss es in dieser Schwebe bleiben. Gott wird als das „Vonwoher der Fraglichkeit" bestimmt (II, 218ff.), dieses als „Geheimnis", dem Züge des Heiligen eignen, so, wie sie Rudolf Otto in den beiden Grundaspekten des Erschreckenden (tremendum) und des Faszinierenden (fascinosum) beschrieben hat (II, 223f).[136] Der auch von mir stark herausgearbeitete Aspekt der Negativität der Transzendenz wird als „Nichtigkeit" thematisiert (II, 234ff.). Weischedel grenzt seinen aporetischen Gottesbegriff gegen den des Christentums und gegen den Hegels wie Schellings ab: Es gilt, im Fragen zu verbleiben und „Abschied" (II, 256) von Antworten zu nehmen.

Das systematische Fazit von Weischedel ist sowohl mit Blick auf unser Transzendenzverständnis als auch im Blick auf unsere transzendentalanthropologische Analyse des Vorgriffs auf Sinn und die lebenspraktische Dimension der Gottesfrage unzulänglich. Eine skeptische Schwebe, eine theoretische Ambivalenz zwischen „Sinn" und „Nichts" bzw. sogar zwischen unbedingtem Sinn und totalem Nihilismus ist weder denkend noch handelnd durchzuhalten. Es handelt sich gerade im Blick auf menschliche Freiheit nicht um gleichrangige Alternativen, angesichts derer ein „Dauerzweifel" denkbar wäre. Schon Buridans Esel ist das erhellende Beispiel gegen eine solche Vorstellung: Der Esel verhungert angesichts zwei gleich großer Heuhaufen, weil er sich nicht für einen der beiden entscheiden kann. Zwischen Sinn und „Nichts" aber haben wir uns praktisch schon so gut wie immer entschieden: Wir verlangen nach Sinn – welcher Art auch immer. Da dieser Sinn unserer Freiheitspraxis mit Moralität (mit dem Guten) konstitutiv verbunden ist, ist die Unterstellung und Vorwegnahme nicht relativistischer praktischer Geltung je bereits vollzogen – auch in Wahrheitsansprüchen der Alltagspraxis. Ein „Nihilismus" ist ebenso wie ein Universalzweifel praktisch unmöglich und philosophisch betrachtet eine unkritische, nicht selbstreflexive Position. Warum soll man nicht diesen Zweifel selbst bezweifeln – angesichts klarer und unwiderlegbarer Beispiele existentieller und interexistentieller Sinnerfahrung? Der Nihilismus verbirgt den Sinn, dem er sich selber verdankt – ebenso wie die Skepsis. Auf diese Weise versperrt Weischedel eher einen erneuten Zugang zur philosophischen Gottesfrage, weil er glaubt, eine totale Leugnung von Sinn oder eine ständige Skepsis seien überhaupt denk- oder lebbare Möglichkeiten.

Demgegenüber ist Georg Scherer *Die Frage nach Gott* [137] produktiv neu angegangen, in dem er gerade „die Frage nach dem Sinn als Frage nach Gott" versteht, Gott als „Sinngrund" denkt und seine

Analysen auf die traditionelle philosophische Theologie zurückbezieht. Im Horizont dieses Sinngrunds „ bewegen wir uns auch in der alltäglichen Lebenswelt. Wir können daher in den scheinbar unbedeutendsten alltäglichen Geschehnissen an das Tiefste und Höchste rühren, ja in ihm leben" (228). Es gilt zu zeigen, „dass jeder erfüllte Augenblick eine Erfahrung Gottes als des absoluten Sinngrundes einschließt" (164).

Mit kurzen Bemerkungen weise ich auf weitere konstruktive philosophische Ansätze zur Gottesfrage hin. Das Entscheidende der phänomenologischen Schule war es im Blick auf religiöse Phänomene, deren interne, irreduzible Eigenart und Authentizität wieder freilegen zu wollen. Das gilt für die frühe Schule mit Adolf Reinach und Edith Stein und setzt sich in den umfassenden Transzendenzanalysen von Emmanuel Levinas und Michel Henry fort.[138] In der Tradition der Hermeneutik wies Gadamer immer wieder darauf hin, wie unverzichtbar das Festhalten der philosophischen Frage nach der Transzendenz für einen Dialog der Weltkulturen und der Weltreligionen sei.[139] Paul Ricœur hat umfassende hermeneutische Studien zum Verständnis des Religiösen vorgelegt.[140] Das „schwache Denken" von Gianni Vattimo führt nach dem Ende der Heilsverheißungen der Moderne zur zentralen Bedeutung der menschlichen Hinfälligkeit und Endlichkeit und zu einem neuen philosophischen Verständnis der Trinität und der Menschwerdung Gottes zurück; für ihn ist das „problematische Verhältnis zwischen Philosophie und religiöser Offenbarung der eigentliche Sinn der Menschwerdung".[141] Charles Taylor thematisiert die „Formen des Religiösen in der Gegenwart" und stellt die Grundfrage, ob der expressive Individualismus der westlichen Moderne, dessen religiöse Ursprünge er in *Quellen des Selbst* umfassend untersucht hat,[142] es noch gestatte, „unsere Verbindung mit dem Sakralen in irgendeinen besonderen, größeren Rahmen einzufügen, sei es die ‚Kirche' oder der Staat."[143] Gibt es einen „Ort für die Transzendenz in unserer heutigen Gesellschaft?" Taylor analysiert die Gründe für die Entzauberung und die „Gottesfinsternis" in der modernen Welt und artikuliert Bedingungen für eine neue Erschließung der Transzendenz in einer „Liebe zum Menschen, so wie er ist, mit all seinen Fehlern und Schwächen", einer „Liebe, deren wir nur durch Gottes Gnade fähig sind." Eine solche Perspektive eröffnet den „Sinn des Sinns."[144]

In der deutschsprachigen Philosophie sind in den letzten Jahren weiterführende Diskussionen zur philosophischen Gottesfrage und zum Verhältnis des „Gottes der Philosophen" zum „Gott der Theologen" geführt worden.[145] Franz von Kutschera hat zu den philosophisch-theologischen Grundfragen Untersuchungen vorgelegt, die auf modifizierte Weise an Kant anschließen.[146] Die Modifikationen betreffen die stärkere Einbeziehung existentiell-holistischer und emotiv-affektiver Aspekte des christlichen Glaubens, der im Zentrum der Analysen von Kutscheras steht: „Der Glaube ist nicht erkenntniser-weiternd, aber er zeigt einen Weg, den wir gehen können, und öffnet unserem Leben einen überwältigend großen Sinnhorizont."[147] Einen extrem dualistischen Entwurf hat Kurt Hübner ausgearbeitet, der eine totale Differenz von Vernunft und Offenbarung, von Wissenschaft und Mythos, von Denken (Philosophie und Metaphysik) und Glaube von Anbeginn so festschreibt, dass keine Vermittlung denkbar, sinn-voll und möglich ist.[148] Diese Auffassung unterläuft um einen sehr hohen Preis alle Vermittlungsbemühungen, die gerade angesichts der Sinngrenzreflexion und ihrer praktischen Bedeutung nach meinem Urteil unverzichtbar sind.

Die Sinngrenzreflexion in der Tradition des transzendentalen Idealismus in Richtung auf ein Absolutes als Grund des Bewusstseins fortzuführen, steht auch im Zentrum des Denkens von Dieter Hen-rich. Metaphysik wird als eine Erkenntnis mit Selbst- und Weltbezug und als „Grundverfassung des bewussten Lebens" begriffen, die ihre „Form ganz aus der Einsicht in die Wahrheit einer Lebensdeutung gewonnen hat."[149] Das heißt: In einer recht verstandenen philosophi-schen Grundlagenreflexion (Metaphysik) geht es letztlich um das Gewinnen wahrer, verbindlicher, lebenstragender Einsichten, und damit auch um die Frage nach Gott. Ebenso hat Robert Spaemann das philosophische Denken immer wieder mit der Gottesfrage verknüpft: „Wer glaubt, dass Gott ist, glaubt, dass das, was der Fall ist, die Welt unserer Erfahrung einschließlich seiner selbst, eine ‚Tiefe', eine Di-mension hat, die sich der Erfahrung, auch der introspektiven, ent-zieht. Diese Dimension ist der Ort, wo das, was ist, aus seinem Ursprung hervorgeht. Und zwar nicht im Sinne eines zeitlichen Folgens auf Antezedenzbedingungen, sondern als gemeinsames Her-vorgehen mit den Entstehungsbedingungen und zugleich als Eman-zipation von diesen, also als Selbstsein. An einen Schöpfer glauben heißt glauben, dass das Sein der Dinge und das Leben der Sterblichen weder notwendig noch die Folge eines universellen Trägheitsprinzips ist, sondern in jedem Augenblick Hervorgang aus dem Ursprung."[150] Wie die vorliegende Einführung akzentuiert Spaemann den Aspekt des Wunders, den der Unbedingtheit der Moral und der Freiheit sowie der Personalität des Menschen als holistische Prämissen, das Absolute als Gott zu denken (782). Ernst Tugendhat vergleicht in einer neuen Untersuchung das Transzendenzverständnis von Religion und Mystik. Während die Perspektive des jüdisch-christlichen Glau-bens an einen personalen Gott „keine Möglichkeit aus der Perspektive der 1. Person mehr ist", ist „die Mystik (…) eine Möglichkeit (…), die allen Menschen zugänglich ist."[151] Angesichts dieser doch recht holz-schnittartigen Gegenüberstellung müsste geklärt werden, ob ein Ver-

ständnis absoluter Transzendenz in der Immanenz im erläuterten
Sinne nicht die Aspekte des Wunders, des Staunens (Mystik) und der
Personalität (und ihres Grundes) auf einander beziehen kann. Ferner
könnte Tugendhat der Genese der abendländischen Vernunft Rech-
nung tragen, wenn er auch die religiösen und theologischen Voraus-
setzungen der „1.-Person-Perspektive", die nach seiner Auffassung an
Gott nicht mehr orientiert sein kann, bewusst machte. Sich selbst als
Person zu verstehen – diese Perspektive ist in der buddhistischen
Mystik nicht gemeint.

Sehr fruchtbar sind die Untersuchungen von Michael Theunissen
zu einer *Negativen Theologie der Zeit*.[152] In einem neueren Aufsatz
hat Theunissen deutlich gemacht, wie er das Verhältnis von
„Philosophie der Religion" und „religiöser Philosophie" beurteilt.[153]
Die existentiell-praktische Dimension des Glaubens an Gott findet er
bei Wittgenstein zutreffend beschrieben. Er konstatiert aber angesichts der bloßen Beschreibung der Vielfalt der Lebensformen einen
philosophischen „Reflexionsabbruch." Über diesen „wäre zurückzu-
gehen auf die in ihnen sich erschließende Wirklichkeit" (11). Die
Transzendenzanalysen des vorliegenden Ansatzes unternehmen einen
solchen Rückgang. Man gelangt durch einen solchen Rückgang zu
universalen Aspekten unserer Lebenswirklichkeit und erreicht, so
Theunissen, „größtmögliche Allgemeinheit", die schließlich in die
konkrete religiöse Erfahrung und Praxis mit „größtmöglicher Bestimmtheit" zurückführt (11). Im Versuch, die Einzigkeit und Personalität Gottes zu denken, führt die Transzendenzreflexion in die
jüdisch-christliche Tradition zurück, deren Gott, „wenn er auch keine
Person *ist*, doch eine personale Seite hat und sie uns zukehren kann"
(14). Bezug wie Differenz von spezifisch religiöser Erfahrung und
philosophischer Reflexion müssen immer wieder von neuem deutlich
gemacht werden.

Peter Strasser hat in jüngster Zeit intensive religionsphilosophische Reflexionen vorgelegt, die im Zentrum die Gottesfrage thematisieren. Es geht Strasser um die Rückgewinnung eines religiösen Universalismus jenseits der Fundamentalismen, um ein vernünftiges
Transzendenzverständnis und den *Gott aller Menschen*: „Was wir
brauchen, ist eine Kultur, die das individuelle Bewusstsein in seinem
Wert gerade dadurch bestätigt, dass sie es auf einen Horizont bezieht,
den zu erreichen uns unmöglich ist, solange wir am endlichen Leben
teilhaben. Das Leben einer Kultur hängt davon ab, ob sie beseelt ist,
sich an diesem Horizont – dem Horizont der Verwandlung – auszu-
richten."[154]

Es wird sichtbar: auf vielen Ebenen der internationalen Gegenwartsphilosophie finden sich produktive Ansätze, die eine Reha-

bilitierung philosophischer Theologie versuchen und dazu helfen, eine neue, lebendige Diskussion der Frage nach Gott zu führen.

3.7. Ein Ausblick: Philosophisches Denken und die Frage nach Gott

Kann Philosophie nach Aufklärung und Moderne begründet von Gott reden? Die Untersuchung hat zu zeigen versucht, dass dies sinnvoll und vernünftig möglich, sogar unumgänglich ist. Es ist dazu zunächst erforderlich, irreführende und einseitige Gottesverständnisse zu kritisieren, die weder philosophisch noch religiös tragfähig sind, da Gott letztlich entweder objektiv als Seiendes unter Seienden oder subjektiv als menschliche Vorstellung vergegenständlicht wird (Kapitel 1). Es wurde dann eine philosophische Prototheologie als eine kritisch-hermeneutische Theorie absoluter Transzendenz in der Immanenz entwickelt und auf religiöse Praxis und Rede bezogen (Kapitel 2). Schließlich sollten exemplarische Analysen zu philosophisch-theologischen Ansätzen der Aufklärung, des Idealismus, der Moderne und der Gegenwart die Unvermeidbarkeit der expliziten Thematisierung der Gottesfrage verdeutlichen (Kapitel 3).

Im folgenden will ich einige zentrale Aspekte der Thematik noch einmal ausblickhaft beleuchten, die mir für die künftige Diskussion wichtig erscheinen.

3.7.1 Die Frage nach dem Status der Philosophie selbst

Angesichts der unlöslichen Verklammerung von Methode und Selbsterkenntnis in der philosophischen Reflexion ist ihre kritische Sinngrenzanalyse mit der Frage nach Grund und Sinn des endlichen menschlichen Lebens verbunden. Die Thematisierung der Transzendenzaspekte und ihrer ekstatischen Gleichursprünglichkeit in der absoluten Transzendenz legt eine Dimension von Unbedingtheit frei, die weder natur- noch sozialwissenschaftlich, weder technisch noch praktisch, weder moralisch noch politisch, weder ethisch noch ästhetisch allein zu denken ist. Diese Dimension der Transzendenz ist irreduzibel konstitutiv für religiöse (und mystische) Erfahrung, Sprache und Praxis. Für die Philosophie ist ein selbstreflexiver Zugang zu dieser Dimension auf allein formal-analytischer, allein texthermeneutischer oder nur phänomenologisch-beschreibender Grundlage ungenügend. Einfache Oppositionen wie „metaphysisch" und „nachmetaphysisch" werden der Problemlage auch nicht gerecht. Vielmehr weist die Selbstkritik von Aufklärung, Moderne und westlicher, technisch-industrieller Zivilisation fundamentalontologisch, seinsgeschichtlich, transzendental-anthropologisch und tiefenhermeneutisch auf neue Weise in die ansonsten verdrängte, tabuisierte oder durch Surrogate substituierte Dimension des Absoluten und der Transzendenz, die einmal Zentrum der Philosophie als Theologie, als Metaphysik, als Transzendentaltheologie und als Reflexion des Absoluten im Idealismus war. Die Dimension des Unbedingten, auf die sich die Rede von Gott bezieht, kann nach Vernunft- (Kant), Ontologie- (Heidegger), Sprach- (Wittgenstein) und Ideologiekritik (Marx, Nietzsche, Freud, Adorno) nur noch klarer und unmissverständlicher als sinnkonstitutive dialektische Differenz von Transzendenz und Immanenz gedacht werden. Eine Dimension ekstatischer Transzendenz, die weder vorhanden noch zuhanden, weder abbildbar noch innerweltlich referentialisierbar, weder objektiv noch subjektiv vorgestellt werden kann, die in diesem Sinn weder „ist" noch „nicht ist", und die dennoch Grund allen Sinns, des Seins und unseres Lebens ist, muss jenseits bzw. diesseits des Subjekt-Objekt-Dualismus bzw. der Subjekt-Prädikat-Struktur von Sätzen gedacht werden. Deswegen ist eine theoretisch-formalanalytische Reformulierung der theologischen Metaphysik nicht sinnvoll bzw. schlechte Scholastik, während negative Theologie, platonische Transzendenzreflexion und rationale Mystik kritische und konstruktive Anschlüsse bieten. Sie versuchen, die innere Unendlichkeit der Wirklichkeit zu artikulieren und die abwesende Anwesenheit Gottes, die Transzendenz in aller Immanenz kritisch zu denken und praktisch zu begreifen. Durch die philosophische Sinngrenzreflexion erschließt sich somit im Ansatz ein neues Wirklichkeits- und Seinsverständnis, das weder wissenschaftlich noch szientifisch-metaphysisch ist, sondern alltäglich und lebensnah, aber nicht im Sinne „durchschnittlicher Alltäglichkeit" (Heidegger), sondern im Sinne der Tiefendimension der existentiellen Wirklichkeit der humanen Welt. Diese Tiefendimension zu leugnen wäre die Selbstpreisgabe der humanen Welt. Sie zu denken, macht ein Denken von Sinnereignissen nötig, die uns erst ermöglichen. Die Analysen des Transzendenzprozesses versuchten dies mit ersten Schritten.

3.7.2 Die Frage nach dem Verhältnis von Vernunft und Offenbarung

Ein philosophisches Transzendenz- und Gottesverständnis im Sinne der vorliegenden Untersuchung ist nicht im Rahmen der verbreiteten Dichotomien von Wissen und Glauben, Vernunft und Offenbarung als bereits abschließend positivierbaren Größen verortbar, sondern

muss sich auch diskursiv auf der Grenze bewegen. Alle Grenz-
ziehungsmodelle sind selber begrenzt. Die Vernunft gelangt durch
kritische Selbstreflexion an ihre für sie sinnkonstitutiven Grenzen.
Die praktische Einsicht in diese Grenzen führt zur ekstatischen
Vernunft, die ihren Transzendenzbezug nicht bloß abspaltet und
negiert, sondern kritisch-hermeneutisch und dialektisch einbegreift
und praktisch zu verstehen sucht. Der *Inbegriff* dieser Einsicht ist das
Wort Gott, verbunden mit der Rede vom Wunder, vom Unerklärlichen und vom Geheimnis als der Eröffnung von Sinn. Von dieser
Einsichtsebene aus erschließt sich der philosophischen Reflexion die
genuin religiöse Vernunft, die eine Sache der existentiellen und
geschichtlichen, meditativen wie kongregativen religiösen Lebenspraxis ist und bleibt. In den religiösen Praxen und Offenbarungstraditionen wird der wahrhaftige Transzendenzbezug zu einer spiri-
tuellen Realität eigenen Rechts, zu der die philosophische Reflexion
nur hinführen kann, indem sie dieses Eigenrecht begreiflich und in
seiner Irreduzibilität verständlich macht. Die vernunftkritische Transzendenzanalyse eröffnet somit den Rückweg zu allen Formen ekstatischer religiöser Vernunft, die sich in Feier und Dankbarkeit, in der
Stille und im Schweigen, im gemeinsamen Beten, Singen und Hören
ebenso entfaltet wie in der tätigen Hilfe und Nächstenliebe, im
Zuhören und Vergeben, in den gemeinsamen und einsamen Wegen,
mit Schuld, Leid, Scheitern, Sterben und Tod menschlich umzugehen.
Gerade weil Denken, philosophische Reflexion und religiöse wie alltägliche Lebenspraxis auf verschiedenen Ebenen angesiedelt sind,
können sie sich produktiv ergänzen und bereichern. Ersetzen können
sie sich nicht. Auch ist eine authentische Kultur der Transzendenz
durch säkulare und profane Kulturformen nicht ersetz- oder ablösbar.
So wird auch die kritische Funktion der Philosophie auf neue Weise
klar: die lebenssinnzerstörenden Effekte falscher Ersatzbildungen für
Gott und das Absolute in der Form endlicher, innerweltlicher Größen
oder Güter ist zu kritisieren, gerade um autonome, endliche, rationale
Praxis in aller Profanität und Alltäglichkeit freizusetzen. Fundamentalismus, Terrorismus und Nihilismus, theoretische wie praktische Formen der Sinndestruktion im Namen Gottes wie auch im
Namen des Atheismus – sie sind beide der negativ-theologischen
Kritik auszusetzen. Auch die neben der negativ-kritischen zweite
wesentliche Stoßrichtung philosophischer Prototheologie, die *praktische* Konsequenz des Transzendenzbezuges als Freisetzung des
Menschen zu autonomer Moralität und Sittlichkeit zu verstehen,
eröffnet eine universalistische Perspektive, in der der Einzelne sich
mit der Menschheit und mit allen Geschöpfen verbunden begreift,
gerade weil der alles ermöglichende Sinn der Eigenmacht des Menschen entzogen ist und bleibt. Diese Perspektive der Vernunft-

geschichte der Menschheit kann und darf die Philosophie nicht preisgeben. Dass die Möglichkeit des Gelingens stets unüberbietbar auf
Hoffnung gestellt ist, verbindet philosophische und religiöse Vernunft
und Aufklärung, denn sie sind Aufklärung über sinnkonstitutive Unverfügbarkeit, über unsere Begrenztheit. Die wechselseitige Ergänzung, Bereicherung und kritische Durchdringung von Philosophie
und Religion, in meiner konkreten kulturellen Reflexionssituation:
von Philosophie und christlichem Glauben und seiner theoretischen
Reflexion ist daher zu intensivieren, ebenso der Dialog von
Philosophie und Theologie. Die Vermittlung dieser Ebenen „gibt es"
nicht irgendwo, sondern *sie sind nur wir selbst* in unserem zu klären-
den Selbstverständnis und im kritischen, auch interkulturellen und
interreligiösen Dialog, der die abendländische Vernunftgeschichte ist.

3.7.3 Das Problem der Sprache und die praktische (kritische) Dimension

Die bedeutendsten Beiträge der Philosophie des 20. Jahrhunderts
nach der Kantschen Vernunftkritik und ihrer dialektischen Transformation durch Hegel sind sprachkritischer Natur; das gilt für
Heidegger wie für Wittgenstein und in Grenzen auch für Adorno.
Aber die systematische Tragweite dieser Radikalisierung der Vernunftkritik und auch ihrer Kritik an szientifischer Metaphysik im
Gewand wissenschaftlicher „Vernunft" ist überhaupt noch nicht
begriffen, solange wir eine philosophische Diskussionskonstellation
haben, die der prekären wechselseitigen Abschottung von profaner,
technisch-wissenschaftlicher Verstandestätigkeit und kapitalistischer
Ökonomie auf der einen Seite, religiösem bzw. privatem Fundamentalismus bzw. Nihilismus auf der anderen Seite zuarbeitet
und letztlich entspricht. Am Ende dieses negativ-dialektischen Ver-
fallsprozesses stehen zwei Formen, die das Niveau der Philosophie
unterbieten: eine bloß formal-semantische Satzanalyse ohne Berück-
sichtigung von Gesellschaft, Kultur und Geschichte sowie des praktischen, interexistentiellen Kontexts der Rede und Sprache einerseits,
eine bloß historische Bestandsaufnahme, Sichtung oder zeitbezoge-
ne Wertung kultureller Prozesse der Gegenwart als „philosophische"
Weltanschauung andererseits, die Titel und Thesen vom „Tod
Gottes", vom „Ende der Metaphysik", vom „Ende der Geschichte",
vom „Tod des Subjekts", vom „Ende des Individuums", vom „Ende
der Moderne", vom „Ende der Postmoderne" im Sinn zeitbedingter
Moden in immer kürzeren Abständen erfindet. Philosophie, verstanden als kritisch-hermeneutische Reflexion unserer Selbst- und Welt-

verhältnisse beginnt erst jenseits eines akulturellen Formalismus und eines Weltanschauungs-Propagandismus. Mit Wittgenstein und in Fortsetzung seiner Spätphilosophie müssen wir in vernunftkritischer Absicht vielmehr den Reichtum und die Komplexität der Sprache unserer Kultur *allererst neu begreifen.* Nur so können wir ein vertieftes Vernunftverständnis zurückgewinnen. Dies unternahm schon Hegel nach Kant. Die Ausgrenzung der Rhetorik aus der philosophischen Reflexion ist ebenso rückgängig zu machen wie die Ignoranz gegenüber ihren eigenen literarischen Formen und der für sie zentralen Verwendung von Metaphern. Dann wird deutlich: Die denkende Sinnvermittlung bzw. Sinnerschließung durch Philosophie ist *verwandt* mit Formen der Dichtung, obwohl sie etwas anderes ist. Szientifische Metaphysik wie auch formalistischer Szientismus sind Schwundstufen der okzidentalen Vernunft. Deswegen gilt es jetzt, den genuinen Wahrheitsanspruch und Geltungssinn der authentischen Formen der Metaphysik (als bereits sinnkritischer Grenzreflexion in praktischer Hinsicht) – von Platon, Plotin und Augustinus bis zu Cusanus – neu zu entdecken. Ebenso kommt der religiösen Rede ein solcher, in sich außergewöhnlich komplexer Geltungssinn zu, dessen Feinstruktur und inhaltliche Bestimmtheit und damit ihr Lebensbezug nicht von außen, von oben oder mit flachen, eindimensionalen Formanalysen zu erreichen ist. Nur durch diese unabschließbare Aufgabe der *genauen* Sinnanalyse z. B. der Verkündigungssprache, der Gebetssprache und der persönlichen Rede von und zu Gott erreichen wir die Tiefendimension der Vernunft. Denn auch authentischer Sinn im religiösen Verständnis ist nicht „an sich da", sondern muss sprachlich verstanden und begriffen werden. Durch die Explikation des genuinen Geltungssinns der Rede von Gott wird die Eingrenzung des wissenschaftlichen, technischen und instrumentellen Weltverständnisses möglich und nötig. Diese Eingrenzung ist auf unterschiedliche Weise das zentrale Anliegen aller bedeutenden Philosophen seit Kant. Deswegen lehrt Wittgenstein: „Wir fühlen, dass selbst, wenn alle möglichen wissenschaftlichen Fragen beantwortet sind, unsere Lebensprobleme noch gar nicht berührt sind." (Tractatus 6.52). Heideggers Wissenschafts-, Technik- und Ontologiekritik hat genau diese Stoßrichtung, Adornos und Horkheimers Kritik der instrumentellen Vernunft ebenso. Es verbindet Philosophie, Theologie und Religion, auf die Probleme der „Sprachnot", der Unsagbarkeit und der Unverstehbarkeit, auf die Grenzen der Sprache explizit und bewusst zu stoßen. Dieses sprachkritische Bewusstsein von der Grenze und Problematik der vernünftigen Selbsterkenntnis des Menschen ist durch keine formale Satzanalyse und durch kein bloßes Weiterreden tradierter Formen ersetzbar. „Gott existiert" ist genauso unbegriffen wie „Gott gibt es nicht", wenn wir die Rede von Gott

nicht in ihrem Kontext begreifen – im existentiellen und interexistentiellen Kontext des Betroffenseins von Transzendenz, von dem uns
ermöglichenden, unvordenklichen Sinn. Deswegen muss auch die
Bedeutung von Urteilskraft wie Einbildungskraft für die vernünftige
Selbsterkenntnis und die sinnerschließende Rede neu geklärt werden,
um ein nicht-reduktionistisches Vernunftverständnis – auch interkulturell und mit Blick auf die ganze eigene Tradition – zu erreichen.
An diesen drei Kontexten wird deutlich, dass sich die Frage nach
Gott auf denkbar radikale Weise an der Schnittstelle von Herkunft
und Zukunft der Philosophie, an der Schnittstelle von europäischer
Vernunftgeschichte und wissenschaftlich-technischer Zivilisation bewegt, dass sie auch im Fragen nach Wesen und Grenzen der Sprache
(und damit nach uns selbst) weiter zu klären ist. Da Gott keine innerweltliche Gegebenheit ist, aber auch nichts außerhalb der Welt, zeigt
er sich in unserem Leben und in unserer Sprache in Vernunft, Freiheit
und Liebe, die auch keine innerweltlichen Gegebenheiten sind, aber
auch nichts außerhalb der Welt. Keine Theorien oder Beweise „begründen Gott" – ebensowenig wie die unbedingte personale
Menschenwürde sich Ableitungen oder wissenschaftlichen Theorien
verdankt. Insofern „gibt es" in bestimmten reduktionistischen Denkweisen den Menschen ebensowenig wie Gott. Aber dass menschliche
Vernunft an dieser Grenze nicht endet, sondern überhaupt erst beginnt, darauf muss Philosophie insistieren. Erst die Einheit von
Transzendenz und Immanenz eröffnet die Dimension unbedingten
Sinns, der sich alle Menschen verdanken – ob sie von Gott reden oder
nicht.

Anmerkungen

1 Ich nenne im Folgenden abkürzend „Gott-Sätze" solche Sätze, die in der Rede von Gott, der „Gott-Rede", verwendet werden.
2 Suárez 1620: liber 8, cap. 16, no. 17 ; Johannes Chrysostomus: Migne Tomus 60, 674.
3 Augustinus 1991: XXXIX, 72, 202, S. 122.
4 Wittgenstein 1994: 149.
5 Nurbaksh 1978: 96, (übers. Th. R.).
6 Luther 2002: Nr. 6211, 542. Luther bezieht sich auf Gal. 1, 8.
7 Ricœur 1969.
8 Luhmann 1977.
9 Lübbe 1986.
10 Luhmann 1977: 6.
11 Ritter 1974: 105–140. Marquard 1981.
12 Rabia, zit. nach Shah 1982: 239.
13 Vgl. Swinburne 1987: Kap. 3.
14 Rentsch 1999.
15 Aus einem persönlichen Gespräch, Münster 1975.
16 Vgl. Demmerling 2002: 184–213.
17 Vgl. dazu ausführlich: Rentsch 1999: 115–129.
18 Rentsch 1999: 155–165.
19 Vgl. Rehbock 2005.
20 Dazu: Steinvorth 1994: 44–50, dort 48.
21 Vgl. z. B. Keightley 1976. Grabner-Haider 1978. Kutschera 1991.
22 Vgl. Kambartel 1971: 32–35.
23 Putnam 1997a: 175–187; 1997b: 407–422.
24 Kant 1968c: § 57.
25 Vgl. Rentsch 2000: 213–251.
26 Dazu: Theunissen 1991: 321–377.
27 Bereits klassisch hatte diese Umlenkung als besondere „Erschließungssituation" (disclosure situation) analysiert: Ramsey 1957: v. a. 127–131.
28 Diese Formulierungen Kants, die im Zentrum seiner Philosophie religiöse Grundbegriffe aufgreifen, interpretiert wegweisend: Sommer 1988: v. a. 52ff. sowie 176ff.
29 Zur religiösen Bedeutung des Atheismus vgl. MacIntyre/ Ricœur 2002.
30 Bultmann 1941: 132ff.
31 Baumgartner 1998: 28f.; Bloch 1959: Bd. 3, 1385–1391.
32 Arendt 1981: 231–238.
33 Thomas von Aquin 2001: III 71. Insofern kann der Privationslehre, der Lehre, dass das Böse ein abkünftiger, defizienter Modus des Guten ist, ein vernünftiger Sinn gegeben werden.
34 Kant 1968a: Bd. VIII, 255–271. Kant setzt der irreführenden „doktrinalen" die „authentische Theodizee" gegenüber. Vgl. dazu: Rentsch 1986: 83–91.
35 Auch nach Leibniz ist die göttliche Vorherbestimmung, die Prädestination „durchaus keine Nezessitation" (Leibniz 1968: Anhänge, 418), d.h. keine theologische Kausalordnung, sondern eine Konditionalordnung. Vgl. Rentsch 1986: 88f.

36 Kant 1974: 320.
37 Drury 1981.
38 Illies 2000.
39 Goethe 1976: V. 1335f.
40 Vgl. zum Gesamtkomplex: Rentsch 1998: 1102–1105. Dort weitere Literatur.
41 Dionysios Areopagita 1981: 96.
42 Vgl. dazu Lindtner 1982: 153.
43 Wittgenstein 1969: § 398.
44 Ebd.
45 Wittgenstein 1969: § 399.
46 Cusanus 1959: 54.
47 Wittgenstein 1969, Tractatus 4.21; 1980, 78.
48 Kant 1968b. Im Folgenden werden die Seiten im laufenden Text angegeben. –
    Der Raum gestattet es in diesem Band nicht, neben einer konzentrierten eige-
    nen Interpretation auf die Forschung einzugehen. Deswegen sei hingewiesen
    auf Henrich 2004b:1474–1501; Wimmer 1990 und 1992: 195–229; Rehbock
    1991. Rehbock und Wimmer kommt es wie mir im Anschluss an Kant und mit
    Wittgenstein darauf an, „den Glauben an Gott als Glauben an die Sinnhaftig-
    keit des menschlichen Lebens im ganzen anzusehen. Dadurch würde das
    Ethische aus seiner neuzeitlichen vor allem durch Kant einerseits und den
    Utilitarismus andererseits inaugurierten und durchgesetzten Einschränkung
    auf das an bestimmten Handlungs-, Einstellungs- und Situationstypen fest ge-
    machte Moralische gelöst und in den Rahmen einer das Leben im ganzen be-
    treffenden Orientierung zurückgestellt, wie sie ansatzweise von den antiken
    Weisheitslehren mediterranen und fernöstlichen Zuschnitts und den spirituel-
    len Lebenslehren der Hochreligionen vertreten werden." (Wimmer 1992:
    218). Dem entspricht auf instruktive Weise auch der Ansatz von S. Bohlen, der
    es darum geht, „das Geschehen der Schöpfung als den ermöglichenden Grund
    der Erschließung jener Ordnung des Seins, die Kant die noumenale nennt, zu
    begreifen" (Bohlen 2003: 384). Es bleibt zu klären, inwiefern diese Ansätze die
    These von A. Winter bestätigen, dass „das Gesamtwerk Kants religionsphilo-
    sophisch orientiert ist" (Winter 2000: 429); vgl. auch O'Neill 2003: 86–110.
49 Vgl. dazu: Rentsch 1999: 129–141, v. a. 136; vgl. 233–239.
50 Vgl. zum Folgenden: Rentsch 2000: v. a. 236–249.
51 Hegel 1972b: 76.
52 Hegel 1972a: 69.
53 Hegel 1972b 277.
54 Kierkegaard 1962: 16.
55 Kierkegaard 1982: 189.
56 Kierkegaard 1982: 93f., 114.
57 Vgl. zur Interexistentialität: Rentsch 1999: 155–165.
58 Wittgenstein 1997: 101f.
59 Wittgenstein 1997: 103f.
60 Peirce 1995: 329–359.
61 Peirce 1995: 335.
62 Peirce 1995: 329.
63 Vgl. dazu Habermas 1978: 60f., 76, 86f.
64 Benjamin 2004d: 588f.
65 Benjamin 2004c: 203f.
66 Vgl. dazu Langthaler 2002: 203–225.
67 Vgl. Langthaler 2002: 222.
68 Vgl. Arndt 2004: 65–85, dort 85.
69 Benjamin 2004d: 588.

70 Benjamin 2004c: 203f.
71 Ebd.
72 Benjamin 2004a: 184.
73 Benjamin 2004d: a.a.O. (Anm. 69).
74 Benjamin 2004b: 693.
75 Benjamin 2004d: 600.
76 Ebd. 570.
77 Vgl. dazu Pangritz 1996: 184ff.
78 Benjamin 2004d: 595.
79 Ebd. 591f.
80 Die Tagebücher werden nach der Werkausgabe zitiert: Wittgenstein 1969; im Folgenden werden die Daten der Tagebucheintragungen im laufenden Text angeben.
81 Gespräche, 17.12.1930, in: Wittgenstein 1984: 115.
82 Wittgenstein 1965: 3–12; später wird im Text die Seitenzahl angeben.
83 Gespräch 30.12.1928, in: Wittgenstein 1984: 68.
84 Wittgenstein 1984: 68f.
85 Kierkegaard 1971: 142.
86 Kierkegaard 1971: 138.
87 Brief an Engelmann, 9.4.1917, in: Wittgenstein 1980: 78.
88 Wittgenstein 1968. Im Folgenden werden die Seiten dieser Ausgabe im Text angegeben.
89 Wittgenstein 1994: 160.
90 Zur Konzeption einer existentialen Grammatik vgl.: Rentsch 2003: 381–459.
91 Lübbe 1986.
92 Habermas 1974: 23–84.
93 Vgl. die Analysen von Max Weber zum okzidentalen Rationalisierungsprozess sowie Taylor 1996.
94 Kodalle 1985: 396f.
95 Wittgenstein 1997.
96 Drury 1981: 94.
97 Heidegger 1989: 395.
98 Vgl. Heidegger 1967.
99 Dazu kritisch: Rentsch 1989: v.a. 175–221.
100 Adorno 1970: v.a. 135–205.
101 So bereits Adorno/Horkheimer 1969: 19.
102 So zu Recht Wellmer 1983: 142.
103 Adorno 1978: 252.
104 Theunissen 1983: 41–65, dort 65.
105 Adorno 1973: 131.
106 Adorno 1975: 126.
107 Kodalle 1985: 412f.
108 Habermas 1981: 340.
109 Habermas 1988: 126; vgl. 140.
110 Albert 1975.
111 Habermas 1988: 140.
112 Habermas 1991: 110–126, dort 125.
113 Habermas 1991: 131; vgl. auch ders. 2001a: 173–196. In diesem Text sieht Habermas ein Problem des Verhältnisses von Religion und Philosophie darin, dass „der existentielle Sinn der Befreiung der individuellen Seele durch das Heilsversprechen des Erlösergottes ... eben nicht an die kontemplative Erhebung und intuitive Verschmelzung des endlichen Geistes mit dem Absoluten angeglichen werden (darf)" (182). Hier sind sicher bei genauerer Betrachtung

tiefere Verbindungen freizulegen, und die vorliegende Prototheologie unternahm dazu erste Schritte.

114 Habermas 2001b: 24.
115 Habermas 2001b: 11. Habermas formuliert weiter „Gott bleibt nur solange ein ‚Gott freier Menschen‘, wie wir die absolute Differenz zwischen Schöpfer und Geschöpf nicht einebnen ... die ins Leben rufende Stimme Gottes kommuniziert von vorn herein innerhalb eines moralisch empfindlichen Universums. Deshalb kann Gott den Menschen in dem Sinne ‚bestimmen‘, dass er ihn zur Freiheit gleichzeitig befähigt und verpflichtet.“ Die „Konsequenz“ dieses Schöpfungsbegriffs gelte es „zu verstehen“, ohne an seine „theologischen Prämissen (zu) glauben“ (30f.). Ebenso muss, so meine ich, versucht werden, diese Prämissen ebenfalls zu verstehen.
116 Derrida 1967; ders.1972; vgl. auch Deleuze 1968; Lyotard 1983.
117 Vgl. Derrida 1972: Die différance, in: ders. 1988: 29–52.
118 Derrida 2001: 47.
119 Derrida 2001: 25.
120 Derrida 2001: 84.
121 Derrida 2001: 103.
122 Vgl. dazu Caputo 2003.
123 Swinburne 1987: 169.
124 Swinburne 1987: 404.
125 Eine sehr gute Übersicht, die auch über die hier kritisierten Ansätze hinausführt, bietet Jäger 1998.
126 Mackie 1985: 210.
127 Mackie 1985: 342f.
128 Mackie 1985: 344–363.
129 Mackie 1985: 352.
130 Mackie 1985: 357.
131 Ich beziehe mich vor allem auf Hick 1996.
132 Hick 1996: 392ff.
133 Kerr 1997: vgl. ders. 1986.
134 Vgl. Jaspers 1994 sowie ders. 1970; Tillich 1962; ders. 1968; Bloch 1959.
135 Weischedel 1972; vgl. zum Diskussionskontext Theologie-Philosophie auch die grundlegenden Werke von W. Pannenberg, so v. a. 1996 sowie von Röd 1992 und Clayton 1996.
136 Otto 1963.
137 Scherer 2001.
138 Levinas 1999; Henry 2002.
139 Gadamer 2002; vgl. auch ders. 1987.
140 Ricœur/Raynova 2004.
141 Vattimo 2001; vgl. Vattimo 1997.
142 Taylor 2002; ders. 1996.
143 Taylor 2002: 85.
144 Taylor 2003.
145 Baumgartner/Waldenfels 1999. Besonders weise ich hin auf den instruktiven Beitrag von L. Honnefelder, „Die Bedeutung der Metaphysik für Glauben und Wissen“, 47–64, in dem ein fundamental praktisches Verständnis der metaphysischen ‚Theorie‘ selbst erläutert wird; s. auch Gestrich 1999; besonders weiterführend der Aufsatz von I.U. Dalferth, „Inbegriff oder Index? Zur philosophischen Hermeneutik von ‚Gott‘“, 89–132, in dem die Leugnung Gottes als Selbstwiderspruch analysiert wird.
146 Kutschera 1991; ders. 2000.
147 Kutschera 2000: VII.

148 Hübner 2001; vgl. dazu die Rezension von Schaeffler 2002.
149 Henrich 1982, 13. Vgl. Henrich 1999 sowie Henrich 2004a.
150 Spaemann 1999: 775; s. auch Spaemann 1996.
151 Tugendhat 2003: 115.
152 Theunissen 1991.
153 Theunissen 2003.
154 Strasser 2002: 194; vgl. Strasser 1998 sowie 2000.

Literaturverzeichnis

Adorno, Theodor W. (1970): *Negative Dialektik*, Frankfurt a. M.: Suhrkamp.
Adorno, Theodor W. (1973): *Ästhetische Theorie*, Frankfurt a. M.: Suhrkamp.
Adorno, Theodor W. (1975): „Philosophie der neuen Musik", in: *Gesammelte Schriften*, Bd. 12, Frankfurt a. M.: Suhrkamp.
Adorno, Theodor W. (1978): „Fragment über Musik und Sprache", in: *Gesammelte Schriften*, Bd. 16, Frankfurt a. M.: Suhrkamp.
Albert, Hans (1975): *Transzendentale Träumereien. Karl-Otto Apels Sprachspiele und sein hermeneutischer Gott*, Hamburg: Hoffmann und Campe.
Arendt, Hannah (1981): „Die Unwiderruflichkeit des Getanen und die Macht zu verzeihen" in: *Vita activa oder Vom tätigen Leben*, § 33, München: Piper, 231–238.
Arndt, Andreas (2004): „Dialektik und Hermeneutik. Perspektiven einer frühromantischen Konzeption", in: Thomas Rentsch (Hrsg.), *Philosophie – Geschichte und Reflexion*, Dresden: Thelem, 65–85, dort 85.
Augustinus, Aurelius (1991) : *De vera religione*, Stuttgart: Reclam.

Baumgartner, Hans Michael (1998): *Ist der Mensch absolut vergänglich?* Bonn: Bouvier.
Baumgartner, Hans Michael/Waldenfels, Hans (Hrsg.) (1999): *Die philosophische Gottesfrage am Ende des 20. Jahrhunderts*, Freiburg/München: Alber.
Benjamin, Walter (2004a): „Goethes Wahlverwandtschaften", in: *Gesammelte Schriften*, Bd. I, Tiedemann, Rolf/Schweppenhäuser, Hermann (Hrsg.), Frankfurt a. M.: Suhrkamp.
Benjamin, Walter (2004b): „Über den Begriff der Geschichte", in: *Gesammelte Schriften*, Bd. I, Tiedemann, Rolf/Schweppenhäuser, Hermann (Hrsg.), Frankfurt a. M.: Suhrkamp.
Benjamin, Walter (2004c): „Theologisch-politisches Fragment", in: *Gesammelte Schriften*, Bd. II, Tiedemann, Rolf/Schweppenhäuser, Hermann (Hrsg.), Frankfurt a. M.: Suhrkamp.
Benjamin, Walter (2004d): „Das Passagen-Werk", in: *Gesammelte Schriften*, Bd. V, Tiedemann, Rolf/Schweppenhäuser, Hermann (Hrsg.), Frankfurt a. M.: Suhrkamp.
Bloch, Ernst (1959): „Der Augenblick als Nicht-Da-Sein; Exterritorialität zum Tode", in: ders., *Das Prinzip Hoffnung*, Bd.3, Frankfurt a. M.: Suhrkamp, 1385–1391.
Bohlen, Stephanie (2003): *Geschöpflichkeit und Freiheit. Ein Zugang zum Schöpfungsgedanken im Ausgang von der kritischen Philosophie Kants*, Berlin: Duncker u. Humblot.
Bultmann, Rudolf (1941): *Das Evangelium des Johannes*, Göttingen: Vandenhoeck & Ruprecht.

Caputo, John D. (2003): „Die différance und die Sprache des Gebets", in: Uhl, Florian /Boelderl, Artur R. (Hrsg.), *Die Sprachen der Religion*, Berlin: Parerga, 293–315.
Johannes Chrysostomus (o. J.): „In epist. ad. Rom. Homil. XXXI, n. 5", in: Migne, Jacques-Paul (Hrsg.), *Patrologia Graeca*, Tomus 60.

Clayton, Philip (1996): *Das Gottesproblem, Bd. 1: Gott und Unendlichkeit in der neuzeitlichen Philosophie*, Paderborn: Schöningh.

Cusanus, Nikolaus (1959): „De filiatione Dei" in: *Op. omn.*, Vol. 4, Wilpert, Paul (Hrsg.), Hamburg: Meiner, 54.

Deleuze, Gilles (1968): *Différence et répétition*, Paris: Ed. PUF (dt. 1992 *Differenz und Wiederholung*, München: Fink).

Demmerling, Christoph (2002): *Sinn, Bedeutung, Verstehen. Untersuchungen zu Sprachphilosophie und Hermeneutik*, Paderborn: Mentis.

Derrida, Jacques (1967): *L' écriture et la différence*, Paris: Editions du Seuil (dt. 1972 *Die Schrift und die Differenz*, Frankfurt a. M.: Suhrkamp).

Derrida, Jacques (1972): *Marges de la philosophie*, Paris: Les Editions De Minuit. (dt. 1976 *Randgänge der Philosophie*, Frankfurt a. M.: Suhrkamp; dt. vollständig 1988 Wien: Passagen Verlag).

Derrida, Jacques (2001): „Glaube und Wissen. Die beiden Quellen der ‚Religion' an den Grenzen der bloßen Vernunft", in: Derrida, Jacques/Vattimo, Gianni, *Die Religion*, Frankfurt a. M.: Suhrkamp, 9–106.

Dionysios Areopagita (1981): *Von den Namen zum Unnennbaren*. Auswahl und Einleitung von Endre von Ivánka, Einsiedeln: Johannes-Verlag.

Drury, Maurice O'Connor (1981): „Some notes on conversations with Wittgenstein" in: Rhees, Rush (Hrsg.), *Ludwig Wittgenstein. Personal Recollections*, Oxford: Rowman & Littlefield.

Gadamer, Hans-Georg (1987): „Sein Geist Gott", in: *Gesammelte Werke*, Bd. 3, Tübingen: Mohr/Siebeck, 320–332.

Gadamer, Hans-Georg (2002): „Metaphysik und Transzendenz" sowie „Der letzte Gott", in: *Die Lektion des Jahrhunderts. Ein Interview von R. Dottori*, Münster: Lit-Verlag, 72–87 und 140–153.

Gestrich, Christof (Hrsg.) (1999): „Gott der Philosophen – Gott der Theologen". Zum Gesprächsstand nach der analytischen Wende", Berlin 1999 (Beiheft zur *Berliner Theologischen Zeitschrift*).

Goethe, Johann Wolfgang v. (1976): „Faust I", in: *Werke*, Bd. 3, Erich Trunz (Hrsg.), München: C.H. Beck.

Grabner-Haider, Anton (1978): *Vernunft und Religion. Ansätze einer analytischen Religionsphilosophie*, Graz: Styria.

Habermas, Jürgen (1974): „Können komplexe Gesellschaften eine vernünftige Identität ausbilden?", in: Habermas, Jürgen/Henrich, Dieter (Hrsg.), *Zwei Reden*, Frankfurt a. M.: Suhrkamp.

Habermas, Jürgen (1978): „Bewusstmachende oder rettende Kritik. Die Aktualität Walter Benjamins", in: ders., *Politik, Kunst, Religion*, Stuttgart: Reclam, 60–86f.

Habermas, Jürgen (1981): *Theorie des kommunikativen Handelns*, Bd. 1, Frankfurt a. M.: Suhrkamp.

Habermas, Jürgen (1988): *Theorie des kommunikativen Handelns*, Bd. 2, Frankfurt a. M.: Suhrkamp.

Habermas, Jürgen (1991): „Zu Max Horkheimers Satz: 'Einen unbedingten Sinn zu retten ohne Gott, ist eitel'", sowie „Exkurs : Transzendenz von innen, Transzendenz ins Diesseits", in: ders., *Texte und Kontexte*, Frankfurt a. M.: Suhrkamp, 110–126 und 127–156.

Habermas, Jürgen (2001a): „Ein Gespräch über Gott und die Welt", in: ders., *Zeit der Übergänge*, Frankfurt a. M.: Suhrkamp, 173–196.

Habermas, Jürgen (2001b): *Glauben und Wissen*, Frankfurt a. M.: Suhrkamp.

Hegel, Georg Wilhelm Friedrich (1972a): *Phänomenologie des Geistes*, Theorie Werkausgabe Bd. 3, Frankfurt a. M.: Suhrkamp.

Hegel, Georg Wilhelm Friedrich (1972b): *Vorlesungen über die Philosophie der Religion II*, Theorie Werkausgabe Bd. 17, Frankfurt a. M.: Suhrkamp.

Heidegger, Martin (1967): „Zur Seinsfrage", in: ders., *Wegmarken*, Frankfurt a. M.: Vittorio Klostermann.

Heidegger, Martin (1989): *Beiträge zur Philosophie (Vom Ereignis)*, Frankfurt a. M.: Vittorio Klostermann.

Henrich, Dieter (1982): *Fluchtlinien. Philosophische Essays*, Frankfurt a. M.: Suhrkamp.

Henrich, Dieter (1999): *Bewusstes Leben. Untersuchungen zum Verhältnis von Subjektivität und Metaphysik*, Stuttgart: Reclam.

Henrich, Dieter (2004a): „Religion und Philosophie – letzte Gedanken – Lebenssinn", in: Korsch, Dietrich /Dierken, Jörg (Hrsg.), *Subjektivität im Kontext. Erkundungen im Gespräch mit Dieter Henrich* (Religion in Philosophy and Theology 8), Tübingen: Mohr/Siebeck, 211–231.

Henrich, Dieter (2004b): „Der persönliche Gott in Kants Theologie", in: ders., *Grundlegung aus dem Ich. Untersuchungen zur Vorgeschichte des Idealismus. Tübingen – Jena 1790–1794*, Frankfurt a. M.: Suhrkamp, 1474–1501.

Henry, Michel (2002): *Inkarnation. Eine Philosophie des Fleisches*, Freiburg/ München: Alber.

Hick, John (1996): *Religion. Die menschlichen Antworten auf die Frage nach Leben und Tod*, München: Diederichs.

Horkheimer, Max/Adorno, Theodor W. (1969): *Dialektik der Aufklärung. Philosophische Fragmente*, Frankfurt a. M.: Fischer.

Hübner, Kurt (2001): *Glaube und Denken. Dimensionen der Wirklichkeit*, Tübingen: Mohr/Siebeck.

Illies, Christian (2000): „Theodizee der Theodizeelosigkeit. Erwiderung auf einen vermeintlichen Einwand gegen jede Verteidigung des Welturhebers angesichts des Bösen in der Welt", in: *Philosophisches Jahrbuch*, 2000, Nr. 2.

Jäger, Christoph (Hrsg.) (1998): *Analytische Religionsphilosophie*, Paderborn: Schöningh.

Jaspers, Karl (1994): *Philosophie III Metaphysik*, München: Piper.

Jaspers, Karl (1970): *Chiffren der Transzendenz*, München: Piper.

Kambartel, Friedrich (1971): „Theo-Logisches. Definitorische Vorschläge zu einigen Grundtermini im Zusammenhang christlicher Rede von Gott", in: *Zeitschrift für evangelische Ethik*, Heft 15, 32–35.

Kant, Immanuel (1968a): „Über das Misslingen aller philosophischen Versuche in der Theodizee", in: *Kants gesammelte Schriften*, Akademie-Textausgabe, Bd. VIII, Preußische Akademie der Wissenschaften, Berlin: de Gruyter, 255–271.

Kant, Immanuel (1968b): „Die Religion innerhalb der Grenzen der bloßen Vernunft", in: *Kants gesammelte Schriften*, Akademie-Textausgabe, Bd. VI, Preußische Akademie der Wissenschaften, Berlin: de Gruyter, 1–202.

Kant, Immanuel (1968c): „Kritik der Urteilskraft", in: *Kants gesammelte Schriften*, Akademie-Textausgabe, Bd. V, Preußische Akademie der Wissenschaften, Berlin: de Gruyter.

Kant, Immanuel (1974): „Vorlesungen über Moralphilosophie", in: *Kants gesammelte Schriften*, Akademie-Textausgabe, Bd. 27.1, Akademie der Wissenschaften zu Göttingen, Berlin: de Gruyter.

Keightley, Alan (1976): *Wittgenstein, Grammar and God*, London: Epworth Press.

Kerr, Fergus (1997): *Immortal Longings. Versions of Transcending Humanity*, Notre Dame (Indiana): University of Notre Dame Press.

Kerr, Fergus (1986): *Theology after Wittgenstein*, Oxford: Blackwell.

Kierkegaard, Sören (1962): *Die Tagebücher*, übers. und hrsg. von Hayo Gerdes, 5 Bde., Düsseldorf/Köln: Diederichs, Bd. 1.

Kierkegaard, Sören (1981): *Der Begriff Angst*, Gütersloh: Gerd Mohn.

Kierkegaard, Sören (1982): *Abschließende Unwissenschaftliche Nachschrift zu den Philosophischen Brocken, 1. Teil*, Gütersloh: Gerd Mohn.

Kierkegaard, Sören (1971): „Einübung im Christentum", in: *Werkausgabe*, Bd. 2, Hirsch, Emanuel/Gerdes, Hayo (Hrsg.), Düsseldorf: Diederichs.

Kodalle, Klaus-Michael (1985): „Gott", in: Martens, Ekkehard/Schnädelbach, Herbert (Hrsg.), *Philosophie. Ein Grundkurs*, Reinbek: Rowohlt, 395–439.

Kutschera, Franz v. (1991): *Vernunft und Glaube*, Berlin/New York: de Gruyter.

Kutschera, Franz v. (2000): *Die großen Fragen. Philosophisch-theologische Gedanken*, Berlin/New York: de Gruyter.

Langthaler, Rudolf (2002): „Benjamin und Kant oder: über den Versuch, Geschichte philosophisch zu denken", in: *Deutsche Zeitschrift für Philosophie*, 2002, Nr. 2, 203–225.

Leibniz, Gottfried Wilhelm v. (1968): *Die Theodizee*, Hamburg: Meiner.

Levinas, Emmanuel (1999): *Wenn Gott ins Denken einfällt. Diskurse über die Betroffenheit von Transzendenz*, Freiburg/München: Alber.

Lindtner, Christian (1982): *Nagarjuniana. Studies in the Writings and Philosophy of Nâgârjuna*, Copenhagen: Akademisk forlag.

Lübbe, Hermann (1986): *Religion nach der Aufklärung*, Graz/Wien/Köln: Styria.

Luhmann, Niklas (1977): *Funktion der Religion*, Frankfurt a. M.: Suhrkamp.

Luther, Martin (2002): „Tischreden aus Anton Lauterbachs Sammlung B", *Weimarer Ausgabe*, Bd. V, Nr. 6211, Köln/Wien: Böhlau.

Lyotard, Jean-Francois (1983): *Le différend*, Paris: Ed. De Minuit (dt. 1987: *Der Widerstreit*, München: Fink).

Mackie, John Leslie (1985): *Das Wunder des Theismus. Argumente für und gegen die Existenz Gottes*, Stuttgart: Reclam.

MacIntyre, Alasdair/Ricœur, Paul (2002): *Die religiöse Kraft des Atheismus*, Freiburg/München: Alber.

Marquard, Odo (1981): *Abschied vom Prinzipiellen*, Stuttgart: Reclam.

McGuinness, Brian/Wright, Georg Henrik v. (Hrsg.) (1980): *Ludwig Wittgenstein. Briefe*, Frankfurt a.M.: Suhrkamp.

Nurbaksh, Javad (1978): *In the tavern of ruin. Seven Essays on Sufism*, New York: KhaniQahi Nimatullahi Publications.

O'Neill, Onora (2003): „Vernünftige Hoffnung. Tanner Lecture 1 über Kants Religionsphilosophie", in: Nagl, Ludwig (Hrsg.), *Religion nach der Religionskritik*, Wien: Oldenbourg, 86–110.

Otto, Rudolf (1963): *Das Heilige. Über das Irrationale in der Idee des Göttlichen und sein Verhältnis zum Rationalen* (1. Auflage 1917) München: C.H. Beck.

Pangritz, Andreas (1996): *Vom Kleiner- und Unsichtbarwerden der Theologie*, Tübingen: Theologischer Verlag.

Pannenberg, Wolfhart (1996): *Theologie und Philosophie. Ihr Verhältnis im Lichte ihrer gemeinsamen Geschichte*, Göttingen: Vandenhoeck und Ruprecht.

Peirce, Charles S. (1995): „Ein vernachlässigtes Argument für die Realität Gottes", in: Deuser, Hermann (Hrsg.), *Charles S. Peirce Religionsphilosophische Schriften*, Hamburg: Meiner, 329–359.

Putnam, Hilary (1997a): „God and the Philosophers", in: *Midwest Studies in Philosophy,* Nr. 21, 175–187.
Putnam, Hilary (1997b): „On Negative Theology", in: *Faith and Philosophy,* Nr. 14, 407–422.

Ramsey, Ian T. (1957): *Religious language : an empirical placing of theological phrases,* London: SCM Press.
Rehbock, Theda (1991): *Über den „Endzweck" der kantischen Philosophie,* Ms. Konstanz.
Rehbock, Theda (2005): *Personsein in Grenzsituationen. Beiträge zur Kritik der Ethik medizinischen Handelns,* Paderborn: Mentis.
Rentsch, Thomas (1986): „Theodizee als Hermeneutik der Lebenswelt. Existentialanthropologische und ethische Bemerkungen", in: Willi Oelmüller (Hrsg.), *Leiden,* Paderborn: Schöningh, 83–91.
Rentsch, Thomas (1989): *Martin Heidegger – Das Sein und der Tod. Eine kritische Einführung,* München: Piper.
Rentsch, Thomas (1998): Artikel „Theologie, negative", in: Ritter, Joachim/ Gründer, Karlfried (Hrsg.), *Hist. Wörterbuch der Philosophie,* Bd. 10, Basel: Schwabe, 1102–1105.
Rentsch, Thomas (1999): *Die Konstitution der Moralität. Transzendentale Anthropologie und praktische Philosophie,* Frankfurt a. M.: Suhrkamp.
Rentsch, Thomas (2000): „Negativität und Vermittlung. Hegels Anthropo-Theo-Logik", in: ders., *Negativität und praktische Vernunft,* Frankfurt a. M.: Suhrkamp, 213–251.
Rentsch, Thomas (2003): *Heidegger und Wittgenstein,* Stuttgart: Klett-Cotta.
Ricœur, Paul (1969): *Die Interpretation. Ein Versuch über Freud,* Frankfurt a. M.: Suhrkamp.
Ricœur, Paul/Raynova, Ivanka B. (2004): „Der Philosoph und sein Glaube", in: *Deutsche Zeitschrift für Philosophie,* Nr. 1, 85–112.
Ritter, Joachim (1974): „Die Aufgabe der Geisteswissenschaften in der modernen Gesellschaft", in: ders., *Subjektivität. Sechs Aufsätze,* Frankfurt a. M.: Suhrkamp, 105–140.
Röd, Wolfgang (1992): *Der Gott der reinen Vernunft. Die Auseinandersetzung um den ontologischen Gottesbeweis von Anselm bis Hegel,* München: C.H. Beck.

Schaeffler, Richard (2002): „Zum Verhältnis von Glaube und Denken", in: *Philosophische Rundschau* Nr. 49, 34–43.
Scherer, Georg (2001): *Die Frage nach Gott. Philosophische Betrachtungen,* Darmstadt: Wissenschaftliche Buchgesellschaft.
Shah, Idries (1982): *The way of the sufi,* Harmondsworth/New York: Penguin books.
Sommer, Manfred (1988): *Identität im Übergang: Kant,* Frankfurt a. M.: Suhrkamp.
Spaemann, Robert (1996): *Personen. Versuche über den Unterschied zwischen „etwas" und „jemand",* Stuttgart: Klett-Cotta.
Spaemann, Robert (1999): „Das unsterbliche Gerücht", in: Sonderheft Merkur: *Nach Gott fragen. Über das Religiöse,* 1999, Heft 9/10, 772–783.
Steinvorth, Ulrich (1994): *Warum überhaupt etwas ist. Kleine demiurgische Metaphysik,* Reinbek: Rowohlt.
Strasser, Peter (1998): *Journal der letzten Dinge,* Frankfurt a. M.: Suhrkamp.
Strasser, Peter (2000): *Der Weg nach draußen. Skeptisches, metaphysisches und religiöses Denken,* Frankfurt a. M.: Suhrkamp.
Strasser, Peter (2002): *Der Gott aller Menschen: eine philosophische Grenzüberschreitung,* Graz: Styria.

Suárez, Francisco (1620): *Summae Theologiae de Deo rerum omnium creatore pars secunda*, Lyon, *Tractatus 1: De Angelis.*

Swinburne, Richard (1997): *Die Existenz Gottes*, Stuttgart: Reclam.

Taylor, Charles (1996): *Quellen des Selbst. Die Entstehung der neuzeitlichen Identität*, Frankfurt a. M.: Suhrkamp.

Taylor, Charles (2002): *Die Formen des Religiösen in der Gegenwart*, Frankfurt a. M.: Suhrkamp.

Taylor, Charles (2003): „Ein Ort für die Transzendenz?", in: *Information Philosophie*, Nr. 2, 7–16.

Theunissen, Michael (1983): „Negativität bei Adorno", in: Friedeburg, Ludwig v./ Habermas, Jürgen (Hrsg.), *Adorno-Konferenz*, Frankfurt a.M.: Suhrkamp, 41–65.

Theunissen, Michael (1991): *Negative Theologie der Zeit*, Frankfurt a. M.: Suhrkamp.

Theunissen, Michael (2003): „Philosophie der Religion oder religiöse Philosophie?", in: *Information Philosophie*, Nr. 5, 7–14.

Thomas von Aquin (2001): *Summa Contra Gentiles*, hrsg. von Leo Gerdes, Darmstadt: WBG.

Tillich, Paul (1962): *Religionsphilosophie*, Stuttgart: Kohlhammer.

Tillich, Paul (1968): *Der Mut zum Sein*, Stuttgart: Furche.

Tugendhat, Ernst (2003): *Egozentrizität und Mystik. Eine anthropologische Studie*, München: C.H. Beck.

Vattimo, Gianni (1997): *Glauben – Philosophieren*, Stuttgart: Reclam.

Vattimo, Gianni (2001): „Die Spur der Spur", in: Derrida, Jacques/Vattimo, Gianni, *Die Religion*, Frankfurt a. M.: Suhrkamp, 107–123.

Weischedel, Wilhelm (1972): *Der Gott der Philosophen. Grundlegung einer Philosophischen Theologie im Zeitalter des Nihilismus*, Darmstadt: Wissenschaftliche Buchgesellschaft.

Wellmer, Albrecht (1983): „Wahrheit, Schein, Versöhnung. Adornos ästhetische Rettung der Modernität", in: Friedeburg, Ludwig v./Habermas, Jürgen (Hrsg.), *Adorno-Konferenz*, Frankfurt a.M.: Suhrkamp, 138–176.

Wimmer, Reiner (1990): *Kants kritische Religionsphilosophie*, Berlin/New York: de Gruyter.

Wimmer, Reiner (1992): „Die Religionsphilosophie des ‚opus postumum'", in: Ricken, Friedo/Marty, François (Hrsg.), *Kant über Religion*, Stuttgart: Kohlhammer, 195–229.

Winter, Aloysius (2000): *Der andere Kant. Zur philosophischen Theologie Immanuel Kants*, Hildesheim: Olms.

Wittgenstein, Ludwig (1965): „A lecture on ethics", in: *Philosophical Review* 1965, Nr. 74, 3–12.

Wittgenstein, Ludwig (1968): *Vorlesungen und Gespräche über Ästhetik, Psychologie und Religion*, Göttingen: Vandenhoeck und Ruprecht.

Wittgenstein, Ludwig (1969): „Tractatus logico-philosophicus", „Tagebücher", „Philosophische Untersuchungen", in: *Schriften 1*, Frankfurt a. M.: Suhrkamp.

Wittgenstein, Ludwig (1980): *Briefe*, Frankfurt a. M.: Suhrkamp.

Wittgenstein, Ludwig (1984): *Wittgenstein und der Wiener Kreis, Gespräche*, Frankfurt a. M.: Suhrkamp.

Wittgenstein, Ludwig (1994): *Vermischte Bemerkungen*, Frankfurt a. M.: Suhrkamp.

Wittgenstein, Ludwig (1997): *Denkbewegungen. Tagebücher 1930–1932, 1936–1937*, hrsg. von Ilse Somavilla, 2 Bände, Innsbruck: Haymon.

Ergänzende Literaturhinweise

Alston, William P. (1991): *Perceiving God – The epistemology of religious belief*, Ithaca/London.
Armstrong, Karen (1993): *Nah ist und schwer zu fassen der Gott. 3000 Jahre Glaubensgeschichte von Abraham bis Albert Einstein*, München: Droemer Knaur.
Arnswald, Ulrich/Weinberg, Anja (Hrsg.) (2001): *Der Denker als Seiltänzer. Ludwig Wittgenstein über Religion, Mystik und Ethik*, Düsseldorf: Parerga.

Barrett, Cyril (1991): *Wittgenstein on ethics and religious belief*, Oxford: Basil Blackwell.
Baum, Wolfgang (2004): *Gott nach Auschwitz*, Paderborn: Schöningh.
Bohrer, Karl Heinz/Scheel, Kurt (Hrsg.) (1999): *Nach Gott fragen. Über das Religiöse* (Sonderheft 9/10 Merkur) Stuttgart: Klett-Cotta.
Byrne, James M. (2001): *God. Thoughts in an age of uncertainty*, London/New York: Continuum.

Clayton, Philip (1996): *Das Gottesproblem, Bd. 1: Gott und Unendlichkeit in der neuzeitlichen Philosophie*, Paderborn: Schöningh.
Coreth, Emerich (2001): *Gott im philosophischen Denken*, Stuttgart: Kohlhammer.
Cupitt, Don (2001): *Nach Gott. Die Zukunft der Religionen*, Stuttgart: Klett-Cotta.

Dalferth, Ingolf U. (1992): *Gott. Philosophisch-theologische Denkversuche*, Tübingen: Mohr Siebeck.
Dalferth, Ingolf U./Stoellger, Philip (Hrsg.) (2000): *Vernunft, Kontingenz und Gott. Konstellationen eines offenen Problems*, Tübingen: Mohr Siebeck.

Esser, Wolfgang G. (2002): *Philosophische Gottsuche. Von der Antike bis heute*, München: Kösel.
Esterbauer, Reinhold (1996): *Verlorene Zeit – wider eine Einheitswissenschaft von Natur und Gott*, Stuttgart: Kohlhammer.

Fischer, Norbert (1995): *Die philosophische Frage nach Gott*. Paderborn: Bonifatius.
Fischer, Norbert (2001): *Die Gottesfrage als Aufgabe der Metaphysik*, in: Honnefelder, Ludger/Krieger, Gerhard (Hrsg.): Philosophische Propädeutik Band 3: Metaphysik und Ontologie, Paderborn: Schöningh (utb 2081) 213–288.
Flew, Anthony (1966): *God and Philosophy*, London.
Franz, Albert/Jacobs, Wilhelm G. (Hrsg.) (2000): *Religion und Gott im Denken der Neuzeit*, Paderborn: Schöningh.

Ganoczy, Alexandre (2001): *Der dreieinige Schöpfer. Trinitätstheologie und Synergie*, Darmstadt: Wissenschaftliche Buchgesellschaft.
Geach, Peter T. (1969): *God and the Soul*, New York.

Halbig, Christoph (2001): „Theismus und Rationalität. Neuere Beiträge zur analytischen Religionsphilosophie: Varianten des Realismus, Dimensionen der Rationalität": in: *Zeitschrift für philosophische Forschung* Nr. 55, 277–296 und 441–461.
Honnefelder, Ludger/Schüßler, Werner (Hrsg.) (1992): *Transzendenz. Zu einem Grundwort der klassischen Metaphysik*, Paderborn: Schöningh.

Hudson, W. D. (1975): *Wittgenstein and religious belief*, London: Lutterworth.

Jonas, Hans (1994): *Gedanken über Gott. „Drei Versuche"* Frankfurt a. M.: Suhrkamp.

Kambartel, Friedrich (1989): „Bemerkungen zu Verständnis und Wahrheit religiöser Rede und Praxis", in: ders.: *Philosophie der humanen Welt*. Frankfurt a. M.: Suhrkamp, 100–102.
Kasher, Asa (1984): "Minimalism: philosophy of religion with minimal theology", in: Gombocz, W. (Hrsg.): *Religionsphilosophie*. Akten des 8. Internationalen Wittgenstein Symposions Teil 2, Wien: Hölder Pichler Tempsky, 57–59.
Kenny, Anthony (1979): *The god of the philosophers*, Oxford: University Press.
Knapp, Markus/Kobusch, Theo (Hrsg.) (2001): *Religion – Metaphysik(kritik) – Theologie im Kontext der Moderne/Postmoderne*, Berlin/New York: de Gruyter.
Koslowski, Peter (Hrsg.) (2000): *Gottesbegriff, Weltursprung und Menschenbild in den Weltreligionen*, München: Fink.

Laube, Martin (1999): *Im Banne der Sprache. Die analytische Religionsphilosophie im 20. Jahrhundert*, Berlin/New York: de Gruyter.

MacIntyre, Alastair/Ricœur, Paul (2002): *Die religiöse Kraft des Atheismus*, München: Alber.
Mitchell, Basil (Hrsg.) (³1968): *Faith and logic. Oxford Essays in philosophical theology*, London: Allen & Unwin.
Morris, T. V. (1987): *The concept of God*, New York: Oxford University Press.

Nash, Ronald H. (1983): *The concept of God*, Grand Rapids: Zondervan.
Nordhofen, Eckhardt (1994): „Glaube", in: Hastedt, Heiner/Martens, Ekkehard (Hrsg.): *Ethik. Ein Grundkurs*, Reinbek: Rowohlt, 270–287.

Phillips, Dewi Z. (1976): *Religion without explanation*, Oxford: Blackwell.
Picht, Georg (1966): *Der Gott der Philosophen und die Wissenschaft der Neuzeit*, Stuttgart: Klett.

Rentsch, Thomas (2001): „Worin besteht die Irreduzibilität religiöser Wahrheitsansprüche? Religion und negative Metaphysik", in: Knapp, Markus/Kobusch, Theo (Hrsg.): *Religion-Metaphysik(kritik) – Theologie im Kontext der Moderne/Postmoderne*, Berlin/New York: de Gruyter, 113–126.
Rentsch, Thomas (2003): „Transzendenz und Sprache. Der Mensch im Verhältnis zu Grenze und Sinngrund der Welt", in: Uhl, Florian/Boelderl, Artur R. (Hrsg.): *Die Sprachen der Religion*, Berlin: Parerga, 13–30.
Rentsch, Thomas (2004): „Wieder nach Gott fragen? Thesen und Analysen zur Rehabilitation philosophischer Theologie", in: Dethloff, Klaus/Langthaler, Rudolf/Nagl-Docekal, Herta/Wolfram, Friedrich (Hrsg.): *Orte der Religion im philosophischen Diskurs der Gegenwart*, Berlin: Parerga, 173–190.
Rentsch, Thomas (2004): „Zeit, Sprache, Transzendenz – Phänomenologische Analysen zu den Grenzen und zum Sinngrund menschlicher Praxis", in: Hogrebe, Wolfram (Hrsg.): *Grenzen und Grenzüberschreitungen*, XIX. Deutscher Kongress für Philosophie 2002, Berlin: Akademie, 801–812.
Ricken, Friedo (2003): *Religionsphilosophie*, Stuttgart: Kohlhammer.
Ricken, Friedo/Marty, François (Hrsg.) (1992): *Kant über Religion*, Stuttgart: Kohlhammer.

Rudolph, Enno (Hrsg.) (1992): *Die Vernunft und ihr Gott. Studien zum Streit zwischen Religion und Aufklärung*, Stuttgart: Klett-Cotta.

Schaeffler, Richard (³2002): *Religionsphilosophie*, Freiburg: Alber.
Scharlemann, Robert P. (Hrsg.) (1992): *Negation and theology*, Charlottesville/London: University Press of Virginia.
Schmidt, Josef (2003): *Philosophische Theologie*, Stuttgart: Kohlhammer.
Schrödter, Hermann (1979): *Analytische Religionsphilosophie. Hauptstandpunkte und Grundprobleme*, Freiburg/München.
Schulz, Walter (1957, 1974): *Der Gott der neuzeitlichen Metaphysik*, Pfullingen: Neske.
Seifert, Josef (²2000): *Gott als Gottesbeweis. Eine phänomenologische Neubegründung des ontologischen Arguments*, Heidelberg: Winter.
Stosch, Klaus von (2001): *Glaubensverantwortung in doppelter Kontingenz. Untersuchungen zur Verortung fundamentaler Theologie nach Wittgenstein*, Regensburg: Pustet (ratio fidei: Beiträge zur philosophischen Rechenschaft der Theologie Band 7).

Turner, Denys (1995): *The darkness of God. Negativity in Christian Mysticism*, Cambrigde: University Press.

Vardy, Peter (1997): *Das Gottesrätsel. Antworten auf die Frage nach Gott*, München: Don Bosco.
Vattimo, Gianni (2004): *Jenseits des Christentums. Gibt es eine Welt ohne Gott?* München: Hanser.

Weissmahr, Bela (1983): *Philosophische Gotteslehre*, Stuttgart: Kohlhammer.
Wimmer, Reiner (1992): „Gott und der Sinn des Lebens. Religions- und existenztherapeutische Reflexionen", in: Wils, J. P. (Hrsg.): *Ankündigung der Sterblichkeit. Wandlungen der Religion. Gestaltungen des Heiligen*, Tübingen: Attempto, 93–138.
Wuchterl, Kurt (1989): *Analyse und Kritik der religiösen Vernunft. Grundzüge einer paradigmenbezogenen Religionsphilosophie*, Bern: Haupt (utb 1543).

Empfohlen seien die Artikel „Gott" in: Ritter, J. (Hrsg.) (1974): *Historisches Wörterbuch der Philosophie* Band 3, Basel: Schwabe, 721–814 sowie Gatzemeier, Matthias: „Gott (philosophisch)", in: Mittelstraß, J. (Hrsg.) (1980), *Enzyklopädie Philosophie und Wissenschaftstheorie* Band 1, Mannheim: Bibliographisches Institut, 796–798 und Baert, Edward: „Gottesbegriff/Gottesbeweis", in: H. J. Sandkühler (Hrsg.) (1999): *Enzyklopädie Philosophie* Band 1, Hamburg: Meiner, 510–517 sowie Leftow, Brain: „God, concepts of" in: Craig, E. (Hrsg.) (1998): *Encyclopedia of Philosophy* Band 4, London/New York: Routledge, 93–102.

Sachregister

Namenregister

Über den Autor

Thomas Rentsch, geb. 1954, studierte Philosophie, Literaturwissenschaften und Evangelische Theologie in Konstanz, Münster, Zürich und Tübingen. Nach Promotion und Habilitation in Konstanz lehrte er an den Universitäten Konstanz, Halle sowie der FU Berlin und wurde 1992 als Gründungsprofessor auf den Lehrstuhl für Philosophie mit Schwerpunkt Praktische Philosophie/Ethik an die TU Dresden berufen. Im Zentrum seiner Arbeit stehen Heidegger und Wittgenstein, praktische Philosophie und philosophische Anthropologie, religionsphilosophisch-theologische Forschungen, Ästhetik und Philosophie der Kunst sowie die Mitherausgabe des *Historischen Wörterbuches der Philosophie*. Ein weiteres Arbeitsgebiet ist die philosophische Thematisierung des Alterns. In seinem Buch *Negativität und praktische Vernunft* (2000) entwickelt er seine systematische Konzeption von Philosophie als kritischer Hermeneutik weiter. Sie soll nach Heidegger, Wittgenstein und Adorno alle ontologie-, sprach- und gesellschaftskritischen Potentiale nutzen, um die seit der Antike gestellten Grundfragen der Philosophie gemäß strengen methodischen Kriterien in praktischer Absicht auf die Probleme der modernen Lebenswelt zu beziehen.

Ausgewählte Publikationen:
Gnosis oder die Frage nach Herkunft und Ziel des Menschen (Hrsg. mit A. Franz), 2002
Heidegger: Sein und Zeit (Hrsg.), Reihe Klassiker Auslegen, 2001
Negativität und praktische Vernunft, 2000
Die Gegenwart der Gerechtigkeit (Hrsg. mit Ch. Demmerling), 1995
Die Konstitution der Moralität, 1990, ²1999
Martin Heidegger – Das Sein und der Tod, 1989
Heidegger und Wittgenstein, 1985, ²2003